最新

最新中华人民共和国法律配套解读与实例系列

14

中华人民共和国

民法典总则编

配套解读与实例

张璐　编著

法律出版社
LAW PRESS·CHINA
北京

图书在版编目(CIP)数据

最新中华人民共和国民法典总则编配套解读与实例／张璐编著. -- 北京：法律出版社，2022
ISBN 978-7-5197-7085-3

Ⅰ. ①最… Ⅱ. ①张… Ⅲ. ①民法－法典－法律解释－中国 Ⅳ. ①D923.05

中国版本图书馆 CIP 数据核字（2022）第 170376 号

最新中华人民共和国民法典总则编
配套解读与实例
ZUI XIN ZHONGHUA RENMIN GONGHEGUO
MINFADIAN ZONGZEBIAN PEITAO JIEDU YU SHILI

张　璐　编著

责任编辑　李　群　陈　熙　赵雪慧
装帧设计　李　瞻

出版发行 法律出版社
编辑统筹 法规出版分社
责任校对 张红蕊
责任印制 耿润瑜
经　　销 新华书店

开本 710 毫米×1000 毫米　1/16
印张 31.25　　**字数** 525 千
版本 2022 年 11 月第 1 版
印次 2022 年 11 月第 1 次印刷
印刷 固安华明印业有限公司

地址：北京市丰台区莲花池西里 7 号(100073)
网址：www.lawpress.com.cn
投稿邮箱：info@lawpress.com.cn
举报盗版邮箱：jbwq@lawpress.com.cn
销售电话：010-83938349
客服电话：010-83938350
咨询电话：010-63939796

书号：ISBN 978-7-5197-7085-3　　**定价**：78.00 元
凡购买本社图书，如有印装错误，我社负责退换。电话：010-83938349

出 版 说 明

“最新中华人民共和国法律配套解读与实例系列”丛书由相关领域法律专家编写，收录法律标准文本，解读法律重点条文，并对与法律条文相配套的法律、法规、部门规章、司法解释、审判政策和典型案例予以精要分析。丛书自 2014 年出版以来，得到了广大读者的关注与厚爱，连续再版。

近年来，随着我国立法的完善与发展，国家出台或者修改了与丛书各个领域联系紧密的法律、法规、部门规章及司法解释，如《民法典》《安全生产法》《民事诉讼法》《道路交通安全法》《刑法修正案（十一）》《土地管理法实施条例》等。为了进一步适应新的形势需要，编者再次对丛书进行了较为系统的修改和完善。

丛书此次修订，重点吸纳最新的配套规定，精选近年来最高人民法院公报案例、最高人民法院和最高人民检察院指导案例及典型案例，旨在提高案例的典型性和代表性，增强案例的针对性。

丛书编写以实用、易用为原则，编写体例如下：

1. 法律适用提要。分册皆由该领域法律专家撰写适用提要，帮助读者对立法背景、主要内容、注意事项有更全面深入的理解。

2. 重点法条注释。对重点法条进行条文解读，且给每个条文都提炼条文主旨，帮助读者准确理解法条内容。

3. 配套法规解读。对与主体法重点条文配套的其他法律、法规、部门规章、司法解释、审判政策进行解读，使观点更为鲜明、准确，语言更为通俗、精练，主体法更便于读者理解和适用。

4. 关联法规索引。详细列出与主体法条文相关联的法规的名目，方便读者查询使用。

5. 典型案例精选。重点条文下精选典型案例，以案说法、以案析法。

6. 附录法规实用。书末收录与本领域紧密相关的法律、法规和司法解释，增强法律法规的实效性。

需要说明的是，本丛书的“适用提要”“条文主旨”“条文解读”“法规解读”等内容皆是编者为方便读者阅读、理解而编写，非国家正式颁布的法律文本，不具有法律效力。

总之，我们所有的付出都旨在提高本书的实用性，以满足广大读者的需求。书中不足之处还望读者在使用过程中不吝赐教，提出宝贵意见，以便本书继续修订完善。

法律出版社法规中心

2022 年 11 月

目　　录

中华人民共和国民法典

第一编　总　　则

中华人民共和国民法典

（2020年5月28日第十三届全国人民代表大会第三次会议通过
2020年5月28日中华人民共和国主席令第45号公布
自2021年1月1日起施行）

第一编 总 则

第一章 基本规定

第一条 【立法目的和依据】为了保护民事主体的合法权益，调整民事关系，维护社会和经济秩序，适应中国特色社会主义发展要求，弘扬社会主义核心价值观，根据宪法，制定本法。

条文解读

本条是关于《民法典》立法目的和依据的规定。

根据本条规定，我国《民法典》的立法目的主要包括以下几点：

第一，保护民事主体的合法权益。民法是以确认和保护民事权利主体的合法权益为己任的权利法，在保护民事主体权益方面具有其他法所不可替代的作用。民事主体的合法权益包括人身权利、财产权利、兼具人身和财产性质的知识产权等权利，以及其他合法权益。民法的各项制度设计和构建都坚持人民主体地位，以保障人的基本权利为出发点和落脚点。《民法典》在全面保障民事主体权益方面呈现出许多亮点。例如,在法律上正式确认隐私权,以回应人们对个人隐私日益重视的诉求;将个人信息列为新的民事权利,用法律的手段加以保护,体现对基本人权的尊重;对知识产权的客体进行详细列举,扩大了知识产权的保护范围。

第二,调整民事关系。民法保护民事权利,是通过调整民事关系来实现的,即平等主体之间的人身关系,如人格关系和身份关系,以及平等主体之间的财产关系,如基于物权、债权而形成的关系。民法通过各种具体制度、规则调整民事主体之间的相互关系,最终目的是促进和实现民事主体之间的各种秩序的和谐。

第三,维护社会和经济秩序。民法规范既是指导规范,也是裁判规范。一方面,民法具有指导和引领人们行为的功能;另一方面,在发生民事纠纷时,法院依据民法相关规定来确定当事人间的权利、义务和责任,体现裁判功能。通过指导和裁判功能的实现,民法规范有助于民事主体之间确立起正常和谐的市民关系,从而有力维护社会和经济秩序。

第四,适应中国特色社会主义发展需求。民法作为上层建筑,由经济基础决定,并与经济基础相适应。中华人民共和国成立以来,特别是改革开放以来,中国特色社会主义建设取得了巨大成就,中国特色社会主义法律体系也已形成。随着改革开放的深入推进和市场经济的进一步繁荣,人民群众对于提高权益保障的法治化水平的期望和需求越来越高。《民法典》的编纂,一方面有利于继续巩固和维护我国基本经济制度,另一方面有利于健全社会主义市场经济法治,更好适应中国特色社会主义发展的客观需要。

第五,弘扬社会主义核心价值观。社会主义核心价值观是社会主义核心价值体系的内核,体现社会主义核心价值体系的根本性质和基本特征,反映社会主义核心价值体系的丰富内涵和实践要求,是社会主义核心价值体系的高度凝练和集中表达。社会主义核心价值观的基本内容包括:富强、民主、文明、和谐、自由、平等、公正、法治、爱国、敬业、诚信、友善。其中,富强、民主、文明、和谐是国家层面的价值目标,自由、平等、公正、法治是社会层面的价值取向,爱国、敬业、诚信、友善是公民个人层面的价值准则。《民法典》将"弘扬社会主义核心价值观"作为一项重要的立法目的开宗明义地规定在第1条,将其融入立法全过程,强化规则意识、增强道德约束、倡导契约精神、弘扬公序良俗,体现了坚持依法治国与以德治国相结合的鲜明中国特色。

《宪法》是国家根本法,是其他法律制定的依据。我国《立法法》明确规定,《宪法》具有最高法律效力，一切法律、行政法规、地方性法规、自治条例和单行条例、规章都不得同《宪法》相抵触。"根据宪法，制定本法"，明确了《民法典》的立法依据是《宪法》，民法的规定必须体现宪法原则和宪法精神，不得违背《宪法》。

关联法规索引

《宪法》第51条

典型案例

大同市平城区水泊寺乡马家小村村民委员会与大同市北方铸石工业有限责任公司不当得利纠纷案[1]

※案情简介：上诉人大同市平城区水泊寺乡马家小村村民委员会因与被上诉人大同市北方铸石工业有限责任公司（以下简称北方铸石有限公司）一般取回权、不当得利纠纷一案，不服山西省大同市中级人民法院（2020）晋02民初74号民事判决，提起上诉。

被上诉人大同北方铸石有限公司于2004年、2005年相继租赁了上诉人两处相邻的院落办厂，2016年7月27日山西省高级人民法院（2016）晋民终220号判决书判决被上诉人解散，2016年10月10日双方解除了租赁合同，2016年10月15日双方又订立了《房屋场地接收移交书》，2016年12月16日大同市中级人民法院以（2016）晋02民清算字第1－1号裁定受理对被上诉人的强制清算申请，但经上诉人反复催促，被上诉人一直不按协议移交房屋场地，且其从2015年6月至今一直不向上诉人支付土地房屋租、占用费，持续不断地加重上诉人的损失。上诉人多次以口头和书面方式向被上诉人及其清算组提出收回房屋场地并支付清算期间房屋场地占用费的请求，被上诉人及其清算组一直置之不理，故此提起一审诉讼。一审判决确认北方铸石有限公司对大同市平城区水泊寺乡马家小村村民委员会的24万元债务为共益债务，驳回大同市平城区水泊寺乡马家小村村民委员会其他诉讼请求。

---

〔1〕 本案根据山西省高级人民法院（2021）晋民终249号判决书整理。

※争议焦点：本案的争议焦点有两个：一是上诉人要求被上诉人腾退土地及地上建筑物的主张是否应予支持；二是上诉人所主张的土地及地上建筑物占用费，即被上诉人对上诉人共益债务的数额确认问题。

※判决结果：法院认为双方签订的租赁合同已解除，被上诉人应当依法返还租赁物。上诉人请求返还租赁物有充分的事实和法律依据。原审法院以双方已签署《房屋场地接收移交书》为由不予审理，明显不当，应予纠正。关于上诉人在原审中的第2项诉讼请求，即要求被上诉人拆除搬迁在其占据的上诉人土地上自建自购的建筑物及相关的设施设备，因其在上诉请求中未提出该请求，不予处理。

双方签订的两份租赁合同租赁期限分别到2043年1月15日与2044年8月7日，租金每年合计为6万元，尽管双方合同已解除，但双方在签订合同时对租金均有合理预期。原审法院综合考虑租赁合同对租金的约定及场地使用管理等情况，酌定场地占用费为每年8万元并无不当，予以支持。

※案例解读：二审法院纠正了一审判决，维护了上诉人的合法权益。民事审判要制裁民事违法行为，保护当事人的合法权益，教育公民自觉遵守法律，维护社会秩序、经济秩序，而维护社会和经济秩序亦是《民法典》的基本规定。任何人都没有权利不经他人同意就占有、使用他人的财产。

第二条 【调整范围】民法调整平等主体的自然人、法人和非法人组织之间的人身关系和财产关系。

条文解读

本条是关于《民法典》调整范围的规定。

法律的调整范围，是指法律所规范的社会关系的类型。一个国家的法律体系由规范不同社会关系的不同法律部门组成，如中国特色社会主义法律体系就是由宪法、行政法、民法、刑法、经济法、社会法等不同法律部门共同组成。

民法的调整范围即民法的调整对象，它决定了民法的基本内容，是民法与其他部门法律相区别的重要标准。民法和经济法共同为建立和维护社会主义市场经济秩序发挥重要作用，但长期以来，民法与经济法的调整范围存在争议，《民法通则》[1]的制定明确了民法的调整范围：凡是平等主体之间的横向交易关系都由民法调整，而国家在管理、指导、监督经济活动中所形成的纵向经济行政关系则由经济法调整。《民法典》继续沿用《民法通则》的规定。

依据该条规定，民法的调整对象是平等主体的自然人、法人和非法人组织之间的人身关系和财产关系。

第一，《民法典》扩大了平等主体的范围。民法调整的社会关系的本质特点在于其平等性，这是民法区别于其他部门法的根本特点。所谓平等主体，并非指一般意义上主体间的平等性，而是指主体以平等身份介入到具体的社会关系中来。例如，行政机关和自然人、法人或非法人组织之间的关系。如果行政机关在从事行政管理活动时，与某公司形成地位不平等的行政法律关系，这就不属于民法调整范围；如果行政机关因购买商品而与某公司签订买卖合同，这时行政机关是以机关法人的身份参与其中，机关法人与其他民事主体之间的法律地位是平等的，这种买卖合同关系就应当由民法调整。

《民法通则》第 2 条规定："中华人民共和国民法调整平等主体的公民之间、法人之间、公民和法人之间的财产关系和人身关系。"与《民法通则》第 2 条相比，《民法典》总则编第 2 条基于社会实践和多数意见，创设了除自然人、法人之外的第三类民事主体，即非法人组织，赋予个人独资企业、合伙企业等不具有法人资格的组织民事主体地位，有利于其开展民事活动，顺应了经济社会发展的需求。

第二，平等主体之间的人身关系。人身关系，是指没有直接的财产内容但有人身属性的社会关系，包括两类：其一，是基于自然人、法人和非法人组织的人格产生的人身关系，表现为自然人和法人的人格权，如自然人的生命和健康权、姓名权、肖像权、名誉权、荣誉权、婚姻自主权等，法人的名称权、名誉权、荣誉权等。其二，是基于自然人的一定身份产生的人身关系。这里的身份特指特定关系中不可转让的地位，如因亲属关系所产生的夫妻之间、父母子女之间相互享有的身份权，因监护关系产生的监护权等。法人和非法人组织一般不享有身份权，因而法人与非法人组织不会产生身份关系。

第三，平等主体之间的财产关系。财产关系，是指民事主体之间具有经济内容

---

〔1〕《民法通则》自 2021 年 1 月 1 日起失效。后文不再赘述。

的社会关系。并不是所有具有经济内容的社会关系都是民法调整的对象。例如，税收关系、国有资产管理关系，虽然是财产关系，却并不属于民法调整的对象，因为这些关系并不是平等主体之间的财产关系。民法所调整的是平等主体间的财产关系，它包括静态的财产关系和动态的财产关系，前者主要是物权的归属关系，如所有权关系；后者主要是动态的财产流转关系，如债权债务关系。

民法所调整的平等主体之间的人身关系和财产关系具有密切的联系。例如，继承权虽为财产权，但其实现以身份权为前提；又如，著作权既包括身份权内容又包括财产权内容。在现代科学技术和经济条件下，越来越多的人格权益可以经商业化利用转化为财产权益，人格权和财产权之间的联系日益紧密，甚至出现了兼具人身权和财产权内容的平等主体之间的社会关系，如知识产权关系等。

配套法规及解读

《最高人民法院关于适用〈中华人民共和国民法典〉总则编若干问题的解释》(2022年2月24日)

第一条 民法典第二编至第七编对民事关系有规定的，人民法院直接适用该规定；民法典第二编至第七编没有规定的，适用民法典第一编的规定，但是根据其性质不能适用的除外。

就同一民事关系，其他民事法律的规定属于对民法典相应规定的细化的，应当适用该民事法律的规定。民法典规定适用其他法律的，适用该法律的规定。

民法典及其他法律对民事关系没有具体规定的，可以遵循民法典关于基本原则的规定。

※法规解读：《民法典》总则编司法解释第1条是关于《民法典》与其他民事法律适用范围划分的规定。根据《民法典》第2条的规定，《民法典》调整平等主体之间的财产关系和人身关系。但是，除《民法典》之外，还存在其他民事法律，如《公司法》《票据法》等，这涉及《民法典》与这些民事特别法之间的调整对象和法律适用范围问题。为了解决实践中适用法律困难，该解释对这一问题作了明确：

一是如果《民法典》各分编对民事关系有明确规定，适用《民法典》各分编的具体规定；如果各分编没有规定，则适用《民法典》总则编的规定。但是如果民事关系在性质上不能适用《民法典》总则编的规定，则不得适用。

二是其他民事法律与《民法典》的关系问题。“其他民事法律”既包括其他民商事单行法，也包括其他法律中关于民事关系的规定。例如，《环境保护法》关于环境污染致害责任的规定等。根据本条规定，适用“其他民事法律”的情形有二：其一，其他民事法律的规定属于对《民法典》相应规定的细化的，应当适用该民事法律的规定；其二，《民法典》规定适用其他法律的，适用该法律的规定。

三是《民法典》及其他法律对民事关系没有具体规定的，可以遵循《民法典》关于基本原则的规定。

关联法规索引

《民法典》第 206 条第 3 款、第 464 条

典型案例

代某龙与沧州河北梆子剧团房屋买卖合同纠纷案[1]

※案情简介：1999 年 7 月 10 日，原、被告双方签订了《拆迁安置协议》，但随后被告拒绝履行协议所约定的安置义务，故原告于 2001 年诉至法院，法院审理后作出（2001）运民一初字第 914 号民事判决书，判令被告履行《拆迁安置协议》。判决生效后，被告为原告安置了运河区新华中路梨园小区×栋×单元×××室和×栋×单元×××室两套房屋。后来，原告在得知安置房屋可以办理产权登记手续后，多次找到被告协商办理，但被告均以种种理由推脱。被告称因剧团与职工签订的《拆迁安置协议》违背国家房改政策，即职工购房应当按照新的政策缴纳可购面积每平方米 1000 元的建房款，超出标准的面积按照涨幅价格的 10% 缴纳。原告一直不愿意按照新政策的规定补交符合条件的购房差价以及超面积差价，致使集资建房账户存在拖欠预留住房维修基金款项的问题，严重影响了×号楼其他住户的合法权益。双方因此发生纠纷。

原告请求依法判令被告协助原告办理房屋产权登记的相关手续，被告反诉请

[1] 本案根据河北省沧州市运河区人民法院（2021）冀 0903 民初 1358 号判决书整理。

求被反诉人补交按照政策可购房差价。

※争议焦点：本案的争议焦点有两个：一是原告与被告就占房、腾房达成的《拆迁安置协议》是否属于法院的受案范围，二是反诉人的诉求是否属于法院的受案范围。

※判决结果：法院认为原、被告之间签订的《拆迁安置协议》未违反法律、行政法规的效力性强制性规定，应认定合法有效，双方应按约履行。本案系平等主体之间的合同纠纷，属于人民法院受理民事诉讼的范围。被告协助原告办理房屋产权转移登记手续系履行合同的附随义务，故对原告的诉讼请求，法院予以支持。关于原告在办理案涉房屋产权登记的过程中是否需要缴纳相关费用或差价等问题，应由相应的行政主管部门予以确定，原告应依法依规依政策予以缴纳。为此，被告的反诉不属于法院受案范围，法院另行制作裁定书，予以处理。依照《最高人民法院关于适用〈中华人民共和国民法典〉时间效力的若干规定》第 20 条、《合同法》[1]第 60 条的规定，判决被告沧州河北梆子剧团于判决生效后 30 日内协助原告代某龙办理运河区新华中路梨园小区×栋×单元×××室和×栋×单元×××室两套房屋的产权过户手续。

※案例解读：民法调整的是平等主体的自然人、法人和非法人组织之间的人身关系和财产关系。本案中原被告双方是基于平等自愿签订的合同，且合同内容不违反法律、行政法规的效力性强制性规定，因此属于民法调整的范围。被告反诉原告办理房屋产权登记应缴纳相关费用或者差价的问题，应当由行政法调整，不属于民法所调整的范围。

第三条 【民事权益受法律保护】民事主体的人身权利、财产权利以及其他合法权益受法律保护，任何组织或者个人不得侵犯。

条文解读

本条是关于民事权益受法律保护的规定。

民事权益受法律保护原则主要包括以下内容：

---

〔1〕《合同法》自 2021 年 1 月 1 日起失效。后文不再赘述。

第一，民法主要保护民事主体的人身权利、财产权利等权益。其中，人身权利包括生命权、健康权、姓名权、肖像权、名誉权、荣誉权、隐私权、婚姻自主权、监护权等；财产权利包括所有权、用益物权、担保物权、股权等。除此以外，兼具人身和财产性质的知识产权、继承权等权利同样受法律保护。

第二，任何合法权益都受法律保护。除了列明的民事权利外，有些民事权益法律并未明确规定，但确有必要予以保护的合法权益也应当受到法律的保护。任何组织和个人都不得非法侵害，也不得非法干预权利人行使权利。

第三，民事主体受法律保护的权益受到侵害时，法律予以救济。权利人既可以依法请求行政机关予以保护，也可以诉请人民法院或仲裁机关予以判决或裁决。

实现法治，就是要依法治国，其重点在于：一方面规范公权力，另一方面保障私权利。民事权益受法律保护原则体现了法治价值观，主要体现在两个方面：其一，民事主体的人身权利、财产权利和其他合法权益都受法律保护，任何组织和个人都不得侵犯。其二，侵犯民事主体合法权益的组织和个人都应承担相应的民事责任。

关联法规索引

《宪法》第 13 条；《民法典》第 1164～1166 条

典型案例

陈某锁与刘某琴等生命权、健康权、身体权纠纷案〔1〕

※案情简介：上诉人陈某锁因与被上诉人刘某琴、娄某正生命权、身体权、健康权纠纷一案，不服大连市甘井子区人民法院(2021)辽 0211 民初 1631 号民事判决，向辽宁省大连市中级人民法院提起上诉。

2019 年 3 月 10 日早晨，原告娄某正认为被告女婿家堆放在道路南侧的木板堆到了自己家道路南侧的草垛上，将被告女婿家的木板堆回到被告女婿家，还焊了护栏。晚上 6 时许，被告看到自己家木板被搬走，就到原告家，原告娄某正开门，被告问原告娄某正为什么挪动木板。双方发生口角，被告用手打了原告脸部，后被拉

〔1〕 本案根据辽宁省大连市中级人民法院(2022)辽 02 民终 212 号判决书整理。

开,原告娄某正当晚到大连市中心医院诊疗,花费医疗费276元。2019年3月11日早晨,城管工作人员在双方家门外处理草垛事宜,原告不同意挪走放在道路南侧的草垛,后在城管与原告娄某正说话的时候,被告推了原告娄某正一下,后又上去抓了原告娄某正头部两下,在场人员拉开双方,后原告刘某琴朝被告冲来,被告女儿上去拦原告刘某琴,原告刘某琴朝被告女儿踹了一脚,被告上来打了原告刘某琴头部和脸部,原告刘某琴仰面倒在地上,原告娄某正欲回家拿木棒,原告刘某琴起身在其自己家大门口拦着原告娄某正,双方再也没动手。后原告报警,红旗派出所对原告刘某琴罚款500元,对被告拘留7日、罚款200元。事发当日中午,原告刘某琴到大连市中心医院诊疗,花费门诊费1112.81元。当晚,原告刘某琴又到大连市第五人民医院住院治疗,诊断为头部外伤、左臂软组织挫伤,住院7日,花费门诊医疗费8元、住院医疗费2919.67元,合计4040.48元,另花费交通费10.8元。

※争议焦点:本案中,主要争议焦点是上诉人是否应当承担赔偿责任。

※判决结果:二审法院认为,依据公安机关对案涉事件当事人所作的行政处罚决定书的记载,存在上诉人打刘某琴头部和脸部,及之后刘某琴摔倒的事实。刘某琴当日到大连市第五人民医院就诊治疗。该医院关于“头部外伤、左臂软组织挫伤”的诊断与公安机关认定的侵权事实基本相符。虽然案涉鉴定机构对被上诉人关于医疗用药合理性、是否需要加强营养等事实予以退鉴,但本案现有事实足以证明刘某琴入院治疗的事实与上诉人的侵权行为存在因果关系。判决驳回上诉,维持原判。由上诉人陈某锁赔偿刘某琴医疗费等损失2851元,赔偿娄某正医疗费165.6元。

※案例解读:其他合法权益受法律保护,任何组织或者个人不得侵犯。被侵权人对同一损害的发生或者扩大有过错的,可以减轻侵权人的责任。本案上诉人与被上诉人因堆放草垛发生纠纷,上诉人打了被上诉人娄某正,次日在城管工作人员处理期间,双方不听劝阻,又发生纠纷,进而发生厮打,在厮打中被告打了被上诉人刘某琴,对于被上诉人在检查、治疗期间产生的合理费用,上诉人应当予以赔偿。由于双方对损害发生均有过错,故应当依法减轻上诉人应承担的赔偿责任,由上诉人对被上诉人的合理损失承担60%的赔偿责任。

第四条 【平等原则】民事主体在民事活动中的法律地位一律平等。

条文解读

本条是关于民法平等原则的规定。

平等原则的内涵包括：

第一，民事主体权利能力一律平等。权利能力是民事主体享有民事权利、承担民事义务的法律资格。这种法律资格，不论自然人性别、年龄、信仰、种族、财富如何，不论法人或非法人组织的规模与实力如何，以及从事何种业务，所有民事主体从法律人格上来说都是平等的、无差别的。

第二，民事主体在从事民事活动时法律地位平等。例如，国家行政机关在从事行政管理时，与被管理的行政相对人的关系是不平等的，是管理与被管理的关系或者隶属关系。但是，当国家行政机关在与自然人从事交易时，二者的法律地位则是平等的。

第三，民事主体的合法权益受到法律平等保护。这意味着当事人的权利平等地受到法律保护，不因身份不同或经济地位不同而不同，民事主体的权利受到侵害时，在法律适用上是平等的，都能获得同等的法律救济。

第五条　【自愿原则】民事主体从事民事活动，应当遵循自愿原则，按照自己的意思设立、变更、终止民事法律关系。

条文解读

本条是关于自愿原则的规定。

自愿原则，又称意思自治原则，是指当事人根据自己的利益需要充分表达自己的意愿，以确立、变更、终止民事法律关系，并自觉承受相应的法律后果。自愿原则体现了民事活动最基本的特征，民法中具体体现为合同自由、婚姻自由、家庭自治、遗嘱自由以及过错责任等。

本条内涵包括：

第一，民事主体有权自愿从事民事活动。无论在人身关系还是财产关系中，民事主体均有权表达自己的意愿，不受其他任何人的强迫即民事主体可以自行决定是否参加某种民事活动。

第二,民事主体有权自主决定民事法律关系的内容。在决定参加民事活动后,民事主体可以根据自己的意愿与利益决定与谁建立何种民事法律关系,并且有权利决定相关的权利义务内容及行为方式。比如,自然人甲想要买一个手机,甲可以自主选择购买地点、品牌和型号,任何人都不能强迫甲必须购买某一手机。

第三,民事主体有权决定民事法律关系的变动。民事法律关系的产生、变更和终止都应由民事主体根据自己的意愿自主决定。例如,自然人甲乙约定好买卖某品牌某型号手机,签订了买卖合同,之后发生了断货等合同解除或终止事由,甲乙有权按照约定解除或终止合同。

第四,民事主体应当自觉承受相应法律后果。意思自治的必然要求就是每个人对自己的行为负责。民事主体在行使权利的同时自觉履行约定或法定义务,并承担相应的法律后果。

值得注意的是,任何自由都不是绝对的自由,而是相对的、有限制的自由,法律必须对自由予以一定限制。同理,自愿或者意思自治也不是毫无约束的自由或放任。民事主体的意思自治要受到民法的公平原则、诚信原则等基本原则的约束,民事主体在从事民事活动时要公平合理、诚实守信,不得违反法律和公序良俗。

关联法规索引

《民法典》第 1046 条、第 1104 条、第 1176 条;《劳动合同法》第 3 条

典型案例

薛某伟、颜某芬等与刘某贵排除妨害纠纷案[1]

※案情简介:上诉人薛某伟、颜某芬因与被上诉人刘某贵排除妨害纠纷一案,不服江苏省镇江市经济开发区人民法院(2021)苏 1191 民初 27 号民事判决,向江苏省镇江市中级人民法院提起上诉。

薛某华与马某宏于 1969 年 9 月 17 日结婚,薛某伟、马某峰系薛某华与马某宏的婚生子,马某宏的父亲马某智、母亲王某英分别于 2002 年、2013 年去世。薛某伟

〔1〕 本案根据江苏省镇江市中级人民法院(2021)苏 11 民终 3642 号判决书整理。

与颜某芬系夫妻关系。马某宏户所有的位于大港街道兴港村蔡家湾的不动产于2012年被拆迁，安置人为马某宏、薛某华、马某峰、田某燕、马某馨、薛某伟、薛某共7人，马某宏作为户主（产权人）与镇江新区拆迁事务所签订不动产拆迁安置补偿安置协议，分得龙泉新苑×幢×层×××室、龙泉新苑×幢××××室（以下简称涉案不动产）、龙泉新苑×幢××××室拆迁安置房3套。2016年5月16日，马某宏作为原产权人与镇江新区拆迁事务所签订了购优惠价商品房工作联系单，将上述龙泉新苑×幢××××室的不动产确认给了马某峰。嗣后，马某峰办理了龙泉新苑×幢××××室不动产的权属证书。

2016年7月12日，马某宏单独与镇江瑞城房地产开发有限公司签订有关涉案不动产的商品房买卖合同并进行了备案登记。2017年3月27日，马某宏与刘某贵签订《二手房买卖合同（暂不过户）》，约定：（1）马某宏将涉案不动产出售给刘某贵，不动产总价为32万元；（2）刘某贵于2017年3月27日一次性支付马某宏25万元，剩余房款7万元自马某宏办理房产证起3日内，刘某贵一次性支付马某宏5万元，剩余2万元在房产证办理完成后付清；（3）双方约定自马某宏办理完产权证之日即房产证办理完成满两年之日起3个月内，马某宏协助刘某贵向有关部门申请办理相关附属设施和相关权益的更名手续。

上述合同签订当日，刘某贵向马某宏转账24万元，并给付现金1万元，共计25万元。同日，马某宏向刘某贵出具收条并将涉案不动产的钥匙交付刘某贵，收条载明马某宏收到刘某贵购涉案不动产房款人民币25万元整（1万元现金，24万元转账）。刘某贵收到马某宏交付的涉案不动产钥匙后，对涉案不动产进行了装修并实际入住至今。薛某伟、颜某芬垫付了涉案不动产的部分电费共计189.81元，被告刘某贵与原告薛某伟、颜某芬就该涉案不动产所属发生了纠纷。

※争议焦点：（1）刘某贵与马某宏签订的《二手房买卖合同》应否解除，刘某贵应否将涉案不动产搬迁腾让归还给薛某伟、颜某芬；（2）一审法院程序是否违法及案件受理费收取是否合理。

※判决结果：法院认为，马某宏与刘某贵签订的房屋买卖合同不应解除，且薛某伟、颜某芬有义务协助办理涉案不动产的过户手续。首先，房屋买卖合同是马某宏、刘某贵双方真实意思表示，对双方当事人具有法律约束力。马某宏2018年8月4日的遗嘱内容可以印证房屋买卖的事实存在，且有薛某华、薛某伟、马某峰等家庭成员及亲属9人在该遗嘱见证人处签字，均表明薛某华、薛某伟、马某峰等人

对马某宏出售涉案房屋的事实知晓且无异议。马某宏2018年8月18日的遗嘱未对涉案房屋重新处分,没有改变2018年8月4日遗嘱的实质内容,仅是委托薛某华全权办理两套房屋的房产申领及后续事宜。马某宏已于2017年3月27日实际交付涉案房屋,且刘某贵装修入住至今,故马某宏与刘某贵签订房屋买卖合同,不违反法律、法规的规定,应受到法律保护,合同继续履行。薛某伟、颜某芬提供2018年8月18日遗嘱和协议等证据以否定其遗嘱见证意思表示,并认为马某宏无权处分共有涉案房屋依据不足,亦与倡导维护市场交易安全和建设诚信社会秩序不符,法院对薛某伟、颜某芬要求解除涉案房屋买卖合同的上诉理由,不予采信。薛某伟、颜某芬在知晓房屋买卖合同事实的情况下于2020年3月领取了涉案房屋的产权证,登记在薛某伟、颜某芬名下的案涉房屋缺乏依据,薛某伟、颜某芬应当承继马某宏的合同义务,承担协助办理案涉房产过户给刘某贵的义务。据此,本院对薛某伟、颜某芬的其不是案涉房屋买卖合同的当事人,不应当承担协助办理案涉房屋过户义务的上诉理由不予采信。根据(2021)苏11民终3634号民事判决以及(2019)苏1191民初674号民事判决的结果,薛某伟、颜某芬主张刘某贵应将涉案不动产搬迁腾让归还的诉请显然不能成立,本院对薛某伟、颜某芬的上诉请求不予支持。

法院认为,一审法院调取相关证据虽有不妥,但未达到程序违法的程度。薛某伟、颜某芬上诉认为,在当事人未申请调取证据材料,一审法院就关联案件证据材料进行调取等程序违法。根据《民事诉讼法》的规定,当事人及诉讼代理人因客观原因不能自行收集的证据,或者人民法院认为审理案件需要的证据,人民法院应当调查收集。一审法院审理中,依职权调取了关联案件庭审笔录和相关证据,并向镇江新区不动产登记中心调取涉案房屋的产权证书,上述行为不违反《民事诉讼法》的规定。故对薛某伟、颜某芬称一审程序违法的上诉意见,不予支持。

关于一审法院减半收取案件受理费3050元,是否符案件受理费收取标准的问题,薛某伟、颜某芬应当根据《民事诉讼法》的相关规定向一审法院反映解决,本案不予理涉。判决驳回上诉,维持原判。

※案例解读:民事主体从事民事活动,应遵循自愿原则,秉承诚实,恪守承诺。马某宏与刘某贵自愿签订房屋买卖合同,不违反法律法规的规定,合同受到法律保护,因此上诉人薛某伟、颜某芬的上诉理由不能成立,上诉人应当协助被上诉人办理房屋过户手续。

第六条　【公平原则】民事主体从事民事活动，应当遵循公平原则，合理确定各方的权利和义务。

条文解读

本条是关于公平原则的规定。

公平原则，是指民事主体秉持公平公正的观念实施民事行为，司法机关根据公平公正的观念处理民事纠纷。同时，民事立法也应当充分体现公平理念。

本条内容包括：

第一，公平原则要求民事主体从事民事活动时按照公平理念行使权利、履行义务。例如，订立合同的双方，权利义务应当相适应，不能一方只享受权利另一方只承担义务，也不能一方享受的权利和承担的义务相差悬殊。

第二，公平原则要求民事主体合理承担民事责任。例如，在过错责任中，双方对损害的发生都有过错的，应当依双方的过错程度分担责任。在无过错责任中，不论行为人有没有过错，都应当承担责任；但是，行为人有免责或者减轻责任事由的，可不承担责任或减轻责任。

第三，公平原则是人民法院审理民事纠纷时应当遵循的基本裁判准则。在司法裁判中，法官应当遵循法律规则、秉持公正原则处理每一个具体案件。尤其当法律没有明确规定或规定较为模糊时，法官更应当按照公平原则，平衡各方利益，保障司法公正。

关联法规索引

《民法典》第 496 条第 2 款、第 533 条；《劳动合同法》第 3 条

典型案例

杨某、梁某秋房屋租赁合同纠纷案[1]

※案情简介：上诉人杨某因与被上诉人梁某秋房屋租赁合同纠纷一案，不服广

〔1〕 本案根据广东省佛山市中级人民法院(2021)粤 06 民终 15037 号判决书整理。

东省佛山市南海区人民法院(2021)粤0605民初10069号民事判决,向广东省佛山市中级人民法院提起上诉。

位于黄岐渤海路东侧地税分局南面综合商业楼于2008年9月1日取得临时建设工程施工备案证。2020年8月16日,梁某秋(出租方、甲方)与杨某(承租方、乙方)签订《租赁合同》,约定甲方将位于1、2号铺(面积296平方米)给乙方开设餐厅,租赁期为6年,从2020年8月15日起至2026年8月14日止;2020年8月15日至2022年8月14日每月租金为22,800元,乙方应于每月10日前向甲方缴纳当月租金及水费、垃圾费(垃圾费为每月250元);签订合同之日,乙方向甲方交纳50,000元给甲方作租赁保证金。乙方必须按时如数向甲方交纳租金、水电费。逾期15天交纳,甲方有权停水停电,直到交纳完毕为止;逾期一个月违约,乙方逾期交纳租金时间超过30天的,甲方有权单方面终止合同,并没收保证金,收回出租物及所有建筑、装修及水电设施。杨某支付了2020年11月的部分租金10,000元予梁某秋,后续租金没有支付。梁某秋于2021年2月21日对涉讼房屋换锁,杨某的物品仍在涉讼房屋内,杨某拒绝搬走,双方因此产生纠纷。

※争议焦点:(1)杨某能否用租赁保证金50,000元抵扣其应向梁某秋支付的占有使用费;(2)杨某是否无须向梁某秋支付自2021年6月8日起至腾退租赁物期间的占有使用费。

※判决结果:法院认为,本案为房屋租赁合同纠纷。根据查明的事实、当事人的上诉和答辩意见,本案分析如下:

首先,关于租赁保证金。杨某二审主张应将其已向梁某秋交纳的租赁保证金50,000元抵扣其应向梁某秋支付的占有使用费。经审查,杨某一审中未针对租赁保证金的返还或抵扣提起反诉。因此,杨某二审主张将租赁保证金抵扣其应向梁某秋支付的占有使用费,属于新的主张,因梁某秋不同意在本案中处理,杨某可另行主张。

其次,关于占有使用费。杨某二审主张无须向梁某秋支付自2021年6月8日起至腾退租赁物期间的占有使用费,理由是梁某秋应先就其擅自变卖杨某财物的行为向杨某赔偿损失。法院认为,杨某与梁某秋的租赁合同无效,杨某负有腾退租赁物的义务。杨某主张梁某秋非法处分其财物,但其一审未提起反诉,可以另案主张权利,其以此为由抗辩履行腾退租赁物的义务,缺乏依据,本院不予支持。一审法院确定杨某应自2021年6月8日起参照合同约定的场地占用费的一半即每月11,400元支付场地占用费至腾退租赁物之日止,并无不当,法院予以维持。判决驳回上诉，维持原判。

※案例解读：民事主体从事民事活动应遵循公平原则，杨某应参照合同约定的标准支付占用期间的场地占用费予梁某秋。2021 年 2 月 21 日起，梁某秋对涉讼租赁物换锁，导致杨某无法正常使用涉讼租赁物也无法搬离，相应场地使用费损失应由梁某秋自行负担。2021 年 6 月 8 日庭审中，杨某在梁某秋同意配合的情况下，拒绝腾退租赁物予梁某秋，导致场地使用费损失扩大，故杨某应自 2021 年 6 月 8 日起参照合同约定的场地占用费的一半，即每月 11,400 元支付场地占用费至腾退租赁物之日止。

第七条　【诚信原则】民事主体从事民事活动，应当遵循诚信原则，秉持诚实，恪守承诺。

条文解读

本条是关于诚信原则的规定。

诚实信用原则要求所有民事主体在从事民事活动时都应秉持诚信、善意，信守自己的承诺。诚实信用原则作为民法最为重要的原则之一，被称为民法的“帝王条款”，是各国民法公认的基本原则。

诚实信用原则具体包括：

第一，民事主体从事民事活动时要诚实，如实告知交易相关信息，不弄虚作假，不欺诈。

第二，民事主体在与他人建立民事法律关系后，恪守信用，按照已作出的承诺行使权利、履行义务。行使权利时顾及他人正当利益和需求，不以损害他人或公共利益的方式获得私利。

第三，民事主体在订立的合同中有约定不明确，或者订约后客观情况发生重大改变时，应依诚实信用原则要求确定当事人之间的权利义务和责任。

本条确定诚实信用原则，弘扬了社会主义核心价值观中的诚信价值。我国传统法律文化历来宣扬严守契约的精神，“君子一言，驷马难追”“君子一诺，重于泰山”，这些民间谚语充分体现了中国人对于诚信的追求。全社会都应树立诚实守信的道德观念，努力建立诚信社会，维护正常生活秩序和经济秩序，为推行法治社会奠定良好基础。

关联法规索引

《民法典》第142条、第466条第2款、第500条;《劳动合同法》第3条

典型案例

刘某海与单某朝农村建房施工合同纠纷案[1]

※案情简介:上诉人刘某海因与被上诉人单某朝农村建房施工合同纠纷一案,不服山东省莘县人民法院(2021)鲁1522民初455号民事判决,向山东省聊城市中级人民法院提起上诉。

上诉人经营楼板销售、钢筋梁建造生意。2019年,单某朝在自己的宅基上自行设计、建设涉案房屋。同年4月,上诉人为被上诉人新建的房屋浇注、架设水泥钢筋房梁,双方约定工程造价2800元。在原告未提供图纸的情况下,被告为原告浇注、架设了房梁。完工数日后,被上诉人发现梁体出现裂缝,遂找上诉人刘某海交涉,要求换梁。上诉人称,因被上诉人保养不善,梁体表层出现的裂缝,不影响主体质量,拒绝了被上诉人请求,双方因此发生纠纷。

※争议焦点:涉案房梁是否存在质量问题,关于被上诉人主张的房梁更换、重作费用是否应予支持。

※判决结果:法院认为,关于涉案房梁是否存在质量问题。上诉人刘某海为被上诉人单某朝的新建房屋浇筑、架设水泥钢筋房梁,完工数日后房梁即出现裂缝。被上诉人委托固泰公司对房梁裂缝进行了安全性评估,经检查,房梁裂缝长42cm、宽4.02mm(贯穿式裂缝),评估结论为房梁存在安全隐患,显著影响房屋整体承载,并建议对开裂的房梁进行修复加固处理,加强日常房屋维护检查。原审法院在一审中进行了现场勘验,查明房梁自上而下断裂,裂缝上下长46cm,宽度为1~5mm。虽然安全性评估系被上诉人单方委托,但与原审法院现场勘验查明的情况相吻合,且裂缝长度和宽度呈逐渐扩大趋势。原审法院根据评估报告及现场勘验

[1] 本案根据山东省聊城市中级人民法院(2021)鲁15民终4559号判决书整理。

的情况，认定涉案房梁存在质量问题和安全隐患，事实清楚，符合客观实际。上诉人以被上诉人居住使用涉案房屋为由，主张不应采信评估报告的理由与事实不符，不予采纳。

关于房梁出现裂缝的原因及责任承担问题。上诉人一审中辩称房梁出现裂缝是由于被上诉人方未按其要求对梁进行覆盖、浇水和维护，并且楼板上得过早。上诉人作为房梁建造的承揽人，负有向被上诉人交付符合质量要求的工作成果的合同义务，上诉人主张房梁完工后应由被上诉人进行维护保养，但未提供证据证明双方存在该约定，其主张按照惯例都是户主进行维护保养，亦缺乏依据，不予支持。

关于被上诉人主张的房梁更换、重作费用是否应予支持。鉴于涉案房梁存在严重裂缝及较大的安全隐患，原审法院根据房屋的现状及危险程度不断增加的趋势，从保障被上诉人方居住安全的角度出发，综合判断后认为房梁通过修复加固处理和日常维护检查仍不足以排除安全隐患，被上诉人提出的对房梁进行更换和重作具有合理性和必要性，并依据三阳公司出具的工程造价鉴定意见，扣除部分费用后，酌定由上诉人按照70%的比例承担被上诉人房梁更换及重作费用、鉴定费、评估费，并无不当。

因此判决驳回上诉，维持原判。

※案例解读：依法成立的合同，受法律保护。当事人应当遵循诚信原则，秉持诚实，恪守承诺。根据合同的性质、目的和交易习惯履行通知、协助、保密等义务。当事人一方违约造成对方损失，对方对损失的发生有过错的，可以减少相应的损失赔偿额。本案中，被上诉人选择要求更换、重作房梁，不违反法律规定。根据上述认定的事实，对房梁出现裂缝产生的损失，应由上诉人承担主要责任，由被上诉人承担次要责任。

第八条　【守法与公序良俗原则】民事主体从事民事活动，不得违反法律，不得违背公序良俗。

条文解读

本条是关于守法与公序良俗原则的规定。

第一，守法原则。守法原则是各国法律普遍公认的基本原则，是指所有民事法律行为都不得违反法律强制性的规定。

第二,公序良俗原则。公序良俗概念由公共秩序和善良风俗两个概念构成。公序是指社会公共利益、国家利益和社会经济秩序;良俗是指善良风俗的简称,相当于社会公共道德,指社会成员所共同认可并普遍遵循的道德准则。其具体指代,学者们归纳出不同类型。例如,有学者认为,可能被判断为违反公序良俗的行为包括:(1)危害国家公序的行为;(2)危害家庭关系的行为;(3)违反性道德行为;(4)射幸行为;(5)违反人权和人格尊重的行为;(6)限制经济自由的行为;(7)违法公共竞争的行为;(8)违反消费者保护的行为;(9)违反劳动者保护的行为;(10)暴利行为。[1] 有学者认为违法公序良俗的行为包括:(1)违反人伦者;(2)违反正义观念者;(3)剥夺个人的或极端限制个人自由者;(4)侥幸行为;(5)违反现代社会制度或妨害公共团体之政治作用等。[2] 还有学者认为违反公序良俗的行为可以进行类型化归类,包括:(1)危害婚姻关系、损害正常的家庭关系秩序的行为;(2)违反有关收养关系的规定;(3)违反性道德的行为;(4)偿还赌债合同;(5)贬损人格尊严和限制人身自由的合同;(6)限制职业选择自由的合同;(7)违反公平竞争的行为;(8)违反劳动者保护的行为;(9)诱使债务人违约的合同;(10)禁止投诉的合同。[3]

公序良俗是一个较为抽象的不确定概念,将其放置在总则中,可以弥补强制性规定的不足。其原因在于,强制性规定不能穷尽生活的全部,无法将所有民事活动都涵盖其中,在法律上设立抽象弹性条款,可以为民事行为提供更为全面的规则和评价标准。

关联法规索引

《民法典》第 143 条、第 979 条第 2 款、第 1012 条

---

〔1〕 梁慧星:《市场经济与公序良俗原则》,载梁慧星主编:《民商法论丛》(第 1 卷),法律出版社 1994 年版,第 57 – 58 页。

〔2〕 史尚宽:《民法总论》,中国政法大学出版社 2000 年版,第 336 – 339 页。

〔3〕 王利明:《中华人民共和国民法总则详解》(上册),中国法制出版社 2017 年版,第 41 – 42 页。

典型案例

北京三个老友技术服务有限公司与北京睿懿文化传播有限公司确认合同无效纠纷案[1]

※案情简介：上诉人北京三个老友技术服务有限公司（以下简称三个老友公司）因与被上诉人北京睿懿文化传播有限公司（以下简称北京睿懿公司）确认合同无效纠纷一案，不服北京市朝阳区人民法院（2021）京0105民初8522号民事判决，向北京市第三中级人民法院提起上诉。

2017年11月16日，三个老友公司（乙方）与北京睿懿公司（甲方）签订《绽放星生品牌美发区域合作协议》及补充协议，约定：合作区域北京市；合作事宜为开设“绽放星生”品牌美发店，从事与“绽放星生”美发相关或与美发相关的活动；甲方授权乙方在协议有效期内、合作区域内使用“绽放星生”品牌，作为乙方美发店的经营品牌；乙方自本协议签订之日起3个工作日内向甲方支付品牌使用费15万元；甲方在收到乙方支付的品牌使用费后，由甲方向乙方提供专项运营服务。另，双方在协议中还对营销合作、履约保证、权利义务终止、保密条款、违约责任、协议解除等进行了约定。三个老友公司主张当时北京睿懿公司宣称拟制作一档造型师创业类真人秀节目《疯狂造型师》，北京睿懿公司称可以通过交20万元保证参赛选手进入前十二强，但是这笔钱需要通过签订品牌门店合作协议的方式进行交易。为了保证己方的参赛选手能够获得前十二强的名次，三个老友公司同北京睿懿公司签订了《绽放星生品牌美发区域合作协议》及其补充协议。三个老友公司称按照双方约定支付款项已达两年有余，但北京睿懿公司承诺的真人秀节目仍未举办，三个老友公司多次与北京睿懿公司负责人联系退款未果，双方就合同效力发生纠纷。

※争议焦点：双方签订的《绽放星生品牌美发区域合作协议》是否有效。

※判决结果：法院认为，本案中，三个老友公司诉讼主张其与北京睿懿公司签订的《绽放星生品牌美发区域合作协议》及其补充协议，真正的意思表示是为了保证三个老友公司参赛选手顺利进入“造型师比赛真人秀节目”的前十二强，该协议必然损害社会公共利益，违背公序良俗，应属无效。根据查明的事实，《绽放星生品

[1] 本案根据北京市第三中级人民法院（2021）京03民终18863号判决书整理。

牌美发区域合作协议》及补充协议约定双方合作事宜为开设“绽放星生”品牌美发店，从事与“绽放星生”美发相关或与美发相关的活动；北京睿懿公司授权三个老友公司在协议有效期内、合作区域内使用“绽放星生”品牌，作为乙方美发店的经营品牌；三个老友公司向北京睿懿公司支付品牌使用费25万元。根据上述协议内容，仅能认定双方达成品牌使用合作关系，并未体现三个老友公司主张的“交钱保名次”等内容，亦不存在违反法律、行政法规的强制性规定及违背公序良俗的情形。三个老友公司诉讼主张协议无效，但其提供的录音及微信聊天记录无法确认真实性且内容亦未体现其主张的事实，故其诉讼主张协议无效以及以协议无效为由要求返还已付款项20万元，缺乏事实与法律依据，不予支持。

综上所述，三个老友公司的上诉请求不能成立，判决驳回上诉，维持原判。

※案例解读：民事主体从事民事活动，不得违反法律，不得违背公序良俗。案例中双方签订的《绽放星生品牌美发区域合作协议》并不存在“交钱保名次”等违反法律、行政法规的强制性规定及违背公序良俗的内容，因此合同有效。

第九条 【绿色原则】民事主体从事民事活动，应当有利于节约资源、保护生态环境。

条文解读

本条是关于绿色原则的规定。

绿色原则，是指民事活动中应当节约资源、保护生态环境的原则。这条原则与其他原则的表述有所不同，其他原则多使用“应当遵循”“不得违反”等表述，绿色原则则是使用“应当有利于”的表述。这体现出：

第一，从立法的角度看，绿色原则是规范民事法律活动的基本规范。

第二，从民事主体的角度看，绿色原则要求民事主体在从事民事活动时应当节约资源、保护生态环境。

第三，从司法的角度看，司法机关在审理民事案件时，要加强对节约资源、保护生态环境的行为的保护。

绿色原则是《民法典》积极回应现代社会问题的体现。它贯彻了《宪法》和法律对于保护环境的要求，落实了党中央关于建设生态文明、实现可持续发展理念的要求，顺应绿色立法要求，具有鲜明时代特征。

关联法规索引

《宪法》第9条第2款；《环境保护法》第6条

典型案例

深圳市罗湖区城市管理和综合执法局与广东联洁环境产业有限公司合同纠纷案[1]

※案情简介：深圳市罗湖区城市管理和综合执法局（以下简称罗湖城管局）因与广东联洁环境产业有限公司（以下简称联洁公司）合同纠纷一案，均不服广东省深圳市罗湖区人民法院（2020）粤0303民初10781号民事判决，向广东省深圳市中级人民法院提出上诉。

2018年10月30日，罗湖区城管局通过罗湖区政府采购中心对"公共场所生活垃圾分类设施采购项目"（项目编号：LHCG2018173982）进行了公开招标。联洁公司于2018年11月28日中标，中标金额405万元。

2019年1月16日，罗湖区城管局与联洁公司就该项目签订了《罗湖区城管局生活垃圾分类设施采购项目合同》（以下简称采购合同），该采购合同与招投标文件在付款期限、产品的部分指标方面有所不同，具体是：（1）招标文件的付款期限为签订合同后15个工作日内支付合同总价的25%，产品验收合格并正常使用1个月后支付合同总价的25%，剩余5%作为产品质量保证金，正常使用1年后一次性不计息支付。（2）产品指标方面主要是"公交站台其他垃圾收集容器"部分尺寸（如允许±10%）以及"五分类垃圾桶"和"660L感应式垃圾收集容器"材质的变更。2019年2月2日，罗湖区城管局向联洁公司发出《罗湖区城市管理局关于催告履行合同义务的函》（罗城关函〔2019〕64号）要求联洁公司于2019年2月3日向罗湖区城管局交付履约保证金或银行出具的保函，并要求联洁公司于2018（应为2019）年2月16日前按合同约定交付产品至指定地点并完成安装，产品须附副省

〔1〕本案根据广东省深圳市中级人民法院（2021）粤03民终21232号判决书整理。

级(含)以上检测机构出具的具有“CMA”认证标志和“CNAS”认证标志有效的检测报告。

2019年3月2日至2019年7月4日,联洁公司在罗湖区内的不同公交站共安装了1686个垃圾桶;2019年7月15日,罗湖区城管局收到50个五分类垃圾桶,联洁公司的送货单(打印单)显示是153个五分类垃圾桶,但手写部分写明“早做好,一直未协调地铁,地铁拒收50个,其余103拉回”。2019年8月8日,深圳市计量质量检测研究院对“公共场所生活垃圾分类设施采购项目”进行抽查,抽查了深圳市罗湖区环卫工人之家、碧波花园公交站、天井湖公交站、怡景地铁站的公交站台垃圾收容器和五分类垃圾桶、660L感应垃圾桶,抽查结果为不符合合同要求。罗湖区城管局要求解除合同并要求联洁公司支付违约金,联洁公司不同意,双方因此发生纠纷。

※争议焦点:本案的争议焦点有三个:一是深圳市罗湖区财政局认定联洁公司中标结果无效是否导致采购合同无效;二是联洁公司是否构成迟延交货;三是双方之间的合同应全部解除还是部分解除。

※判决结果:法院认为,对于焦点一,《政府采购法》并未规定中标结果无效必然导致相应的采购合同无效。联洁公司被认定中标结果无效亦不构成合同法规定的合同无效的事由,故认定联洁公司与罗湖城管局签订的采购合同有效。

对于焦点二,联洁公司与罗湖城管局就罗湖区公共场所生活垃圾分类设施采购项目签订了采购合同,由罗湖城管局向联洁公司采购“公交站台其他垃圾收集容器”2585套、“五分类垃圾桶”250套、“660L感应式垃圾收容器”100套。至本案诉讼发生时,“公交站台其他垃圾收集容器”已交付1686套;“五分类垃圾桶”已交付50套,联洁公司主张曾送货153套,罗湖城管局只收货50套;“660L感应式垃圾收容器”未交付。联洁公司提交的微信聊天记录等证据显示,联洁公司交货、安装前,是由罗湖城管局告知安装地点,联洁公司曾催促罗湖城管局收货,故在罗湖城管局并未举证证实其已事先告知全部安装地点,亦未举证证实已提供可以存放货物的仓库的情况下,案涉合同未在约定期间内全部完成不能完全归咎于联洁公司,故一审认定联洁公司不构成延期供货,并无不当。罗湖城管局上诉称根据会议纪要,其已给予联洁公司宽限期,要求其于2019年6月底更换合格产品并完成全部产品的交付,对此,经查,与会议纪要的原文内容并不一致,不予支持。

对于焦点三,罗湖城管局上诉提出双方合同是对全部产品安装后的整体验收及总价作出约定,不具备部分履行或部分解除的前提,对此,本院认为,罗湖城管局采购的本就是三类不同产品,各有不同数量,具备部分解除以及部分履行的可能性以及可行性。法院对采购合同所涉三类货品逐一论述。

关于“公交站台其他垃圾收集容器”。联洁公司于2019年3月2日至2019年7月4日在指定地点安装1686套垃圾收容器,鉴定部门于2020年10月16日、11月19日提取公交站台其他垃圾收容器共8个,鉴定出8个样品在外桶高度、外桶材质和内桶厚度方面不同程度地存在不符合约定标准的情况,结论为部分指标不符合合同约定的质量标准。本院认为,外桶高度、内桶厚度虽不符合约定标准,但并非影响正常使用的根本问题,且从交付起一直在使用,日常亦有损耗,该结论不足以证明该垃圾收容器存在根本质量问题。关于底座材质更换的问题,联洁公司未充分举证与罗湖城管局协商一致更换,但即便罗湖城管局负责该项目的对接人同意,联洁公司亦应保证材质变更后底部不锈蚀,但罗湖城管局提交的照片与鉴定意见均体现出底部有比较明显的锈迹。罗湖城管局主张锈迹导致路面清洗及维护成本增加,该问题确实存在,但从联洁公司提交的证据看,变更底部材质的垃圾收容器为100多台,数量不多,不足以否认全部垃圾收容器的底座质量,且正常情况下,垃圾收容器的使用也会产生损耗,也需要维护,所以若因底座材质问题造成额外的清洁损失,罗湖城管局可另循途径解决。涉案1686套垃圾收容器已交付两年多,至今仍在使用,若仅因尺寸、厚度问题就将案涉正在使用的垃圾收容器全部更换,确实不利于节约资源,也非公众所能认可。基于此,法院认可一审法院对已交付的1686套垃圾收容器不予解除的处理。

关于“五分类垃圾桶”。经鉴定,“因纳米技术处理、人工丝印等加工工艺或加工方法,无法通过技术检测手段进行检测,其余检测项目均符合合同约定的质量标准”,在罗湖城管局并未举证证实需技术检测的事项已检测出不符合质量标准的情况下,可以认定已交付的五分类垃圾桶符合合同约定的质量标准。一审根据联洁公司的送货单,分析认定联洁公司已送交“五分类垃圾桶”153个,但罗湖城管局实际只收货50个,说理明确充分,法院予以认可,故对一审判令解除未生产的97个五分类垃圾桶予以维持。

关于“660L感应式垃圾收容器”,因联洁公司未举证证实已生产完毕,一审对该部分予以解除,并无不当。

二审法院认为一审审判决认定事实清楚,适用法律正确,应予维持。依照《民事诉讼法》第 170 条第 1 款第 1 项之规定,判决驳回上诉,维持原判。

※案例解读:罗湖城管局对一审适用“绿色原则”提出上诉,认为适用“绿色原则”实际是要求买方必须接受不合格产品,剥夺了法律所赋予买方的合法解除权,同时为不诚信的生产商提供司法保护。诚然,本案中鉴定结果所反映的外桶高度、内桶厚度确实不符合约定标准,存在一定的质量问题,但一审已对联洁公司作出违约金的惩罚,联洁公司必将承担其应负的责任,但从常情常理判断,外桶尺寸、内桶厚度确非影响使用的根本因素,且涉案 1686 套垃圾收容器已交付两年多,至今仍在使用,若仅因尺寸、厚度问题就将案涉正在使用的垃圾收容器全部更换,确实不利于节约资源,非公众所能认可,也不符合《民法典》第 9 条的绿色原则。基于此,法院对已交付的 1686 套垃圾收容器作出不予解除的处理。

第十条 【处理民事纠纷依据】处理民事纠纷,应当依照法律;法律没有规定的,可以适用习惯,但是不得违背公序良俗。

条文解读

本条是关于民法渊源的规定。

法律渊源即法律的来源,是指国家机关、公民和社会组织为寻求行为的根据而获得具体法律的来源。当法官面临一个事实清楚、证据确凿的案件时,他所寻求的判定当事人责任的法律依据就是法律的渊源。根据本条规定,民法的渊源包括两个部分:

第一,法律。这里所说的法律是广义上的法律,除了包括有立法权的国家机关制定的法律之外,还包括其他权力机关制定的规范性文件,包括以下制定法。(1)《宪法》。《宪法》由全国人民代表大会制定,拥有最高法律效力,是国家根本大法,是民法的当然渊源。(2)民事法律。民事法律是全国人民代表大会及其常务委员会制定的有关民事领域的规范性文件,依据《宪法》制定,效力仅次于《宪法》。(3)行政法规。行政法规是指国务院根据《宪法》和法律制定的规范性文件。这里的行政法规仅仅指的是国务院制定或者是以国务院的名义颁发的规范性文件,而国务院各部委制定发布的规范性文件属于部门规章,不属于行政法规。(4)有权解释的机关作出的解释。按照《立法法》的规定,全国人民代表大会常务委员会(以下简称全国人大常委会）有权解释法律，所以，全国人大常委会对民法作出的解释属于民法渊源。此外，根据《全国人民代表大会常务委员会关于加强法律解释工作的决议》的规定，最高人民法院有权就审判工作中的法律具体适用作出解释，所以，最高人民法院有关民事方面的司法解释也是民法的渊源。（5）地方性法规或者自治区条例和单行条例。根据《立法法》的规定，省、自治区、直辖市的人民代表大会及其常务委员会根据本行政区域的具体情况和实际需要，在不与《宪法》、法律、行政法规相抵触的前提下，可以制定地方性法规。所以，有权制定地方性法规的机关指定的地方性法规在不与《宪法》、法律和行政法规相抵触的情况下，凡涉及民事领域的，也是民法渊源。

第二，不违背公序良俗的习惯。习惯是指在一定范围、一定地域的人们在长期形成的、反复适用的行为规则。习惯可以作为民法的渊源，但需要注意的是：（1）适用习惯裁判民事案件的前提是该事项没有可以适用的法律；（2）该事项确定已经成为该区域的习惯，即该区域人们对该事项有了较为一致、确定的认识；（3）所适用的习惯不违背公序良俗。

民法的各种渊源的效力和地位并不相同，在具体适用中，应当首先适用法律、法规，其次适用有解释权的机关作出的法律解释，最后适用的是不违背公序良俗的习惯。

配套法规及解读

《最高人民法院关于适用〈中华人民共和国民法典〉总则编若干问题的解释》（2022年2月24日）

第二条　在一定地域、行业范围内长期为一般人从事民事活动时普遍遵守的民间习俗、惯常做法等，可以认定为民法典第十条规定的习惯。

当事人主张适用习惯的，应当就习惯及其具体内容提供相应证据；必要时，人民法院可以依职权查明。

适用习惯，不得违背社会主义核心价值观，不得违背公序良俗。

※法规解读：《民法典》第10条将习惯作为法律之外的另一个渊源。将习惯作为民法渊源具有重要意义。该条和《民法典》第10条相关联，细化了“习惯”的概念，理念上更加注重弘扬社会主义核心价值观，特别是明确把核心价值观的具体要

求跟《民法典》所称的公序良俗相提并论,并进行了很好的结合。

何谓“习惯”,有不同的见解。第一种观点认为,习惯是指在一定地域、行业范围内长期为一般人确信并普遍遵守的民间习惯或者商业惯例。第二种观点认为,习惯是在某一区域范围内,基于长期的生产生活实践而为社会公众所知悉并普遍遵守的生活和交易习惯。如果将民间习惯等同于生活习惯,商业管理等同于交易习惯,那么这种观点关于习惯的认识与第一种观点基本相同。有观点认为,习惯是在一定范围、一定地域的人们长期形成的行为规则。但也有观点认为,交易惯例和商业习惯既不是法律渊源,也不是习惯法,虽然法律规定它们是解释的辅助手段,并在其他地方予以援引,但是交易惯例和商业习惯只有在符合法律制度的价值标准的范围内才具有意义,它们本身不能作为认识法律的渊源。习惯法(这里实际上就是习惯,笔者注)与交易惯例或一般习俗的区分具有实践方面的意义。习惯法具有与法相同的地位,新的习惯法可以使老的制定法失效;交易惯例永远必须屈服于法律。商业惯例或国际惯例是人们在长期的经贸活动中形成的习惯性做法。它不是由立法机关制定,不具有普遍的约束力,仅供经贸活动中当事人选择适用,一旦选择就对当事人产生约束力。重要的国际惯例主要有《国际贸易术语解释通则》《1932 年华沙—牛津规则》等。当事人一旦选定某一项国际惯例,如选择了《国际贸易术语解释通则》中的 EXW 术语,就按照该术语承担各自的义务。所以,当事人选择国际惯例的,实际上是双方当事人之间的合同,它通常不能作为裁判案件的依据。我国《民法典》在多个条文中使用了“交易习惯”“习惯”的概念。《民法典》第 140 条规定:“行为人可以明示或者默示作出意思表示。沉默只有在有法律规定、当事人约定或者符合当事人之间的交易习惯时,才可以视为意思表示。”第 142 条规定:“有相对人的意思表示的解释,应当按照所使用的词句,结合相关条款、行为的性质和目的、习惯以及诚信原则,确定意思表示的含义。无相对人的意思表示的解释,不能完全拘泥于所使用的词句,而应当结合相关条款、行为的性质和目的、习惯以及诚信原则,确定行为人的真实意思。”第 484 条规定:“以通知方式作出的承诺,生效的时间适用本法第一百三十七条的规定。承诺不需要通知的,根据交易习惯或者要约的要求作出承诺的行为时生效。”第 509 条第 2 款规定:“当事人应当遵循诚信原则,根据合同的性质、目的和交易习惯履行通知、协助、保密等义务。”第 510 条规定:“合同生效后,当事人就质量、价款或者报酬、履行地点等内容没有约定或者约定不明确的,可以协议补充;不能达成补充协议的,按照合同相关条款或者交易习惯确定。”第558条规定:“债权债务终止后,当事人应当遵循诚信等原则,根据交易习惯履行通知、协助、保密、旧物回收等义务。”在这些条文中,交易习惯作为认定意思表示是否存在、意思表示的内容等问题,而非裁判依据。因此,交易习惯不能作为法律意义上的习惯使用,而是作为一种事实认定的参照标准。我国《民法典》中的交易习惯、交易惯例、国际惯例等属于对事实判断,而不是裁判依据,与具有法源意义的习惯存在本质区别。

关于习惯的构成要件,有不同的认识。但是,一项习惯能够作为裁判的依据,要具备积极条件和消极条件。习惯要成为裁判依据,需要具备两个消极条件:一是法律对民事纠纷没有提供解决的依据。如果法律对民事纠纷的解决有明确的依据,则不适用习惯。二是习惯不得违反民法的基本原则。因此,适用习惯,不得违背社会主义核心价值观,不得违背公序良俗。一项习惯要成为裁判案件的依据,还需要具备以下积极条件:一是当事人长期生活在习惯通行地区,如果一方在习惯通行地区,另一方不在,则不能适用该习惯;二是该习惯具有行为规范的意义,即当事人知道或应当知道该习惯具有强制约束力,并且确信应按照该习惯行事。

根据本条的规定,在一定地域、行业范围内长期为一般人从事民事活动时普遍遵守的民间习俗、惯常做法等,可以认定为法源意义上的习惯。

一项能够作为裁判的习惯,其适用涉及两个问题:一是习惯的证明问题;二是法院能够主动援引习惯进行裁判的问题。对此,各国规定不同。例如,《菲律宾民法典》第12条规定,习惯必须根据证据规则作为事实加以证明。当习惯被称为习惯法时,人民法院原则上须援引此一习惯,不待诉讼当事人提出主张和证明。但是适用《日本民法》之规定时,“习惯”便成为法律行为之内容,仅能根据法律行为所产生的后果来约束当事人,因此原则上要由当事人承担举证证明该习惯存在始生效力。

本条第2款明确了举证责任,当事人主张适用习惯的,应就习惯及其具体内容举证,必要时,法院也可以依职权查明。

关联法规索引

《民法典》第142条、第484条、第509条

典型案例

魏某林、魏某龙等与李某婚约财产纠纷案[1]

※案情简介：上诉人魏某林、魏某龙、魏某平因与被上诉人李某婚约财产纠纷一案，不服湖南省东安县人民法院(2021)湘1122民初2143号民事判决，向湖南省永州市中级人民法院提起上诉。

2019年2月11日，被上诉人李某与上诉人魏某林经周某旺介绍相识后恋爱。2020年2月29日，被上诉人李某及其父母与上诉人魏某林、魏某龙、魏某平协商李某与魏某林订婚事宜，商定订婚彩礼88,000元，于2020年3月3日在上诉人家中举行订婚仪式。2020年3月3日，李某与魏某林在上诉人家中举行订婚仪式，在介绍人周某旺及上诉人亲属的见证下，李某将彩礼交给了魏某平，魏某平将该彩礼转交给了魏某林。2021年5月，李某与魏某林终止恋爱关系。李某多次要求退还彩礼未果，双方因此发生纠纷。

※争议焦点：本案的争议焦点为上诉人魏某林是否应当向被上诉人李某返还彩礼。

※判决结果：法院认为，彩礼是根据当地习俗以缔结婚姻关系共同生活为目的，男女一方向另一方给付一定数量的财物或者金钱，是一种以将来缔结婚姻为条件的赠与行为。本案中，一审法院根据魏某林父亲魏某龙的陈述和证人证言认定彩礼数额为88,000元是正确的。魏某林提出彩礼数额依据不足的上诉理由，不予采纳。

对于未办理结婚登记而同居生活，一方要求对方返还给付的彩礼款的，是否返还及返还数额，应根据当地风俗、彩礼款数额、是否共同生育子女、共同生活时间、有无消费支出等因素予以确定。首先，上诉人魏某林虽未与被上诉人李某办理结婚登记手续，但二人自2019年2月11日确立恋爱关系后便共同生活，生活时间较长。其次，《民法典》第10条规定："处理民事纠纷，应当依照法律；法律没有规定的，可以适用习惯，但是不得违背公序良俗。"在上诉人魏某林与被上诉人李某恋爱期间，被上诉人李某在未与上诉人魏某林解除婚约关系时便与其他女性保持不正

---

〔1〕 本案根据湖南省永州市中级人民法院(2021)湘11民终3104号判决书整理。

当男女关系，系因男方的过错导致二人的婚约关系的解除，亦对女方造成伤害，女方无须返还彩礼。最后，上诉人魏某林提交的视听资料，被上诉人李某予以认可，在该视听资料中被上诉人李某明确作出不要求上诉人魏某林返还彩礼的单方意思表示，该意思表示不违反法律规定，属于有效的单方法律行为，被上诉人李某应当受到该单方法律行为的约束。综上所述，上诉人魏某林可以不返还彩礼。

综上所述，魏某林、魏某龙、魏某平的上诉请求成立。判决撤销湖南省东安县人民法院(2021)湘1122民初2143号民事判决；驳回被上诉人李某诉讼请求。

※案例解读：本案法院适用了《民法典》第10条的规定“处理民事纠纷，应当依照法律；法律没有规定的，可以适用习惯，但是不得违背公序良俗”。由于上诉人魏某林与被上诉人李某恋爱期间，李某未解除婚约关系便与其他女性保持不正当男女关系，系因男方的过错导致二人的婚约关系的解除，亦对女方造成伤害，因此判决女方无须返还彩礼。本案法律事实虽然发生在《民法典》施行前，但该法律事实持续至《民法典》施行后，所以适用了《民法典》的规定，二审法院依照《最高人民法院关于适用〈中华人民共和国民法典〉婚姻家庭编的解释(一)》第5条、《民法典》第10条、《民事诉讼法》第170条第1款第2项之规定作出了判决。

第十一条　【优先适用特别法】其他法律对民事关系有特别规定的，依照其规定。

条文解读

本条是关于优先适用特别法的规定。

本条对《民法典》与其他法律之间的适用关系作出了规定。根据《立法法》第92条的规定，同一机关制定的法律、行政法规、地方性法规、自治条例和单行条例、规章，特别规定与一般规定不一致的，适用特别规定；新的规定与旧的规定不一致的，适用新的规定。

《民法典》是民事基本法，总则编是《民法典》的总纲，从这个意义上说，与其他民事法律相比，总则编属于一般性法律。当同一民事关系可能受多部法律调整时，如果其他法律对民事关系有特别规定的，则应当适用该特别规定。该原则在《最高人民法院关于适用〈中华人民共和国民法典〉总则编若干问题的解释》中得到进一步细化。

如《民法典》第111条对个人信息作出了规定:“自然人的个人信息受法律保护。任何组织或者个人需要获取他人个人信息的,应当依法取得并确保信息安全,不得非法收集、使用、加工、传输他人个人信息,不得非法买卖、提供或者公开他人个人信息。”又如《个人信息保护法》第4条规定:“个人信息是以电子或者其他方式记录的与已识别或者可识别的自然人有关的各种信息,不包括匿名化处理后的信息。个人信息的处理包括个人信息的收集、存储、使用、加工、传输、提供、公开、删除等。”《民法典》是一般性规定,《个人信息保护法》是单行法规,遇到个人信息保护相关案例时,应当适用该单行法规的特别规定。

配套法规及解读

《最高人民法院关于适用〈中华人民共和国民法典〉总则编若干问题的解释》(2022年2月24日)

第一条 民法典第二编至第七编对民事关系有规定的,人民法院直接适用该规定;民法典第二编至第七编没有规定的,适用民法典第一编的规定,但是根据其性质不能适用的除外。

就同一民事关系,其他民事法律的规定属于对民法典相应规定的细化的,应当适用该民事法律的规定。民法典规定适用其他法律的,适用该法律的规定。

民法典及其他法律对民事关系没有具体规定的,可以遵循民法典关于基本原则的规定。

※法规解读:该条与《民法典》第11条相关联,妥善处理了《民法典》与单行法的适用关系,维护了《民法典》作为基础性法律的地位。

典型案例

罗某兰、陶某新等生命权纠纷案[1]

※案情简介:上诉人罗某兰、陶某新、陶坚某、陶某芳、陶某媚因与被上诉人林

[1] 本案根据广西壮族自治区梧州市中级人民法院(2021)桂04民终1315号判决书整理。

某辉、唐某全生命权纠纷一案，不服广西壮族自治区梧州市万秀区人民法院（2021）桂0403民初608号民事判决，向广西壮族自治区梧州市中级人民法院提起上诉。

2020年3月17日13时许，被上诉人林某辉、唐某全来到梧州市万秀区步埠路顺丰酒楼附近的停车场，向正在该停车场值班的陶某荣追讨赌债200元，未遂后，被上诉人林某辉用手多次殴打陶某荣的头部、上半身等部位，被上诉人唐某全也用手殴打陶某荣的头部。殴打结束后，被上诉人林某辉、唐某全离开了现场。后陶某荣身体出现不适且越来越严重，遂向家人求助。当天18时许，陶某荣被送至梧州市红十字会医院救治，并于次日凌晨转入重症室抢救。2020年3月23日，陶某荣经抢救无效死亡。后林某辉、唐某全因涉嫌犯故意伤害罪，被梧州市人民检察院向梧州市中级人民法院提起公诉。现林某辉、唐某全因故意伤害罪分别在广西英山监狱、钟山监狱服刑。事发后，被上诉人唐某全、林某辉通过其家属分别赔偿了28,500元、27,600元给上诉人，上诉人主张被上诉人应当赔偿死亡赔偿金给上诉人，双方因此发生纠纷。

※争议焦点：本案的争议焦点为：上诉人罗某兰、陶某新、陶坚某、陶某芳、陶某媚诉请的死亡赔偿金是否应当得到支持。

※判决结果：法院认为，《最高人民法院关于适用〈中华人民共和国刑事诉讼法〉的解释》第192条第1～3款规定："对附带民事诉讼作出判决，应当根据犯罪行为造成的物质损失，结合案件具体情况，确定被告人应当赔偿的数额。犯罪行为造成被害人人身损害的，应当赔偿医疗费、护理费、交通费等为治疗和康复支付的合理费用，以及因误工减少的收入。造成被害人残疾的，还应当赔偿残疾生活辅助器具费等费用；造成被害人死亡的，还应当赔偿丧葬费等费用。驾驶机动车致人伤亡或者造成公私财产重大损失，构成犯罪的，依照《中华人民共和国道路交通安全法》第七十六条的规定确定赔偿责任。"第200条规定："被害人或者其法定代理人、近亲属在刑事诉讼过程中未提起附带民事诉讼，另行提起民事诉讼的，人民法院可以进行调解，或者根据本解释第一百九十二条第二款、第三款的规定作出判决。"根据上述法律规定，除"驾驶机动车致人伤亡或者造成公私财产重大损失"案件外，因犯罪行为要求赔偿的，应是犯罪行为造成的物质损失，即第192条规定的医疗费、护理费、交通费等为治疗和康复支付的合理费用，以及因误工减少的收入，造成被害人残疾的，还应当赔偿残疾生活辅助器具费等费用，造成被害人死亡的，还应当赔偿丧葬费等费用。《最高人民法院关于适用〈中华人民共和国刑事诉讼法〉的解

释》第200条明确规定未提起附带民事诉讼，另行提起民事诉讼的，调解不成，根据第192条第2款、第3款的规定作出判决。上诉人罗某兰、陶某新、陶坚某、陶某芳、陶某媚在刑事诉讼过程中提起附带民事诉讼又申请撤回，并另行提起本案诉讼，一审法院根据上述规定判决被上诉人林某辉、唐某全应向五上诉人赔偿医疗费、陪护费、交通费及丧葬费，依法有据，五名上诉人请求被上诉人林某辉、唐某全赔偿死亡赔偿金，不符合上述法律规定。上诉人罗某兰、陶某新、陶坚某、陶某芳、陶某媚主张根据《民法典》第1179条"侵害他人造成人身损害的，应当赔偿医疗费、护理费、交通费、营养费、住院伙食补助费等为治疗和康复支出的合理费用，以及因误工减少的收入。造成残疾的，还应当赔偿辅助器具费和残疾赔偿金；造成死亡的，还应当赔偿丧葬费和死亡赔偿金"的规定，被上诉人应赔偿五上诉人死亡赔偿金，但《民法典》第11条同时规定："其他法律对民事关系有特别规定的，依照其规定。"犯罪是严重的、特殊的侵权行为，《刑法》和《刑事诉讼法》是专门规定这种侵权行为的法律，处理犯罪行为的赔偿问题，应当优先适用《刑法》和《刑事诉讼法》的规定。故对上诉人罗某兰、陶某新、陶坚某、陶某芳、陶某媚的上述主张，法院不予采纳。

综上所述，一审判决认定事实清楚，适用法律正确，判决驳回上诉，维持原判。

※案例解读：本案适用了《民法典》第11条的规定："其他法律对民事关系有特别规定的，依照其规定。"上诉人罗某兰、陶某新、陶坚某、陶某芳、陶某媚所主张的死亡赔偿金，应当优先适用《刑法》和《刑事诉讼法》的规定来解决，故法院没有采纳上诉人的诉讼请求。

第十二条 【效力范围】中华人民共和国领域内的民事活动，适用中华人民共和国法律。法律另有规定的，依照其规定。

条文解读

本条是关于效力范围的规定。

本条包含两部分内容：

第一，中华人民共和国领域内的民事活动，适用中华人民共和国法律。这意味着，在中华人民共和国领域内进行的民事活动，不问其主体是谁，都适用我国法律。

此处的领域包括:中华人民共和国的领土、领海、领空,以及依照国际法和国际惯例视为中华人民共和国的领域。这是由国家主权的绝对性和排他性决定的。

第二,法律另有规定的,依照其规定。这里最为重要的是涉外民事关系的法律适用问题。《涉外民事关系法律适用法》第 2 条规定:"涉外民事关系适用的法律,依照本法确定。其他法律对涉外民事关系法律适用另有特别规定的,依照其规定。本法和其他法律对涉外民事关系法律适用没有规定的,适用与该涉外民事关系有最密切联系的法律。"除《涉外民事关系法律适用法》之外,《票据法》《海商法》《民用航空法》等商事领域法律以及知识产权领域法律中也包含有涉外民事关系法律适用的零散规定。

关联法规索引

《涉外民事关系法律适用法》第 4 ~6 条

第二章　自　然　人

第一节　民事权利能力和民事行为能力

第十三条　【自然人民事权利能力的起止】自然人从出生时起到死亡时止，具有民事权利能力，依法享有民事权利，承担民事义务。

条文解读

本条是关于自然人民事权利能力的起止的规定。

本条主要内容包括：

第一，自然人的民事权利能力。自然人的民事权利能力，是指自然人依法享有民事权利、承担民事义务的资格。法律规定了自然人民事权利能力，也就确认了自然人民事主体地位，表明自然人可以依法享有民事权利、承担民事义务。自然人的民事权利能力不可转让，不可抛弃，自然人出生即享有，且终生享有。

第二，自然人出生。根据本条规定，自然人出生，民事权利能力产生，那么界定出生是非常必要的问题。一般认为，与母体分离和出生时必须是活体，是出生应当具备的两个条件。出生时是死体，不能被认为是法律上的出生，该个体不享有民事权利能力。出生时存活时间的长短不影响个体存活期间民事权利能力的享有。关于出生时间的认定，学界有不同看法。独立呼吸说，即胎儿完全脱离母体且离开母体时能够呼吸，满足了出生应当具备的两个条件，应当被认为是认定出生时间的标准。

第三，自然人死亡。依据该条规定，自然人死亡，民事权利能力终止。死亡分为自然死亡和宣告死亡两种。在自然死亡情形下，不论死亡的原因是什么，自然人的民事权利能力即告终止。宣告死亡实质上是一种法律的拟制，不能将其与自然死亡完全等同看待。一方面，法律上宣告死亡的目的在于了结被宣告死亡人的婚姻、财产关系，而不是为了终止其主体资格；另一方面，被宣告死亡者如果并未自然死亡，仍然可以参加民事活动，而且在其重新出现后，经申请法院应当撤销死亡宣告，其相关人身、财产关系可以在一定程度上得到恢复。所以，宣告死亡并不能消灭自然人的民事权利能力。

关联法规索引

《民法典》第15条、第46～48条；《宪法》第51条

典型案例

饶某、胡某等医疗损害责任纠纷案[1]

※案情简介：上诉人饶某、胡某因与被上诉人深圳市龙岗区妇幼保健院医疗损害责任纠纷一案，不服深圳市龙岗区人民法院（2019）粤0307民初19086号民事判决，向广东省深圳市中级人民法院提起上诉。

2018年12月30日，胡某因宫缩频繁入住深圳市龙岗区妇幼保健院待产，于2019年1月3日上午10点进入产区滴催，1月3日下午7点进入产房，病程记录记载：胡某之子于1月4日凌晨01:47经阴道分娩，肩难产，羊水清，脐带绕颈1周，胎盘外观未见异常，出生时无反应，无自主呼吸，肤色苍白，无肌张力，心率0次/分，Apgar评分1min 0分，5min 1分，10min 1分，因“新生儿重度窒息”转入新生儿科抢救，诊断：(1)孕2产1孕37+5周左枕前肩难产；(2)单胎活产(男)；(3)新生儿重度窒息；(4)肩难产；(5)脐带绕颈。04:22脉氧仪提示脉率138次/分，仍无自主呼吸、肌张力，于2019年1月5日08:34抢救无效死亡。上诉人饶某与被上诉人深圳市龙岗区妇幼保健院因此发生纠纷。

※争议焦点：本案的主要争议焦点为胡某之子出生时为死体还是活体。

※判决结果：法院认为，根据《民法总则》[2]第13条的规定，自然人从出生时起到死亡时止，具有民事权利能力，依法享有民事权利，承担民事义务。对于如何定义“出生”和“死亡”，法律并没有明确规定，故应采用医学界的通常标准。世界

---

[1] 本案根据广东省深圳市中级人民法院(2020)粤03民终19157号判决书整理。

[2] 《民法总则》自2021年1月1日起失效。后文不再赘述。

卫生组织明确定义，胎儿全身娩出脱离母体后，只要有过呼吸动作或显示过生命现象的4项指标中任何一项者，即呼吸、心跳、脐带搏动及随意肌收缩，即为活产。本案中，《分娩记录单》载明，胎儿娩出时间为2019年1月4日1时47分，诊断为"单胎活产"，表明医方认定胎儿为活产，婴儿随后被转入新生儿科抢救也证实了这一点。新生儿科的《入院记录》记载了新生儿有脉搏、呼吸和血压，完全符合世界卫生组织的上述定义，足以认定胡某之子为活产。至2019年1月5日8时许，婴儿因抢救无效被宣布死亡，此时才是婴儿的死亡时间。广东中一司法鉴定中心出具的司法鉴定意见书认定胡某之子为死体，与病程记录反映的事实不符，与世界卫生组织对新生儿的定义相冲突，本院不予采信。一审法院采纳广东中一司法鉴定中心关于胡某之子为死体的鉴定意见，处理错误，二审法院予以纠正。胡某之子从出生到死亡虽然才1日余，但其存活期间仍是具有民事权利能力的民事主体。被上诉人的不当诊疗行为造成新生儿死亡，应当赔偿死亡赔偿金和丧葬费，死亡赔偿金为1,150,880元(57,544×20)，丧葬费为86,233元(172,466÷2)。关于误工费，上诉人仅提交了其工作单位出具的误工证明，未提交相应的工资发放清单或纳税证明佐证，不足以证实其主张的工资收入和误工损失，原审法院按照最低工资标准计算误工费，并无不当。司法鉴定意见认定医方的责任比例为61%~90%，考虑到医学具有不确定性和风险性，原审法院判令被上诉人承担90%责任，责任过重，比例过高，综合本案实际情况，法院酌情确定被上诉人的责任比例为80%。因被上诉人未对一审判决提出上诉，故对于一审已判令被上诉人赔偿的赔偿项目和赔偿金额不作更改。被上诉人的总赔偿金额为1,091,366.4元(1,150,880×80%+86,233×80%+101,676)。

综上所述，上诉人的上诉请求部分成立。依照《侵权责任法》[1]第54条、《民事诉讼法》第170条第1款第2项的规定，判决如下：

(1)撤销深圳市龙岗区人民法院(2019)粤0307民初19086号民事判决第2项；

(2)变更深圳市龙岗区人民法院(2019)粤0307民初19086号民事判决第1项为：被上诉人深圳市龙岗区妇幼保健院(深圳市龙岗区妇幼保健计划生育服务中心)应于本判决生效之日起5日内支付上诉人饶某、胡某赔偿款1,091,366.4元；

---

[1] 《侵权责任法》自2021年1月1日起失效。后文不再赘述。

(3)驳回上诉人饶某、胡某的其他诉讼请求。

※案例解读:二审法院纠正了一审判决,维护了上诉人的合法权益。本案适用了《民法典》第13条的规定,自然人从出生时起到死亡时止,具有民事权利能力,依法享有民事权利,承担民事义务。故上诉人拥有诉讼主体的资格,胎儿娩出时为活体,因被上诉人的不当诊疗行为造成新生儿死亡,被上诉人应当赔偿死亡赔偿金和丧葬费。

第十四条　【自然人民事权利能力平等】自然人的民事权利能力一律平等。

条文解读

本条是关于自然人的民事权利能力平等的规定。

本条主要内容包括:

第一,自然人的民事权利能力具有平等性。自然人的权利能力一律平等,不因性别、年龄、民族、种族、职业、文化程度等差异而存在区别,平等地享有权利和承担义务。

第二,除主体资格平等外,民事权利能力的平等性还体现在自然人平等地适用民法的规定,即自然人在相同的民法规则下享有权利、承担义务;在权利受到侵害时,所援引的维护自然人合法权利的法律规则是相同的。

关联法规索引

《民法典》第113条、第207条

典型案例

象州县罗秀镇罗秀社区第五小组、韦某等侵害集体经济组织成员权益纠纷案[1]

※案情简介：上诉人象州县罗秀镇罗秀社区第五小组因与被上诉人韦某、严某灵、严某侵害集体经济组织成员权益纠纷一案，不服象州县人民法院(2020)桂1322民初1188号民事判决，向广西壮族自治区来宾市中级人民法院提起上诉。

甘某德(已故)与韦某兰(已故)系夫妻关系，同为罗秀社区第五小组(原罗秀村民委北街第五队)村民，为无儿女户。为照顾两位老人，罗秀社区第五小组同意张某英及其包括严某胜在内的4位子女迁入该小组。1985年3月13日以张某英为户主领取了象州县人民政府颁发的土地承包使用证，该证记载：罗秀乡罗秀村民委员会5村民小组，户主：张某英，人口：7，劳力：1，承包年限自1985年3月13日至2000年，合计6.1亩。1995年，张某英及其包括严某胜在内的子女5人农转非，随后，罗秀社区第五小组将张某英及其4名子女的田地承包权收回，余下甘某德、韦某兰两人的田地承包权，由张某英户继续耕种。2001年1月，韦某与严某胜结婚。2001年7月6日，韦某因婚将户口从象州县罗秀镇岩碧村40号迁至象州县，户口性质为农业人口。2001年11月16日，严某灵出生，2016年11月25日，严某出生，二人同时落户至户主韦某户。韦某落户后，继续耕种张某英户余下的农田。2017年12月25日象州县人民政府向韦某户颁发桂(2017)象州县农村土地承包经营权第073610号农村土地承包经营权证。2020年年初，因贺州至巴马高速公路建设征地拆迁指挥部发布公告，将罗秀镇罗秀社区北街5队村民小组(罗秀社区第五小组)征地情况进行公布，该情况包含韦某田亩2份，0人。补偿款到位后，罗秀社区第五小组召开村民大会，形成征地补偿款分配方案，决定按田亩占50%，人口占50%，留一定的活动经费。上诉人以3名被上诉人非该村民小组成员以及韦某承包经营的土地存在疑问为由，不向其支付上述征地补偿款，因此双方发生纠纷。

※争议焦点：本案的主要争议焦点为3名被上诉人是否具有罗秀社区第五小组集体经济组织成员资格。

---

[1] 本案根据广西壮族自治区来宾市中级人民法院(2021)桂13民终121号判决书整理。

※判决结果：法院认为，张某英因为照顾甘某德（已故）与韦某兰（已故）举家迁入罗秀乡罗秀村民委员会5村民小组，取得了罗秀乡罗秀村民委员会5村民小组的土地承包经营权，成为该小组的集体经济组织成员。被上诉人韦某与严某胜结婚后，于2001年7月6日将户口迁至罗秀镇罗秀社区北街，成为严某胜的家庭成员，并与其他家庭成员一起继续履行了照顾孤寡老人韦某香的义务，与罗秀社区第五小组建立了土地承包关系，取得罗秀乡罗秀村民委员会5村民小组的土地承包经营权，并以所承包的土地作为其生活基本保障，因此，应认定韦某及其子女严某灵、严某已经具有罗秀村民委员会5村民小组的集体经济组织成员资格，应与小组的其他经济组织成员享有平等的民事权利，罗秀社区第五小组制定的土地补偿款的分配方案时把3名被上诉人排除在外，侵犯了3名被上诉人的合法权益，3名被上诉人要求参与分配征地补偿款的诉请，依法应予以支持。象州县罗秀镇罗秀社区第五小组上诉称，3名被上诉人不具有象州县罗秀镇罗秀社区第五小组的集体成员资格，未能提供相关证据加以证实，与所查明的事实不符，法院不予采信。

综上所述，上诉人象州县罗秀镇罗秀社区第五小组的上诉没有事实和法律依据，上诉理由不能成立，依法不予以支持，一审判决认定事实清楚，适用法律正确，处理恰当，依法予以维持。依照《民事诉讼法》第170条第1款第1项的规定，判决驳回上诉，维持原判。

※案例解读：被上诉人未提交确实充分的证据，证明韦某没有罗秀社区第五小组集体经济组织成员资格，也没有举证证明其与韦某签订的《农村土地承包经营合同》无效，故韦某具备罗秀社区第五小组的集体经济组织成员资格。而严某灵、严某二人自出生落户起，已获得罗秀社区第五小组的集体经济组织成员资格（原始取得）。根据《民法典》第14条的规定，自然人的民事权利能力一律平等。本案中，3名被上诉人作为罗秀社区第五小组的集体经济组织成员，应与小组的其他村民享有平等的民事权利，罗秀社区第五小组制定的分配方案把3名被上诉排除在外，与法相悖，侵犯了3名被上诉人的权利，因此法院对上诉人的诉讼请求不予支持。

第十五条　【自然人出生和死亡时间的判断标准】自然人的出生时间和死亡时间，以出生证明、死亡证明记载的时间为准；没有出生证明、死亡证明的，以户籍登记或者其他有效身份登记记载的时间为准。有其他证据足以推翻以上记载时间的，以该证据证明的时间为准。

条文解读

本条是关于自然人出生时间和死亡时间的判断标准的规定。

自然人的出生和死亡是法律事件,会对法律关系的产生、变更和消灭产生直接影响。出生时间和死亡时间的判断,对于确认自然人的人身关系和财产关系具有重要的法律意义。

本条主要内容包括:

第一,自然人的出生和死亡时间分别以出生证明和死亡证明上记载的时间为准。出生证明全称为出生医学证明,《出生医学证明》是由国家卫生健康委员会统一印制,以省、自治区、直辖市为单位统一编号。证明上主要载明新生儿的姓名、性别、出生时间、父母亲姓名等内容。出生证明是记载出生时间的原始凭证,具有准确性和规范性,是判断自然人出生的最基本依据。

死亡证明是记载死亡时间的凭证,具有准确性和规范性,是判断自然人死亡的最基本依据,包括如下情形:死于医疗卫生单位的,凭《死亡医学证明》;对公民正常死亡无法取得医院出具的死亡证明的,凭居(村)委会或卫生站(所)出具的证明;非正常死亡或卫生部门不能确定是否属于正常死亡者,凭公安司法部门出具的死亡证明;已经火化的,凭殡葬部门出具的火化证明。

第二,没有出生证明和死亡证明的,以户籍登记或者其他有效身份登记记载的时间为准。户籍登记是指国家公安机关按照国家户籍管理法律法规对公民信息进行登记记载的制度,是判断自然人出生和死亡的重要依据。本条规定的户籍以外的其他有效身份证件包括:我国公民居住证、港澳同胞回乡证、台湾居民的有效旅行证件和外国人居留证等。

第三,出生证明、死亡证明以及户籍登记证或者其他有效身份登记所记载的时间,由于种种原因可能出现记载错误,本条规定如果有其他证据足以推翻上述证明所登记的时间的,应以该证据证明的时间为准。

关联法规索引

《户口登记条例》第 7 条、第 8 条

典型案例

中国银行股份有限公司元江支行、刘某国信用卡纠纷案[1]

※案情简介：2009年12月8日，被告刘某国向原告中国银行股份有限公司元江支行（以下简称中行元江支行）申请办理信用卡，并签署了《中国银行信用卡个人申请表》，知晓并同意《中国银行股份有限公司信用卡领用合约》约定的各项内容。被告提交申请表后，经原告审核，原告向被告发放了卡号为62×××63的信用卡，核准额度为10,000元。被告在使用信用卡期间，原告依据被告的申请，将被告的信用卡额度进行增额。账单日为每月10日，还款日为30日或次月1日。信用卡发放后，被告多次使用该信用卡进行消费。截至2021年6月10日，被告已拖欠该信用卡本息、违约金等共计81,848.76元。被告逾期未还信用卡欠款的行为已经构成违约，经原告催告后，被告仍然拒绝履行还款义务，双方因此发生纠纷。

※争议焦点：本案的主要争议焦点为刘某国能否作为本案被告。

※判决结果：法院认为，《民法典》第13条规定："自然人从出生时起到死亡时止，具有民事权利能力，依法享有民事权利，承担民事义务。"第15条规定："自然人的出生时间和死亡时间，以出生证明、死亡证明记载的时间为准；没有出生证明、死亡证明的，以户籍登记或者其他有效身份登记记载的时间为准。有其他证据足以推翻以上记载时间的，以该证据证明的时间为准。"《民事诉讼法》第119条规定："起诉必须符合下列条件：（一）原告是与本案有直接利害关系的公民、法人和其他组织；（二）有明确的被告；（三）有具体的诉讼请求和事实、理由；（四）属于人民法院受理民事诉讼的范围和受诉人民法院管辖。"经审查，中行元江支行于2021年10月13日提起本案诉讼，法院在向刘某国送达诉讼文书时，刘某国亲属提供了刘某国的《死亡证明》、《火化证》及《户口注销证明》，上述材料记载，刘某国已于2020年9月26日因心跳呼吸骤停经抢救无效死亡，公安机关于2021年6月25日办理了其户口注销手续。中行元江支行起诉时，刘某国已不具备民事行为能力，不享有民事权利和承担民事义务，中行元江支行所诉对象不复存在，现以信用卡纠纷向刘某国提起民事诉讼，本案没有明确的被告，中行元江支行应另行主张权利。人

[1] 本案根据云南省元江哈尼族彝族傣族自治县人民法院(2021)云0428民初1387号判决书整理。

民法院对本案的起诉不应受理,已经受理的,应驳回起诉。依照《民法典》第 13 条、第 15 条,《民事诉讼法》第 119 条第 2 项、第 154 条第 1 款第 3 项之规定,裁定驳回原告中国银行股份有限公司元江支行的起诉。

※案例解读:《民法典》第 15 条规定:"自然人的出生时间和死亡时间,以出生证明、死亡证明记载的时间为准;没有出生证明、死亡证明的,以户籍登记或者其他有效身份登记记载的时间为准。有其他证据足以推翻以上记载时间的,以该证据证明的时间为准。"根据被告家属提供的死亡证明,刘某国已于 2020 年 9 月 26 日因心跳呼吸骤停经抢救无效死亡,公安机关于 2021 年 6 月 25 日办理了其户口注销手续。因此在原告起诉时,被告已不具备民事行为能力,不享有民事权利和承担民事义务,因此本案没有明确的被告,法院驳回了原告的起诉。

第十六条 【胎儿利益的特殊保护】 涉及遗产继承、接受赠与等胎儿利益保护的,胎儿视为具有民事权利能力。但是,胎儿娩出时为死体的,其民事权利能力自始不存在。

条文解读

本条是关于胎儿利益的特殊保护的规定。

《民法典》第 13 条规定:"自然人从出生时起到死亡时止,具有民事权利能力,依法享有民事权利,承担民事义务。"这意味着当胎儿尚未与母体分离时不是独立的自然人,不能依据民事权利能力的规定予以保护。但是,自然人生长过程有其特殊性,对胎儿利益侵害的损害后果有可能在其出生后才能显现出来,所以即使胎儿不具备民事主体资格,但也有必要对其可能遭受到的民事权利的侵害提供法律保护。

对未出生胎儿的法律地位的确认,有四种立法主义:一是规定胎儿有民事权利能力,如瑞士民法。二是规定胎儿原则上无民事权利能力,但在若干例外情形下则视为有民事权利能力。例如,法、德、日等国民法采此主义。三是承认活着出生的胎儿有民事权利能力,如捷克民法。四是不承认胎儿具有民事权利能力,只在继承事项上对胎儿利益的保护作出规定,例如,我国《继承法》[1]第 28 条规定:"遗产分

---

〔1〕《继承法》自 2021 年 1 月 1 日起失效。后文不再赘述。

割时，应当保留胎儿的继承份额。胎儿出生时是死体的，保留的份额按照法定继承办理。”学者对这个问题的看法不一。有的学者持肯定意见，主张胎儿具有权利能力。因为依照自然法，人的权利始于受胎，因为在这一刻，产生了人类的一个新生命。这个胎儿的权利能力并不取决于胎儿出生之后是否是活体。持否定意见的学者认为，胎儿不具有权利能力，这并不意味着不对胎儿的利益加以保护，并且还需要保护胎儿将来的权利。

《民法典》第16条在参照国外立法以及学术界主要观点基础上，结合我国实际，明确规定胎儿在特定情形下视为具有民事权利能力。这里的“视为”应从以下三个方面理解：(1)视为具有民事权利能力，说明胎儿并不具有民事权利能力，仅在特定情形下具有民事权利能力的法律效果。所以，胎儿并非法律主体。(2)特殊情形限于“涉及遗产继承、接受赠与等胎儿利益保护的”。“等”字说明，在遗产继承和接受赠与之外，还存在其他胎儿利益保护问题。有学者将其限定为侵权损害赔偿。但也有学者解释“等”字时认为，没有限定在继承范围以内，原则上也包括侵权等其他需要保护胎儿利益的情形。本书认为，“等”字说明其具有兜底性，它除了包括遗产继承、接受赠与和侵权损害赔偿之外，其他需要保护胎儿利益的情形也包括在内。(3)赋予胎儿娩出时为死体的法律溯及力，胎儿民事权利能力自始不存在。

胎儿出生后，对在出生之前受到的损害，享有损害赔偿请求权。这种损害赔偿请求权具有以下特征：一是损害发生在胎儿时期。二是胎儿出生时是活体，如果胎儿出生是死体的，无法行使损害赔偿请求权。三是胎儿虽然尚未出生，但是胎儿的生命已经存在，胎儿的健康也已经是客观事实，如果他人的不当行为，造成胎儿的损害，胎儿有权要求赔偿。关于这方面的案例主要有：一是胎儿的母亲因输入带性病的血液而使胎儿也感染上性病，胎儿要求医疗机构等承担损害赔偿；二是对母体的侵害同时造成对胎儿的损害，如机动车事故造成孕妇受伤害的同时造成胎儿受伤害。如果因为侵权行为，造成胎儿死亡的，按照举重明轻的法律原则，更应当对死亡胎儿的利益进行保护。这时，提起损害赔偿的权利主体是孕妇，请求权基础是人身损害赔偿请求权。例如，孕妇甲被乙驾驶的机动车碰撞受伤，胎儿娩出后为活体的，该婴儿可向乙主张在胎儿期间受到的损害赔偿。胎儿因机动车碰撞死亡的，孕妇甲基于人身权利受到侵害要求乙承担赔偿责任。

配套法规及解读

《最高人民法院关于适用〈中华人民共和国民法典〉总则编若干问题的解释》(2022年2月24日)

第四条 涉及遗产继承、接受赠与等胎儿利益保护,父母在胎儿娩出前作为法定代理人主张相应权利的,人民法院依法予以支持。

※法规解读:胎儿尚未出生,不具有独立的民事主体资格,仅在继承等方面视为有民事权利能力。因此,其利益之保护,需要由其父母在其娩出前作为法定代理人身份主张权利。因法定代理人保护的是胎儿之利益,所得利益在胎儿娩出之后,悉数归属该婴儿。本条补充规定了胎儿的法定监护人可作为胎儿行使民事权利的主体,涉胎儿利益发生讼争,应直接以父母作为诉讼主体,突出了对胎儿的法律保护,具有重要的理论价值和实践意义,值得肯定。

关联法规索引

《民法典》第1155条

典型案例

叶某建、王某虎等机动车交通事故责任纠纷案[1]

※案情简介:2021年1月26日晚,被告王某虎驾驶车牌号为鄂A8××××的小型轿车由嘉鱼县鱼岳城区沿嘉陆线往高铁岭镇金盛兰冶金科技有限公司方向行驶,19时26分行驶到高铁岭镇白果树村漆家山路段时,遇行人叶某建横穿公路,因王某虎驾车未确保安全,叶某建横穿公路未确保安全,致叶某建受伤,造成鄂A8××××的小型轿车受损。嘉鱼县公安局交警大队出具第421221420210000272号《道路交通事故认定书》,认定被告王某虎对此次事故负主要责任,原告叶某建对本次事故负次要责任。事故发生后,原告叶某建被送往嘉鱼县人民医院治疗,住院28天,花费医疗费12,874.67元。被告王某虎在人保财险武汉市分公司投保了交

[1] 本案根据湖北省嘉鱼县人民法院(2021)鄂1221民初2115号判决书整理。

强险、机动车损失险、保险金额为100万元的第三者责任险(含不计免赔)。原告叶某建系城镇居民,在交通事故发生前为个体工商户,从事餐饮服务。原告叶某建育有两子,长子叶某豪,2018年7月28日生,次子叶某浩,2021年9月3日生,出生孕周为40周。被告王某虎垫付医疗费12,874.67元,双方因机动车交通事故发生纠纷。

※争议焦点:本案的主要争议焦点为如何划分本案的民事赔偿责任。

※判决结果:法院认为,原告叶某建因涉案交通事故受伤,其身体权、健康权受到侵害,有权根据过错大小比例向侵权人即被告王某虎主张赔偿责任。交警部门已经对本案事故责任进行了划分,即本案事故发生责任划分认定为王某虎主责、叶某建次责。结合庭审中查明的事实,法院酌定本案民事赔偿责任比例划分为:被告王某虎承担70%的民事责任,原告叶某建承担30%的民事责任。

关于原告叶某建的损失项目及数额的问题。适用湖北省2021年度相关标准计算。原告叶某建因案涉交通事故发生的损失为:(1)医疗费17,874.67元(含后续治疗费5000元)。(2)住院伙食补助费2240元(80元/天×28天)。(3)营养费900元(15元/天×60天)。(4)残疾赔偿金111,172元(含被扶养人生活费),计算式:(36,706元/年×20年×0.1)+[22,885元/年×(15年+18年)×0.1÷2]。根据第三次鉴定意见书中确认的十级伤残计算。其中被扶养人生活费37,760元,按原告叶某建需扶养二子计算。《民法典》第16条规定:"涉及遗产继承、接受赠与等胎儿利益保护的,胎儿视为具有民事权利能力。但是,胎儿娩出时为死体的,其民事权利能力自始不存在。"本案中,原告叶某建的次子叶某浩在事故发生时为胎儿,在案件审理时已顺利出生,原告叶某建对被扶养人生活费的主张是为了保护事故发生时为胎儿的叶某浩的利益,故叶某浩在事故发生时已具备民事权利能力,原告叶某建主张其次子叶某浩被扶养人生活费有法律依据,应予以支持。(5)护理费10,974元[(44,506元/年÷365天)×90天]。(6)交通费560元。根据原告叶某建的主张,本院酌定。(7)误工费16,856元(41,017元/年÷365天×150天)。(8)精神抚慰金3000元。根据原告伤残等级程度,法院酌定3000元。(9)鉴定费1900元。共计165,476.67元。

关于双方当事人应当承担的赔偿数额问题。原告叶某建的损失由被告人保财险武汉市分公司在交强险范围内赔偿160,562元,其中:医疗费18,000元、残疾赔偿金111,172元、护理费10,974元、交通费560元、误工费16,856元、精神抚慰金

3000 元。余款 4914.67 元，按照责任划分由原告叶某建自负 30% 即 1474.4 元，被告人保财险武汉市分公司在商业第三者责任险限额内承担 70% 即 3440.27 元。综上，被告人保财险武汉市分公司应向原告赔付 164,002.27 元。

依照《民法典》第 16 条、第 1165 条、第 1173 条、第 1179 条、第 1208 条，《保险法》第 65 条，《道路交通安全法》第 76 条第 1 款第 2 项，《最高人民法院关于审理人身损害赔偿案件适用法律若干问题的解释》第 6 条、第 8 条、第 9 条、第 10 条、第 11 条、第 17 条，《民事诉讼法》第 64 条第 1 款、第 65 条第 1 款、第 142 条的规定，判决被告中国人民财产保险股份有限公司武汉市分公司于本判决生效之日起 15 日内向原告叶某建支付赔偿款共计 164,002.27 元；原告叶某建于本判决生效之日起 15 日内返还被告王某虎垫付款 12,874.67 元；驳回原告叶某建的其他诉讼请求。

※案例解读：关于被扶养人生活费的计算，法院适用了《民法典》第 16 条的规定："涉及遗产继承、接受赠与等胎儿利益保护的，胎儿视为具有民事权利能力。但是，胎儿娩出时为死体的，其民事权利能力自始不存在。"在本案中，原告叶某建的次子叶某浩在事故发生时为胎儿，在案件审理时已顺利出生，故叶某浩在事故发生时已具备民事权利能力，因此法院支持了原告叶某建对其次子叶某浩被扶养人的生活费的主张。

第十七条 【成年人与未成年人的年龄标准】十八周岁以上的自然人为成年人。不满十八周岁的自然人为未成年人。

条文解读

本条是关于成年人与未成年人年龄标准的规定。

人的认识能力与人的智力相关，一般认为，人的智力通常在成年时才发育成熟。我国《宪法》将选举权和被选举权这一重要的政治权利赋予 18 周岁以上的公民。18 周岁即成为区分成年人与未成年人的年龄标准。本法对于成年人年龄的规定也以 18 周岁为界限，与《宪法》相适应。

在民法中区分成年人与未成年人的法律意义主要包括以下几点：

第一，判断民事法律行为的效力。成年人可以独立实施民事法律行为，而未成年人只可以独立实施部分民事法律行为，如本法第 19 条规定的纯获利益的民事法律行为或者与其年龄、智力相适应的民事法律行为。未成年人实施其他民事法律行为时要经过其法定代理人的同意或追认。

第二,确定婚姻家庭关系中的权利义务。比如,父母、祖父母、外祖父母或兄姐等近亲属对未成年人的抚养义务。

第三,设立监护。为了维护未成年人的人身、财产权益及其他合法权益,法律对未成年人设立了监护人。

关联法规索引

《宪法》第 34 条;《民法典》第 1067 条

典型案例

林某赐、吴某等机动车交通事故责任纠纷案[1]

※案情简介:2021 年 8 月 13 日 14 时 10 分许,被告吴某未取得机动车驾驶证驾驶无牌普通二轮摩托车(后载吴某 3),从溪南镇上沿乡道溪南线往大倒自然村方向行驶,至××镇××道××号路段时,与在其前方右转往大倒 77 号房方向行驶的由林某赐驾驶无牌普通二轮摩托车发生碰撞,现场造成林某赐受伤及两车不同程度受损的交通事故。事故发生后,林某赐当即被送往漳平市医院住院治疗,入院诊断为:(1)腰椎骨折 L2、L3 横突;(2)原有的糖尿病。2021 年 9 月 9 日,林某赐经治疗后出院,共住院 27 天,共支出医疗费 7628.84 元(含门诊医疗费 308.45 元、住院医疗费 7320.39 元),事故发生后,吴某 1、吴某山各向林某赐赔付了 2000 元。另查明,2021 年 8 月 27 日,漳平市公安局交通警察大队对上述交通事故作出第 350881420210001555 号道路交通事故认定书,认定吴某负主要责任,林某赐负次要责任,吴某 3 无责任。再查明,吴某与吴某 3 系同学关系,本案事故中,吴某所驾驶摩托车系无牌照机动车,无法投保交强险,车主为吴某 3 父亲吴某山。事故发生时,吴某、吴某 3 均为未成年人,林某赐年龄为 61 周岁,平时为其儿子林某银经营的店铺做外卖配送工作,月工资为 2100 元。2021 年 8 月 13 日中午,吴某与吴某 3

[1] 本案根据福建省漳平市人民法院(2021)闽 0881 民初 1854 号判决书整理。

约好共同外出，吴某3驾驶该辆摩托车至吴某家中后，后由吴某驾驶该辆摩托车(后载吴某3)外出，行驶至事故路段，与林某赐驾驶车辆发生碰撞，双方因此发生纠纷。

※争议焦点：本案的主要争议焦点为如何进行责任分配。

※判决结果：法院认为，公民的人身权益受法律保护，侵害公民的生命权应承担相应的民事赔偿责任。本案交通事故经漳平市公安局交通警察大队认定，由吴某负事故主要责任、由林某赐负次要责任。同时，吴某山作为肇事车辆的所有人未尽到妥善管理机动车的义务，致使机动车被未取得驾驶资格的未成年人驾驶，对本案事故的发生亦具有一定过错。另，本案交通事故中吴某驾驶的肇事车辆系无牌照机动车无法投保交强险，根据《最高人民法院关于审理道路交通事故损害赔偿案件适用法律若干问题的解释》中，"未依法投保交强险的机动车发生交通事故造成损害，当事人请求投保义务人在交强险责任限额范围内予以赔偿的，人民法院应予支持。投保义务人和侵权人不是同一人，当事人请求投保义务人和侵权人在交强险责任限额范围内承担相应责任的，人民法院应予支持"的规定，故侵权人吴某与车主吴某山应在交强险责任限额范围内承担相应的赔偿责任。结合本案事故的实际情况，本院酌定吴某与吴某山对林某赐在交强险责任限额范围内损失的赔付比例为：吴某负85%责任，吴某山负15%责任。本案事故发生时，吴某尚未成年，对本案事故所造成的损失应由其父母吴某1、吴某2承担相应赔偿责任。

关于林某赐因本起事故产生的损失，依据《最高人民法院关于审理人身损害赔偿案件适用法律若干问题的解释》有关规定及福建省统计局的统计数据，并结合其诉请，做如下认定：(1)医疗费：林某赐支出住院医疗费7320.39元、门诊医疗费308.45元，医疗费共计7628.84元，有医疗门诊收费票据、医疗住院收费票据、医院费用清单为证，予以确认。(2)护理费：林某赐主张护理期间为住院期间共27天，诉请护理费5561元，并提供了相应金额的发票，但在庭审中自认实际上并未雇请护工，而是由林某赐妻子护理，发票是让医院护工开具的。本院对林某赐主张的护理期予以确认，但其提供的发票不具有真实性，护理费的计算标准应按照福建省2020年度农林牧渔业的年平均工资65,693元计算，即护理费为65,693元/年÷365天×27天=4859.48元。(3)住院伙食费：住院天数为27天，林某赐主张住院伙食补助费为27天×60元/天=1620元，予以确认。(4)营养费：林某赐主张营养费为5000元过高，本院结合其伤情，酌定营养费为732元。(5)误工费：林某赐主张误工期为117天(自入院治疗至医嘱休息期结束),按照57,435元/年标准计算,主张误工费为57,435元/年÷365天×117天=18,410.67元,本院对林某赐所主张的误工期予以确认,同时根据林某赐的实际收入情况,确定误工费为2100元/月÷30天×117天=8190元,超出部分的误工费不予支持。(6)交通费:林某赐主张住院期间交通费2000元过高,本院酌情确定住院期间交通费为27天×20元/天=540元;以上1~6项损失共计23,570.32元,不超过交强险赔偿限额,根据上述责任比例,由吴某1、吴某2赔偿20,034.77元,扣除已支付的2000元,还应赔偿18,034.77元;由吴某山赔偿3535.55元,扣除已支付的2000元,还应赔偿1535.55元。

综上所述,林某赐的部分诉请有理,予以支持。依照《民法典》第17条、第27条、第1179条、第1188条、第1208条、第1209条,《最高人民法院关于审理道路交通事故损害赔偿案件适用法律若干问题的解释》第1条、第16条,《最高人民法院关于审理人身损害赔偿案件适用法律若干问题的解释》第6条、第7条、第8条、第9条、第10条、第11条和《民事诉讼法》第64条、第144条的规定,判决如下:吴某1、吴某2应于本判决生效之日起15日内共同赔付林某赐18,034.77元;吴某山应于本判决生效之日起3日内赔付林某赐1535.55元;驳回林某赐的其他诉讼请求。

※案例解读:本案适用了《民法典》第17条的规定:十八周岁以上的自然人为成年人。不满十八周岁的自然人为未成年人。本案事故发生时,吴某尚未成年,所以对本案事故所造成的损失应由其父母吴某1、吴某2承担相应赔偿责任。

第十八条　【完全民事行为能力人】成年人为完全民事行为能力人,可以独立实施民事法律行为。

十六周岁以上的未成年人,以自己的劳动收入为主要生活来源的,视为完全民事行为能力人。

条文解读

本条是关于完全民事行为能力人的规定。

民事行为能力,是指自然人可以独立进行民事活动的能力或资格,即自然人能够以自己的行为行使民事权利、承担民事义务的资格。如果说民事权利能力是民事主体从事民事活动的前提,那么民事行为能力则是民事主体从事民事活动的条件。

本条第 1 款规定，年满 18 周岁的成年人具有完全民事行为能力，可以独立实施民事法律行为，并且可以独立对民事法律行为的后果负法律责任。比如，成年人可以独立签订买卖合同，行使合同约定的权利，履行合同约定的义务。需要注意的是，本条所说的成年人是指具备辨认识别能力的正常成年人。对于已年满 18 周岁，但辨认识别能力不足的成年人则根据情况的不同分别归为限制民事能力人或者无民事行为能力人。

本条第 2 款规定，16 周岁以上的未成年人，如果以自己的劳动收入为主要生活来源的，表明其已具备成年人的辨认识别能力，可以视为完全民事行为能力人，独立实施民事法律行为，独立承担民事法律行为的后果。

典型案例

翟某富、庄某等机动车交通事故责任纠纷案〔1〕

※案情简介：上诉人翟某富因与被上诉人庄某、原审被告中国太平洋财产保险股份有限公司安顺中心支公司机动车交通事故责任纠纷一案，不服贵州省镇宁布依族苗族自治县人民法院(2021)黔 0423 民初 833 号民事判决，向贵州省安顺市中级人民法院提起上诉。

2020 年 7 月 21 日 16 时许，上诉人翟某富驾驶贵 G×××××号小型轿车由安顺往大山哨方向行驶，行驶至贵烟线 144KM＋200M 处时，与由被上诉人驾驶的普通二轮摩托车发生碰撞，造成两车受损及被上诉人庄某受伤的道路交通事故。经交警部门认定，上诉人翟某富负此次事故的主要责任，被上诉人庄某负此次事故的次要责任。事故发生后，被上诉人庄某于 2020 年 7 月 22 日在中国贵航集团三〇二医院住院治疗 27 天，共产生医疗费 41,697.79 元，其中，被告中国太平洋财产保险股份有限公司安顺中心支公司垫付了医疗费 10,000 元。经鉴定：(1)庄某右胫腓骨骨折累及骨骺评定为十级伤残；(2)庄某右踝关节功能活动大部分丧失评定为十级伤残；(3)庄某之损伤，其误工期限评定为 150 日，护理期限评定为 60 日，营养期限评定为 90 日；(4)庄某右侧外踝、后踝切开复位内固定术、右内侧三角韧带

〔1〕 本案根据贵州省安顺市中级人民法院(2021)黔 04 民终 1924 号判决书整理。

修补术、重建术、石膏外固定术后,其后续取出内固定物医疗费等评定约需16,000元。共产生鉴定费1900元。

庄某于2020年7月12日与贵阳随源液压机械有限公司签订劳动合同,合同约定月工资为4000元/月。庄某在签订该劳动合同后,回镇宁拿行李的过程中发生此次事故,其未实际上班,无有效驾驶证。翟某富驾驶的贵G×××××号小型轿车在被告中国太平洋财产保险股份有限公司安顺中心支公司投保有交强险。事故发生在保险期限内。翟某富支付了3680元给庄某。

※争议焦点:本案的主要争议焦点有两个:一是庄某的误工费应否赔偿。二是一审判决认定的责任比例是否正确。

※判决结果:法院认为,关于庄某的误工费应否赔偿的问题,本案中,庄某年满16周岁,根据《民法总则》第18条第2款"十六周岁以上的未成年人,以自己的劳动收入为主要生活来源的,视为完全民事行为能力人"的规定,庄某具有劳动能力,因交通事故受伤并发生误工的事实存在,一审法院认定误工费并无不当,法院予以确认。上诉人翟某富提出庄某在受伤时属于未成年人且还属于在校学生,不可能有真实的收入存在,更不可能与公司之间存在劳动关系,一审认定被上诉人存在误工费属事实认定错误的上诉请求及上诉理由本院不予认可。

关于一审判决认定的责任比例是否正确的问题。根据《道路交通安全法》第76条第1款第1项的规定,机动车之间发生交通事故的,由有过错的一方承担责任;双方都有过错的,按照各自过错的比例分担责任。本案中,事故发生后经交警部门认定翟某富负主要责任,有道路交通事故认定书予以证明,一审结合案件实际,由翟某富承担此次事故70%责任、庄某承担此次事故30%责任并无不当。一审认定双方应当承担的比例并无不当,法院予以确认。上诉人提出双方按照各占50%承担本次事故的赔偿责任较为合理的上诉请求及上诉理由法院不予认可。

综上所述,一审判决认定事实清楚,适用法律正确,应予维持。上诉人翟某富的上诉请求及上诉理由不能成立,应予以驳回。依照《民事诉讼法》第170条第1款第1项规定,判决驳回上诉,维持原判。

※案例解读:《民法典》第18条第2款规定,"十六周岁以上的未成年人,以自己的劳动收入为主要生活来源的,视为完全民事行为能力人",庄某年满16周岁,具有劳动能力,且因交通事故受伤并发生误工。因此,上诉人应当赔偿被上诉人庄某的误工费。

第十九条 【限制民事行为能力的未成年人】 八周岁以上的未成年人为限制民事行为能力人，实施民事法律行为由其法定代理人代理或者经其法定代理人同意、追认；但是，可以独立实施纯获利益的民事法律行为或者与其年龄、智力相适应的民事法律行为。

条文解读

本条是关于限制民事行为能力的未成年人的规定。

限制民事行为能力人，又称不完全民事行为能力人，是指可以独立实施某些民事法律行为但无法独立实施各种民事法律行为能力的人。[1]

本条主要内容包括：

第一，8周岁以上的未成年人为限制民事行为能力人。限制民事行为能力人的辨认识别能力介于完全民事行为能力人与无民事行为能力人之间，限制民事行为能力人对外界有一定的判断力，但因为年龄、智力等因素的限制，其判断力无法达到完全民事行为能力人的水准，需要法律对其进行特别保护。

第二，8周岁以上未成年人能够独立实施的民事法律行为。根据本条规定，8周岁以上未成年人能够独立实施的法律行为包括两类：一是纯获利益的民事法律行为；二是与未成年人年龄、智力相适应的民事法律行为。其中，纯获利益的民事法律行为，是指能够获得利益但并不负有负担，或者即使有负担，但负担明显小于所获利益的民事法律行为。比如，父母将财产赠与未成年子女的行为，对于未成年子女来说就是纯获利益的行为。判断是不是“与未成年人年龄、智力相适应的民事法律行为”需要在个案中结合该未成年人的年龄、智力发育情况进行具体分析。一些日常生活必须的行为，如购买学习用品、购买零食，对于一般8周岁以上的未成年人来说是与其年龄、智力相适应的民事法律行为。

第三，8周岁以上未成年人不能独立实施的民事法律行为。根据本条规定，除“纯获利益的民事法律行为”和“与其年龄、智力相适应的民事法律行为”之外，其他的民事法律行为都是8周岁以上未成年人不能独立实施的。这一规定的目的在于，一方面有利于保护辨认识别能力不足的未成年人的利益，另一方面有利于保证

---

〔1〕 参见郭明瑞：《民法总则通义》，商务印书馆2018年版，第51页。

交易安全。

不能单独实施,并不意味着8周岁以上未成年人不能实施民事法律行为。在如下情形下,法律允许未成年人实施民事法律行为:(1)由法定代理人代理。根据本法第23条的规定,8周岁以上未成年人的监护人是其法定代理人,可以代其实施民事法律行为。(2)得到法定代理人的允许。此处“允许”包含事先同意和事后追认两个意思。事先同意,是指8周岁以上未成年人应当在其法定代理人授权范围内实施民事法律行为;事后追认,是指其所实施的民事法律行为超出了该授权范围后,应当得到法定代理人的追认,否则无效。

配套法规及解读

《最高人民法院关于适用〈中华人民共和国民法典〉总则编若干问题的解释》(2022年2月24日)

第五条 限制民事行为能力人实施的民事法律行为是否与其年龄、智力、精神健康状况相适应,人民法院可以从行为与本人生活相关联的程度,本人的智力、精神健康状况能否理解其行为并预见相应的后果,以及标的、数量、价款或者报酬等方面认定。

※法规解读:限制民事行为能力人包括8周岁以上的未成年人和不能完全辨认自己行为的成年人。成年人的民事行为能力因受年龄因素影响,而年龄则可以通过身份证明确定,属于证明问题,认定其为无民事行为能力人或者限制民事行为能力人的必要性不大。但是,成年人之民事行为能力受智力状况和精神状态的影响,而智力状况和精神状态有时从外观难以有效判断,甚至需要进行专业鉴定。因此,需要对其民事行为能力存在欠缺作出认定。认定成年人欠缺民事行为能力的意义主要有三个方面:一是一旦成年人被认定为民事行为能力存在欠缺,要为其依法确定监护人,并由监护人承担保障其合法权益。二是监护人可以通过主张该成年人实施的民事法律行为无效,或者撤销该民事法律行为,避免该成年人在交易中权益受损。三是有利于保护交易相对人的利益。通过对成年人民事行为能力欠缺的认定,交易相对人可以在交易之前事先决定是否与该成年人进行交易,如果在不知情的情况下进行了交易,相对人也可以通过催告监护人及时予以追认或者依法撤销该民事法律行为,尽快确定民事法律行为的效力。成年人被认定欠缺民事法

律行为能力的，需要具备实体要件和程序要件。

1. 实体要件

实体要件是该成年人存在民事行为能力欠缺的事实，即该成年人不能辨认或者不能完全辨认自己的行为。

2. 程序要件

(1)申请人申请。认定成年人欠缺民事法律行为能力的，需要以利害关系人或者有关组织向人民法院提出申请。《民法典》对这里的“利害关系人”没有明确规定。有学者认为主要包括本人的近亲属、债权债务人等，但也要结合具体案件根据实际情况作出判断，认定利害关系人是不是适格的申请主体，需要看本人的民事行为能力状况对其是否有重要意义或影响。例如，本人的债务人如果不是为了确定民事法律行为的效力，也不得向法院申请认定其为无民事行为能力人、限制民事行为能力人。也有学者认为，这里的利害关系人一般认为是不能辨认或者不能完全辨认自己行为的成年人的近亲属或法律规定或指定的监护人。但债权人、债务人不能成为利害关系人，因为他们的债权债务可以通过其他途径予以确认或履行，申请认定自然人民事行为能力资格主要体现的是保护功能，而不是为了维护交易安全与交易效率。本书认为，这里的“利害关系人”不限于监护人，还包括本人的近亲属以及其他与本人民事行为能力状态认定有利害关系的债权人、债务人等。这里的有关组织包括：居民委员会、村民委员会、学校、医疗机构、妇女联合会、残疾人联合会、依法设立的老年人组织、民政部门等。

(2)向该自然人住所地基层人民法院提出申请。申请认定自然人无民事行为能力或者限制民事行为能力，由其近亲属或者其他利害关系人向该自然人住所地基层人民法院提出。申请书应当写明该自然人无民事行为能力或者限制民事行为能力的事实和根据。人民法院受理申请后，必要时应当对被请求认定为无民事行为能力或者限制民事行为能力的自然人进行鉴定。申请人已提供鉴定意见的，应当对鉴定意见进行审查。

人民法院审理认定自然人无民事行为能力或者限制民事行为能力的案件，应当由该自然人的近亲属为代理人，但申请人除外。近亲属互相推诿的，由人民法院指定其中一人为代理人。该公民健康情况许可的，还应当询问本人的意见。

(3)人民法院根据案件事实作出判决。人民法院经审理认定申请有事实根据的，判决该自然人为无民事行为能力或者限制民事行为能力人；认定申请没有事实根据的，应当判决予以驳回。

在认定限制民事行为能力人实施的行为是否超越其行为能力范围时，人民法院可以从行为与本人生活相关联的程度，本人的智力、精神健康状况能否理解其行为并预见相应的后果，以及标的、数量、价款或者报酬等方面认定。

关联法规索引

《民法典》第 23 条、第 145 条

典型案例

王某达、李某刚买卖合同纠纷案[1]

※案情简介：上诉人王某达因与被上诉人李某刚买卖合同纠纷一案，不服河北省孟村回族自治县人民法院（2021）冀 0930 民初 1017 号民事判决，向河北省沧州市中级人民法院提起上诉。

上诉人王某达父亲王某青于 2017 年 3 月 5 日在被上诉人处购买大理石等材料共计款项 16,000 元。经被上诉人催要，上诉人王某达于 2021 年 2 月 23 日向被上诉人出具欠条一张，内容为：今欠李某刚 16,000 元（壹万陆千元），王某达，2021 年 2 月 23 日。经查明，上诉人王某达于 2003 年 3 月 12 日出生，其为被上诉人李某刚出具欠条时间为 2021 年 2 月 23 日，出具欠条时未满 18 周岁，系限制民事行为能力人。被上诉人要求上诉人偿还货款 16, 000 元的诉讼请求，一审法院予以支持。上诉人不服，因此提出上诉。

※争议焦点：被上诉人能否主张由上诉人偿还货款。

※判决结果：本院认为，《民法典》第 18 条第 2 款规定，16 周岁以上的未成年人，以自己的劳动收入为主要生活来源的，视为完全民事行为能力人。第 19 条规定，8 周岁以上的未成年人为限制民事行为能力人，实施民事法律行为由其法定代理人代理或者经其法定代理人同意、追认；但是，可以独立实施纯获利益的民事法律行为或者与其年龄、智力相适应的民事法律行为。第 145 条第 1 款规定，限制民

[1] 本案根据河北省沧州市中级人民法院（2021）冀 09 民终 7899 号判决书整理。

事行为能力人实施的纯获利益的民事法律行为或者与其年龄、智力、精神健康状况相适应的民事法律行为有效;实施的其他民事法律行为经法定代理人同意或者追认后有效。本案中上诉人王某达给李某刚出具欠条时为限制民事行为能力人,无证据证明其出具欠条时上诉人以自己的劳动收入作为主要生活来源,其出具欠条的行为亦未得到其法定代理人的同意或追认,其出具欠条的行为无效,故被上诉人主张由上诉人偿还货款的诉讼请求不予支持。原审认定其出具欠条时作为完全行为能力人,并支持被上诉人主张上诉人偿还货款的诉讼请求错误。如被上诉人主张上诉人之父欠其货款,可另行解决。

综上所述,依照《民法典》第 18 条第 2 款、第 19 条、第 145 条,《民事诉讼法》第 170 条第 1 款第 2 项的规定,判决撤销河北省孟村回族自治县人民法院作出的(2021)冀 0930 民初 1017 号民事判决;驳回李某刚的诉讼请求。

※案例解读:《民法典》第 19 条规定,8 周岁以上的未成年人为限制民事行为能力人,实施民事法律行为由其法定代理人代理或者经其法定代理人同意、追认;但是,可以独立实施纯获利益的民事法律行为或者与其年龄、智力相适应的民事法律行为。由此可知,上诉人是限制民事行为能力人,其出具欠条需要经过法定代理人的同意或追认,而本案中,上诉人出具的欠条并没有经过其法定代理人同意或追认,因此上诉人的出具欠条的民事法律行为无效,被上诉人向其主张货款没有得到二审法院的支持。

第二十条 【无民事行为能力的未成年人】不满八周岁的未成年人为无民事行为能力人,由其法定代理人代理实施民事法律行为。

条文解读

本条是关于无民事行为能力的未成年人的规定。

无民事行为能力是指自然人没有独立从事民事活动的资格,即不能以自己的行为取得民事权利和承担民事义务的资格。

不满 8 周岁的未成年人的心理和智力都还没有发育成熟,对自己行为的辨认识别能力和对行为后果的预见能力还很欠缺,为了保护未成年人、保护交易安全,本条规定不满 8 周岁的未成年人为无民事行为能力人。无民事行为能力人不具备独立从事民事活动的资格,其独立实施的民事法律行为无效,只能由其法定代理人代理实施民事法律行为。在法定代理人代理不满8周岁的未成年人实施民事法律行为时,该民事法律行为主体是不满8周岁的未成年人,而非其法定代理人。例如,甲(不满8周岁)的母亲乙代理甲向丙购买一台学习机,在这一买卖合同中,甲和丙是合同当事人,母亲乙不是合同当事人,是法定代理人。

关联法规索引

《民法典》第23条、第145条

典型案例

四川山利和信房地产开发有限公司、万某等商品房预售合同纠纷案[1]

※案情简介:2015年9月14日,2007年12月30日出生的何某1(买受人)与四川山利和信房地产开发有限公司(以下简称山利和信公司)(出卖人)签订《商品房买卖合同》,合同约定何某1向山利和信公司购买案涉房屋,总价款为381,482元。

2015年4月29日,案涉房屋备案登记至万某名下(网签/备案号:280761)。万某因与山利和信公司、张某国借款合同纠纷两案,诉至武侯区人民法院,该院作出(2019)川0114民初1678号、1679号民事判决书,均判令山利和信公司向万某归还借款本金并支付利息、违约金,张某国承担连带保证责任。该判决经成都市中级人民法院(2020)川01民终2158号、2160号民事判决维持。一审判决查明:山利和信公司将其开发的包括案涉房屋在内的10套房屋以合同备案的形式为诉争债务提供担保,二审查明事实与一审一致。万某据以向成都市武侯区人民法院申请强制执行,2020年8月12日,案涉房屋所在楼栋办理初始登记。2020年7月22日,一审法院作出(2020)川0114执保486号执行裁定书,对案涉房屋予以查封,即本案保全查封。2020年8月18日,成都市武侯区人民法院作出(2020)川0107执

〔1〕 本案根据四川省成都市中级人民法院(2021)川01民终9680号判决书整理。

3736、3739 号执行裁定书，对案涉房屋予以查封，即万某所申请强制执行查封。

2015 年 9 月 22 日，何某 1 与山利和信公司签订《宜峰（一期）车位买卖协议》，合同约定何某 1 向山利和信公司购买案涉车位，总价款为 80,000 元。第 9 条约定：买受人采取一次性付款。签订本合同前，买受人已向出卖人支付款项 80,000 元。成都市新都区住房和城乡建设局对一审法院就案涉车位出具的调查令出具回执如下：截至 2020 年 7 月 8 日，商品房预售许可证 1896 号下第 1 幢 -1 层 25 号房屋买受人为何某 1，合同拟定日期为 2015 年 9 月 1 日，该房屋无查封、无抵押、无备案号。经一审法院依职权补充调查，成都市新都区住房和城乡建设局回复：截至 2020 年 12 月 15 日，商品房预售许可证 1896 号下第 1 幢 -1 层 25 号车位还未办理初始登记。

※争议焦点：本案的争议焦点为何某 1 与山利和信公司于 2015 年 9 月 14 日签订的《四川省商品房买卖合同（预售）》及 2015 年 9 月 22 日签订《宜峰（一期）车位买卖协议》是否有效。

※判决结果：法院认为，关于实体问题，首先，案涉房屋于 2015 年 4 月 29 日备案登记至万某名下，万某依据其与张某国、山利和信公司借款合同纠纷的生效判决向成都市武侯区人民法院申请法院强制执行，成都市武侯区人民法院将案涉房屋予以查封，导致何某 1 所主张的对案涉房屋享有的合同权利无法实现。本案中，何某 1 主张其与山利和信公司的商品房买卖合同有效以及要求山利和信公司履行合同过户义务，万某协助解除备案及查封手续，其诉讼请求都是基于其认为其为案涉房屋的真实权利人，但案涉房屋已经进入执行程序，在案涉房屋未解除查封前，无法办理过户手续，其应当通过执行异议及执行异议之诉程序救济权利。裁定驳回起诉的要旨在于本案不进行实体审理，关于合同效力、合同履行及相关涉及实体问题证据等认定，均是执行异议诉讼审理的范畴，在本案中不予评价。

其次，关于案涉车位，何某 1 主张其与山利和信公司于 2015 年 9 月 14 日签订的《四川省商品房买卖合同（预售）》及 2015 年 9 月 22 日签订的《宜峰（一期）车位买卖协议》有效，山利和信公司对双方签订的合同有效无异议，本院认为，上述两份车位买卖合同系当事人真实意思表示，内容不违反法律、行政法规禁止性规定，合法有效。何某 1 要求将案涉车位过户登记至何某 1 名下的诉请，由于案涉车位截至二审审理终结前尚未办理初始登记，案涉车位的权属状态尚待确定，不具备办理过户登记条件，故法院对何某 1 的该项诉讼请求不予支持。

综上所述,上诉人的上诉请求部分成立,一审法院适用错误,依照《民法典》第143条、第209条,《民事诉讼法》第170条第1款第2项、第227条的规定,判决撤销成都市新都区人民法院(2020)川0114民初3608号民事判决;何某1与四川山利和信房地产开发有限公司于2015年9月14日签订的《四川省商品房买卖合同(预售)》及2015年9月22日签订《宜峰(一期)车位买卖协议》有效;驳回何某1的其他诉讼请求。

※案例解读:《民法典》第20条规定:"不满八周岁的未成年人为无民事行为能力人,由其法定代理人代理实施民事法律行为。"何某1在与山利和信公司就案涉房屋签订《商品房买卖合同》和就案涉车位签订的《四川省商品房买卖合同(预售)》《宜峰(一期)车位买卖协议》时未满8周岁,本应由其法定代理人实施民事法律行为,现其法定代理人何某2追认该行为效力并据以提起本案诉讼、主张相关权利,则上述合同是买卖双方真实意思,其内容不违反法律、行政法规的强制性规定,应属合法有效。

第二十一条　【无民事行为能力的成年人】不能辨认自己行为的成年人为无民事行为能力人,由其法定代理人代理实施民事法律行为。

八周岁以上的未成年人不能辨认自己行为的,适用前款规定。

条文解读

本条是关于无民事行为能力的成年人的规定。

根据本条规定,我国《民法典》关于无民事行为能力的成年人的规定主要包括以下几点:

民事行为能力是指民事主体独立参与民事活动,以自己的行为取得民事权利或承担民事义务的法律资格。本法第18条第1款规定:"成年人为完全民事行为能力人,可以独立实施民事法律行为。"但在现实生活中,有的自然人虽然已满18周岁,达到了成年人年龄,但是因为先天或疾病的原因,不能辨认识别自己的行为,也不能正常预见自己行为的法律后果。出于保护的目的,法律将其区分为两类,即不能辨认自己行为的成年人和不能完全辨认自己行为的成年人,并分别作出特殊规定。

本条对于《民法通则》第13条第1款作出了较大改动。《民法通则》第13条第1款规定："不能辨认自己行为的精神病人是无民事行为能力人，由他的法定代理人代理民事活动。"本条没有再采用"精神病人"的说法，将其改为"成年人"。生活中存在不能被归为"精神病人"但同样无法辨认自己行为的成年人，如阿尔茨海默病患者、智力障碍者、植物人等，如果将无民事行为能力人的范围严格限定为"精神病人"，将无法很好保护这些人群的合法权益。本条改动回应了社会实践，顺应了我国逐渐步入老龄化社会的需求。

本条第2款将不能辨认自己行为的8周岁以上的未成年人归于无民事行为能力人范畴。按照本法第19条的规定，8周岁以上的未成年人为限制民事行为能力人。因为8周岁的未成年人，其心理和智力已经具备了一些辨认识别自己行为的能力，可以独立行使法律规定的民事法律行为。但如果患有智力障碍、精神障碍或者其他疾病等原因导致心智不能正常发育，辨识能力严重不足的未成年人，还是应当归为无民事行为能力人，由其法定代理人代理实施民事法律行为。

关联法规索引

《民法典》第145条

典型案例

北京市昌平房地产开发有限责任公司与李某等确认合同无效纠纷案[1]

※案情简介：周某兰与李某系夫妻关系，李某2系周某兰、李某之子；张某军与李某2系夫妻关系，李某1系张某军与李某2之子。2009年10月25日，李某（被拆迁人、乙方）与北京市昌平房地产开发有限责任公司（拆迁人、甲方）签订《北京市集体土地房屋拆迁货币补偿协议书》（协议编号为丰善拆字第×××号，以下简称《货币补偿协议书》），乙方家庭成员在拆迁范围内有户口的共4人，李某（户主）、周某兰（户主）、李某2（户主）、张某军；甲方支付乙方房屋及附属物拆迁补偿、

〔1〕 本案根据北京市第一中级人民法院（2021）京01民终3350号判决书整理。

补助款共计1,270,368元,其中宅基地区位补偿价489,512元(宅基地面积控制内区位补偿款459,240元、宅基地面积控制标准外区位补偿款30,272元)、房屋及附属物补偿款526,474元、其他各项补助费及奖励费254,382元;乙方应在2009年10月28日前完成搬迁,并将原宅基地上房屋和附属物交甲方拆除;如果乙方对已作价房屋及其附属物擅自处理,甲方将把相应部分的价值从补偿款中扣除;乙方认购回迁安置房需交纳的购房款421,000元,差价款849,368元在乙方完成搬迁并将原宅基地上房屋和附属物交付给甲方后7日内,由甲方一次性支付给乙方。双方在该协议中还约定了其他内容。

2009年10月25日,北京市昌平房地产开发有限责任公司(出卖人、甲方)与李某(买受人、乙方)签订《昌平区沙河巩华城及北区土地一级开发项目拆迁安置房认购协议书》,2011年4月11日,北京市昌平房地产开发有限责任公司(甲方)与李某(乙方)签订《补充协议书》,约定:乙方家庭成员(以下简称胎儿)李某1已出生,甲方同意确认其购房资格;胎儿可认购房屋面积为40平方米,购房单价为2000元/平方米;《货币补偿协议书》第5条变更为"拆迁补偿、补助款总额共计1,270,368元,乙方认购回迁安置房需交纳的购房款为501,000元,差价款769,368元";因原协议已履行完毕,乙方需再交纳购房款80,000元;《安置房认购协议书》第1条第3款变更为"乙方可认购安置房面积共计240平方米";《安置房认购协议书》第1条第4款变更为"……乙方选择一居室1套(面积约为50平方米)、二居室1套(面积约为80平方米)、三居室1套(面积约为120平方米)";胎儿出生后按照600元/月/人的标准支付周转费。

2011年6月20日,北京市昌平房地产开发有限责任公司(甲方)与李某(被拆迁人、乙方)签订《兆丰家园选房确认协议》,2009年11月10日,北京市昌平房地产开发有限责任公司向李某发放补偿款849,368元。周某兰曾代李某两次分别领取补偿款(周转费)19,800元、12,000元。2011年11月10日,李某2代李某领取拆迁补偿款(胎儿周转费)3000元。

另查明:李某于1988年2月25日因患有精神分裂症到中国人民解放军第二六一医院住院治疗,又于2009年8月鉴定为精神残疾肆级,于2015年7月重新鉴定为精神残疾贰级。北京市昌平区沙河镇丰善村民委员会曾于2019年8月出具证明,周某兰系李某的法定监护人,李某2对此无异议。现李某日常生活、服药等均由监护人周某兰予以看护管理。

※争议焦点：本案中，双方争议的焦点为李某是否为无民事行为能力人或限制民事行为能力人。李某与北京市昌平房地产开发有限责任公司于2009年10月25日签订的《货币补偿协议书》是否有效。

※判决结果：法院认为，不能辨认自己行为的成年人为无民事行为能力人，由其法定代理人代理实施民事法律行为。不能完全辨认自己行为的成年人为限制民事行为能力人，实施民事法律行为由其法定代理人代理或者经其法定代理人同意、追认，但是可以独立实施纯获利益的民事法律行为或者与其智力、精神健康状况相适应的民事法律行为。双方争议在于2009年10月25日李某与北京市昌平房地产开发有限责任公司签订的《货币补偿协议书》的效力。依据现有的医院检查材料、住院档案、社区医院的精神卫生健康档案等，在李某精神存在疾病的情形下，其无法从事协商拆迁等涉及全体共同居住人利益且数额巨大的行为，故其不具备签订《货币补偿协议书》相应的行为能力。周某兰作为李某的法定代理人，在李某签订协议后并未对此追认，且其一直通过信访、投诉等方式寻求解决问题。故一审法院认定《货币补偿协议书》无效正确，法院予以确认。北京市昌平房地产开发有限责任公司关于周某兰以实际行动构成了事后追认的上诉意见，法院不予采纳。

综上所述，北京市昌平房地产开发有限责任公司的上诉请求不能成立，应予驳回；一审判决认定事实清楚，适用法律正确，应予维持。依照《民事诉讼法》第170条第1款第1项规定，判决驳回上诉，维持原判。

※案例解读：根据《民法典》第21条的规定，不能辨认自己行为的成年人为无民事行为能力人，由其法定代理人代理实施民事法律行为。不能完全辨认自己行为的成年人为限制民事行为能力人，实施民事法律行为由其法定代理人代理或者经其法定代理人同意、追认，但是可以独立实施纯获利益的民事法律行为或者与其智力、精神健康状况相适应的民事法律行为。双方争议在于2009年10月25日李某与北京市昌平房地产开发有限责任公司签订的《货币补偿协议书》的效力。依据现有的医院检查材料、住院档案、社区医院的精神卫生健康档案等，在李某精神存在疾病的情形下，其无法从事协商拆迁等涉及全体共同居住人利益且数额巨大的行为，故其不具备签订《货币补偿协议书》相应的行为能力。周某兰作为李某的法定代理人，在李某签订协议后并未对此追认，且其一直通过信访、投诉等方式寻求解决问题。故法院认定《货币补偿协议书》无效。

第二十二条　【限制民事行为能力的成年人】不能完全辨认自己行为的成年人为限制民事行为能力人，实施民事法律行为由其法定代理人代理或者经其法定代理人同意、追认；但是，可以独立实施纯获利益的民事法律行为或者与其智力、精神健康状况相适应的民事法律行为。

条文解读

本条是关于限制民事行为能力的成年人的规定。

根据本条规定，我国《民法典》关于限制民事行为能力的成年人的规定包括以下几点：

因智力障碍、精神障碍或其他疾病导致不能完全辨认自己行为的成年人，为限制民事行为能力人。限制民事行为能力的人并非完全丧失辨认自己行为的能力，只是对一些复杂或比较重大的行为缺乏足够的辨认识别能力、自我保护能力，并且不能很好预见其行为的法律后果。依据本条规定，限制民事行为能力的成年人实施民事法律行为，由其法定代理人代理或者经法定代理人同意、追认。

限制民事行为能力的成年人可以独立实施两类民事法律行为：一是纯获利益的民事法律行为。这是指能够获得利益但并不负有负担，或者即使有负担，但负担明显小于所获利益的民事法律行为。二是与限制民事行为能力的成年人的智力、精神健康状况相适应的民事法律行为。判断是否为"与其智力、精神健康状况相适应的民事法律行为"，需要在个案中结合该成年人的智力和精神状况情况进行具体分析，没有统一标准。如果该成年人所实施的民事法律行为与其智力、精神健康状况不相适应，需经其法定代理人事前同意或事后追认；如果该成年人所实施的民事法律行为与其智力、精神健康状况相适应，则无须经其法定代理人同意或追认即为有效。

配套法规及解读

《最高人民法院关于适用〈中华人民共和国民法典〉总则编若干问题的解释》（2022年2月24日）

第五条　限制民事行为能力人实施的民事法律行为是否与其年龄、智力、精神健康状况相适应，人民法院可以从行为与本人生活相关联的程度，本人的智力、精神健康状况能否理解其行为并预见相应的后果，以及标的、数量、价款或者报酬等方面认定。

※法规解读：该条和《民法典》第19条、第22条相关联，延续了《最高人民法院关于贯彻执行〈中华人民共和国民法通则〉若干问题的意见（试行）》的规定，对于判断限制民事行为的未成年人和成年人实施民事法律行为是否与其年龄、智力、精神健康状况相适应，主要考虑因素有行为与本人生活相关联的程度，本人的智力、精神健康状况能否理解其行为并预见相应的后果，以及标的、数量、价款或者报酬等。每一个因素的认定标准不是固定的，应当个案衡量。

关联法规索引

《民法典》第145条

典型案例

林某森与刘某房屋买卖合同纠纷案[1]

※案情简介：2020年7月1日，出卖人刘某与买受人林某森签订《房屋买卖合同》，约定：出卖人所售房屋（以下简称该房屋）为楼房，该房屋所在楼层为6层，建筑面积共79.08平方米。该房屋登记用途为住宅。经买卖双方协商一致，该房屋成交价格为：人民币810,000元。买受人应当于2020年6月30日前付清。出卖人应当在（约定时间或约定条件）前将该房屋交付给买受人。该房屋交付时，应当履行下列手续：(1)买卖双方共同对附件一中所列该房屋附属设施设备、装饰装修、相关物品清单等具体情况进行验收和交接，并记录水、电、气表的读数；(2)买卖双方在房屋附属设施设备、装饰装修、相关物品清单上签字；(3)移交该房屋房门钥匙。同日，甲方刘某（系卖房人）与乙方林某森（系买房人）签订存量房交易结算资金自行划转声明，交易过程中发生的资金及权属风险由甲乙双方自行承担。甲方本人亲自办理转移登记手续，乙方本人亲自办理转移登记手续。同日，林某森取得案涉

[1] 本案根据北京市第二中级人民法院(2021)京02民终16064号判决书整理。

房屋不动产权证书。2020年11月11日，出卖人林某森与买受人武某城签订北京市存量房屋买卖合同，该房屋所在楼层为6层，建筑面积共79.08平方米。该房屋登记用途为住宅。经买卖双方协商一致，该房屋成交价格为：人民币830,000元。买受人应当过户前向出卖人支付。出卖人应当在（约定时间或约定条件）前将该房屋交付给买受人。2020年11月27日，甲方林某森（系卖房人）与乙方武某城（系买房人）签订存量房交易结算资金自行划转声明，交易过程中发生的资金及权属风险由甲乙双方自行承担。甲方本人亲自办理转移登记手续，乙方本人亲自办理转移登记手续。同日，武某城取得案涉房屋不动产权证书。

2021年1月5日，一审法院受理申请人杨某兰申请认定刘某限制民事行为能力一案。在该案件审理过程中，经杨某兰申请，一审法院依法委托北京通达法正司法鉴定中心对被申请人刘某的民事行为能力进行鉴定，2021年6月28日，该机构出具京通法鉴（2021）20138号司法鉴定意见书，鉴定意见为：被鉴定人刘某2017年因患有脑血管性痴呆，已是精神残疾人。2020年7月1日处于中度脑血管性痴呆病期中，签订《房屋买卖合同》时属于限制民事行为能力人。

※争议焦点：出卖人刘某与买受人林某森签订的《房屋买卖合同》是否有效。

※判决结果：法院认为，依照《最高人民法院关于适用〈中华人民共和国民法典〉时间效力的若干规定》第1条第2款的规定，《民法典》施行前的法律事实引起的民事纠纷案件，适用当时的法律、司法解释的规定，但是法律、司法解释另有规定的除外。本案法律事实发生在《民法典》实施前，应适用当时的法律、司法解释的规定。根据《民法总则》第22条的规定，不能完全辨认自己行为的成年人为限制民事行为能力人，实施民事法律行为由其法定代理人代理或者经其法定代理人同意、追认，但是可以独立实施纯获利益的民事法律行为或者与其智力、精神健康状况相适应的民事法律行为。根据一审已查明的事实，刘某在与林某森签订案涉《房屋买卖合同》时系限制行为能力人，而林某森未能提供充足证据证明刘某的法定代理人同意或对案涉《房屋买卖合同》进行追认，刘某的法定代理人代表刘某提起本案诉讼，应被视为拒绝追认。林某森虽主张其与刘某于2020年7月1日签订的《房屋买卖合同》本质上为2015年1月22日刘某与案外人杨某芹之间签订的《北京市存量房买卖居间合同》的继续履行，而非独立存在的合同，但两份合同的签约主体与约定的购房价款金额等基本合同条款均不相同，故法院对林某森的主张不予采信。因此，一审法院依据当事人陈述及在案证据，判决确认案涉《房屋买卖合同》无效，处

理并无不当,法院予以维持。

综上所述,林某森的上诉请求不能成立,应予驳回;一审判决认定事实清楚,适用法律正确,应予维持。依照《民事诉讼法》第170条第1款第1项的规定,判决驳回上诉,维持原判。

※案例解读:根据《民法典》第22条的规定,不能完全辨认自己行为的成年人为限制民事行为能力人,实施民事法律行为由其法定代理人代理或者经其法定代理人同意、追认,但是可以独立实施纯获利益的民事法律行为或者与其智力、精神健康状况相适应的民事法律行为。根据已查明的事实,刘某在与林某森签订案涉《房屋买卖合同》时系限制行为能力人,在签订合同后,林某森提交的证据不足以证明刘某的法定代理人同意或对案涉《房屋买卖合同》进行追认,其法定代理人代表刘某提起本案诉讼,应被视为拒绝追认,因此案涉《房屋买卖合同》应属无效合同。

第二十三条 【法定代理人】无民事行为能力人、限制民事行为能力人的监护人是其法定代理人。

条文解读

本条是关于无民事行为能力人、限制民事行为能力人的法定代理人的规定。

根据本条规定,我国《民法典》关于无民事行为能力人、限制民事行为能力人的法定代理人的规定主要包括:无民事行为能力人、限制民事行为能力人因不能辨认或不能完全辨认自己行为,不能独立实施民事法律行为或不能完全独立实施民事法律行为,必须借助法定代理人的行为实现其民事行为能力。作为无民事行为能力人、限制民事行为能力人的法定代理人,监护人应当服务于被监护人的利益。

配套法规及解读

《最高人民法院关于适用〈中华人民共和国民法典〉总则编若干问题的解释》(2022年2月24日)

第四条 涉及遗产继承、接受赠与等胎儿利益保护,父母在胎儿娩出前作为法定代理人主张相应权利的，人民法院依法予以支持。

※法规解读：该条与《民法典》第16条、第23条相关联，补充规定了胎儿的法定监护人可作为胎儿行使民事权利的主体，涉胎儿利益发生讼争，应直接以父母作为诉讼主体，突出了对胎儿的法律保护。

关联法规索引

《民事诉讼法》第60条

典型案例

桐城市妇幼保健计划生育服务中心、刘某庆医疗损害责任纠纷案[1]

※案情简介：上诉人桐城市妇幼保健计划生育服务中心(以下简称桐城妇幼中心)因与被上诉人刘某庆医疗损害责任纠纷一案，不服安徽省桐城市人民法院(2020)皖0881民初3833号民事判决，向安徽省安庆市中级人民法院提起上诉。

刘某庆系听障人士，怀孕后于2018年7月5日到桐城妇幼中心建卡检查，桐城妇幼中心对刘某庆进行了彩超、唐筛、四维等检查。因刘某庆为听障人士，桐城妇幼中心建议刘某庆进行耳聋基因筛查。桐城妇幼中心对刘某庆进行血样采集，委托第三方湖南家辉遗传专科医院进行检测，检测报告显示未检测出遗传性耳聋基因的相关位点突变。2018年12月27日，刘某庆在桐城妇幼中心B超检查后，结果显示胎儿后颅窝池及第三脑室轻度扩张，桐城妇幼中心建议上级医院进一步检查。刘某庆于2019年1月3日前往南京鼓楼医院检查，经专家会诊告知此前的耳聋基因检查不彻底。2019年1月21日，刘某庆分娩一男婴刘某骐，婴儿在三次听力筛查中均未过关。2020年8月24日，刘某庆以桐城妇幼中心在产检过程中未发现胎儿发育异常，导致患有先天疾病的孩子出生，桐城妇幼中心存在过错应承担相应的赔偿责任为由向一审法院提起诉讼。

案件审理中，一审法院依据刘某庆的申请，委托南京金陵司法鉴定所对桐城妇幼中心在对刘某庆产检过程中的诊疗行为是否存在过错进行司法鉴定，其鉴定意

[1] 本案根据安徽省安庆市中级人民法院(2021)皖08民终448号判决书整理。

见书认为,桐城妇幼中心的诊疗行为存在过错,具体表现为:(1)根据听证会现场调查,医方不具备产前诊断的资质,应及时转诊至有产前诊断资质的三级甲等医院进行诊断遗传咨询;(2)根据送检资料分析,医方未能对患方进行耳聋方面知识的宣教和指导,且孕期检查不到位,如未进行优生 TORCH 的筛查;(3)医患沟通及告知不充分,医方仅告知患方转诊至上级医院检查,未能明确告知转诊至哪家医院,未能给予患方正确的指导。

※争议焦点:本案的主要争议焦点为刘某庆作为本案诉讼主体是否适格以及一审认定桐城妇幼中心承担责任是否有事实和法律依据。

※判决结果:法院认为,关于本案诉讼主体,《民法总则》第 20 条规定,不满 8 周岁的未成年人为无民事行为能力人,由其法定代理人代理实施民事法律行为。第 23 条规定,无民事行为能力人、限制民事行为能力人的监护人是其法定代理人。第 27 条第 1 款规定,父母是未成年子女的监护人。刘某骐系未成年人,刘某庆系刘某骐的法定代理人,刘某骐的医疗费应由刘某庆参与诉讼并代为主张,且本案医疗费已由刘某庆先行支付给医疗机构,故刘某庆作为本案诉讼主体并无不当。

关于承担赔偿责任主体。《最高人民法院关于适用〈中华人民共和国民事诉讼法〉的解释》第 90 条规定,当事人对自己提出的诉讼请求所依据的事实或者反驳对方诉讼请求所依据的事实,应当提供证据加以证明,但法律另有规定的除外。在作出判决前,当事人未能提供证据或者证据不足以证明其事实主张的,由负有举证证明责任的当事人承担不利的后果。《最高人民法院关于民事诉讼证据的若干规定》第 40 条规定,当事人申请重新鉴定,存在下列情形之一的,人民法院应当准许:(1)鉴定人不具备相应资格的;(2)鉴定程序严重违法的;(3)鉴定意见明显依据不足的;(4)鉴定意见不能作为证据使用的其他情形。存在前款第 1 项至第 3 项情形的,鉴定人已经收取的鉴定费用应当退还。拒不退还的,依照该规定第 81 条第 2 款的规定处理。对鉴定意见的瑕疵,可以通过补正、补充鉴定或者补充质证、重新质证等方法解决的,人民法院不予准许重新鉴定的申请。重新鉴定的,原鉴定意见不得作为认定案件事实的根据。本案中,桐城妇幼中心未提出证据反驳南京金陵司法鉴定所作出的司法鉴定意见书,也未举证证明本案符合应予重新鉴定的情形,一审对桐城妇幼中心要求重新鉴定未予准许并无不当。根据《侵权责任法》第 54 条的规定,患者在诊疗活动中受到损害,医疗机构及其医务人员有过错的,由医疗机构承担赔偿责任。司法鉴定意见书已经确认了桐城妇幼中心的诊疗行为存在过错，桐城妇幼中心上诉认为刘某庆应向湖南家辉遗传专科医院主张权利缺乏法律依据，桐城妇幼中心也未提供证据证明刘某庆对本案存在过错，一审认定桐城妇幼中心作为医疗机构承担赔偿责任并无不当。

综上所述，桐城妇幼中心上诉不能成立，本院对一审判决结果予以维持。依照《民事诉讼法》第170条第1款第1项的规定，判决驳回上诉，维持原判。

※案例解读：关于本案诉讼主体。《民法典》第20条规定，不满8周岁的未成年人为无民事行为能力人，由其法定代理人代理实施民事法律行为。第23条规定，无民事行为能力人、限制民事行为能力人的监护人是其法定代理人。第27条第1款规定，父母是未成年子女的监护人。刘某骐系未成年人，刘某庆系刘某骐的法定代理人，刘某骐的医疗费应由刘某庆参与诉讼并代为主张，且本案医疗费已由刘某庆先行支付给医疗机构，故刘某庆作为本案诉讼主体并无不当。

第二十四条　【无民事行为能力人或限制民事行为能力人的认定与恢复】不能辨认或者不能完全辨认自己行为的成年人，其利害关系人或者有关组织，可以向人民法院申请认定该成年人为无民事行为能力人或者限制民事行为能力人。

被人民法院认定为无民事行为能力人或者限制民事行为能力人的，经本人、利害关系人或者有关组织申请，人民法院可以根据其智力、精神健康恢复的状况，认定该成年人恢复为限制民事行为能力人或者完全民事行为能力人。

本条规定的有关组织包括：居民委员会、村民委员会、学校、医疗机构、妇女联合会、残疾人联合会、依法设立的老年人组织、民政部门等。

条文解读

本条是关于无民事行为能力人或限制民事行为能力人的认定与恢复的规定。

本条规定的是不能辨认或不能完全辨认自己行为的成年人，并不包括未成年人。因为未成年人不能辨认或不能完全辨认自己的行为，更多是因为年龄的原因，随着年龄的增长，未成年人的心理和智力都会不断增强，到了18周岁就自然成为完全民事行为能力人。成年人不能辨认或不能完全辨认自己的行为，往往是因为先天因素、后天疾病、意外事故等原因造成，有的短期能够恢复，有的短期不能恢复，甚至不可逆转。出于保护该成年人的权益、保护交易安全的考虑，其利害关系人或者有关组织可以向人民法院申请认定该成年人为无民事行为能力人或限制民事行为能力人。依据本条第 2 款的规定，被法院认定为无民事行为能力人或限制民事行为能力人，其智力、精神健康恢复正常或部分恢复正常，经本人、利害关系人或有关组织申请，法院可以根据实际情况认定该成年人恢复为限制民事行为能力人或者完全民事行为能力人。

相较于《民法通则》第 19 条，本法第 24 条增加了“有关组织”可以依法向人民法院申请认定成年人为无民事行为能力人或限制民事行为能力人的规定。“有关组织”包括：居民委员会、村民委员会、学校、医疗机构、妇女联合会、残疾人联合会、依法设立的老年人组织、民政部门等。这些组织或者是了解该成年人智力、精神健康状况，或者对该成年人负有法定职责。

关联法规索引

《民事诉讼法》第 194 ~ 197 条

典型案例

罗某英与周某诚申请宣告自然人无民事行为能力特别程序案[1]

※案情简介：申请人罗某英称，要求宣告被申请人周某诚为无民事行为能力人，指定罗某英为其监护人。事实和理由：罗某英与周某诚系夫妻，生育周某。周某诚于 2021 年 11 月 20 日自高处坠落致头部受损，至今住院治疗，意识昏迷。为处理周某诚日常事务，故申请宣告周某诚为无民事行为能力人，并指定罗某英担任监护人。周某诚代理人周某称，申请人陈述属实，同意申请人的申请请求。

经审理查明：被申请人周某诚，男，1952 年 8 月 23 日出生，汉族，户籍地为上海市杨浦区 × × 路，现在复旦大学附属中山医院吴淞医院住院。罗某英与周某诚系夫妻，生育周某。审理中，法院委托司法鉴定科学研究院对周某诚的精神状态和民

---

〔1〕 本案根据上海市杨浦区人民法院（2021）沪 0110 民特 2158 号判决书整理。

事行为能力进行鉴定,鉴定意见为周某诚患有器质性精神障碍,目前应评定为无民事行为能力。

※争议焦点:周某诚是否应评定为无民事行为能力。

※判决结果:法院认为,周某诚患有器质性精神障碍,目前无民事行为能力,此节事实有司法鉴定意见书为证,故罗某英申请认定其为无民事行为能力人的申请请求,应予支持。罗某英系周某诚的配偶,依照法律规定可以担任周某诚的监护人,并且周某诚的代理人周某亦同意罗某英担任周某诚的监护人,故本院指定罗某英为周某诚的监护人。

依照《民法典》第24条第1款、第28条,《民事诉讼法》第196条的规定,判决宣告周某诚为无民事行为能力人;指定罗某英为周某诚的监护人。

※案例解读:周某诚患有器质性精神障碍,目前无民事行为能力。《民法典》第24条第1款规定,不能辨认或者不能完全辨认自己行为的成年人,其利害关系人或者有关组织,可以向人民法院申请认定该成年人为无民事行为能力人或者限制民事行为能力人。因此其妻子罗某英可以向人民法院申请认定周某诚为无民事行为能力人。

第二十五条　【自然人住所】自然人以户籍登记或者其他有效身份登记记载的居所为住所;经常居所与住所不一致的,经常居所视为住所。

条文解读

本条是关于自然人住所的规定。

自然人的住所是自然人生活和进行民事活动的中心场所或主要场所。居所,是指自然人实际居住的一定处所,一个自然人可以有两个或多个居所,但只能有一个住所。自然人的住所除对婚姻登记、宣告失踪、宣告死亡、债务履行地、司法管辖、诉讼送达等具有重要法律意义之外,还涉及义务教育、就业服务、基本医疗卫生、住房保障等基本公共服务的提供。

依据本条规定,自然人以户籍登记或者其他有效身份登记记载的居所为住所。"户籍登记"是国家公安机关按照相关法律法规,对公民的身份信息进行登记记载的制度。按照《户口登记条例》第6条的规定,公民应当在长期居住地的公安机关进行户口登记，其记载居所就是住所。“其他有效身份登记”主要指的是居住证。《居住证暂行条例》第 2 条和第 4 条，对于居住证的申领和登载内容作出了规定。

关联法规索引

《户口登记条例》第 6 条；《居住证暂行条例》第 2 条、第 4 条

典型案例

刘某与王某杰民间借贷纠纷案[1]

※案情简介：上诉人刘某因与被上诉人王某杰民间借贷纠纷一案，不服北京市西城区人民法院(2021)京 0102 民初 21303 号民事裁定，向北京市第二中级人民法院提起上诉。

上诉人刘某与被上诉人王某杰于 2018 年 10 月 23 日签订《借款合同》，《借款合同》已经成立并生效。《借款合同》在签订前是由上诉人通过微信沟通被上诉人意见，在得到被上诉人明确同意的前提下由被上诉人签字并当面交于上诉人，被上诉人与实际出借人基于该《借款合同》的借款合意已达成，被上诉人在签订《借款合同》前后均不认识名义出借人胡某领，更不关心是谁实际出借，只要能够通过上诉人完成其支付律师费目的即可。《借款合同》所载明“借款用途为律师费”资金已由上诉人自有合法资金分批转入律师指定收款账户，《借款合同》中借款人实际义务已履行完毕。《借款合同》第 9 条约定合同签订地点为北京市西城区。刘某与王某杰未单独在本案诉讼前以书面形式达成选择管辖的协议；同时，《借款合同》约定的双方为甲方胡某领、乙方王某杰，在合同落款处，仅有王某杰的签字和捺印。故此，《借款合同》中关于发生争议可向北京市西城区人民法院起诉的管辖协议，从形式上看，并非本案当事人即刘某与王某杰之间的书面约定，进而导致该管辖协议对本案当事人不具有约束力，即本案不应依据该约定内容确定管辖。有鉴于此，本案应依据有关合同纠纷的法定管辖规定，确定管辖。由于本案现有证据均不能证

[1] 本案根据北京市第二中级人民法院(2021)京 02 民辖终 848 号判决书整理。

明北京市西城区是与本案争议有实际联系的地点，一审法院认定王某杰对管辖权提出的异议成立，并将本案移送山东省临沂市兰山区人民法院审理。

※争议焦点：北京市西城区人民法院对刘某与王某杰民间借贷纠纷案是否享有管辖权。

※判决结果：法院认为，刘某与王某杰未单独在本案诉讼前以书面形式达成选择管辖的协议；同时，《借款合同》约定的双方为甲方胡某领、乙方王某杰，在合同落款处，仅有王某杰的签字和捺印。故此，《借款合同》中关于发生争议可向北京市西城区人民法院起诉的管辖协议，从形式上看，并非本案当事人即刘某与王某杰之间的书面约定，进而导致该管辖协议对本案当事人不具有约束力，即本案不应依据该约定内容确定管辖。有鉴于此，本案应依据有关合同纠纷的法定管辖规定，确定管辖。由于本案现有证据均不能证明北京市西城区是与本案争议有实际联系的地点，故一审法院即北京市西城区人民法院对本案并无管辖权。

《民事诉讼法》(2017 年修正)第 23 条规定："因合同纠纷提起的诉讼，由被告住所地或者合同履行地人民法院管辖。"《最高人民法院关于适用〈中华人民共和国民事诉讼法〉的解释》第 3 条第 1 款规定："公民的住所地是指公民的户籍所在地，法人或者其他组织的住所地是指法人或者其他组织的主要办事机构所在地。"第 4 条规定："公民的经常居住地是指公民离开住所地至起诉时已连续居住一年以上的地方，但公民住院就医的地方除外。"《民法典》第 25 条规定："自然人以户籍登记或者其他有效身份登记记载的居所为住所；经常居所与住所不一致的，经常居所视为住所。"

本案中，虽然王某杰的户籍地在内蒙古自治区乌海市海勃湾区海吉街北二街坊新洋花园××楼，但其经常居住地位于山东省临沂市兰山区，刘某对此亦予以认可。故此，王某杰关于本案应移送山东省临沂市兰山区人民法院审理的主张，于法有据。那么，在一审法院对本案无管辖权且王某杰所提管辖权异议于法有据的情况下，原则上应支持王某杰的主张。

综上，一审法院关于王某杰对管辖权提出的异议成立的认定以及将本案移送山东省临沂市兰山区人民法院审理的处理结果，均无不当，应予支持。裁定驳回上诉，维持原裁定。

※案例解读：《民法典》第 25 条规定："自然人以户籍登记或者其他有效身份登记记载的居所为住所；经常居所与住所不一致的，经常居所视为住所。"本案

中，虽然王某杰的户籍地在内蒙古自治区乌海市海勃湾区海吉街北二街坊新洋花园××楼，但其经常居住地位于山东省临沂市兰山区，刘某对此亦予以认可。故此，王某杰关于本案应移送山东省临沂市兰山区人民法院审理的主张，于法有据。

第二节　监　　护

第二十六条　【父母子女之间的法律义务】父母对未成年子女负有抚养、教育和保护的义务。

成年子女对父母负有赡养、扶助和保护的义务。

条文解读

本条是关于父母子女之间法律义务的规定。

本条是《民法通则》所没有的新规定，是监护的确立依据。父母与子女是家庭中最核心的垂直关系，子女未成年时，父母对其有抚养、教育和保护义务；子女成年后，父母逐渐老迈，子女就要反过来承担起扶助、赡养和保护父母的义务。这符合中国传统价值观孝道的要求。

本条主要内容包括：

第1款是关于父母对于未成年子女监护的规定。父母对于未成年子女的义务主要体现在抚养、教育和保护三个方面。抚养包括抚育和教养，即父母除了满足未成年子女物质生活上的需求之外，还应当包括对未成年子女精神上的引导与关爱。如果在物质层面父母对子女没有尽到抚养义务，致使子女处于被虐待、被遗弃状态，情节严重的，可能构成虐待罪或遗弃罪，受到《刑法》处罚。教育是指为了帮助子女适应社会化需要，在成年后具备独立生活的能力，父母对于未成年子女所进行的知识与技能方面的培养。我国《宪法》规定，公民有受教育的权利和义务，父母应当为未成年子女接受义务教育提供保障和支持。保护则是指父母对于未成年子女的身体和精神负有保护义务，使其免遭侵害，健康成长。

第2款是关于成年子女对于父母监护的规定。成年子女对于父母的义务主要体现在赡养、扶助和保护三个方面。赡养是指成年子女有经济收入之后，对于年迈甚至失去生活能力的父母提供物质和经济上的帮助，也包括子女对于父母情感上的关爱。扶助是指当父母在经济上或自我照顾上存在一定困难时，成年子女应当及时、无偿地提供帮助，将父母的生活水平维持在一定水准之上。保护是指当父母的身体或意识存在一定障碍，造成行动不便或意思表达有困难时，成年子女要保护父母的人身安全和财产安全。

关联法规索引

《宪法》第49条第3款；《民法典》第1084条；《刑法》第260条

典型案例

张某、陆某赡养费纠纷案[1]

※案情简介：上诉人张某因与被上诉人陆某赡养费纠纷一案，不服安徽省怀远县人民法院(2021)皖0321民初6743号民事判决，向安徽省蚌埠市中级人民法院提起上诉。蚌埠市中级人民法院于2021年12月22日立案后，依法组成合议庭对本案进行了审理。本案现已审理终结。

张某现年79周岁，与丈夫陆某民(××××年××月××日去世)婚后生育长子陆某与次子陆某2。陆某、陆某2均已成年。

一审法院认为，家庭成员间应当敬老爱幼，赡养父母是子女应尽的法律义务，子女应当对父母在经济上给予供养、在生活上给予照料，在精神上给予慰藉。当成年子女不履行赡养义务的，缺乏劳动能力或者生活困难的父母，有权要求成年子女给付赡养费的权利。但本案中，陆某当庭表示要与张某一同生活，履行赡养义务，张某坚决不同意；张某要求陆某每月支付1000元赡养费。张某虽缺乏劳动能力，但其自认每月享受退休工资待遇2300元左右，并将其所有的位于江山御景房屋1套出售，即其并未丧失经济来源，也未举证证明发生其他生活困难的事实。

※争议焦点：陆某是否应支付张某赡养费。

※判决结果：二审法院认为，《民法典》第26条第2款规定："成年子女对父母

---

〔1〕 本案根据安徽省蚌埠市中级人民法院(2021)皖03民终4153号判决书整理。

负有赡养、扶助和保护的义务。”《老年人权益保障法》第13条规定:“老年人养老以居家为基础,家庭成员应当尊重、关心和照料老年人。”第14条第1款规定:“赡养人应当履行对老年人经济上供养、生活上照料和精神上慰藉的义务,照顾老年人的特殊需要。”赡养扶助父母是中华民族的传统美德,也是成年子女应尽的法律义务。在选择赡养方式的时候,应充分考虑老人的实际情况、切实需求和真实意愿。赡养费用应当结合当地经济水平、被赡养人的实际需求、赡养人的经济能力等因素综合确定。本案中,陆某作为张某的子女,对张某有法定的赡养义务。虽然陆某也表示希望母亲张某能同自己一起生活,但张某明确表示拒绝,故应尊重张某的真实意愿。由于张某每月有退休金且有其他法定赡养人,张某要求陆某每月给付1000元的赡养费过高。结合本地经济水平及陆某的经济能力,本院酌定陆某每月给付张某赡养费300元为宜。

※案例解读:《民法典》第26条第2款规定:“成年子女对父母负有赡养、扶助和保护的义务。”在本案中,陆某作为张某的子女,对张某有法定的赡养义务。虽然陆某也表示希望母亲张某能同自己一起生活,但张某明确表示拒绝,故应尊重张某的真实意愿。对于张某要求陆某支付赡养费的诉讼请求应予支持。

第二十七条 【未成年人的监护人】父母是未成年子女的监护人。

未成年人的父母已经死亡或者没有监护能力的,由下列有监护能力的人按顺序担任监护人:

(一)祖父母、外祖父母;

(二)兄、姐;

(三)其他愿意担任监护人的个人或者组织,但是须经未成年人住所地的居民委员会、村民委员会或者民政部门同意。

条文解读

本条是关于未成年人的监护人的规定。

本条主要内容包括:

第1款规定了父母作为未成年子女的监护人的法律地位。本款延续了《民法通则》第16条第1款的规定,只是将《民法通则》中“未成年人的父母是未成年人的监护人"的表述,改为"父母是未成年子女的监护人"更合理的表述。

第2款则规定当未成年人父母死亡或者失去监护能力的情形下,其他主体作为监护人的范围和顺序。本款在《民法通则》的基础上从两个方面进行了完善:一是规定父母之外的监护人应当"按顺序"担任监护人;二是增加了组织担任监护人的规定。

关于"按照顺序"担任监护人。《民法通则》第16条第1款没有明确除父母外其他有监护能力的人担任监护人的顺序问题。这在实践中会产生两个问题:其一,两个或两个以上有监护资格的人相互推诿,都不愿意担任监护人;其二,两个或两个以上有监护资格的人相互争夺,都愿意担任监护人。本款强调了"按顺序"担任监护人,即除父母以外第一顺位的监护人是祖父母、外祖父母;第二顺位的监护人是兄、姐;第三顺位的监护人是其他愿意担任的个人或组织,但是须经未成年人住所地的居民委员会、村民委员会或者民政部门同意。如果按照本款规定的顺序应当担任监护人的个人,认为自己不适合担任监护人,或者认为其他有监护资格的人更有能力和资格担任监护人,可以依照本法第30条规定进行协商,协商不成的通过本法第31条规定的监护争议解决程序处理。

关于"愿意担任监护人的组织"担任监护人。随着我国公益事业的发展,有监护意愿和能力的社会组织不断增多,组织监护人的出现是对家庭监护人的有益补充。但是,监护不同于简单的生活照顾,要对被监护的未成年人的人身和财产进行管理和保护,这对自愿担任监护人的社会组织提出了较高要求,所以本款规定,该组织需经过未成年人住所地的居民委员会、村民委员会或者民政部门的同意。

配套法规及解读

《最高人民法院关于适用〈中华人民共和国民法典〉总则编若干问题的解释》(2022年2月24日)

第六条　人民法院认定自然人的监护能力,应当根据其年龄、身心健康状况、经济条件等因素确定;认定有关组织的监护能力,应当根据其资质、信用、财产状况等因素确定。

※法规解读:本条是关于监护能力认定的规定。监护人应当有监护能力。监护能力是作为监护人的基本要求。如何判断监护人的监护能力,应该根据具体情况进行综合判断。为解决实践中法律适用不统一的现象,本条规定,自然人的监护

能力应当根据监护人的年龄、身心健康状况、经济条件等因素确定。例如,未成年人尚不具备完全民事行为能力,不具有作为监护人的资格;再如,年龄很大的老人,行动不便,也不适宜作为监护人。在认定有关组织的监护能力时,应当根据其资质、信用、财产状况等因素确定。

关联法规索引

《民法典》第 26 条第 1 款、第 1111 条第 1 款

典型案例

王某、王某志等生命权、健康权、身体权纠纷案〔1〕

※案情简介:上诉人王某、王某志、吴某娣与被上诉人陈某1、漳州台商投资区鸿渐中学(以下简称鸿渐中学)健康权纠纷一案,不服福建省漳州市龙海区人民法院于2021年8月19日作出的(2021)闽0681民初1907号民事判决,向福建省漳州市中级人民法院提起上诉。

2020年11月20日中午,鸿渐中学学生陈某1(属限制民事行为能力人)、王某(属限制民事行为能力人)在鸿渐中学食堂用餐。其间,王某为制止他人在食堂喧哗,与他人发生争执并向他人投掷铁筷,但该铁筷击中陈某1右眼,致使陈某1受伤。陈某1被送往厦门大学附属厦门眼科中心住院治疗13日并于2021年1月、2021年3月等多次进行相关的复查,共花费医疗费42,836.53元,其中统筹基金支付12,028.54元、商业保险953.06元、个人支付29,854.93元。出院诊断伤情为:(1)右眼继发性青光眼;(2)右眼钝挫伤;(3)右眼前房积血;(4)右眼外伤性虹膜睫状体炎;(5)右眼晶体不全脱位。出院后用药及建议:终生随访,出院后1周首次复诊,后续复诊遵医嘱,出院后注意保持眼部卫生,避免剧烈活动等。诉讼过程中,经福建寻真司法鉴定所鉴定,陈某1损伤残疾程度被评定为拾级残疾附加一处拾级残疾,护理期评定为55天(其中住院护理为13天,出院后护理为42天),营养期评定为55天;伤情的后续治疗费用的申请不予支持;鉴定费为2600元。另查明,

---

〔1〕 本案根据福建省漳州市中级人民法院(2021)闽06民终3440号判决书整理。

鸿渐中学位于福建省漳州台商投资区,鸿渐村委会城乡分类代码为121。事故发生后,王某的父母王某志、吴某娣已垫付31,000元。陈某1同意该垫付款从王某志、吴某娣的赔偿款中予以抵扣。

※争议焦点:王某志(系王某之父)、吴某娣(系王某之母)是否应对王某的侵权行为承担相应责任。

※判决结果:二审法院认为,公民享有生命健康权。行为人因过错侵害他人民事权益,应当承担侵权责任。父母对未成年子女负有抚养、教育和保护的义务。父母是未成年子女的监护人。无民事行为能力人、限制民事行为能力人造成他人损害的,由监护人承担侵权责任。监护人尽到监护责任的,可以减轻其侵权责任。有财产的无民事行为能力人、限制民事行为能力人造成他人损害的,从本人财产中支付赔偿费用。不足部分,由监护人赔偿。本案中,王某投掷铁筷击中陈某1右眼,致使陈某1受伤。王某作为侵权人,因其系限制民事行为能力人,应由其监护人王某志和吴某娣承担事故的主要责任,学校未尽到教育、管理职责,造成在校学生身体受到伤害,亦应承担一定责任。一审法院根据本次事故发生的实际情况,酌定由侵权人的监护人王某志和吴某娣承担75%的责任,学校承担25%的责任,并无不当,法院予以维持。关于王某、王某志、吴某娣主张鸿渐中学对王某有监护权并主张鸿渐中学应承担全部责任的问题,王某志、吴某娣是王某的法定监护人,其监护职责是法定义务,并不因王某上学转移监护责任,学校对在校读书的未成年人的责任是《未成年人保护法》和相关法律规定所确定的一种教育、管理、保护责任,其内容与监护责任不相同,不可视为同等关系。故王某、王某志、吴某娣的主张缺乏事实和法律依据,法院不予支持。

※案例解读:《民法典》第27条第1款规定,父母是未成年子女的监护人。在本案中,因王某系限制民事行为能力人,目前仍是在校学生,无证据证明其有财产,其监护人未举证证明已尽到监护职责,故对陈某1的损失,应由王某的监护人王某志、吴某娣承担侵权责任。

第二十八条　【无、限制民事行为能力的成年人的监护人】无民事行为能力或者限制民事行为能力的成年人,由下列有监护能力的人按顺序担任监护人:

(一)配偶;

（二）父母、子女；

（三）其他近亲属；

（四）其他愿意担任监护人的个人或者组织，但是须经被监护人住所地的居民委员会、村民委员会或者民政部门同意。

条文解读

本条是关于无民事行为能力和限制民事行为能力的成年人的监护人的规定。

根据本条规定，需要设立监护的成年人为无民事行为能力人和限制民事行为能力人，如因智力、精神障碍、疾病、年老等原因，导致辨识能力不足的成年人。对于成年人的监护，需要区别失能与失智两种情况。失能，是指失去生活自理能力，但还具备辨认能力；失智，则是指失去辨认能力。失能的成年人未必需要监护，而失智的成年人需要监护，需要监护人保护和安排其人身、财产等各项权益。

本条内容延续了《民法通则》第 17 条的规定，但作了适当调整和完善，一是增加了具有监护资格的人“按顺序”担任监护人；二是增加“其他愿意担任监护人的个人或者组织”，扩大了监护人的范围。

本条中具有监护资格的人包括配偶、父母、子女、其他近亲属，以及其他愿意担任监护人的个人或者组织。其顺序如下：(1)配偶。《民法典》第 1059 条第 1 款规定：“夫妻有相互扶养的义务。”夫妻有感情基础，共同生活并对共同财产享有支配权，由配偶担任监护人有利于保护被监护的人身和财产权益。(2)父母、子女。父母子女之间有血缘关系、情感基础还有法定抚养、赡养关系，适合担任监护人。(3)其他近亲属。包括祖父母、外祖父母、孙子女、外孙子女、兄弟姐妹。(4)其他愿意担任监护人的个人或者组织，但是须经被监护人住所地的居民委员会、村民委员会或者民政部门同意。

关联法规索引

《民法典》第 1059 条第 1 款

典型案例

陆某宝与杨某新申请宣告自然人限制民事行为能力特别程序案[1]

※案情简介：杨某新，男，汉族，1932年12月13日生，户籍地上海市杨浦区××路。申请人陆某宝与被申请人杨某新系夫妻关系，婚后生育三个儿子，即杨某1、杨某2、杨某3。被申请人被医院诊断为阿尔茨海默病，现生活无法自理，住在养老院，日常生活都是由申请人照顾，因被申请人在养老院摔伤需要主张赔偿，故向法院提出诉请。

※争议焦点：本案的争议焦点为陆某宝能否担任杨某新的监护人。

※判决结果：法院认为，被申请人杨某新被诊断为阿尔茨海默病，故申请人陆某宝申请认定其为限制民事行为能力人的申请请求，应予支持。申请人陆某宝系被申请人杨某新的配偶，日常照料杨某新，适宜担任被申请人杨某新的监护人。据此，依照《民法典》第24条第1款、第28条，《民事诉讼法》第196条之规定，判决如下：(1)宣告杨某新为限制民事行为能力人；(2)指定陆某宝为杨某新的监护人。

※案例解读：《民法典》第28条规定，无民事行为能力或者限制民事行为能力的成年人，由下列有监护能力的人按顺序担任监护人：(1)配偶；(2)父母、子女；(3)其他近亲属；(4)其他愿意担任监护人的个人或者组织，但是须经被监护人住所地的居民委员会、村民委员会或者民政部门同意。陆某宝为杨某新的配偶是第一顺序的监护人，有监护能力，由其担任杨某新的监护人，可以更好地保护杨某新的人身权利、财产权利以及其他合法权益等。

第二十九条　【遗嘱指定监护人】被监护人的父母担任监护人的，可以通过遗嘱指定监护人。

条文解读

本条是关于遗嘱指定监护人的规定。

[1] 本案根据上海市杨浦区人民法院(2022)沪0110民特168号判决书整理。

本条是《民法典》新增加的规定,《民法通则》中无相关内容。父母与子女血缘关系最近,情感最为亲厚,应当允许父母指定自己认为最可靠、最信赖的人成为子女的监护人。遗嘱监护既体现了法律对于父母意愿的尊重,也能更好地保护被监护人的人身和财产权利。

本条主要内容包括:

第一,本条成立的前提是被监护人的父母正在担任监护人。如果父母因丧失监护能力没有担任监护人或者因其他原因被撤销监护人资格而不再担任监护人的,父母不能通过订立遗嘱的形式指定监护人。如果被监护人的父母均健在,父亲与母亲应当协商一致为被监护人遗嘱指定监护人,而不能仅凭父亲或母亲一方意愿指定。

第二,被监护人是无民事行为能力和限制民事行为能力的子女,包括成年人和未成年人两种情况。

第三,遗嘱指定监护具有优先地位。遗嘱指定监护应当优先于本法第 27 条和第 28 条规定的法定监护。同时,遗嘱所指定的监护人也不局限于本法第 27 条和第 28 条所列举出具有监护资格的人。但是,遗嘱指定的监护人应当有监护能力,如果客观情况发生变化,遗嘱指定的监护人不能履行监护职责,应当依法另行确定监护人。

配套法规及解读

《最高人民法院关于适用〈中华人民共和国民法典〉总则编若干问题的解释》(2022 年 2 月 24 日)

第七条 担任监护人的被监护人父母通过遗嘱指定监护人,遗嘱生效时被指定的人不同意担任监护人的,人民法院应当适用民法典第二十七条、第二十八条的规定确定监护人。

未成年人由父母担任监护人,父母中的一方通过遗嘱指定监护人,另一方在遗嘱生效时有监护能力,有关当事人对监护人的确定有争议的,人民法院应当适用民法典第二十七条第一款的规定确定监护人。

※法规解读:本条是关于遗嘱监护中遗嘱指定监护人不愿作为监护人或者作为监护人的父母一方遗嘱指定监护人与另一方的法定监护人冲突的解决。遗嘱指

定监护人的，实际上是为第三人设定监护职责，应当取得第三人同意。第三人不同意担任遗嘱指定监护人的，应当依据《民法典》第27条、第28条的规定为被监护人确定监护人。未成年人之父母为未成年人之共同监护人，在其中一方通过遗嘱指定监护人的情形下，另一方如果有监护能力的，该遗嘱指定监护是否仍有效呢？本条认为，另一方在遗嘱生效时有监护能力，有关当事人对监护人的确定有争议的，人民法院应当适用《民法典》第27条第1款的规定确定监护人，即应该由生存的具有监护能力的父母中的一方作为监护人。

关联法规索引

《民法典》第27条、第28条、第1143条

典型案例

陈某明、陈某兰等与王某文保管合同纠纷案〔1〕

※案情简介：原告孟某英（已故）与陈某光（已故）共同生育六个子女，陈某明、陈某花、陈某珍、陈某华、陈某兰、陈某顺。陈某兰持有《残疾人证》，为精神残疾人，伤残等级二级。被告王某文系陈某花的女儿。孟某英从其工资中积攒了部分款项，其中将35,000元给予陈某兰，并交王某文保管，2018年7月16日，王某文作出一份《明细说明》，载明："2017年8月至2018年7月16日，定存共有40,000元（孟某英与陈某兰拥有35,000元，陈某顺5000元），此40, 000元存款由王某文存。特此说明。2018年6月26日，每月定存1000元，一年一取，其中：孟某英与陈某兰拥有的35, 000元为陈某兰所有。"此情况说明人：王某文，并经陈某明、陈某华、陈某花、孟某英一致同意及签名。

孟某英于2020年4月去世，生前于2018年12月14日立下《遗嘱》，对相关财产进行分配，其中"二、财产继承……本遗嘱前述列明的陈某明，作为遗嘱执行人，执行本遗嘱，陈某明从今日起自愿承担本人孟某英的赡养及后事的处理，陈某明作为患病的陈某兰的监护人。在此明确，订立遗嘱期间本人神志清醒且订立该遗嘱

〔1〕 本案根据云南省耿马傣族佤族自治县人民法院（2020）云0926民初700号判决书整理。

没有受到胁迫和欺诈,上述遗嘱是自愿作出的,本人的真实意思表示。本人的其他亲属或者第三人不得以任何理由对继承人继承的使用权进行干涉。"《遗嘱》由孟某英签名捺印,见证人:赵某、尹某,签订地点:云南通恒(孟定)律师事务所。陈某兰未结婚生子,其母亲孟某英在世时,与孟某英生活,由孟某英照顾。2016 年至 2017 年 7 月,孟某英、陈某兰与被告王某文一家共同生活。2018 年至今,陈某兰与陈某明一家共同生活。

※争议焦点:本案的争议焦点为陈某明是否为陈某兰的监护人。

※判决结果:法院认为,合法的民事法律关系受法律保护。根据《民法总则》第 29 条规定:"被监护人的父母担任监护人的,可以通过遗嘱指定监护人。"本案陈某兰系无民事行为能力人,之前由其母亲孟某英担任监护人,孟某英生前立下《遗嘱》,指定陈某明为陈某兰的监护人,陈某明合法取得陈某兰的监护人资格。第 34 条规定:"监护人的职责是代理被监护人实施民事法律行为,保护被监护人的人身权利、财产权利以及其他合法权益等。监护人依法履行监护职责产生的权利,受法律保护。监护人不履行监护职责或者侵害被监护人合法权益的,应当承担法律责任。"本案中陈某明作为陈某兰的监护人,只具有管理被监护人的财产的权利及义务,对本案诉争财产不享有所有权,故陈某明不是适格的诉讼主体,其诉请法院不予支持。

《合同法》第 376 条规定:"寄存人可以随时领取保管物。当事人对保管期间没有约定或者约定不明确的,保管人可以随时要求寄存人领取保管物;约定保管期间的,保管人无特别事由,不得要求寄存人提前领取保管物。"根据《明细说明》,王某文为陈某兰保管 35,000 元人民币,二人之间形成合法有效的保管合同关系,但双方未约定保管物返还期限,陈某兰可以随时要求返还,故陈某兰诉请王某文返还 35,000 元人民币法院予以支持。

综上所述,依照《民法总则》第 29 条、第 34 条,《合同法》第 376 条之规定,判决由被告王某文于本判决生效之日起 10 日内返还原告陈某兰人民币 35,000 元;驳回原告陈某明的诉讼请求。

※案例解读:《民法典》第 29 条规定:"被监护人的父母担任监护人的,可以通过遗嘱指定监护人。"本案中,陈某兰系无民事行为能力人,之前由其母亲孟某英担任监护人,孟某英生前立下《遗嘱》,指定陈某明为陈某兰的监护人,陈某明合法取得陈某兰的监护人资格。

第三十条　【协议确定监护人】依法具有监护资格的人之间可以协议确定监护人。协议确定监护人应当尊重被监护人的真实意愿。

条文解读

本条是关于协议监护的规定。

根据本法第27条和第28条的规定,具有监护资格的监护人按照顺序担任监护人。但是这种顺序并不具有排他性,有前一顺序监护人存在的,也可以由后一顺序监护人担任监护人。协议监护,是指在具有监护资格的数人之间通过协商达成一致意见,为被监护人确定一名或几名监护人。

有权进行协商的人,必须是具有监护资格的人。监护资格的确定,需依据本法第27条和第28条的规定。本条强调协议确定监护人应当尊重被监护人的真实意愿。被监护人都是无民事行为能力和限制行为能力人,确定监护人对被监护人的利益影响重大,应当充分考虑被监护人的真实意愿,以最有利于被监护人的原则来协商选定监护人。

配套法规及解读

《最高人民法院关于适用〈中华人民共和国民法典〉总则编若干问题的解释》(2022年2月24日)

第八条　未成年人的父母与其他依法具有监护资格的人订立协议,约定免除具有监护能力的父母的监护职责的,人民法院不予支持。协议约定在未成年人的父母丧失监护能力时由该具有监护资格的人担任监护人的,人民法院依法予以支持。

依法具有监护资格的人之间依据民法典第三十条的规定,约定由民法典第二十七条第二款、第二十八条规定的不同顺序的人共同担任监护人,或者由顺序在后的人担任监护人的,人民法院依法予以支持。

※法规解读:本条是关于未成年人法定监护人之间约定担任监护人的效力的规定。《民法典》第27条规定了父母是未成年子女的监护人,为保护未成年人利益,确保未成年人健康成长,该监护职责除非被依法剥夺,否则不得通过协议约定

排除，因此未成年人的父母与其他依法具有监护资格的人订立协议，约定免除具有监护能力的父母的监护职责的，属于不履行监护职责的行为，该约定无效，父母仍为监护人。当然，如果协议约定，在未成年人的父母丧失监护能力时或者死亡时由该具有监护资格的人担任监护人的，这对及时确定未成年人监护人，保护其权益非常重要，该种约定有效。除此之外，对于未成年人或精神病人之监护人，我国《民法典》第27条第2款和第28条分别作了规定，这些监护人之间可以约定让不同顺序的监护人共同承担监护职责或者顺序在后的监护人作为监护人。

典型案例

中国平安人寿保险股份有限公司青海分公司、王某人身保险合同纠纷案[1]

※案情简介：上诉人中国平安人寿保险股份有限公司青海分公司因与被上诉人王某人身保险合同纠纷一案，不服陕西省榆林市横山区人民法院作出的(2020)陕0803民初1299号民事判决，向陕西省榆林市中级人民法院提起上诉。

2017年11月21日，被上诉人王某妻子崔某娇(投保人)与上诉人签订人身保险合同(保险合同号码：××)一份，被保险人为王某，投保主险为平安百万任我行两全保险(2017)，保险期间30年，生存保险金受益人为王某。投保人崔某娇于合同签订之日按约缴纳了保险费，该保险合同于2017年11月22日生效。上述保险合同第1条第1款保险责任第3项约定：被保险人因遭受意外伤害，并自该意外伤害发生之日起180日内造成本主险合同附表所列的“全残”的，我们按基本保险金额给付意外全残保险金，本主险合同终止。第4项约定：被保险人以驾驶员身份驾驶或者以乘客身份乘坐个人非营运车辆期间遭受意外伤害，并自该意外伤害发生之日起180日内造成本主险合同附表所列的“全残”的，除按第3项给付意外全残保险金外，我们还按20倍基本保险金额给付自驾车意外全残保险金，本主险合同终止。2018年4月12日18时40分许，刘某国驾驶陕××号××牌小型轿车由西向东超速占道行驶至榆林市榆补路17KM处时，与由东向西超速行驶的陕××挂

[1] 本案根据陕西省榆林市中级人民法院(2021)陕08民终3376号判决书整理。

号东风牌重型半挂车相撞,造成刘某国、乘车人王某受伤的道路交通事故,被上诉人乘坐车辆为非营运车辆。榆林市公安局交通警察支队一大队于2018年5月3日作出道路交通事故认定书(第610811120180000098号)认定:刘某国承担此次事故的主要责任,巩某燕承担此次事故的次要责任,王某无责任。被上诉人王某于交通事故发生当日于榆林市榆阳区医疗集团抢救,因重度昏迷于当日转院至榆林市第一医院救治,被诊断为急性开放性颅脑损伤、多发脑损伤、右侧鼻骨骨折、颌面部皮肤裂伤、右眼外伤、右眼眼眶壁骨骨折、右眼球挫伤、玻璃体积血、晶状体脱位等重伤,重度昏迷16天,从2018年4月12日住院至6月6日出院,共计住院55天。被上诉人右眼失明、颅脑重度损伤、生活不能自理,由父母照顾其生活起居。2019年7月12日,投保人崔某娇向上诉人提交理赔申请材料,但上诉人拒绝赔付合同约定的保险金。投保人与上诉人签订的保险合同合法有效,被上诉人发生自驾车意外全残伤害时尚在保险期间,上诉人应按保险合同支付保险金,投保人与上诉人多次协商均无果,被上诉人于2021年1月19日申请法院委托陕西榆林驼城法医司法鉴定所对其2019年4月8日作出的(2018)第F064号鉴定意见书中申请人属于"部分护理依赖"的具体护理项目予以明确,该所于2021年4月14日作出了陕驼城法医司法鉴定所(2021)法医临检字第F067号司法鉴定意见书,鉴定意见为被鉴定人王某护理依赖程度总分值为55分,达到部分护理依赖。

※争议焦点:本案的争议焦点为王某1是否为王某的监护人。

※判决结果:二审法院认为,根据《民法典》第30条依法具有监护资格的人之间可以协议确定监护人。协议确定监护人应当尊重被监护人的真实意愿。依法具有监护资格的人之间可以协议确定监护人,被上诉人的监护人经其近亲属协商一致由其哥哥王某1担任,《民事诉讼法》(2017年修正)第57条规定:"无诉讼行为能力人由他的监护人作为法定代理人代为诉讼。法定代理人之间互相推诿代理责任的,由人民法院指定其中一人代为诉讼。"第58条第1款、第2款第1项规定:"当事人、法定代理人可以委托一至二人作为诉讼代理人。下列人员可以被委托为诉讼代理人:(一)律师、基层法律服务工作者。"被上诉人一审中由其监护人委托律师代为诉讼符合上述法律规定,程序合法,上诉人认为遗漏主体的上诉理由不能成立。法院认为一审判决认定事实清楚,适用法律正确,应予维持。依照《民事诉讼法》第170条第1款第1项的规定,判决驳回上诉,维持原判。

※案例解读:《民法典》第30条规定,依法具有监护资格的人之间可以协议确

定监护人。协议确定监护人应当尊重被监护人的真实意愿。本案中被上诉人王某的监护人经其近亲属协商一致由其哥哥王某1担任。故王某1是王某的监护人。

第三十一条 【监护争议解决程序】对监护人的确定有争议的，由被监护人住所地的居民委员会、村民委员会或者民政部门指定监护人，有关当事人对指定不服的，可以向人民法院申请指定监护人；有关当事人也可以直接向人民法院申请指定监护人。

居民委员会、村民委员会、民政部门或者人民法院应当尊重被监护人的真实意愿，按照最有利于被监护人的原则在依法具有监护资格的人中指定监护人。

依据本条第一款规定指定监护人前，被监护人的人身权利、财产权利以及其他合法权益处于无人保护状态的，由被监护人住所地的居民委员会、村民委员会、法律规定的有关组织或者民政部门担任临时监护人。

监护人被指定后，不得擅自变更；擅自变更的，不免除被指定的监护人的责任。

条文解读

本条是关于监护争议解决程序的规定。

本条规定是在整合《民法通则》第16条第3款和第17条第2款规定的基础之上，吸收了相关司法解释进一步修改完善而成。

本条规定主要包括：

第1款规定了对监护人有争议的解决途径。该争议既包括数位有资格担任监护人的人争夺监护人资格，也包括数人相互推诿不愿担任监护人。对于该款所涉争议有两种解决途径：一是由被监护人住所地的居民委员会、村民委员会或者民政部门指定监护人，若有关当事人对该指定不服，可以向人民法院申请指定监护人。由此可以看出，人民法院的指定监护具有终局效力，被指定的监护人应当履行监护职责。二是有关当事人可以绕过居民委员会、村民委员会或者民政部门，直接向人民法院申请指定监护人。

第 2 款规定了监护人指定主体应当遵循的基本原则。居民委员会、村民委员会、民政部门或者人民法院在指定监护人时应当做到：第一，尊重被监护人的真实意愿；第二，遵循最有利于被监护人原则。该款要求监护人指定主体应当对具有监护资格的人的品行、健康、经济水平等情况，以及具有监护资格的人与被监护人之间的情感联系、有无利害关系等情况进行多方考虑、综合分析。

第 3 款规定了被监护人合法权益处于无人保护状态时有资格担任临时监护人的主体。有资格担任临时监护人的主体，除了被监护人住所地的居民委员会、村民委员会、民政部门外，还包括法律规定的有关组织。这里的“有关组织”主要是指符合法定条件的公益组织。

第 4 款规定了指定监护的法律效力。本条中的监护人是由人民法院指定产生，被指定后不得擅自变更。擅自变更的，其监护责任并不免除。如果被指定的监护人确有理由不宜继续担任监护人，可以根据本条规定重新指定，或者根据本法第 36 条撤销监护资格，另外选择有监护资格的人担任监护人。

配套法规及解读

《最高人民法院关于适用〈中华人民共和国民法典〉总则编若干问题的解释》(2022 年 2 月 24 日)

第九条　人民法院依据民法典第三十一条第二款、第三十六条第一款的规定指定监护人时，应当尊重被监护人的真实意愿，按照最有利于被监护人的原则指定，具体参考以下因素：

（一）与被监护人生活、情感联系的密切程度；

（二）依法具有监护资格的人的监护顺序；

（三）是否有不利于履行监护职责的违法犯罪等情形；

（四）依法具有监护资格的人的监护能力、意愿、品行等。

人民法院依法指定的监护人一般应当是一人，由数人共同担任监护人更有利于保护被监护人利益的，也可以是数人。

第十条　有关当事人不服居民委员会、村民委员会或者民政部门的指定，在接到指定通知之日起三十日内向人民法院申请指定监护人的，人民法院经审理认为指定并无不当，依法裁定驳回申请；认为指定不当，依法判决撤销指定并另行指定监护人。

有关当事人在接到指定通知之日起三十日后提出申请的，人民法院应当按照变更监护关系处理。

※法规解读：第9条是关于指定监护时，指定机构是否尊重“被监护人的真实意愿，按照最有利于被监护人的原则指定”的具体认定，第10条则是关于指定监护人时限和救济程序的规定。

《民法典》第31条第2款规定，居民委员会、村民委员会、民政部门或者人民法院应当尊重被监护人的真实意愿，按照最有利于被监护人的原则在依法具有监护资格的人中指定监护人。指定机构在指定监护人时，应当从以下四个方面确保已经“尊重被监护人的真实意愿，按照最有利于被监护人的原则指定”：(1)与被监护人生活、情感联系的密切程度；(2)依法具有监护资格的人的监护顺序；(3)是否有不利于履行监护职责的违法犯罪等情形；(4)依法具有监护资格的人的监护能力、意愿、品行等。有关机构指定的监护人，有关当事人对其不服的，应在接到通知之日起30日内向人民法院申请指定监护人。人民法院经过审理，认为指定并无不当的，依法驳回申请。如果认为指定不当的，依法判决撤销指定并另行指定监护人。人民法院依法指定的监护人一般应当是一人，由数人共同担任监护人更有利于保护被监护人利益的，也可以是数人。

如果申请人超过30日对指定的监护人提出异议的，应当按照变更监护关系处理，属于变更之诉而非异议之诉。

关联法规索引

《最高人民法院关于适用〈中华人民共和国民事诉讼法〉的解释》第83条

典型案例

张某荣申请指定监护人特殊程序民事案[1]

※案情简介：申请人张某荣系刘某祥的父亲，吴某香系刘某祥的妻子。2019

[1] 本案根据重庆市巫溪县人民法院(2021)渝0238民特65号判决书整理。

年7月11日，刘某祥的母亲康某桂向法院申请对刘某祥系无民事行为能力人进行认定。2019年8月1日，法院以刘某祥处于植物生存状态，不能表达自己的意愿，不能控制和辨认自己的行为为由，认定刘某祥为无民事行为能力人。刘某祥至今仍处于植物生存状态。另查明，吴某香与刘某祥生育的女儿刘某现已成年，但系在校学生，尚未独立生活。

※争议焦点：本案的争议焦点为吴某香的监护人资格是否应被撤销。

※判决结果：法院认为，刘某祥现为植物生存状态，其饮食起居、治疗恢复均要有人照顾，为其指定监护人应当从有利于刘某祥恢复健康、能切实维护其合法权益等方面考虑。吴某香与刘某祥系夫妻关系，生活联系密切。申请人张某荣系刘某祥的父亲，具有天然情感。二人均适宜担任刘某祥的监护人，且均没有不适宜担任监护人的情形存在。二人共同监护刘某祥，对刘某祥恢复健康有利，同时相互之间可以对维护刘某祥的合法权益形成有力监督，最大程度保证刘某祥的合法权益不受侵犯，加之二人均强烈地希望成为刘某祥的监护人，因此法院认为指定张某荣、吴某香为刘某祥的监护人对刘某祥更有利。申请人提出，吴某香怠于行使监护人职责，应撤销吴某香的监护人资格，但申请人未举示证据证明吴某香具有应被撤销监护人资格的情形存在，法院对申请人的该申请事项不予支持。

监护是对无民事行为能力和限制民事行为能力人的人身和财产权益进行监督、管理和保护，弥补其民事行为能力不足的民事制度。监护人除为维护被监护人利益外，不得处分监护人的财产。监护人不履行监护职责或者侵害被监护人的合法权益，应当承担法律责任。望张某荣、吴某香担任刘某祥监护人时，恪尽职守，按照最有利于被监护人的原则维护其利益。

法院依照《民法典》第28条、第31条第1款、第36条，《民事诉讼法》第178条的规定，判决指定吴某香、张某荣为刘某祥的监护人；驳回申请人张某荣的其他申请。

※案例解读：根据《民法典》第31条第1款的规定，对监护人的确定有争议的，由被监护人住所地的居民委员会、村民委员会或者民政部门指定监护人，有关当事人对指定不服的，可以向人民法院申请指定监护人；有关当事人也可以直接向人民法院申请指定监护人。申请人张某荣系被申请人的父亲可以据此向法院申请指定监护人。

第三十二条 【公职监护人】没有依法具有监护资格的人的，监护人由民政部门担任，也可以由具备履行监护职责条件的被监护人住所地的居民委员会、村民委员会担任。

条文解读

本条是关于公职监护人的规定。

本条规定是在《民法通则》第16条第4款和第17条第3款规定的基础之上进一步修改完善而成。

“没有依法具有监护资格的人的”主要是指没有本法第27条和第28条规定的具有监护资格的人的情况。针对此种情形，本条规定了国家和社会监护。首先是国家监护，民政部门属于国家机构，在没有法定监护人也无法指定监护人的情况下，由民政部门担任监护人。其次是社会监护，主要承担者是居民委员会和村民委员会。居民委员会和村民委员会属于社会基层组织。在社会监护中特别强调了“具备履行监护职责条件”这一表述。之所以采用此种规定，是因为民政部门作为国家机构，具备照料被监护人的职能和条件，而居民委员会和村民委员会是基层群众性自治组织，未必具备相应条件，所以本条规定具备履行监护职责条件的被监护人住所地的居民委员会、村民委员会也可以担任监护人。

典型案例

谢某某申请确定监护人监护关系变更案〔1〕

※案情简介：被监护人石某某，男，1985年9月30日生，汉族，住贵州省贵阳市云岩区附8号，居民身份证号：5201031985××××××××。2010年2月12日，经申请人罗某某申请，贵阳市云岩区人民法院作出(2010)云民特字第2号民事判决书，认定石某某为无民事行为能力人，并指定谢某某为石某某的监护人，该判决书中查明“被申请人石某某父母双亡，无兄弟姐妹，未婚，无子女。现由其叔叔谢某

〔1〕 本案根据贵州省贵阳市云岩区人民法院(2021)黔0103民特826号判决书整理。

某照顾生活”。2019 年 6 月，谢某某经贵阳中医学院第一附属医院诊断为脑梗死（急性期）、原发性高血压 2 级高危组；2020 年 8 月 9 日，谢某某经贵黔国际总医院诊断为：脑梗死（后遗症），轻度认知障碍，高血压。本案中，谢某某表示被监护人石某某现有暴力倾向，2021 年 7 月 6 日延中派出所告知石某某被送至贵阳市精神病院进行强制治疗，而其现年纪较大，且自身患病，其也并非石某某的近亲属，已无力再继续担任石某某的监护人，石某某还有四个姑母分别为谢某 1、谢某 2、谢某 3、谢某 4。经法院联系石某某的四个姑母，四人均表示因家中经济困难，不愿意担任石某某的监护人。

※争议焦点：本案的争议焦点为谢某某的监护人变更申请是否应被支持。

※判决结果：法院认为，谢某某经法院指定为石某某的监护人，被监护人石某某已被认定为无民事行为能力。《民法典》第 28 条规定：“无民事行为能力或者限制民事行为能力的成年人，由下列有监护能力的人按顺序担任监护人：（一）配偶；（二）父母、子女；（三）其他近亲属；（四）其他愿意担任监护人的个人或者组织，但是须经被监护人住所地的居民委员会、村民委员会或者民政部门同意。”第 32 条规定：“没有依法具有监护资格的人的，监护人由民政部门担任，也可以由具备履行监护职责条件的被监护人住所地的居民委员会、村民委员会担任。”第 39 条规定：“有下列情形之一的，监护关系终止：（一）被监护人取得或者恢复完全民事行为能力；（二）监护人丧失监护能力；（三）被监护人或者监护人死亡；（四）人民法院认定监护关系终止的其他情形。监护关系终止后，被监护人仍然需要监护的，应当依法另行确定监护人。”石某某没有依法具有监护人资格的人，且鉴于监护人谢某某的身体健康状况，其因患病亦无力继续履行监护职责，因此，从最有利于保障被监护人石某某的合法权益角度出发，应由云岩区民政部门担任石某某的监护人，谢某某的申请符合法律规定。

据此，依照《民事诉讼法》第 178 条之规定，判决石某某的监护人变更为贵阳市云岩区民政局。

※案例解读：《民法典》第 32 条规定，没有依法具有监护资格的人的，监护人由民政部门担任，也可以由具备履行监护职责条件的被监护人住所地的居民委员会、村民委员会担任。本案中被监护人石某某没有依法具有监护资格的人，为了保障石某某的合法权益，法院判决由贵阳市云岩区民政局来担任其监护人。

第三十三条 【意定监护】具有完全民事行为能力的成年人，可以与其近亲属、其他愿意担任监护人的个人或者组织事先协商，以书面形式确定自己的监护人，在自己丧失或者部分丧失民事行为能力时，由该监护人履行监护职责。

条文解读

本条是关于意定监护的规定。

意定监护是《民法典》新增加的规定，是指成年人在其具备完全民事行为能力时，提前与他人协商并以书面形式确定自己的监护人，待自己丧失行为能力时，由预先确定的人担任自己监护人的监护人确定制度。

我国当前老龄化趋势明显，为了更好地满足形势发展的需要，本条规定了意定监护制度。老年人的身体机能和智力都有一个逐渐衰减的过程，在其意识清醒时，充分尊重其真实意愿，允许老年人自己选择完全丧失或部分丧失民事行为能力时的监护人，可以更好地保障老年人人身和财产权利。《老年人权益保障法》第 26 条第 1 款规定了意定监护制度，本法充分吸收借鉴这一内容，在本条中进一步扩大适用范围，将意定监护制度适用于具有完全民事行为能力的成年人。

本条要求成年人的意定监护必须以书面的形式体现。成年人一般都有一些财产，当其丧失或部分丧失民事行为能力时，所选任的监护人有权代为管理和处置其财产，为了避免纠纷及保护交易安全，应当以书面形式制作意定监护合同。

配套法规及解读

《最高人民法院关于适用〈中华人民共和国民法典〉总则编若干问题的解释》(2022 年 2 月 24 日)

第十一条 具有完全民事行为能力的成年人与他人依据民法典第三十三条的规定订立书面协议事先确定自己的监护人后，协议的任何一方在该成年人丧失或者部分丧失民事行为能力前请求解除协议的，人民法院依法予以支持。该成年人丧失或者部分丧失民事行为能力后，协议确定的监护人无正当理由请求解除协议的，人民法院不予支持。

该成年人丧失或者部分丧失民事行为能力后，协议确定的监护人有民法典第三十六条第一款规定的情形之一，该条第二款规定的有关个人、组织申请撤销其监护人资格的，人民法院依法予以支持。

※法规解读：意定监护是成年人在自己是完全民事行为能力人之时，作为委托人，与受托人以书面形式确定当自己成为无民事行为能力人或者限制民事行为能力人时，受托人担任监护人，在本质上是设定新的监护人。意定监护需要在具有完全民事行为能力的成年人丧失或者部分丧失民事行为能力时发生效力，在此之前，该意定监护虽然有效，但尚未生效，权利义务关系尚未转化为现实，因此协议的任何一方都可以在该成年人丧失或者部分丧失民事行为能力前请求解除协议。但是，一旦该成年人丧失或者部分丧失民事行为能力，协议即发生效力，协议确定的监护人无正当理由不得请求解除协议。当然，如果协议确定的监护人存在《民法典》第36条规定的撤销监护权的情形，有关个人、组织可以申请撤销其监护人资格，这时应为被监护人安排必要的临时监护措施，并按照最有利于被监护人的原则依法指定监护人。

关联法规索引

《民法典》第36条；《老年人权益保障法》第26条

典型案例

陈某娥、杨某英与杨某永、重庆农村商业银行股份有限公司酉阳支行不当得利纠纷案[1]

※案情简介：2011年，陈某娥与杨某国一起共同居住生活在酉阳县铜鼓镇铜鼓村6组。2020年1月19日，杨某国生病住院，于2020年3月29日因病过世。陈某娥与杨某国共同生活期间，双方将共同做生意以及杨某国卖土地的收入(10,000多元)共计70,000元，以定期存款的方式在2014年11月27日、2014年12月3日分别在杨某国开户于重庆农村商业银行股份有限公司酉阳支行木叶分

〔1〕 本案根据重庆市第四中级人民法院(2021)渝04民终62号判决书整理。

理处账号为××的(存折账号×与银行卡账号××系同一套账户)账户内存入款项60,000元、10,000元,以上共计70,000元。2019年12月13日,上述款项自动以定期销户方式转为活期存款,其中原60,000元的定期存款转为活期后的金额为67,818.87元,原10,000元的定期存款转为活期后的金额为11,303.14元。2020年1月10日,杨某国将上述款项以活期转定期方式,共计金额为80,000元转存至其重庆农村商业银行的账号为××的银行卡内。杨某国未结婚,也无子女。杨某英与杨某国系同胞姐弟关系,杨某国与杨某永系叔侄关系。2019年4月10日,木叶乡民政办(甲方)与木叶村村民委员会(乙方)、监护人杨某永(丙方)、分散供养对象杨某国(丁方)签订《木叶乡分散供养特困人员委托照料服务协议书》,约定:"第四条:丙方的责任要求,4. 丁方去世后,如果甲方全面负责丁方的火化和安葬,则丙方享有丁方的一切权益,甲方则将丁方的丧葬补助费发放给丙方。"上述协议由酉阳县木叶乡人民政府民政办公室、酉阳县木叶乡木叶村村民委员会、杨某永、杨某国盖章或签字确认。2020年1月23日,杨某永持《木叶乡分散供养特困人员委托照料服务协议书》、医院诊断证明、杨某国及杨某永的身份证原件到重庆农村商业银行股份有限公司酉阳支行木叶分理处挂失补办银行卡,将杨某国原来的一本通账号为×的账户补办卡号为×××,账户名为杨某国,并由杨某永重置密码,账户余额为80,097.69元。同日,杨某永分3次取款30,000元(20,000元、5000元、5000元);2020年1月25日至2020年9月21日,以现金取款(ATM取款)或者转账方式共计20笔,金额共计50,000元。综上,共计凭密码支取账户内的存款80,000元。

※争议焦点:本案的争议焦点为重庆农商行酉阳支行在支取本案款项中是否存在过错,应否承担相应的责任。

※判决结果:法院认为,《民法总则》第33条规定:"具有完全民事行为能力的成年人,可以与其近亲属、其他愿意担任监护人的个人或者组织事先协商,以书面形式确定自己的监护人。协商确定的监护人在该成年人丧失或者部分丧失民事行为能力时,履行监护职责。"《木叶乡分散供养特困人员委托照料服务协议书》约定杨某永系杨某国的监护人。《民法总则》第34条第1款规定,"监护人的职责是代理被监护人实施民事法律行为,保护被监护人的人身权利、财产权利以及其他合法权益等"。杨某国没有结婚,也无子女,杨某国生病住院治疗,无法亲自到银行办理业务,杨某永持《木叶乡分散供养特困人员委托照料服务协议书》、酉阳县人民医院诊断

证明、杨某国的身份证到重庆农商行酉阳支行补办银行卡并不违反法律的规定，重庆农商行酉阳支行不存在过错，因此不应当承担责任。故对陈某娥、杨某英提出的酉阳支行木叶分理处违法补卡，违法支取有过错，应当承担连带责任的意见不予采纳。

综上所述，陈某娥、杨某英的上诉请求不能成立，应予驳回；一审判决认定事实清楚，适用法律正确，应予维持。依照《民事诉讼法》第 170 条第 1 款第 1 项的规定，判决驳回上诉，维持原判。

※案例解读：法院适用《民法典》第 33 条的规定，具有完全民事行为能力的成年人，可以与其近亲属、其他愿意担任监护人的个人或者组织事先协商，以书面形式确定自己的监护人。协商确定的监护人在该成年人丧失或者部分丧失民事行为能力时，履行监护职责。杨某国是具有完全民事行为能力的成年人，杨某国与杨某永系叔侄关系，双方签订《木叶乡分散供养特困人员委托照料服务协议书》，因此杨某永可以代理被监护人杨某国实施民事法律行为。

第三十四条　【监护人的职责与权利及临时生活照料措施】监护人的职责是代理被监护人实施民事法律行为，保护被监护人的人身权利、财产权利以及其他合法权益等。

监护人依法履行监护职责产生的权利，受法律保护。

监护人不履行监护职责或者侵害被监护人合法权益的，应当承担法律责任。

因发生突发事件等紧急情况，监护人暂时无法履行监护职责，被监护人的生活处于无人照料状态的，被监护人住所地的居民委员会、村民委员会或者民政部门应当为被监护人安排必要的临时生活照料措施。

条文解读

本条是关于监护人的职责与权利及临时生活照料措施的规定。

本条主要内容包括：

第一，监护人的职责。监护人制度设立的初衷是为了弥补被监护人行为能力的不足，监护人作为被监护人的法定代理人，可以以被监护人的名义进行民事活动，保护被监护人的人身权利、财产权利及其他合法权益。监护人的职责广泛，包括:保护被监护人的身心健康、照顾被监护人生活、对被监护人进行必要的教育和管理、保护并管理被监护人的财产、代理涉及监护人的诉讼等。

《未成年人保护法》第16条规定:"未成年人的父母或者其他监护人应当履行下列监护职责:(一)为未成年人提供生活、健康、安全等方面的保障;(二)关注未成年人的生理、心理状况和情感需求;(三)教育和引导未成年人遵纪守法、勤俭节约,养成良好的思想品德和行为习惯;(四)对未成年人进行安全教育,提高未成年人的自我保护意识和能力;(五)尊重未成年人受教育的权利,保障适龄未成年人依法接受并完成义务教育;(六)保障未成年人休息、娱乐和体育锻炼的时间,引导未成年人进行有益身心健康的活动;(七)妥善管理和保护未成年人的财产;(八)依法代理未成年人实施民事法律行为;(九)预防和制止未成年人的不良行为和违法犯罪行为,并进行合理管教;(十)其他应当履行的监护职责。"

第二,监护人因监护职责产生的权利受法律保护。监护人在监护过程中所享受的权利由履行监护职责而产生,如监护人为了保护被监护人的财产,享有对该财产的管理权。监护人在依法行使这些权利时,受到法律保护。

第三,监护人的责任。监护人能否履行监护职责,对作为无民事行为能力或限制民事行为能力的被监护人的权益来说影响很大。所以如果监护人不履行监护职责或者侵害被监护人合法权益时,应当承担法律责任。比如,本法第1169条第2款规定:"教唆、帮助无民事行为能力人、限制民事行为能力人实施侵权行为的,应当承担侵权责任;该无民事行为能力人、限制民事行为能力人的监护人未尽到监护职责的,应当承担相应的责任。"

第四,国家和社会的监护责任。相较于《民法总则》,《民法典》新增了本条第4款内容,对监护人责任的规定更为完善。考虑到紧急状况下监护人可能会暂时无法履行监护职责,无法保护被监护人权益,本款规定被监护人住所地的居民委员会、村民委员会或者民政部门应当承担起临时监护责任。

配套法规及解读

《最高人民法院关于适用〈中华人民共和国民法典〉总则编若干问题的解释》(2022年2月24日)

第十三条 监护人因患病、外出务工等原因在一定期限内不能完全履行监护职责,将全部或者部分监护职责委托给他人,当事人主张受托人因此成为监护人的,人民法院不予支持。

※法规解读:该条和《民法典》第34条第4款相关联,确认了监护职责委托的效力,但是明确监护职责委托不能产生监护职责移转的效力。

关联法规索引

《民法典》第1169条第2款;《未成年人保护法》第16条

典型案例

王某军、王某仙申请宣告公民无民事行为能力认定案[1]

※案情简介:申请人王某军与被申请人王某仙为母子关系。

王某仙与左某义为夫妻关系,双方共生育长子王某军、次子左某清、长女左某君。

2017年,王某仙因"头部肿瘤"行手术治疗,后陷入昏迷,四肢瘫痪,予气管切开,留置胃管、尿管等。其于2018年出院后一开始由兄妹3人轮流照顾,几个月后3人因照顾母亲的意见不一致产生矛盾,申请人王某军遂将王某仙带回清江浦区徐家湖路东巷16－9号老宅家中照顾至今。

另查明,王某仙丈夫左某义于2021年6月突发脑梗住院治疗,现其虽有好转,神志清楚,但生活仍不能自理,由次子左某清一直对其进行24小时的照顾,目前仍需进行康复治疗。

2022年1月6日,淮安市第三人民医院作出淮三院司鉴所(2021)精鉴字424号鉴定意见书,评定:王某仙患脑肿瘤所致持续性植物生存状态,受所患疾病影响,在所进行民事活动时,不能辨认自己的权利和义务,依据《精神障碍者民事行为能力评定指南》,评定被鉴定人王某仙目前无民事行为能力。

审理中,双方一致同意指定王某军、左某君、左某清作为王某仙的共同监护人,并愿意就具体监护方案另行协商。

---

〔1〕 本案根据江苏省淮安市清江浦区人民法院(2021)苏0812民特712号判决书整理。

※**争议焦点**:本案的争议焦点为王某仙是否为无民事行为能力人,以及如何确定其监护人。

※**判决结果**:法院认为:(1)鉴定机构鉴定意见与被申请人实际状况互相印证,足以认定被申请人为无民事行为能力人,故法院对被申请人王某仙为无民事行为能力人予以认定。(2)关于确定监护人,应当按照最有利于被监护人的原则在依法具有监护资格的人中指定监护人,监护人的职责是代理被监护人实施民事法律行为,保护被监护人的人身权利、财产权利以及其他合法权益等,因此监护的本质不是权利而是一种职责。本案中,被申请人丈夫左某义身患疾病,目前仍在康复过程中,无法履行监护职责。其3名子女均具有法律规定的资格,现被申请人的3名子女,均表示愿意担任被申请人的监护人,且意见一致,故法院酌情指定申请人王某军、左某君、左某清为被申请人王某仙的共同监护人。

根据《民法典》第24条、第28条、第31条、第34条、第35条,《民事诉讼法》第194条、第195条、第196条的规定,判决王某仙为无民事行为能力人;指定王某军、左某君、左某清为王某仙的共同监护人。

※**案例解读**:法院适用了《民法典》第34条的规定:监护人的职责是代理被监护人实施民事法律行为,保护被监护人的人身权利、财产权利以及其他合法权益等。监护的本质不是权利而是一种职责,因此确定监护人应当按照最有利于被监护人的原则在依法具有监护资格的人中指定监护人,本案中指定王某军、左某君、左某清为王某仙的共同监护人,能够更好地保护被监护人的人身权利、财产权利以及其他合法权益。

第三十五条 【监护人履行职责的原则与要求】监护人应当按照最有利于被监护人的原则履行监护职责。监护人除为维护被监护人利益外,不得处分被监护人的财产。

未成年人的监护人履行监护职责,在作出与被监护人利益有关的决定时,应当根据被监护人的年龄和智力状况,尊重被监护人的真实意愿。

成年人的监护人履行监护职责,应当最大程度地尊重被监护人的真实意愿,保障并协助被监护人实施与其智力、精神健康状况相适应的民事法律行为。对被监护人有能力独立处理的事务,监护人不得干涉。

条文解读

本条是关于监护人履行职责的原则与要求的规定。

监护人履行监护职责会涉及被监护人人身权利、财产权利及其他各种合法权益,法律对职责的履行作出原则性规定,有利于指导监护人更好地保护被监护人各种权益。本条确立了监护人职责履行的两项原则:一是最有利于被监护人原则;二是尊重被监护人意愿原则。

(1)最有利于被监护人原则。监护人是为了保障被监护人利益而履行监护职责的,最有利于被监护人是其履行监护职责的原则,除了维护被监护人利益外,监护人不得处分被监护人财产。监护人需要做到:第一,区分被监护人和监护人财产;第二,监护人不得以自己的利益为出发点处分被监护人财产;第三,监护人不得代表被监护人与自己交易。

(2)尊重未成年人意愿原则。随着年龄的增长,未成年人的辨认识别能力逐渐提高,该原则要求监护人在做与未成年被监护人利益有关的决定时,应当充分考虑该未成年人身心发展状况,力求发现并尊重其真实意愿。

(3)最大限度地尊重成年被监护人的真实意愿原则。与未成年被监护人不同,成年被监护人可能还具有相当辨认识别能力,监护人应当最大限度地尊重其真实意愿。比如,当被监护人具备可以独立实施某项民事行为能力时,监护人不得代理实施。

配套法规及解读

《最高人民法院关于适用〈中华人民共和国民法典〉总则编若干问题的解释》(2022年2月24日)

第十三条　监护人因患病、外出务工等原因在一定期限内不能完全履行监护职责,将全部或者部分监护职责委托给他人,当事人主张受托人因此成为监护人的,人民法院不予支持。

※法规解读:监护人要认真履行监护职责,保护被监护人的人身权利、财产权利和其他合法权益,不得侵害被监护人合法权益。如果不履行监护职责造成被监护人损害的或者侵害被监护人合法权益的,应当承担法律责任。这里的“不履行”是指有能力履行监护职责的监护人不履行监护职责造成被监护人损害;这里的“法

律责任”包括刑事责任、行政责任以及民事责任。

因发生突发事件等紧急情况，监护人暂时无法履行监护职责，被监护人的生活处于无人照料状态的，被监护人住所地的居民委员会、村民委员会或者民政部门应当为被监护人安排必要的临时生活照料措施。因监护人外出务工、患病等原因，无法履行监护职责的，应当通过监护职责的委托来实现。监护职责委托与委托监护（意定监护）是有区别的，监护职责委托是指将自己的监护职责委托他人代为履行，这属于委托合同的范畴，而非通过委托合同确定新的监护人，监护职责委托中，并不免除监护人的责任。

关联法规索引

《民法典》第1189条；《老年人权益保障法》第16条

典型案例

宋某、宋某朋等财产损害赔偿纠纷案[1]

※案情简介：2020年11月10日，原告母亲赵某和被告宋某朋签订《离婚协议书》，约定：长女宋某（2010年10月13日出生）由男方抚养，次女宋某馨（2012年8月19日出生）由女方抚养，双方互不支付抚养费；婚后双方共同购买的位于召陵区住房一套登记在男方名下，房贷由男方负责偿还，贷款清偿完毕后男方无条件将该房产过户给长女宋某，房子归宋某所有。离婚协议签订后，原告母亲赵某和被告宋某朋于2020年11月10日当天在召陵区民政局办理了离婚登记。双方离婚后不久，被告宋某朋就将该套房屋信息放在网上进行售卖。2021年3月13日，被告宋某朋与案外人刘某浩通过房屋中介机构签订《房屋买卖合同》，被告将该套房屋以680,000元的价格出卖给刘某浩。被告对该套房屋以680,000元价格出卖给刘某浩的事实予以认可，且认可该680,000元已经支付完毕。经查询，现该套房屋已经过户至刘某浩名下。在案件审理过程中，被告父亲宋某芳对《离婚协议书》中关于涉案召陵区房屋的分割约定存在异议，认为该套房屋属于家庭共有财产，《离婚协

[1] 本案根据河南省漯河市召陵区人民法院（2021）豫1104民初2693号判决书整理。

议书》对该套房屋的分割约定属于无权处分，并以确认合同无效纠纷为案由另案提起诉讼，漯河市召陵区人民法院、漯河市中级人民法院经审理后分别作出(2021)豫1104民初3290号、(2021)豫11民终2328号民事判决书，驳回了宋某芳的诉讼请求。现该民事判决书已生效。

※争议焦点：本案的争议焦点主要为被告出卖涉案房产的行为是否侵犯了原告宋某的财产权。

※判决结果：法院认为，关于被告出卖涉案房产的行为是否侵犯了原告宋某的财产权。原告母亲赵某和被告宋某朋签订的《离婚协议书》中约定："婚后双方共同购买的位于召陵区住房一套登记在男方名下，房贷由男方负责偿还，贷款清偿完毕后男方无条件将该房产过户给长女宋某，房子归宋某所有。"该协议书由赵某、宋某朋分别签字确认，系双方真实意思表示，且不违反法律法规的强制性规定，应为合法有效。被告辩称该协议在民政局签字时自己没有看、对协议内容不知情，但未能提供证据予以证明，依法成立的合同，对当事人双方均具有法律约束力。按照离婚协议约定，该套房屋的房贷由被告负责偿还，贷款清偿完毕后被告无条件将该房产过户给宋某，房屋归宋某所有。《民法典》第35条中规定："监护人应当按照最有利于被监护人的原则履行监护职责。监护人除为维护被监护人利益外，不得处分被监护人的财产。未成年人的监护人履行监护职责，在作出与被监护人利益有关的决定时，应当根据被监护人的年龄和智力状况，尊重被监护人的真实意愿。"原告母亲赵某与被告宋某朋协议离婚后，宋某由被告宋某朋抚养，被告宋某朋作为宋某的抚养权人、监护人，应当按照最有利于宋某的原则履行监护职责，除为维护宋某的利益外，不得处分宋某的财产，而被告宋某朋在离婚后仅4个月就将涉案房屋出卖给他人，其间宋某的生活状况并未发生任何重大变故或者急需用钱的情形，被告宋某朋作为原告宋某的监护人，擅自处分被监护人宋某的财产，其行为侵害了宋某的财产权，被告宋某朋应当承担侵权责任。经查询，现该套房屋已经过户至案外人刘某浩名下，被告将该套房屋以680,000元的价格出卖给刘某浩，庭审中被告亦认可该680,000元房屋价款已经支付完毕，现原告要求被告支付该房屋出卖价款680,000元，法院予以支持。依照《民法典》第13条、第19条、第23条、第27条、第35条、第465条、第1084条、第1184条之规定，判决被告宋某朋于本判决生效后10日内支付原告宋某680,000元；驳回原告宋某的其他诉讼请求。

※案例解读：法院适用了《民法典》第35条的规定：监护人应当按照最有利于

被监护人的原则履行监护职责。监护人除为维护被监护人利益外，不得处分被监护人的财产。未成年人的监护人履行监护职责，在作出与被监护人利益有关的决定时，应当根据被监护人的年龄和智力状况，尊重被监护人的真实意愿。本案中，涉案房屋归宋某所有，而宋某朋作为宋某的监护人，被应当按照最有利于宋某的原则履行监护职责，除为维护宋某的利益外，不得处分宋某的财产，但宋某朋擅自处分被监护人宋某的财产，其行为侵害了宋某的财产权，因此宋某朋应当承担侵权责任，向宋某返还房屋出卖价款。

第三十六条 【撤销监护人资格】监护人有下列情形之一的，人民法院根据有关个人或者组织的申请，撤销其监护人资格，安排必要的临时监护措施，并按照最有利于被监护人的原则依法指定监护人：

（一）实施严重损害被监护人身心健康的行为；

（二）怠于履行监护职责，或者无法履行监护职责且拒绝将监护职责部分或者全部委托给他人，导致被监护人处于危困状态；

（三）实施严重侵害被监护人合法权益的其他行为。

本条规定的有关个人、组织包括：其他依法具有监护资格的人，居民委员会、村民委员会、学校、医疗机构、妇女联合会、残疾人联合会、未成年人保护组织、依法设立的老年人组织、民政部门等。

前款规定的个人和民政部门以外的组织未及时向人民法院申请撤销监护人资格的，民政部门应当向人民法院申请。

条文解读

本条是关于撤销监护人资格的规定。

《民法通则》第 18 条第 3 款中规定："人民法院可以根据有关人员或者有关单位的申请，撤销监护人的资格。"本条是对该规定的进一步补充和完善。

本条主要内容包括：

第一，撤销监护人资格的适用情形。本款规定，监护人有下述三种情形的，人民法院经申请，需撤销监护人资格，安排临时监护措施，并按照最有利于被监护人原则重新指定监护人。(1)实施严重损害被监护人身心健康的行为，如暴力伤害、遗弃、虐待等行为。(2)怠于履行监护职责,或者无法履行监护职责并且拒绝将监护职责部分或全部委托给他人,导致被监护人处于危困状态,如父母因赌博、吸毒等恶习怠于履行监护职责,致使儿童处于危险境地。又如父母外出打工,没有委托他人代为照料,留下年龄较小的儿童独自生活等。(3)兜底性条款,所有实施严重侵害被监护人合法权益的其他行为。

第二,有资格向人民法院申请撤销监护资格的个人或组织。个人是指“其他依法具有监护资格的人”,主要是根据本法第27条和第28条规定确定的个人。组织是指居民委员会、村民委员会、学校、医疗机构、妇女联合会、残疾人联合会、未成年人保护组织、依法设立的老年人组织、民政部门等。

第三,申请主体。人民政府是社会救济和保障的最后一道防线,作为承担专门职能的民政部门应当承担起向人民法院申请撤销监护人资格的职责。

配套法规及解读

《最高人民法院关于适用〈中华人民共和国民法典〉总则编若干问题的解释》(2022年2月24日)

第九条　人民法院依据民法典第三十一条第二款、第三十六条第一款的规定指定监护人时,应当尊重被监护人的真实意愿,按照最有利于被监护人的原则指定,具体参考以下因素:

(一)与被监护人生活、情感联系的密切程度;

(二)依法具有监护资格的人的监护顺序;

(三)是否有不利于履行监护职责的违法犯罪等情形;

(四)依法具有监护资格的人的监护能力、意愿、品行等。

人民法院依法指定的监护人一般应当是一人,由数人共同担任监护人更有利于保护被监护人利益的,也可以是数人。

第十一条　具有完全民事行为能力的成年人与他人依据民法典第三十三条的规定订立书面协议事先确定自己的监护人后,协议的任何一方在该成年人丧失或者部分丧失民事行为能力前请求解除协议的,人民法院依法予以支持。该成年人丧失或者部分丧失民事行为能力后,协议确定的监护人无正当理由请求解除协议的,人民法院不予支持。

该成年人丧失或者部分丧失民事行为能力后，协议确定的监护人有民法典第三十六条第一款规定的情形之一，该条第二款规定的有关个人、组织申请撤销其监护人资格的，人民法院依法予以支持。

※法规解读：上述解释第9条与《民法典》第36条第1款相关联，规定指定监护人应当遵循最有利于被监护人的原则，并且原则上指定一个监护人，另外可以指定多人。

上述解释第11条与《民法典》第36条相关联，主要规定了意定监护双方享有任意解除权，但解除权的行使有限制，即委托人丧失或者部分丧失民事行为能力。但何谓该条款中的"正当理由"，有待于今后判例明确。

关联法规索引

《未成年人保护法》第108条；《反家庭暴力法》第21条；《最高人民法院、最高人民检察院、公安部、民政部关于依法处理监护人侵害未成年人权益行为若干问题的意见》第30条

典型案例

范某甲、范某乙申请撤销监护人资格特别程序案[1]

※案情简介：被申请人范某乙与被监护人范某丙（2004年7月8日出生）为父女关系。公主岭市人民法院（2020）吉0184刑初540号刑事判决认定：范某乙明知范某丙系未满14周岁的幼女，以胁迫方法与其发生性关系，并多次强奸，其行为已构成强奸罪。并判决：范某乙犯强奸罪，判处有期徒刑9年。范某甲与范某乙为姐弟关系，系范某丙的姑姑。

※争议焦点：本案的争议焦点主要为是否应当撤销范某乙的监护资格。

※判决结果：法院认为，《民法典》第36条规定："监护人有下列情形之一的，人民法院根据有关个人或者组织的申请，撤销其监护人资格，安排必要的临时监护措施，并按照最有利于被监护人的原则依法指定监护人：（一）实施严重损害被监护

〔1〕本案根据吉林省公主岭市人民法院（2021）吉0184民特584号判决书整理。

人身心健康的行为……本条规定的有关个人、组织包括：其他依法具有监护资格的人，居民委员会、村民委员会、学校、医疗机构、妇女联合会、残疾人联合会、未成年人保护组织、依法设立的老年人组织、民政部门等……”本案中，范某乙作为未成年女儿范某丙的监护人，本应当保证被监护人的身心健康，照顾被监护人的生活，对被监护人进行管理和教育，其却违背人伦、公序良俗，对被监护人实施严重侵害身心健康的犯罪行为，因此应当撤销范某乙对范某丙的监护人资格。《民法典》第27条第2款规定：“未成年人的父母已经死亡或者没有监护能力的，由下列有监护能力的人按顺序担任监护人：(一)祖父母、外祖父母；(二)兄、姐；(三)其他愿意担任监护人的个人或者组织，但是须经未成年人住所地的居民委员会、村民委员会或者民政部门同意。”范某丙母亲孙某某明确表示无能力监护范某丙，与范某丙多年无联系也不愿监护范某丙，范某丙外祖母、祖父均因年事已高无能力监护范某丙，现范某丙姑姑范某甲自愿申请作为范某丙的监护人，范某丙对此表示同意。且公主岭市杨大城子镇宝泉村村民委员会对此亦表示同意，故应指定范某甲为范某丙的监护人。

综上，依据《民法典》第27条第2款、第36条，《未成年人保护法》第103条，《民事诉讼法》第178条的规定，判决撤销范某乙为范某丙的监护人的资格；指定范某甲为范某丙的监护人。

※案例解读：法院适用了《民法典》第36条的规定：监护人有下列情形之一的，人民法院根据有关个人或者组织的申请，撤销其监护人资格，安排必要的临时监护措施，并按照最有利于被监护人的原则依法指定监护人：(1)实施严重损害被监护人身心健康的行为……本案中，范某乙作为范某丙的监护人，却对其实施了严重损害被监护人身心健康的犯罪，范某乙没有履行好他的监护职责，严重侵犯了被监护人的合法权益，因此应当撤销范某乙的监护人资格。

第三十七条 【监护人资格被撤销后负担义务不免除】依法负担被监护人抚养费、赡养费、扶养费的父母、子女、配偶等，被人民法院撤销监护人资格后，应当继续履行负担的义务。

条文解读

本条是关于监护人资格被撤销后负担义务不免除的规定。

相对于《民法通则》，本条是全新的规定。社会实践中，监护人往往由被监护人的父母、配偶、子女等法定抚养义务人担任。但监护和抚养义务不一样，法定抚养义务是基于血缘或婚姻关系确定的法律义务。撤销监护人资格并不能解除依亲权而存在的法定抚养义务。故本条规定，依法负担被监护人抚养费、赡养费、扶养费的父母、子女、配偶等，被人民法院撤销监护人资格后，应当继续履行负担的义务。

关联法规索引

《民法典》第 1059 条；《未成年人保护法》第 108 条；《反家庭暴力法》第 21 条

典型案例

林某旺、陈某柳申请确定监护人特别程序案[1]

※案情简介：申请人林某旺、陈某柳系林某红的父母，王某与林某红系夫妻关系，案外人张某云是王某的母亲。王某与林某红于 2006 年 12 月 6 日生育双胞胎儿子王某凯、王某博。2013 年 4 月 20 日被申请人王某失踪，于 2016 年 9 月 6 日向公安机关报案失踪。2016 年 6 月 16 日林某红因病去世。王某凯、王某博因其母亲死亡、父亲失踪，祖母张某云无抚养能力，故一直跟随外祖父母林某旺、陈某柳共同生活，申请人实际上已经承担了王某凯、王某博的监护职责。

※争议焦点：本案的争议焦点主要为是否应当撤销被申请人王某作为王某凯、王某博监护人的资格。

※判决结果：法院认为，王某凯、王某博出生于 2006 年 12 月 6 日，系未成年人，现其母亲林某红已死亡，父亲王某失踪，祖父已去世、祖母张某云表示自己无力抚养且同意由申请人担任监护人，王某凯、王某博表示同意变更其监护人为申请人，申请人均享有养老保险待遇。因此，申请人林某旺、陈某柳在本案的诉讼请求依法应予支持。但需要指出，依法负担被监护人抚养费的父母被人民法院撤销监护人资格后，应当继续履行负担的义务。据此，依照《民法总则》第 27 条、第 36 条

---

〔1〕 本案根据浙江省瑞安市人民法院(2019)浙 0381 民特 311 号判决书整理。

第1款第2项、第37条,《民事诉讼法》第144条、第178条之规定判决撤销被申请人王某作为王某凯、王某博监护人的资格;指定申请人林某旺、陈某柳为王某凯、王某博的监护人。

※案例解读:法院适用了《民法典》第37条的规定:依法负担被监护人抚养费、赡养费、扶养费的父母、子女、配偶等,被人民法院撤销监护人资格后,应当继续履行负担的义务。本案中尽管被申请人王某被撤销了监护人资格,但是作为被监护人王某凯、王某博的父亲,其依旧要继续履行负担义务。

第三十八条　【恢复监护人资格】被监护人的父母或者子女被人民法院撤销监护人资格后,除对被监护人实施故意犯罪的外,确有悔改表现的,经其申请,人民法院可以在尊重被监护人真实意愿的前提下,视情况恢复其监护人资格,人民法院指定的监护人与被监护人的监护关系同时终止。

条文解读

本条是关于恢复监护人资格的规定。

相对于《民法通则》,本条是在吸收司法实践经验基础上的新增规定,进一步完善了我国的监护制度。

本条适用于父母对子女、成年子女对父母的监护关系。父母与子女是最为密切的家庭关系之一,即使之前因为法定事由撤销监护权,但如果撤销事由消失后,法律继续鼓励父母担任子女、成年子女担任父母的监护人。

经过父母或成年子女的申请,人民法院可以视情况恢复期监护人资格,但有三个前提条件:第一,排除监护人对被监护人实施故意犯罪而被撤销监护资格的情形;第二,确有悔改表现,即被监护人的父母或子女除了有悔改意愿,还要有悔改表现;第三,尊重被监护人真实意愿。即使具备了这三个条件,也并不意味着人民法院就必须恢复其监护人资格。是否恢复资格,还需人民法院综合各方面条件,从有利于被监护人权益保护的角度出发作出判断。

恢复被撤销的监护人资格后,人民法院先前指定的监护人与被监护人的监护关系同时终止。

关联法规索引

《最高人民法院、最高人民检察院、公安部、民政部关于依法处理监护人侵害未成年人权益行为若干问题的意见》第38条、第40条、第44条

典型案例

余某罗申请变更监护人特别程序案[1]

※案情简介：被监护人宋某航，男，出生于2014年3月15日，汉族，现住乌鲁木齐市新市区北京××路。被监护人宋某航系申请人余某罗与宋某勇所生。王某玉系宋某勇母亲，宋某通系宋某勇父亲。2014年5月1日，宋某勇因病去世。宋某航由王某玉抚养监护。2016年1月19日，王某玉、宋某通将余某罗、宋某航起诉至法院，要求确认其对位于乌鲁木齐市新市区北京××路房屋占有70%的产权。2016年8月18日，王某玉向法院申请变更监护权认为，余某罗自从宋某勇去世后，返还湖南省安化县原籍，对宋某航不管不问，虽然经多方查找，但未能找到余某罗，为了维护宋某航的合法权益，特申请宋某航由王某玉监护。法院于2016年10月10日作出（2016）新0104民特7号民事判决，判决：宋某航的监护人由余某罗变更为王某玉。2016年10月11日，法院作出（2016）新0104民初612号民事判决，判决：确认被继承人宋某勇名下位于乌鲁木齐市新市区北京××路房屋宋某通、王某玉享有70%的产权。2018年8月7日，王某玉作为宋某航的法定代理人代表宋某航起诉余某罗要求支付2014年5月1日至2018年8月1日的抚养费5.1万元。经乌鲁木齐市沙依巴克区人民法院审理，于2019年7月31日作出民事判决，判决余某罗支付王某玉2019年7月31日前的抚养费30,000元。2018年9月21日，余某罗向法院提起诉讼，要求变更抚养权，后经一审、二审认为监护权未经法定程序变更前，不宜进行抚养权变更诉讼，遂驳回余某罗的起诉。余某罗遂向新疆维吾尔自治区乌鲁木齐市新市区人民法院递交申请。

※争议焦点：本案的争议焦点主要为是否应当恢复余某罗的监护人资格。

※判决结果：法院认为，根据《民法总则》的规定，不满8周岁的未成年人为无

[1] 本案根据新疆维吾尔自治区乌鲁木齐市新市区人民法院（2020）新0104民特190号判决书整理。

民事行为能力人。父母是未成年子女的监护人。未成年人的父母已经死亡或者没有监护能力的，由下列有监护能力的人按顺序担任监护人：(1)祖父母、外祖父母；(2)兄、姐；(3)其他愿意担任监护人的个人或者组织，但是须经未成年人住所地的居民委员会、村民委员会或者民政部门同意。本案中，被监护人宋某航出生于2014年3月15日，属于无民事行为能力人。其父亲宋某勇已于2014年5月1日去世，其母亲余某罗在宋某航出生3个月后，独自返回原籍。被监护人宋某航实际由其祖母王某玉和祖父宋某通抚养。2016年10月10日，据王某玉的申请，法院依法作出(2016)新0104民特7号民事判决，判决：宋某航的监护人由余某罗变更为王某玉。此后，被监护人宋某航一直由王某玉监护抚养。是否变更监护权，主要从是否有利于被监护人宋某航的健康成长考虑。经法院查明王某玉无不履行监护职责的行为。王某玉本人陈述其身体状况完全可以履行监护职责，申请人又无证据证明王某玉客观上不能履行监护职责。被监护人宋某航一直由王某玉抚养，已经与王某玉建立深厚的亲情关系，如果突然改变监护人，可能在感情上受到影响，不利于其健康成长。虽然宋某航暂由王某玉监护，但申请人余某罗与宋某航的母子关系不会改变，申请人仍然对宋某航有教育、抚养的权利和义务。综上所述，申请人要求变更监护人的请求，缺乏事实和法律依据，不予准许。依照《民法总则》第27条，《民事诉讼法》第64条、第178条的规定，判决驳回余某罗的申请。

※案例解读：《民法典》第38条规定：被监护人的父母或者子女被人民法院撤销监护人资格后，除对被监护人实施故意犯罪的外，确有悔改表现的，经其申请，人民法院可以在尊重被监护人真实意愿的前提下，视情况恢复其监护人资格，人民法院指定的监护人与被监护人的监护关系同时终止。本案中被监护人的母亲余某罗可以向法院请求恢复其监护人的资格，但法院考虑现监护人王某玉无不履行监护职责的行为。且王某玉本人陈述其身体状况完全可以履行监护职责，申请人又无证据证明王某玉客观上不能履行监护职责。被监护人宋某航一直由王某玉抚养，已经与王某玉建立深厚的亲情关系，为了保护监护人的身心健康，法院判决不予变更监护人。

第三十九条 【监护关系终止的情形】 有下列情形之一的，监护关系终止：

（一）被监护人取得或者恢复完全民事行为能力；

（二）监护人丧失监护能力；

（三）被监护人或者监护人死亡；

（四）人民法院认定监护关系终止的其他情形。

监护关系终止后，被监护人仍然需要监护的，应当依法另行确定监护人。

条文解读

本条是关于监护关系终止情形的规定。

监护关系的终止是指监护人与被监护人之间监护关系的消灭。

本条第1款规定了4种监护关系消灭的情形：

第一，被监护人取得或者恢复完全民事行为能力。当被监护人取得或恢复完全民事行为能力，就意味着其已经成为完全民事行为能力人，监护的原因已经消灭，监护关系当然终止。

第二，监护人丧失监护能力。监护人具有监护能力是监护关系成立的条件，监护人丧失监护能力，失去了担任监护人的资格，监护关系应当终止。

第三，被监护人或者监护人死亡。被监护人死亡，失去监护的必要，监护关系应当终止；监护人死亡，监护关系无法继续存在，应当终止。

第四，人民法院认定监护关系终止的其他情形。如监护人有本法第36条规定的人民法院撤销监护人资格的行为，监护关系终止。

监护关系终止后，若被监护人仍然需要监护，则应依法另行确定监护人，产生新的监护关系。

配套法规及解读

《最高人民法院关于适用〈中华人民共和国民法典〉总则编若干问题的解释》（2022年2月24日）

第十二条 监护人、其他依法具有监护资格的人之间就监护人是否有民法典

第三十九条第一款第二项、第四项规定的应当终止监护关系的情形发生争议，申请变更监护人的，人民法院应当依法受理。经审理认为理由成立的，人民法院依法予以支持。

被依法指定的监护人与其他具有监护资格的人之间协议变更监护人的，人民法院应当尊重被监护人的真实意愿，按照最有利于被监护人的原则作出裁判。

※法规解读：本条是关于监护终止事由争议处理的规定。依据《民法典》第 39 条，监护人丧失监护能力是监护关系终止的事由之一。监护人要具备监护能力，否则不能履行监护职责，所以当监护人成为无民事行为能力人、限制民事行为能力人或者经济处于危困状态的，没有监护能力，这时监护关系相对终止，仍要为被监护人确定监护人。监护人是否丧失监护能力，如果监护人、其他依法具有监护资格的人之间因监护人丧失监护能力终止监护关系发生争议，申请变更监护人的，人民法院应当受理，并对监护人是否丧失监护能力等进行审理。在人民法院认为应当终止监护人资格的情形下，如果被监护人仍需要监护，这是因担任监护人发生争议的，人民法院也应当审理。

被依法指定的监护人与其他具有监护资格的人之间协议变更监护人的，人民法院应当尊重被监护人的真实意愿，按照最有利于被监护人的原则作出裁判，确定具体的监护人。

关联法规索引

《民法典》第 36 条

典型案例

周某凤、周某申请确定监护人行为能力认定案〔1〕

※案情简介：被申请人周某，男，1992 年 3 月 16 日出生，汉族，住天津市河东区，现住天津市东丽区。天津市河东区人民法院于 2021 年 3 月 16 日作出(2021)津 0102 民特 45 号民事判决书，宣告周某目前为无民事行为能力人，同时指定周某

〔1〕 本案根据天津市东丽区人民法院(2021)津 0110 民特 411 号判决书整理。

敏为周某的监护人。

另查明,周某敏已于2021年4月22日去世,周某祖父、父亲均已去世。周某母亲患有精神残疾。周某无配偶、子女、兄弟姐妹。

※争议焦点:本案的争议焦点主要为周某敏与周某的监护关系是否已终止。

※判决结果:法院认为,依据《民法典》第39条的规定,有下列情形之一的,监护关系终止:(1)被监护人取得或者恢复完全民事行为能力;(2)监护人丧失监护能力;(3)被监护人或者监护人死亡;(4)人民法院认定监护关系终止的其他情形。监护关系终止后,被监护人仍然需要监护的,应当依法另行确定监护人。本案中,周某目前为无民事行为能力人,原监护人周某敏已经去世,周某现仍需要监护,故需要另行确定监护人。本案申请人作为周某的姑母申请作为周某的监护人,符合法律规定,应予确定。

综上所述,依据《民法典》第28条、第39条,《民事诉讼法》第178条之规定,判决指定周某凤为周某的监护人。

※案例解读:本案适用了《民法典》第39条的规定:有下列情形之一的,监护关系终止:(1)被监护人取得或者恢复完全民事行为能力;(2)监护人丧失监护能力;(3)被监护人或者监护人死亡;(4)人民法院认定监护关系终止的其他情形。监护关系终止后,被监护人仍然需要监护的,应当依法另行确定监护人。本案中原监护人周某敏已死亡,属于监护关系终止的第3种情形,因此法院为周某指定了周某的姑母周某凤作为周某的监护人。

第三节　宣告失踪和宣告死亡

第四十条　【宣告失踪的条件】自然人下落不明满二年的,利害关系人可以向人民法院申请宣告该自然人为失踪人。

条文解读

本条是关于宣告失踪的条件的规定。

宣告失踪是指自然人下落不明达到一定期限,经过利害关系人申请,由人民法院依法定程序宣告该自然人失踪的制度。根据本条规定,宣告失踪的条件包括以下三个：

第一，自然人下落不明满两年。下落不明是指自然人离开最后居所或住所后没有任何音信。如果确知自然人离开住所地去往某地，仅仅是联系不上，则不算下落不明。自然人下落不明满两年，利害关系人才可以向人民法院提出失踪宣告申请。

第二，利害关系人向人民法院申请。从本条规定来看，宣告失踪只涉及当事人利益，并不涉及公共利益，所以只能由利害关系人向人民法院提出该申请。按照《最高人民法院关于贯彻执行〈中华人民共和国民法通则〉若干问题的意见（试行）》[1]第24条的规定，申请宣告失踪的利害关系人，包括被申请宣告失踪人的配偶、父母、子女、兄弟姐妹、祖父母、外祖父母、孙子女、外孙子女以及其他与被申请人有民事权利义务关系的人。

第三，人民法院依法定程序宣告。宣告自然人失踪是人民法院的职权，其他任何机关不得宣告自然人失踪。《民事诉讼法》第192条规定，人民法院受理宣告失踪案件后，应当发出寻找下落不明人的公告，公告期为三个月。公告期间届满，人民法院应当作出宣告失踪的判决或者驳回申请的判决。《最高人民法院关于适用〈中华人民共和国民事诉讼法〉的解释》第345条规定："寻找下落不明人的公告应当记载下列内容：（一）被申请人应当在规定期间内向受理法院申报其具体地址及其联系方式。否则，被申请人将被宣告失踪、宣告死亡；（二）凡知悉被申请人生存现状的人，应当在公告期间内将其所知道情况向受理法院报告。"

配套法规及解读

《最高人民法院关于适用〈中华人民共和国民法典〉总则编若干问题的解释》（2022年2月24日）

第十四条　人民法院审理宣告失踪案件时，下列人员应当认定为民法典第四十条规定的利害关系人：

（一）被申请人的近亲属；

（二）依据民法典第一千一百二十八条、第一千一百二十九条规定对被申请人

[1] 《最高人民法院关于贯彻执行〈中华人民共和国民法通则〉若干问题的意见（试行）》自2021年1月1日起失效。后文不再赘述。

有继承权的亲属；

（三）债权人、债务人、合伙人等与被申请人有民事权利义务关系的民事主体，但是不申请宣告失踪不影响其权利行使、义务履行的除外。

※法规解读：本条是关于申请宣告失踪之申请人的规定。按照《民法典》第40条的规定，自然人下落不明满2年的，利害关系人可以向人民法院申请宣告该自然人为失踪人。“利害关系人”的范围如何，《民法典》上并没有明确，理论上有不同观点。本条明确了“利害关系人”的范围，对统一司法实务具有重要意义。按照本条的规定，下列人员为利害关系人：一是被申请人的近亲属。按照《民法典》相关规定，近亲属主要是指配偶、父母、子女、兄弟姐妹、祖父母、外祖父母、孙子女和外孙子女。子女，包括婚生子女、非婚生子女、养子女和有扶养关系的继子女。父母，包括生父母、养父母和有扶养关系的继父母。兄弟姐妹，包括同父母的兄弟姐妹、同父异母或者同母异父的兄弟姐妹、养兄弟姐妹、有扶养关系的继兄弟姐妹。二是依据《民法典》第1128条享有继承权的代位继承人。三是丧偶儿媳对公婆，丧偶女婿对岳父母，尽了主要赡养义务的。四是债权人、债务人、合伙人等与被申请人有民事权利义务关系的民事主体，但是不申请宣告失踪不影响其权利行使、义务履行的除外。

关联法规索引

《民法典》第1128条、第1129条；《民事诉讼法》第190条、第192条；《最高人民法院关于适用〈中华人民共和国民事诉讼法〉的解释》第345条

典型案例

万某与王某申请宣告自然人失踪案[1]

※案情简介：申请人万某称，申请人与被申请人系母子关系，被申请人王某于2016年11月与其父王某1离家出走，后经多方寻找至今杳无音讯。现申请宣告王某失踪。

[1] 本案根据重庆市江北区人民法院（2021）渝0105民特604号判决书整理。

下落不明人王某，男，2004 年 11 月 28 日出生，汉族，原住重庆市江北区，系申请人万某之子。万某与王某 1 原系夫妻关系，二人于 2004 年 11 月 28 日生育有一子即王某。2006 年 11 月，王某 1 带着王某前往云南打工，二人至今未归，杳无音讯。2019 年 3 月 22 日，万某与王某 2（系王某 1 之子）向重庆市公安局江北区分局石门派出所报警称，王某 1 与王某外出多年，至今未归。申请人万某申请宣告王某失踪后，本院于 2021 年 8 月 20 日在《人民法院报》发出寻找王某的公告。法定公告期间为 3 个月，现已届满，王某仍然下落不明。

※争议焦点：本案的争议焦点主要为王某是否可以被宣告为失踪人。

※判决结果：法院认为，自然人下落不明满 2 年的，利害关系人可以向人民法院申请宣告该自然人为失踪人。本案中，王某下落不明已满 2 年，经其家人寻找无下落，法院在发出公告寻找后亦无下落，王某失踪的事实已能够确认。万某作为其母亲，有权向人民法院申请宣告王某为失踪人。为此，依照《民法典》第 40 条、《民事诉讼法》第 183 条、第 185 条规定，判决宣告王某失踪。

※案例解读：现行《民法典》第 40 条规定，自然人下落不明满 2 年的，利害关系人可以向人民法院申请宣告该自然人为失踪人。本案中，万某作为王某母亲，有权向人民法院申请宣告王某为失踪人。王某下落不明已满 2 年，经其家人寻找无下落，法院在发出公告寻找后亦无下落，王某失踪的事实已能够确认。

第四十一条　【下落不明的时间计算】自然人下落不明的时间自其失去音讯之日起计算。战争期间下落不明的，下落不明的时间自战争结束之日或者有关机关确定的下落不明之日起计算。

条文解读

本条是关于自然人下落不明的时间计算的规定。

法律规定本条的目的是为宣告失踪的认定提供明确的时间标准。自然人一旦被宣告失踪，其财产权利将可能发生变化，因此，自然人离开住所地时间的长短对于认定其是否构成失踪有重要意义。

自然人下落不明的时间计算有两种方法：

第一，一般情况下的下落不明。该情况下，自然人下落不明的时间从失去音讯之日起计算。下落不明，是指自然人离开最后居所或住所后没有音讯。失去音讯，是指通过任何通信方式都无法获得联络的情况。如果自然人没有音讯达到一定时间但不满2年，出现后又再次失去音讯，其失踪时间从再次失去音讯开始算起。

第二，战争期间下落不明。本条第2句规定，战争期间下落不明的，自战争结束之日或者有关机关确定的下落不明之日起计算。此种情况下计算方法包括两种：一是战争结束之日。战争进行期间难以准确认定自然人下落不明的时间，所以以战争结束之日作为确定自然人下落不明的起算点有利于准确认定计算时间。二是有关机关确定的时间。在一些情况下，虽然战争还没有结束，但有关机关能够准确认定自然人下落不明的时间，则该时间也可以当做确定自然人下落不明的起算点。

关联法规索引

《民事诉讼法》第190条

典型案例

闵某1申请宣告公民失踪案[1]

※案情简介：申请人闵某1申请宣告自然人失踪一案，法院于2021年1月18日立案后，依法适用特别程序进行了审理。现已审理终结。

下落不明人闵某2，男，1993年4月6日生，蒙古族，云南省马关县人，户籍地马关县仁和镇岩脚村委会芦差冲小组3号，系申请人闵某1的弟弟。1999年6月，闵某2走失，经申请人和亲友多方寻找，均不知其下落。闵某录于2016年10月28日向马关县公安局仁和边境派出所反映闵某2的情况，马关县公安局于2016年10月31日将闵某录的户口进行注销。申请人闵某1申请宣告闵某2失踪后，法院于2021年2月4日在《法治日报》发出寻找闵某2的公告。法定公告期间为3个月，现已届满，被申请人闵某2仍下落不明。闵某录对闵某1申请宣告闵某2失踪及指定闵某1为失踪人闵某2的财产代管人均无异议。

---

[1] 本案根据云南省马关县人民法院(2021)云2625民特1号判决书整理。

※争议焦点：本案的争议焦点主要为闵某2是否符合宣告失踪的条件。

※判决结果：法院认为，依照《民法典》第40条、第41条"自然人下落不明满二年的，利害关系人可以向人民法院申请宣告该自然人为失踪人。自然人下落不明的时间自其失去音讯之日起计算。战争期间下落不明的，下落不明的时间自战争结束之日或者有关机关确定的下落不明之日起计算"的规定，被申请人闵某2于1999年6月走失，经其亲属多方查找，直至法院发出公告，公告期满，仍下落不明，其下落不明时间长达21年，应依法推定其失踪。申请人闵某1作为闵某2的近亲属，系利害关系人，申请人主体资格适格。经马关县仁和镇岩脚村民委员会、马关县仁和镇人民政府、马关县公安局仁和边境派出所证实，被申请人闵某2下落不明已满2年，符合宣告失踪的时间要件。申请人闵某1申请宣告闵某2失踪，事实清楚，证据充分，符合有关法律规定，应予准许。依照《民法典》第42条第1款"失踪人的财产由其配偶、成年子女、父母或者其他愿意担任财产代管人的人代管"的规定，闵某1与闵某2系姐弟关系，且庭审中闵某录对指定闵某1为闵某2的财产代管人亦无异议，故闵某1申请指定其为失踪人闵某2的财产代管人于事实、法律有据，法院依法予以支持。

※案例解读：《民法典》第41条规定，自然人下落不明的时间自其失去音讯之日起计算。本案中，被申请人闵某2于1999年6月走失，经其亲属多方查找，直至法院发出公告，公告期满，仍下落不明，其下落不明时间长达21年，应依法推定其失踪。

第四十二条　【失踪人的财产代管人】失踪人的财产由其配偶、成年子女、父母或者其他愿意担任财产代管人的人代管。

代管有争议，没有前款规定的人，或者前款规定的人无代管能力的，由人民法院指定的人代管。

条文解读

本条是关于失踪人的财产代管人的规定。

法律设立宣告失踪制度的主要目的是结束失踪人财产无人管理以及其应当履行的义务无法及时履行的状态。该制度的确立，一方面有利于保护失踪人的利益，另一方面有利于保护与失踪人有利害关系的人的合法权益。

本条是在《民法通则》第 21 条的基础之上加以适当修改。《民法通则》第 21 条中规定:“失踪人的财产由他的配偶、父母、成年子女或者关系密切的其他亲属、朋友代管。代管有争议的,没有以上规定的人或者以上规定的人无能力代管的,由人民法院指定的人代管。”

本条主要内容包括:

第一,失踪人的财产代管人的范围。失踪人的财产由其配偶、成年子女、父母或者其他愿意担任财产代管人的人代管。其中,“其他愿意担任财产代管人的人”既包括配偶、成年子女、父母之外的其他亲属或朋友,也包括有关组织。比如,《最高人民法院关于贯彻执行〈中华人民共和国民法通则〉若干问题的意见(试行)》第 30 条第 1 款规定:“人民法院指定失踪人的财产代管人,应当根据有利于保护失踪人财产的原则指定。没有民法通则第二十一条规定的代管人,或者他们无能力作代管人,或者不宜作代管人的,人民法院可以指定公民或者有关组织为失踪人的财产代管人。”

第二,法院指定代管人的情形。根据该款规定,存在以下三种情形时,由人民法院指定的人代管:(1)本条第 1 款并没有就代管人的顺序和人数作出规定,所以失踪人的配偶、成年子女、父母或其他愿意担任财产代管人的人如果发生代管争议,应当由人民法院指定代管人。(2)失踪人没有配偶、成年子女、父母或者其他愿意担任财产代管人的人时,为了保护失踪人及其利害关系人的合法权益,有必要由人民法院为失踪人指定财产代管人。(3)失踪人的配偶、成年子女、父母或者其他愿意担任财产代管人的人无代管能力时,应当由人民法院指定代管人。无代管能力,既包括前款提及的代管人为无民事行为能力人或者限制民事行为能力人的情况,也包括代管人为完全民事行为能力人但难以履行代管人职责的情况。人民法院在指定失踪人的财产代管人时,应当按照有利于保护失踪人财产的原则进行。

关联法规索引

《最高人民法院关于适用〈中华人民共和国民事诉讼法〉的解释》第 343 条、第 346 条

典型案例

夏某1、夏某2、夏某3与夏某雪申请宣告公民失踪案[1]

※案情简介：申请人夏某1、夏某2、夏某3系兄弟关系，被申请人夏某雪系申请人夏某1、夏某2、夏某3的父亲。因被申请人夏某雪于2016年9月13日凌晨5时许从株洲市天元区××离开家后，一直未回家，申请人夏某3于2016年9月21日向天元区××派出所报案，经有关部门及亲属多次查找，至今杳无音讯。申请人夏某1、夏某2、夏某3申请宣告夏某雪失踪后，法院于2020年12月22日在《人民法院报》上发出寻找夏某雪的公告。法定公告期间为3个月，现已届满，夏某雪仍然下落不明。

以上事实有申请人与被申请人的身份信息、常住人口登记卡、报案证明、申请人的当庭陈述等证据予以证实，证据确实充分，足以认定。

※争议焦点：本案的争议焦点主要为夏某3能否担任被申请人夏某雪的财产代管人。

※判决结果：法院认为，2016年9月13日凌晨，被申请人夏某雪独自外出，至今下落不明。被申请人夏某雪与家人失去联系，申请人夏某3于2016年9月21日向天元区××派出所报案，经有关部门及亲属多次查找，至今近5年杳无音信，直至法院在《人民法院报》上刊登公告查找，仍下落不明，确应依法推定其失踪。申请人夏某1、夏某2、夏某3作为被申请人夏某雪的利害关系人，依照《民法典》第40条“自然人下落不明满二年的，利害关系人可以向人民法院申请宣告该自然人为失踪人”、第42条“失踪人的财产由其配偶、成年子女、父母或者其他愿意担任财产代管人的人代管。代管有争议，没有前款规定的人，或者前款规定的人无代管能力的，由人民法院指定的人代管”和《民事诉讼法》(2017年修正)第185条“人民法院受理宣告失踪、宣告死亡案件后，应当发出寻找下落不明人的公告。宣告失踪的公告期间为三个月，宣告死亡的公告期间为一年。因意外事故下落不明，经有关机关证明该公民不可能生存的，宣告死亡的公告期间为三个月。公告期间届满，人民法院应当根据被宣告失踪、宣告死亡的事实是否得到确认，作出宣告失踪、宣告

[1] 本案根据湖南省株洲市天元区人民法院(2020)湘0211民特62号判决书整理。

死亡的判决或者驳回申请的判决”和《最高人民法院关于适用〈中华人民共和国民事诉讼法〉的解释》(2015 年)第 343 条“宣告失踪或者宣告死亡案件,人民法院可以根据申请人的请求,清理下落不明人的财产,并指定案件审理期间的财产管理人。公告期满后,人民法院判决宣告失踪的,应当同时依照民法通则第二十一条第一款的规定指定失踪人的财产代管人”的规定,对申请人夏某 1、夏某 2、夏某 3 要求宣告夏某雪失踪的诉讼请求,对申请人夏某 3 为失踪人夏某雪的财产代管人的诉讼请求,法院予以支持。

※案例解读:现行《民法典》第 42 条第 1 款规定,失踪人的财产由其配偶、成年子女、父母或者其他愿意担任财产代管人的人代管。本案中,夏某 3 系被申请人夏某雪之子,其符合担任财产代管人的条件,且其他利害关系人对此没有异议。故夏某 3 可以担任被申请人夏某雪的财产代管人。

第四十三条 【财产代管人的职责】财产代管人应当妥善管理失踪人的财产,维护其财产权益。

失踪人所欠税款、债务和应付的其他费用,由财产代管人从失踪人的财产中支付。

财产代管人因故意或者重大过失造成失踪人财产损失的,应当承担赔偿责任。

条文解读

本条是关于财产代管人的职责的规定。

关于财产代管人的职责,《民法通则》第 21 条第 2 款规定:“失踪人所欠税款、债务和应付的其他费用,由代管人从失踪人的财产中支付。”本条在此基础上予以补充完善。

本条主要内容包括:

第一,财产代管人行使财产代管权时应当遵循的原则。法律规定失踪人的财产代管制度,目的在于维护失踪人的财产权益,这要求财产代管人在履行财产代管的职责时,应当妥善管理失踪人的财产,维护其财产权益。

第二,财产代管人履行失踪人应当履行的义务。财产代管人除了要维护失踪人的财产权益,还需要代失踪人履行义务。依照本款规定,财产代管人应当从失踪人的财产中支付其所欠税款、债务和应付的其他费用。根据《最高人民法院关于贯彻执行〈中华人民共和国民法通则〉若干问题的意见(试行)》第 31 条的规定,其他费用包括赡养费、扶养费、抚育费和因代管财产所需的管理费等必要的费用。

第三,财产代管人的赔偿责任。本条第 1 款规定了财产代管人行使财产代管权时应当维护失踪人的财产权益的原则,因此当代管人造成失踪人财产损失的应当承担赔偿责任。比如,《最高人民法院关于贯彻执行〈中华人民共和国民法通则〉若干问题的意见(试行)》第 32 条规定:"失踪人的财产代管人拒绝支付失踪人所欠的税款、债务和其他费用,债权人提起诉讼的,人民法院应当将代管人列为被告。失踪人的财产代管人向失踪人的债务人要求偿还债务的,可以作为原告提起诉讼。"但是,因为代管人从事的是无偿的行为,所以按照本款规定,只有当代管人因故意或者重大过失造成失踪人财产损失的才应承担赔偿责任,如果是一般过失造成的损害则不需承担赔偿责任。

配套法规及解读

《最高人民法院关于适用〈中华人民共和国民法典〉总则编若干问题的解释》(2022 年 2 月 24 日)

第十五条 失踪人的财产代管人向失踪人的债务人请求偿还债务的,人民法院应当将财产代管人列为原告。

债权人提起诉讼,请求失踪人的财产代管人支付失踪人所欠的债务和其他费用的,人民法院应当将财产代管人列为被告。经审理认为债权人的诉讼请求成立的,人民法院应当判决财产代管人从失踪人的财产中支付失踪人所欠的债务和其他费用。

※法规解读:本条是关于财产代管人在诉讼中法律地位的规定。根据《民法典》第 43 条的规定,失踪人的财产代管人有管理失踪人财产的义务。财产代管人应当妥善管理失踪人的财产,维护其财产权益。财产代管人不具有专业技术资质要求,尽到如同对待自己财产一样的管理注意义务即可,即财产代管人承担一般管理人的注意义务。所以,财产代管人因故意或者重大过失造成失踪人财产损失的,应当承担赔偿责任。财产代管人负有清理失踪人债权、债务的义务,清理失踪人所

欠税款、债务和应付的其他费用，由代管人从失踪人的财产中支付。这里的“其他费用”，包括赡养费、扶养费、抚养费和因代管财产所需的管理费等必要的费用。失踪人的财产代管人拒绝支付失踪人所欠的税款、债务和其他费用，债权人提起诉讼的，人民法院应当将代管人列为被告。财产代管人为失踪人的利益有权以自己的名义提起诉讼。失踪人的财产代管人向失踪人的债务人要求偿还债务的，可以作为原告提起诉讼。

关联法规索引

《民法典》第 42 条

典型案例

钱某奇与鲁某奇等租赁合同纠纷案[1]

※案情简介：原告钱某奇与被告鲁某栓、鲁某奇租赁合同纠纷一案，法院于 2020 年 10 月 19 日立案后，依法适用普通程序，公开开庭进行了审理。原告钱某奇到庭参加诉讼，被告鲁某栓、鲁某奇经公告送达开庭传票，未到庭参加诉讼。

2007 年 2 月至 4 月，鲁某栓租赁钱某奇的铲车在北京市怀柔区××镇河道和河北省丰宁满族自治县××村河道用于取砂。2007 年 2 月 3 日，鲁某栓向钱某奇出具欠条 1 张，载明“今有鲁某栓欠钱某奇铲车台班费共计叁万叁仟元整”。2007 年 4 月 3 日，鲁某栓向钱某奇出具欠条 1 张，载明“今欠钱某奇铲车台班费壹万叁仟元(2007 年 3 月 3 日 –2007 年 4 月 3 日)”。2007 年 4 月 24 日，鲁某栓向钱某奇出具欠条 1 张，载明“今欠钱某奇铲车台班费贰仟元整”。之后鲁某栓未向钱某奇支付租赁费。

另查明，鲁某奇系鲁某栓之子，2019 年 5 月 6 日，鲁某奇申请宣告鲁某栓失踪，称鲁某栓于 2009 年 9 月 25 日出走后下落不明。法院发出寻找鲁某栓的公告，法定公告期间 3 个月届满后，鲁某栓仍然下落不明，法院作出(2019)京 0119 民特 10 号民事判决书，判决：(1)宣告鲁某栓失踪；(2)鲁某奇作为鲁某栓的财产代管人。

---

[1] 本案根据北京市延庆区人民法院(2020)京 0119 民初 7482 号判决书整理。

※争议焦点：本案的争议焦点主要为鲁某奇作为鲁某栓的财产代管人是否应向钱某奇支付鲁某栓所欠费用。

※判决结果：法院认为，依法成立的合同具有法律约束力。当事人应当按照约定履行自己的义务，不得擅自变更或者解除合同。本案中，鲁某栓租赁钱某奇的铲车用于取砂，并向钱某奇出具欠条对欠付钱某奇的租赁费进行确认，鲁某栓与钱某奇之间形成租赁合同关系，该租赁合同系双方当事人真实意思表示，内容亦未违反法律、行政法规的强制性规定，不违背公序良俗，合法有效，双方应按合同约定享受权利、履行义务。鲁某栓出具的三张欠条载明欠付钱某奇租赁费48,000元，现钱某奇请求鲁某栓支付租赁费48,000元有事实和法律依据，法院予以支持。对于钱某奇主张的利息，因鲁某栓出具的欠条中并未对支付期限及利息作出约定，故该项诉讼请求缺乏事实和法律依据，不予支持。另外，财产代管人应当妥善管理失踪人的财产，维护其财产权益。失踪人所欠税款、债务和应付的其他费用，由财产代管人从失踪人的财产中支付。本案中，鲁某栓已被宣告失踪，鲁某奇作为鲁某栓的财产代管人，应当在代管财产中支付鲁某栓所欠费用。当事人有答辩并对对方当事人提交的证据进行质证的权利，鲁某栓、鲁某奇经公告送达开庭传票，未到庭参加诉讼，视为其放弃了答辩和质证的权利。

综上所述，依照《民法总则》第43条、第143条，《合同法》第8条、第60条、第212条，《民事诉讼法》第144条，《最高人民法院关于适用〈中华人民共和国民法典〉时间效力的若干规定》第1条第2款之规定，判决鲁某栓于本判决生效后7日内向钱某奇支付租赁费48,000元。

※案例解读：《民法典》第43条中规定，财产代管人应当妥善管理失踪人的财产，维护其财产权益。失踪人所欠税款、债务和应付的其他费用，由财产代管人从失踪人的财产中支付。

本案中鲁某奇作为鲁某栓的财产代管人，失踪人鲁某栓所欠税款、债务和应付的其他费用，应该由财产代管人鲁某奇从失踪人的财产中支付。

第四十四条　【财产代管人的变更】财产代管人不履行代管职责、侵害失踪人财产权益或者丧失代管能力的，失踪人的利害关系人可以向人民法院申请变更财产代管人。

财产代管人有正当理由的，可以向人民法院申请变更财产代管人。

人民法院变更财产代管人的，变更后的财产代管人有权请求原财产代管人及时移交有关财产并报告财产代管情况。

条文解读

本条是关于财产代管人变更的规定。

《民法通则》并未对财产代管人的变更作出规定，本法结合相关司法解释作出本条规定。

本条主要内容包括：

第一，失踪人的利害关系人可以向人民法院申请变更财产代管人。按照本款规定，如果出现财产代管人不履行代管职责、侵害失踪人财产权益或者丧失代管能力等事由，表明该财产代管人已不适合继续代管失踪人的财产，失踪人的利害关系人可以向人民法院申请变更财产代管人。利害关系人既可以是失踪人的近亲属，也可以是其他利害关系人，如失踪人的债权人。

第二，财产代管人可以自行申请变更。财产代管人有正当理由的，如无力履行代管职责，可以向人民法院申请变更财产代管人，人民法院比照《民事诉讼法》特别程序的有关规定判断申请理由是否成立，并依此作出撤销申请人的代管人身份的决定或者裁定驳回申请。比如，《最高人民法院关于贯彻执行〈中华人民共和国民法通则〉若干问题的意见（试行）》第35条第1款规定："失踪人的财产代管人以无力履行代管职责，申请变更代管人的，人民法院比照特别程序进行审理。"

第三，财产代管人变更的后果。不论是失踪人的利害关系人申请变更财产代管人还是财产代管人自行申请变更，人民法院变更财产代管人的，变更后的财产代管人有权要求原财产代管人及时移交有关财产并报告财产代管情况。

关联法规索引

《最高人民法院关于适用〈中华人民共和国民事诉讼法〉的解释》第342条

典型案例

张某坚、林某治申请宣告公民死亡特别程序案[1]

※案情简介：受理法院收到申请人张某坚申请变更林某治作为财产代管人的起诉状，称厦门市思明区××路××号××幢房屋(以下简称案涉房屋)系张某合购置，由其子女张某盛、张某龙、张某基、张某超、张某德、张某六、张某七、张某川、张某治、张某某10人继承，以张某盛等10人共同共有登记的厦门市土地房屋权证：厦地房证第00257646号。林某治系张某合孙女，张某坚系林某治孙子。1987年1月10日，林某治作为张某盛等10人位于厦门市思明区××路××号××幢房屋的代管人，负责房屋的管理维修及出租等事宜，并持有当时厦门市房地产管理局发放的(1986)厦房产字第00××《华侨私房改造遗留问题落实政策通知书》。现因财产代管人林某治年事已高(现93岁)，体弱多病，已无精力和体力继续代管财产，根据《民法典》第44条的规定，请求法院将张某盛等10人位于厦门市思明区××路××号房产的代管人变更为张某坚。

※争议焦点：本案的争议焦点主要为张某坚是否有权请求法院将张某盛等10人位于厦门市思明区××路××号房产的代管人变更为其本人。

※判决结果：法院经审查认为，本案系与宣告失踪、宣告死亡案件有关的纠纷。《民法典》第44条规定，财产代管人不履行代管职责、侵害失踪人财产权益或者丧失代管能力的，失踪人的利害关系人可以向人民法院申请变更财产代管人。该条款是关于变更失踪人财产代管人的规定，本案中张某坚主张变更案涉房屋财产代管人，但所提供证据不足，起诉情形不符合相关法律规定。故依照《民法典》第44条，《民事诉讼法》第119条、第123条之规定，裁定如下：对张某坚的起诉，法院不予受理。

※案例解读：现行《民法典》第44条规定，财产代管人不履行代管职责、侵害失踪人财产权益或者丧失代管能力的，失踪人的利害关系人可以向人民法院申请变更财产代管人。本案中张某坚主张变更案涉房屋财产代管人，但所提供证据不足，起诉情形不符合相关法律规定。故张某坚无权请求法院将张某盛等10人位于厦

[1] 本案根据福建省厦门市海沧区人民法院(2021)闽0205民特126号判决书整理。

门市思明区××路××号房产的代管人变更为其本人。

第四十五条 【失踪宣告的撤销】失踪人重新出现，经本人或者利害关系人申请，人民法院应当撤销失踪宣告。

失踪人重新出现，有权请求财产代管人及时移交有关财产并报告财产代管情况。

条文解读

本条是关于失踪宣告撤销的规定。

本条主要内容包括：

第一，撤销失踪宣告的条件。撤销失踪宣告的条件包括：(1)失踪人重新出现。宣告失踪是被推定失踪，并非真正失踪。失踪人重新出现，下落不明的状况消除，推定失踪不再成立。(2)经本人或利害关系人申请。这里所说利害关系人的范围应当与本法第40条规定的利害关系人范围一致，即被宣告失踪人的配偶、父母、子女、兄弟姐妹、祖父母、外祖父母、孙子女、外孙子女及其他与失踪人有民事权利义务关系的人。申请向失踪人住所地基层人民法院提出。(3)撤销失踪宣告应当由人民法院作出。自然人失踪只能由人民法院经特别程序宣告，因此，该宣告的撤销也应当由人民法院通过法定程序作出。

第二，失踪人重新出现的法律效果。宣告失踪一经撤销，财产代管人代管原失踪人财产的事由消失，原被宣告失踪人应当恢复对自己财产的控制，有权请求财产代管人移交有关财产并向本人报告代管情况。

关联法规索引

《民法典》第40条

典型案例

张某兰申请撤销宣告失踪案[1]

※案情简介：申请人张某兰与陈某安、陈某浩系母子关系。申请人于2010年8月外出务工，后因病情严重，失去记忆，流落于广东省惠阳市惠阳区秋场镇至2021年3月，无法与家人联系。陈某安、陈某浩因无法联系到申请人，故向法院申请宣告申请人失踪。2019年7月16日，邻水县人民法院作出(2019)川1623民特7号民事判决书，宣告申请人失踪。2021年3月4日，申请人回到邻水县兴仁镇。

※争议焦点：本案的争议焦点主要为申请人张某兰是否有权申请撤销宣告失踪判决。

※判决结果：法院认为，宣告失踪人张某兰于2021年3月4日出现，并经确认证实为其本人，对其申请撤销宣告失踪判决的请求，法院依法予以支持。依照《民法典》第45条第1款、《民事诉讼法》第186条的规定，判决撤销四川省邻水县人民法院(2019)川1623民特7号民事判决书。

※案例解读：《民法典》第45条规定，失踪人重新出现，经本人或者利害关系人申请，人民法院应当撤销失踪宣告。本案中，宣告失踪人张某兰于2021年3月4日出现，并经确认证实为其本人，故张某兰有权申请撤销宣告失踪判决书。

第四十六条　【宣告死亡的条件】自然人有下列情形之一的，利害关系人可以向人民法院申请宣告该自然人死亡：

(一)下落不明满四年；

(二)因意外事件，下落不明满二年。

因意外事件下落不明，经有关机关证明该自然人不可能生存的，申请宣告死亡不受二年时间的限制。

[1] 本案根据四川省邻水县人民法院(2021)川1623民特19号判决书整理。

条文解读

本条是关于宣告死亡的条件的规定。

宣告死亡制度的设立是为了结束因为自然人下落不明而使其参与的民事法律关系长期处于不稳定、不确定的状态，意在维护经济秩序和利害关系人的合法权益。宣告自然人死亡是一种法律推定，这一推定与自然人生理死亡的法律效果基本一致。因此，本法规定只有具备下列条件才可以宣告自然人死亡：

第一，时间条件。本条规定了两个时间条件。(1)一般下落不明。自然人下落不明满4年，利害关系人可以向人民法院申请宣告该自然人死亡。根据本法第40条的规定，自然人下落不明满两年，利害关系人可向人民法院申请宣告该自然人失踪。由此可见，宣告死亡需要满足的时间条件高于宣告失踪。因为，宣告失踪只产生失踪人财产代管以及实现债权、偿还债务等法律后果，但宣告死亡还会产生继承的开始及身份的解除等法律后果，所面临情况更为复杂。(2)因意外事件下落不明。此条所指意外事件既包括各类事故，也包括地震、海啸等天灾。这包含两项内容：其一，因意外事件下落不明满2年，利害关系人可以向人民法院申请宣告该自然人死亡。其二，因意外事件下落不明，经有关机关证明该自然人不可能生存的，申请宣告死亡不受2年时间的限制。例如，某大型爆炸事件中，公安机关发布该事件中下落不明的自然人不可能生存的证明，该自然人的利害关系人无须等待2年就可以向人民法院申请宣告死亡。

第二，申请人范围。本条规定，只有利害关系人才能向人民法院申请宣告死亡。利害关系人是指与被宣告死亡的自然人生存或死亡状态所产生的法律后果密切相关的人。利害关系人的范围应当与本法第40条规定的利害关系人范围一致，即被宣告失踪人的配偶、父母、子女、兄弟姐妹、祖父母、外祖父母、孙子女、外孙子女及其他与失踪人有民事权利义务关系的人。

第三，宣告死亡的机关。本条规定，只能由人民法院经过法定程序才能宣告自然人死亡。按照《民事诉讼法》第192条的规定，人民法院受理宣告死亡案件后，应当发出寻找下落不明人的公告。宣告死亡的公告期间为1年。因意外事件下落不明，经有关机关证明该公民不可能生存的，宣告死亡的公告期间为3个月。公告期间届满，人民法院应当根据被宣告死亡的事实是否得到确认，作出宣告死亡的判决或者驳回申请的判决。

配套法规及解读

《最高人民法院关于适用〈中华人民共和国民法典〉总则编若干问题的解释》(2022年2月24日)

第十六条　人民法院审理宣告死亡案件时，被申请人的配偶、父母、子女，以及依据民法典第一千一百二十九条规定对被申请人有继承权的亲属应当认定为民法典第四十六条规定的利害关系人。

符合下列情形之一的，被申请人的其他近亲属，以及依据民法典第一千一百二十八条规定对被申请人有继承权的亲属应当认定为民法典第四十六条规定的利害关系人：

（一）被申请人的配偶、父母、子女均已死亡或者下落不明的；

（二）不申请宣告死亡不能保护其相应合法权益的。

被申请人的债权人、债务人、合伙人等民事主体不能认定为民法典第四十六条规定的利害关系人，但是不申请宣告死亡不能保护其相应合法权益的除外。

第十七条　自然人在战争期间下落不明的，利害关系人申请宣告死亡的期间适用民法典第四十六条第一款第一项的规定，自战争结束之日或者有关机关确定的下落不明之日起计算。

※法规解读：该司法解释第16条是关于“利害关系人”界定的规定，第17条是关于战争期间下落不明期间计算的规定。依据《民法典》第46条，“利害关系人”出现了失踪人可依法申请宣告死亡的要件时，可以向人民法院宣告死亡。申请宣告死亡的“利害关系人”不同于申请宣告失踪，包括以下人员：一是被申请人的配偶、父母、子女，以及丧偶儿媳对公婆（被申请人），丧偶女婿对岳父母（被申请人），尽了主要赡养义务的儿媳或者女婿；二是被申请人的其他近亲属，以及依据《民法典》第1128条的规定，对被申请人有代位继承权的亲属，在符合下列情形之一时，可作为“利害关系人”：(1)被申请人的配偶、父母、子女均已死亡或者下落不明的；(2)不申请宣告死亡不能保护其相应合法权益的。被申请人的债权人、债务人、合伙人等民事主体不能认定为《民法典》第46条规定的利害关系人，但是不申请宣告死亡不能保护其相应合法权益的除外。例如，如果不申请宣告被申请人死亡，将损害其他合伙人利益的。

战争是否为意外事件，理论上有不同争论。该司法解释第17条没有将战争作为意外事件。战争期间下落不明的，利害关系人申请宣告死亡的期间适用下落不明满4年的规定，4年期间的计算点为“战争结束”之日或者有关机关确定的下落不明之日起计算。

关联法规索引

《民事诉讼法》第190条、第192条

典型案例

孙某宇申请宣告公民死亡宣告失踪、宣告死亡案[1]

※案情简介：申请人孙某宇称，申请人与孙某红系姐弟关系。孙某红于2010年离家出走，其家人多方寻找，但仍不知去向。故申请宣告孙某红死亡。

经审理查明：下落不明人孙某红，女，1978年6月生，汉族，户籍地及原住址黑龙江省牡丹江市东安区，系申请人孙某宇的同胞姐姐。孙某红于十多年前离家出走，经多方寻找，至今下落不明。申请人孙某宇申请宣告孙某红死亡后，法院于2021年1月27日在《人民法院报》发出寻找孙某红的公告，法定公告期间为1年，现已届满，孙某红仍然下落不明。

※争议焦点：本案的争议焦点主要为被申请人孙某红是否符合宣告死亡的条件。

※判决结果：法院认为，《民法典》第46条第1款规定：“自然人有下列情形之一的，利害关系人可以向人民法院申请宣告该自然人死亡：（一）下落不明满四年……”本案下落不明人孙某红下落不明已超过4年，现孙某红的弟弟孙某宇向法院提出宣告孙某红死亡的申请，经法院发出公告寻找后仍下落不明，法定公告期间已届满，申请人申请宣告孙某红死亡符合法律规定。

依照《民事诉讼法》第192条的规定，判决宣告孙某红死亡。

※案例解读：《民法典》第46条第1款规定：“自然人有下列情形之一的，利害关系人可以向人民法院申请宣告该自然人死亡：（一）下落不明满四年……”本案

〔1〕 本案根据黑龙江省牡丹江市东安区人民法院（2021）黑1002民特4号判决书整理。

下落不明人孙某红下落不明已超过4年,现孙某红的弟弟孙某宇向本院提出宣告孙某红死亡的申请,经法院发出公告寻找后仍下落不明,法定公告期间已届满,故申请人申请宣告孙某红死亡符合法律规定。

第四十七条　【宣告死亡的优先适用】对同一自然人,有的利害关系人申请宣告死亡,有的利害关系人申请宣告失踪,符合本法规定的宣告死亡条件的,人民法院应当宣告死亡。

条文解读

本条是关于宣告死亡和宣告失踪的关系的规定。

《民法通则》没有关于本条的规定。《最高人民法院关于贯彻执行〈中华人民共和国民法通则〉若干问题的意见(试行)》第29条规定:"宣告失踪不是宣告死亡的必经程序。公民下落不明,符合申请宣告死亡的条件,利害关系人可以不经申请宣告失踪而直接申请宣告死亡。但利害关系人只申请宣告失踪的,应当宣告失踪;同一顺序的利害关系人,有的申请宣告死亡,有的不同意宣告死亡,则应当宣告死亡。"

宣告失踪和宣告死亡作为法律制度有以下共同点:第一,都是基于自然人下落不明,为了维护经济秩序和利害关系人的合法权益而制定的法律推定制度;第二,都以达到一定法定期限为前提;第三,都是利害关系人向人民法院提出申请;第四,都是人民法院作出宣告判决或驳回申请的判决。但两者之间的不同点也很明显,最大区别在于法律后果不同。宣告失踪的法律后果是为被宣告人设立财产代管人,只发生财产方面的效果,不会产生身份关系的变化。宣告死亡,既影响被宣告人财产的处分,也影响被宣告人人身关系,产生其他法律后果,如夫妻关系解除、遗产继承开始、遗嘱发生效力等。

按照本条规定,宣告死亡不以宣告失踪为前提,只要符合本法第46条规定的宣告死亡的条件,人民法院应当宣告死亡。

关联法规索引

《民法典》第40条、第46条

典型案例

李某杰申请宣告公民死亡案[1]

※案情简介：下落不明人于某，女，1987年6月17日出生，汉族，原住黑龙江省××市××镇，系申请人李某杰的女儿，由于患脑部疾病，导致精神失常，并于2013年9月12日11时走失。申请人李某杰申请宣告于某死亡后，法院于2020年5月18日在《人民法院报》(总第8041期)发出寻找于某的公告。法定公告期为1年，现已届满，于某仍下落不明。

※争议焦点：本案的争议焦点主要为于某是否符合宣告死亡的条件。

※判决结果：法院认为，由于被申请人患有严重的疾病，且导致其精神不正常，为限制民事行为能力人，因此缺少对于自我的保护。《民法典》第46条规定，自然人有下列情形之一的，利害关系人可以向人民法院申请宣告该自然人死亡：(1)下落不明满4年；(2)因意外事件，下落不明满2年。因意外事件下落不明，经有关机关证明该自然人不可能生存的，申请宣告死亡不受2年时间的限制。第47条规定，对同一自然人，有的利害关系人申请宣告死亡，有的利害关系人申请宣告失踪，符合本法规定的宣告死亡条件的，人民法院应当宣告死亡。第48条规定，被宣告死亡的人，人民法院宣告死亡的判决作出之日视为其死亡的日期；因意外事件下落不明宣告死亡的，意外事件发生之日视为其死亡的日期。至公告期届满，被申请人于某已失踪超过8年，至今下落不明。

依照《民事诉讼法》第185条的规定，判决宣告于某死亡。

※案例解读：《民法典》第47条规定，对同一自然人，有的利害关系人申请宣告死亡，有的利害关系人申请宣告失踪，符合本法规定的宣告死亡条件的，人民法院应当宣告死亡。本案中，公告期届满，被申请人于某已失踪超过8年，至今下落不明。故其满足宣告死亡的条件。

第四十八条　【被宣告死亡的人死亡日期的确定】被宣告死亡的人，人民法院宣告死亡的判决作出之日视为其死亡的日期；因意外事件下落不明宣告死亡的，意外事件发生之日视为其死亡的日期。

---

[1] 本案根据黑龙江省漠河市人民法院(2020)黑2723民特1号判决书整理。

条文解读

本条是关于被宣告死亡的人死亡日期的确定的规定。

宣告死亡日期的确定是本法新增内容,该制度设立的目的是结束因为自然人下落不明而使其参与的民事法律关系长期处于不稳定、不确定的状态,意在维护经济秩序和利害关系人的合法权益。宣告自然人死亡是一种法律推定,推定被宣告人的死亡时间涉及身份关系的解除、继承的开始、保险理赔、死亡赔偿金的计算、养老金和抚恤金的领取等重大事项,具有重要法律意义。

根据本条规定,宣告死亡日期的确定分为两种情况。

第一,在一般情况下,人民法院宣告死亡的判决作出之日,被视为被宣告死亡的自然人的死亡日期。比如,《最高人民法院关于贯彻执行〈中华人民共和国民法通则〉若干问题的意见(试行)》第36条第1款规定:“被宣告死亡的人,判决宣告之日为其死亡的日期。判决书除发给申请人外,还应当在被宣告死亡的人住所地和人民法院所在地公告。”

第二,在因意外事件自然人下落不明的情况下,意外事件的发生之日被视为被宣告人的死亡日期。如马来西亚航班MH370失踪事件中,其失踪日期2014年3月8日凌晨2时40分,可以被视为宣告死亡的日期。

关联法规索引

《民法典》第46条

典型案例

刘某、马某曦与马某平申请宣告公民死亡案[1]

※案情简介:申请人刘某、马某曦申请宣告马某平(男,1966年5月3日出生)死亡一案,法院依法进行了审理。

法院查明:马某平系刘某之夫、马某曦之父。2018年7月27日,马某平通过重

〔1〕 本案根据重庆市涪陵区人民法院(2020)渝0102民特1619号判决书整理。

庆中国青旅报名参团旅游(订单编号:ZB00598180728003)。次日22时,马某平自奉节宝塔坪码头登上"银月亮"客船,入住110房间。2018年7月29日凌晨2时,马某平离开110房间后下落不明。刘某、马某曦经向公安机关报案,并向家人、亲戚、朋友多方打听、寻找,至今杳无音讯。刘某、马某平因此向法院提出申请,请求宣告马某平死亡。法院于2020年11月30日受理后,于2020年12月7日在《人民法院报》发出寻找马某平的公告。法定公告期间为1年,现已届满,马某平仍下落不明。

※争议焦点:本案的争议焦点主要为关于马某平死亡日期如何确定。

※判决结果:法院认为,《民法典》第46条规定:"自然人有下列情形之一的,利害关系人可以向人民法院申请宣告该自然人死亡:(一)下落不明满四年;(二)因意外事件,下落不明满二年。因意外事件下落不明,经有关机关证明该自然人不可能生存的,申请宣告死亡不受二年时间的限制。"本案中,马某平因意外事件下落不明满2年,申请人刘某、马某曦申请宣告马某平死亡后,法院依法在《人民法院报》发出寻找马某平的公告。法定公告期间1年届满后,马某平仍然下落不明,故应当宣告马某平死亡。

《民法典》第48条规定:"被宣告死亡的人,人民法院宣告死亡的判决作出之日视为其死亡的日期;因意外事件下落不明宣告死亡的,意外事件发生之日视为其死亡的日期。"因此,马某平的死亡日期为2018年7月29日。

综上,依照《民法典》第46条、第48条,《民事诉讼法》第185条之规定,判决宣告马某平于2018年7月29日死亡。

※案例解读:现行《民法典》第48条规定,被宣告死亡的人,人民法院宣告死亡的判决作出之日视为其死亡的日期;因意外事件下落不明宣告死亡的,意外事件发生之日视为其死亡的日期。本案中,马某平因意外事件下落不明满2年,申请人刘某、马某曦申请宣告马某平死亡后,法院依法在《人民法院报》发出寻找马某平的公告。法定公告期间1年届满后,马某平仍然下落不明,故应当宣告马某平死亡。且马某平因意外事件下落不明而宣告死亡,故意外事件发生之日视为其死亡的日期。因此,马某平的死亡日期为2018年7月29日。

第四十九条　【被宣告死亡期间的民事法律行为效力】自然人被宣告死亡但是并未死亡的，不影响该自然人在被宣告死亡期间实施的民事法律行为的效力。

条文解读

本条是关于被宣告死亡期间的民事法律行为效力的规定。

宣告死亡是指人民法院经利害关系人申请，按法定程序推定下落不明的自然人死亡的法律制度。从实质上说，宣告死亡是一种法律拟制的死亡，设立的目的主要是终结自然人人身关系和财产关系不确定、不稳定的状态从而保护经济秩序和利害关系人合法权益。宣告死亡所确定的死亡时间与自然人生理死亡的时间可能并不一致，即自然人被宣告死亡后，仍然可能从事一些民事活动，产生新的民事法律关系。所以本条规定，自然人被宣告死亡但是并未死亡的，不影响该自然人在被宣告死亡期间实施的民事法律行为的效力。比如，《最高人民法院关于贯彻执行〈中华人民共和国民法通则〉若干问题的意见（试行）》第36条第2款规定："被宣告死亡和自然死亡的时间不一致的，被宣告死亡所引起的法律后果仍然有效，但自然死亡前实施的民事法律行为与被宣告死亡引起的法律后果相抵触的，则以其实施的民事法律行为为准。"

关联法规索引

《民法典》第46条

典型案例

黄某珍、曾某兵与汪某付生命权、身体权、健康权纠纷案[1]

※案情简介：汪某付与曾某兵、黄某珍生命权纠纷一案，法院于2017年3月1日受理后，于2017年12月29日作出（2017）渝0154民初1725号民事判决书。汪

〔1〕本案根据重庆市开州区人民法院（2021）渝0154民再11号判决书整理。

某付于2021年6月8日向法院申请再审。法院于2021年8月25日作出(2021)渝0154民申11号民事裁定书,裁定本案再审。

曾某系原告曾某兵、黄某珍之子,其患有重症精神分裂症,2009年9月1日中国残疾人联合会给曾某颁发残疾人证,评定曾某为精神壹级残疾人。被告汪某付与曾某系邻居。2011年7月8日汪某付到原开县温泉镇老开州水泥厂附近做活,曾某一起前去玩耍,当时由汪某付的儿子开车,曾某、汪某付及其孙子坐在车内。汪某付到达后开始干活,曾某待了一会儿后就要离开,汪某付发现后及时阻拦曾某,但因曾某拿石头准备打汪某付,汪某付就未再管曾某,任由曾某独自一人离开,曾某离开后至今杳无音讯。曾某兵当日向公安机关报警,但之后多方寻找无果,至今下落不明。曾某兵于2015年8月7日向法院申请宣告曾某死亡,法院于2016年8月15日作出(2015)开法民特第00031号民事判决书,判决宣告曾某死亡。

※争议焦点:本案的争议焦点主要为宣告死亡判决对被宣告死亡人曾某是否具有法律约束力。

※判决结果:法院再审认为:《民法典》第49条规定,自然人被宣告死亡但是并未死亡的,不影响该自然人在被宣告死亡期间实施的民事法律行为的效力。说明宣告死亡判决自始对被宣告死亡人就不具有法律约束力,宣告死亡的是解决失踪人的民事法律关系状态问题。本案原审案由为生命权纠纷,原告主张和法院判决认定的费用均系因原民事判决宣告曾某死亡进行计算。宣告曾某死亡是本案原审认定赔偿事实成立的主要证据。后曾某已经回家,法院依法判决撤销了宣告曾某死亡的民事判决,原审认定赔偿的主要事实证据不存在,属于出现新事实、新证据推翻原判决认定的主要事实,故原判决应当撤销。对于二原告主张寻找曾某的工资等赔偿责任问题。原审中两原告主张的寻找曾某等工资损失未提供证据予以证明,且于法无据,原审不予支持并无不当。

本案因新证据导致认定法律事实变化,致使原审原告的诉讼请求不成立,故,应当驳回原审原告诉讼请求,本案经法院审判委员会讨论,依照《民事诉讼法》第64条第1款、第207条第1款,《最高人民法院关于适用〈中华人民共和国民事诉讼法〉的解释》(2015年)第407条第2款的规定,判决如下:撤销开县人民法院2017年12月29日作出的(2017)渝0154民初1725号民事判决;驳回被申请人(原审原告)曾某兵、黄某珍的诉讼请求。

※案例解读:现行《民法典》第49条规定,自然人被宣告死亡但是并未死亡的,

不影响该自然人在被宣告死亡期间实施的民事法律行为的效力。在本案中,被宣告死亡人曾某事实上并没有死亡,故宣告死亡判决对被宣告死亡人曾某没有法律约束力。

第五十条　【死亡宣告的撤销】被宣告死亡的人重新出现,经本人或者利害关系人申请,人民法院应当撤销死亡宣告。

条文解读

本条是关于死亡宣告的撤销的规定。

宣告死亡是人民法院从自然人长期下落不明的事实基础上,经利害关系人申请依法定程序而作出的一种判决,是一种可以被事实推翻的推定。如果自然人并未生理死亡,重新出现,死亡宣告应当被撤销。

按本条规定,被宣告死亡的人重新出现,相关主体可以申请撤销死亡宣告。

第一,重新出现是指被宣告死亡人返回原居住地或者确知其仍然生存的音讯。

第二,撤销申请的主体是被宣告死亡的自然人本人或者其利害关系人。根据《最高人民法院关于贯彻执行〈中华人民共和国民法通则〉若干问题的意见(试行)》第25条的规定,可以申请宣告死亡的利害关系人的顺序是:(1)配偶;(2)父母、子女;(3)兄弟姐妹、祖父母、外祖父母、孙子女、外孙子女;(4)其他有民事权利义务关系的人。申请撤销死亡宣告不受上列顺序限制。

第三,撤销宣告死亡的判决由人民法院作出。

关联法规索引

《民事诉讼法》第193条

典型案例

尹某君申请撤销宣告公民死亡特别程序案[1]

※案情简介:2014年3月20日,法院作出(2013)西民特字第6号民事判决:宣

[1] 本案根据辽宁省大连市西岗区人民法院(2021)辽0203民特11号判决书整理。

告尹某君死亡。2021 年 3 月 23 日，被宣告死亡人尹某君来到法院，要求撤销(2013)西民特字第 6 号民事判决。经申请人亲友确认，申请人确为尹某君本人。

※争议焦点：本案的争议焦点主要为尹某君是否有权申请撤销宣告死亡判决。

※判决结果：法院认为，被宣告死亡的人重新出现，经本人或者利害关系人申请，人民法院应当撤销死亡宣告。申请人尹某君自 2005 年 4 月离家，至今长达 15 年与家人无任何音讯，王某贞申请宣告尹某君死亡 7 年后，尹某君再次出现，现尹某君申请撤销宣告其死亡，符合法律规定。依照《民事诉讼法》第 186 条之规定，判决撤销大连市西岗区人民法院(2013)西民特字第 6 号民事判决。

※案例解读：《民法典》第 50 条规定，被宣告死亡的人重新出现，经本人或者利害关系人申请，人民法院应当撤销死亡宣告。本案中，申请人尹某君被宣告死亡后再次出现，现尹某君申请撤销宣告其死亡，符合法律规定。故尹某君有权申请撤销对其的宣告死亡判决。

第五十一条 【宣告死亡、撤销死亡宣告对婚姻关系的影响】被宣告死亡的人的婚姻关系，自死亡宣告之日起消除。死亡宣告被撤销的，婚姻关系自撤销死亡宣告之日起自行恢复。但是，其配偶再婚或者向婚姻登记机关书面声明不愿意恢复的除外。

条文解读

本条是关于宣告死亡、撤销死亡宣告对婚姻关系的影响的规定。

关于本条内容，《民法通则》未作规定，但《最高人民法院关于贯彻执行〈中华人民共和国民法通则〉若干问题的意见(试行)》第 37 条规定："被宣告死亡的人与配偶的婚姻关系，自死亡宣告之日起消灭。死亡宣告被人民法院撤销，如果其配偶尚未再婚的，夫妻关系从撤销死亡宣告之日起自行恢复；如果其配偶再婚后又离婚或者再婚后配偶又死亡的，则不得认定夫妻关系自行恢复。"本条将上述司法解释上升为法律。

本条规定的主要内容包括：

第一，被宣告死亡的人的婚姻关系，自死亡宣告之日起消灭。婚姻关系自推定死亡时消灭的规定，是对婚姻双方当事人皆有法律效果还是仅对被宣告死亡的人的配偶有效？有学者认为，此种消灭仅对被宣告死亡的人的配偶发生效力；被宣告死亡的人失踪后另行与他人结婚的，仍应构成重婚。

第二，死亡宣告被撤销后，婚姻关系自行恢复。这包含两种情况：(1)一般情形下，死亡宣告被撤销后，该被宣告死亡人的婚姻关系自撤销死亡宣告之日起自行恢复；(2)例外情形，如果存在被宣告死亡的人的配偶在死亡宣告期间再婚的情形，或者配偶向婚姻登记机关书面申明不愿恢复婚姻关系的情形，婚姻关系不能自行恢复。

第五十二条 【撤销死亡宣告对收养关系的影响】被宣告死亡的人在被宣告死亡期间，其子女被他人依法收养的，在死亡宣告被撤销后，不得以未经本人同意为由主张收养行为无效。

条文解读

本条是关于撤销死亡宣告对收养关系的影响的规定。

关于本条内容，《民法通则》未作规定。《最高人民法院关于贯彻执行〈中华人民共和国民法通则〉若干问题的意见(试行)》第38条规定："被宣告死亡的人在被宣告死亡期间，其子女被他人依法收养，被宣告死亡的人在死亡宣告被撤销后，仅以未经本人同意而主张收养关系无效的，一般不应准许，但收养人和被收养人同意的除外。"本条将上述司法解释上升为法律。

依法产生的收养关系受到法律的承认和保护，无法定事由不得主张无效或擅自解除。因此，本条规定，被宣告死亡的人死亡宣告撤销以后，不得以未经本人同意为由主张收养行为无效。比如，本法第1111条规定："自收养关系成立之日起，养父母与养子女间的权利义务关系，适用本法关于父母子女关系的规定；养子女与养父母的近亲属间的权利义务关系，适用本法关于子女与父母的近亲属关系的规定。养子女与生父母以及其他近亲属间的权利义务关系，因收养关系的成立而消除。"

关联法规索引

《民法典》第1111条

第五十三条 【死亡宣告撤销后的财产返还】 被撤销死亡宣告的人有权请求依照本法第六编取得其财产的民事主体返还财产;无法返还的,应当给予适当补偿。

利害关系人隐瞒真实情况,致使他人被宣告死亡而取得其财产的,除应当返还财产外,还应当对由此造成的损失承担赔偿责任。

条文解读

本条是关于死亡宣告撤销后的财产返还的规定。

本条规定的主要内容包括:

第一,继承人的返还和适当补偿义务。死亡宣告撤销的法律后果包括恢复被宣告死亡的人的人身关系和财产关系,因为继承或其他原因取得被宣告死亡的人的财产的,应当向其返还。但继承人取得财产时属于合法取得,自然可以将其作为自己的财产使用和支配,存在无法全部返还的可能性,因此本款规定,无法返还的,应当给予适当补偿。

第二,利害关系人的赔偿责任。本条第2款规定,利害关系人除应当返还财产外,还应当对由此造成的损失承担赔偿责任。比如,《最高人民法院关于贯彻执行〈中华人民共和国民法通则〉若干问题的意见(试行)》第39条规定:利害关系人隐瞒真实情况使他人被宣告死亡而取得其财产的,除应返还原物及孳息外,还应对造成的损失予以赔偿。第40条规定:被撤销死亡宣告的人请求返还财产,其原物已被第三人合法取得的,第三人可不予返还。但依继承法取得原物的公民或者组织,应当返还原物或者给予适当补偿。利害关系人因为隐瞒真实情况导致他人被宣告死亡而取得其财产,在该行为中利害关系人明显存在过错,其取得的财产带有非法性,应当承担相应责任。

典型案例

赖某1、潘某离婚后财产纠纷案[1]

※案情简介：上诉人赖某1因与被上诉人潘某、原审被告赖某2、原审第三人陈某离婚后财产纠纷一案，不服成都市锦江区人民法院(2019)川0104民初3168号民事判决，向四川省成都市中级人民法院提出上诉。

××××年××月××日，赖某2、潘某登记结婚，婚后于××××年××月××日生育一子赖某1。2005年8月11日，赖某2、潘某签订《离婚协议书》登记离婚，协议约定位于锦江区房屋在银行剩余按揭款未付清前，由赖某2、潘某双方共同所有，剩余按揭款由双方共同承担，银行按揭款付清后，房屋产权处理必须经赖某2、潘某双方签字才能生效。后潘某于2008年11月离家后未归，潘某之父潘某钦于2011年6月16日向成都市公安局锦江区分局东光派出所报案，经多方查找，潘某仍下落不明。2013年8月8日，潘某钦向一审法院申请宣告潘某失踪，一审法院作出(2013)锦江民特字第44号民事判决，宣告潘某失踪。宣告失踪后，潘某仍然杳无音讯，潘某之母张某蓉向一审法院申请宣告潘某死亡，一审法院审查后作出(2015)锦民特字第27号民事判决，宣告潘某死亡。2017年11月23日，张某蓉、赖某1向四川省成都市国力公证处申请继承权公证，《公证书》载明：位于成都市锦江区的房屋属于潘某、赖某2的夫妻共同财产，该房产中50%的产权份额属于潘某所有，为其遗产；潘某、赖某2于2005年8月11日离婚，离婚后直到死亡潘某一直未再婚，潘某的父亲潘某钦于2015年5月11日死亡，母亲张某蓉书面表示放弃对潘某上述遗产的继承权，赖某1要求继承潘某的上述遗产。2017年12月20日，上述房产在不动产登记部门登记为赖某2、赖某1按份共有，各占50%份额。2018年5月26日，在成都富房不动产房屋经纪连锁有限公司观音桥店的居间下，赖某2、赖某1与王某、陈某签订《房屋买卖合同书》，约定赖某2、赖某1将位于成都市锦江区房屋出售给王某、陈某，房屋成交价格为1,635,000元。2019年1月8日，核工业四一六医院出具诊断证明，证明潘某患癌症，建议放化疗。后潘某起诉来院，并申请撤销宣告死亡判决，一审法院经审查后作出(2019)川0104民特74号民事判

---

[1] 本案根据四川省成都市中级人民法院(2019)川01民终21046号判决书整理。

决,判决撤销(2015)锦民特字第27号民事判决。另查明,位于成都市锦江区房屋(建筑面积115.71平方米)于2018年7月6日登记为陈某单独所有。2018年11月30日,赖某1通过银行转款50,000元至潘某缨账户,庭审中,赖某1陈述该款项是转给潘某的医疗费用,潘某予以认可。

※争议焦点:本案的争议焦点主要为:(1)赖某1应当返还潘某的补偿金数额是否为50万元;(2)赖某1向潘某给付的6万元是否应当在补偿金额中扣除;(3)案涉房屋交易所产生的税费是否应当在补偿金额中扣除。

※判决结果:法院认为,关于赖某1应当返还潘某的补偿金数额是否为50万元的问题,被撤销死亡宣告的人有权请求依照继承法取得其财产的民事主体返还财产。本案中因案涉房屋已被出售,赖某1客观上无法返还其从潘某处继承的案涉房屋,应当给予潘某适当的补偿。案涉房屋实际出售所得为1,635,000元,其中50%属于赖某2,剩余的50%即817,500元均是赖某1基于继承潘某对案涉房屋所占份额所得。潘某的死亡宣告已经撤销,并因其身患重病治疗所需金额巨大,故一审法院判决赖某1全额返还从潘某处继承房屋份额所得的817,500元并无不当。法院对上诉人赖某1请求仅返还50万元的上诉请求不予支持。

关于赖某1向潘某给付的6万元是否应当在补偿金额中扣除的问题,法院认为,子女在父母生活困难时有赡养父母的义务。本案赖某1、赖某2向潘某给付6万元系在潘某生病住院期间,在给付该款时未说明该款项用途;此6万元款项及其他亲属筹集的费用支出情况由赖某1的姨妈在微信群中作出了交代,如此款项为房屋补偿款,则无将其用途作出交代之必要,故认定此款项为赖某1给付潘某的赡养费为宜。对于赖某1此项上诉请求不予支持。

关于案涉房屋交易所产生的税费是否应当在补偿金额中扣除的问题,法院认为,案涉房屋交易所产生的税费系赖某1、赖某2对房屋进行处置所必然产生的,应当由赖某1、赖某2自行承担。赖某1要求潘某承担该费用于法无据。故对赖某1此项上诉请求不予支持。

综上,赖某1的上诉理由不成立。原审判决认定事实清楚,适用法律正确,审判程序合法,判决驳回上诉,维持原判。

※案例解读:宣告死亡是我国法律规定因自然人下落不明满一定期间,为了保护利害关系人的合法权利,稳定社会关系和经济秩序,对该自然人的人身和财产关系进行一定处理,而推定该自然人死亡的法律制度。根据《民法典》第53条中的规

定，被撤销死亡宣告的人有权请求依照本法第六编取得其财产的民事主体返还财产。当被宣告死亡的自然人重新出现以后，法律赋予其申请撤销死亡宣告并按照法律规定处理其人身和财产关系。本案中，潘某因下落不明由母亲张某蓉向法院申请宣告其死亡，法院作出生效判决后，潘某在法律上则处于死亡状态。根据法律规定，自然人死亡后，继承即开始，遗产分割之前，赖某2先行分得夫妻共同财产的一半，即案涉房屋50%的份额，符合法律规定。剩余房产50%的份额作为遗产，未分割之前为全体继承人的共有财产。潘某的继承人张某蓉、赖某1向公证机关申请继承公证，并最终确定由赖某1继承潘某所有的案涉房屋的50%的份额，亦符合法律的规定。第三人陈某支付合理对价购买案涉房屋，并登记为房屋所有权人，并无过错。赖某2分得夫妻共同财产的一半，非因潘某被宣告死亡所得遗产，潘某要求赖某2对赖某1的上述还款承担连带清偿责任，无法律依据。

第四节　个体工商户和农村承包经营户

第五十四条　【个体工商户的定义】自然人从事工商业经营，经依法登记，为个体工商户。个体工商户可以起字号。

条文解读

本条是关于个体工商户的规定。

本条是在《民法通则》第26条的基础上修改完善。《民法通则》第26条规定：“公民在法律允许的范围内，依法经核准登记，从事工商业经营的，为个体工商户。个体工商户可以起字号。”本条取消了“在法律允许的范围内”的表述，扩大了从事工商业经营的范围，只要是不属于法律、法规禁止进入的行业，个体工商户均可以开展经营活动；此外，将“依法经核准登记”改为“经依法登记”，使个体工商户登记更为便捷。

本法将个体工商户作为特殊自然人单独列出。这是因为：第一，个体工商户作为具有中国特色的民事主体，自改革开放以来，在解放生产力、促进社会经济发展、扩大就业等方面均发挥重要作用，在鼓励创业创新方面扮演重要角色，应当继续保持。第二,个体工商业与法人和非法人组织的最大区别是不具备组织性。[1] 个体工商业没有“设立”过程,不存在“出资”行为,不得设立分支机构,缴纳税种是个人所得税,与非法人组织有本质区别。

本条第2句规定,个体工商户可以起字号。这表明个体工商户是特殊自然人,享有一般自然人不享有的特殊权利。个体工商户起字号的依据是《市场主体登记管理条例》。

关联法规索引

《最高人民法院关于适用〈中华人民共和国民事诉讼法〉的解释》第59条第2款

典型案例

王某某、王某1买卖合同纠纷案[2]

※案情简介:原告王某某在延安市宝塔区河庄坪镇开一间王三名烟名酒商店。被告王某1与王某2系兄妹,二人共同经营和平饭店。从2016年2月起,被告与王某2在原告店里购买烟酒等货物。2016年2月至3月,王某2通过记账购买原告价值21,126元货物,未支付现金。2016年9月4日,被告王某1将购买原告90,000元的货物向原告出具欠条。截至2019年8月29日,被告王某1偿还原告40,000元货款,下欠50,000元货款至今未支付。被告王某1与王某2共计下欠原告货款71,126元,原告请求被告王某1支付原告货款71,126元及逾期付款利息29,167.6705元。

※争议焦点:本案的争议焦点主要为王某1能否作为本案的适格被告。

※判决结果:法院经审查后认为,自然人从事工商业经营,经依法登记为个体工商户,个体工商户可以起字号。在诉讼中,个体工商户以营业执照上登记的经营者为当事人。有字号的,以营业执照上登记的字号为当事人,但应同时注明该字号

---

〔1〕 参见李适时主编:《中华人民共和国民法总则释义》,法律出版社2017年版,第143页。

〔2〕 本案根据陕西省延安市宝塔区人民法院(2021)陕0602民初6669号判决书整理。

经营者的基本信息。本案中,原告王某某为个体工商户,其经营的店铺登记有字号,故在本案中的当事人应为其字号“宝塔区河庄坪劳司烟酒副食门市”。综上,原告王某某向被告王某1主张权利,属于主体不适格。裁定如下:驳回原告王某某的起诉。

※案例解读:根据《民法典》第54条的规定,自然人从事工商业经营,经依法登记,为个体工商户,个体工商户可以起字号。王某某为个体工商户,其经营的店铺登记有字号,故在本案中的当事人应为其字号“宝塔区河庄坪劳司烟酒副食门市”。

第五十五条　【农村承包经营户的定义】农村集体经济组织的成员,依法取得农村土地承包经营权,从事家庭承包经营的,为农村承包经营户。

条文解读

本条是关于农村承包经营户的定义的规定。

本条规定是在《民法通则》第27条基础上修改完善。《民法通则》第27条规定:“农村集体经济组织的成员,在法律允许的范围内,按照承包合同规定从事商品经营的,为农村承包经营户。”

本条的修改主要集中在以下两点:其一,依法取得农村土地承包经营权。这是农村承包经营户存在的财产基础,没有依法取得土地承包权的,缺乏财产基础,不能成为农村经营承包户。其二,从事家庭承包经营。只有当农村承包经营户从事农业生产经营活动时,才算农村承包经营户。如果只是自然人或家庭自给自足的农业生产活动,并未从事农业生产经营,则不能成为农村承包经营户。

同个体工商户一样,农村承包经营户也面临颇多争论。最终,本法仍然将农村承包经营户同个体工商户一起单独列出。其原因在于实行家庭承包经营为基础、统分结合的双层经营体制,是《宪法》确立的我国农村集体经济组织的一项基本制度。40年来农村改革的实践证明,家庭承包经营的生产方式符合生产力发展要求,调动了农民生产积极性,为农村的进步和发展创造了良好条件,应当继续坚持下去。

典型案例

兰某金与兰某华物权保护纠纷案[1]

※案情简介：2020年10月，被告因父亲兰某海去世，电话联系原告商量需要原告位于重庆市垫江县沙坪镇仁合村2组（霸王石）的承包地下葬，被告在电话中向原告承诺其父亲兰某海下葬后原告需要什么位置的土地就给予什么位置的土地与原告置换，而被告父亲兰某海下葬后被告一直未履行其对原告的承诺。2021年2月9日，被告在未取得原告的同意下强行修建堡坎，双方发生争吵。2021年2月11日，经重庆市垫江县沙坪镇仁合村村委会工作人员的调解，被告同意将其位于重庆市垫江县沙坪镇仁合村1组（杨家片）的土地用于置换其父亲兰某海下葬时所占用原告的土地，后原告在被告用于置换的土地中进行耕种。2021年2月26日，被告无故将上述土地收回，双方因此发生争吵，后原告向重庆市垫江县沙坪镇仁合村村委会工作人员说明情况请求再次调解，重庆市垫江县沙坪镇仁合村村委会工作人员于2021年6月12日组织双方进行调解，村委会工作人员电话通知被告到重庆市垫江县沙坪镇仁合村村委会办公室进行调解，被告称其没有空不来调解。原告又于2021年6月19日向重庆市垫江县沙坪镇司法所申请调解，重庆市垫江县沙坪镇司法所工作人员于当天电话通知被告到垫江县沙坪镇司法所进行调解，被告称其在垫江县城不能前来调解。综上所述，根据《民法典》及相关法律、法规的规定，原告多次找被告协商解决，但被告每次都拒绝各级部门组织的调解，不愿调解其父亲兰某海下葬时所占用原告的承包土地。

※争议焦点：本案的争议焦点主要为兰某金能否作为本案的适格原告。

※判决结果：法院经审查后认为，根据《民法典》第55条"农村集体经济组织的成员，依法取得农村土地承包经营权，从事家庭承包经营的，为农村承包经营户"之规定，农村承包经营户系独立的民事主体。另根据《最高人民法院关于审理涉及农村土地承包纠纷案件适用法律问题的解释》（2005年）第3条"承包合同纠纷，以发包方和承包方为当事人。前款所称的承包方是指以家庭承包方式承包本集体经济组织农村土地的农户，以及以其他方式承包农村土地的单位或者个人"之规定，

[1] 本案根据重庆市垫江县人民法院（2021）渝0231民初3606号判决书整理。

家庭承包是按户组成一个生产经营单位作为承包方，承包方应以农村承包经营户作为诉讼主体，即使涉案土地受到了侵害，也应由农村承包经营户提起诉讼。本案所设土地系农村承包土地，现原告兰某金以其个人名义向法院提起诉讼，其诉讼主体不适格，故对其起诉应予以驳回。据此，裁定驳回原告兰某金的起诉。

※案例解读：根据《民法典》第55条的规定，农村集体经济组织的成员，依法取得农村土地承包经营权，从事家庭承包经营的，为农村承包经营户。本案所涉土地系农村承包土地，应由农村承包经营户提起诉讼，原告兰某金以其个人名义向法院提起诉讼，其诉讼主体不适格。

第五十六条　【债务承担规则】个体工商户的债务，个人经营的，以个人财产承担；家庭经营的，以家庭财产承担；无法区分的，以家庭财产承担。

农村承包经营户的债务，以从事农村土地承包经营的农户财产承担；事实上由农户部分成员经营的，以该部分成员的财产承担。

条文解读

本条是关于债务承担规则的规定。

本条规定基于《民法通则》第29条修改完善。《民法通则》第29条规定："个体工商户，农村承包经营户的债务，个人经营的，以个人财产承担；家庭经营的，以家庭财产承担。"本条主要在个体工商户债务承担中增加了"无法区分的，以家庭财产承担"；在农村承包经营户的债务承担中增加了"以从事农村土地承包经营的农户财产承担；事实上由农户部分成员经营的，以该部分成员的财产承担"细分了不同情形下债务承担原则，更具有积极意义。

本条规定的主要内容包括：

第一，个体工商户的债务承担。个体工商户的债务是以从事经营活动的人的财产承担的。当登记的个体工商户是个人经营的，以其个人财产承担债务；当登记的个体工商户是以家庭财产经营的，则以家庭财产承担。判断是否以家庭财产承担，需要从财产的来源和收益的走向来看：以家庭财产投资，收益主要用于家庭成员的，则表明可以家庭财产承担债务。当无法区分个人经营和家庭经营时，本款规定，应推定以家庭财产承担。

第二，农村承包经营户的债务承担。农村承包经营户的债务，以从事农村土地承包经营的农户财产承担，这意味着，当该农户内仅有一个自然人时，以该自然人的财产承担债务；当该农户内有两个或两个以上的自然人时，则以该数个自然人的财产承担债务。还有一种情况，农户内仅有部分成员实际地从事了农业经营，那么就以该部分成员的财产承担债务。

典型案例

韩某、广西防城港市柏农建材有限公司买卖合同纠纷案[1]

※案情简介：上诉人韩某因与被上诉人广西防城港市柏农建材有限公司（以下简称柏农公司）买卖合同纠纷一案，不服防城港市港口区人民法院（2020）桂0602民初3392号民事判决，向广西壮族自治区防城港市中级人民法院提起上诉。

盛通搅拌站是2015年3月4日由韩某注册成立的个体工商户，于2017年8月25日注销，其经营者为韩某。从2016年11月23日起至2017年1月2日，盛通搅拌站向柏农公司购买减水剂45吨，共款63,000元，潘某莎和柏农公司员工王某阳于2017年1月4日在《进料明细表》上签字确认。2017年1月25日，柏农公司员工杨某忠向韩某通过短信发送其建行账户给韩某，韩某于2017年2月20日通过电子汇款方式支付货款63,000元给杨某忠。此后，柏农公司继续向盛通搅拌站提供减水剂，均由温某莎在《进料明细表》上签字确认。其中2019年4月20日，由温莎莎签字确认的2019年3月《进料明细表》加盖盛通搅拌站的公章，该《进料明细表》载明盛通搅拌站欠柏农公司货款196,364元。为催收货款，柏农公司员工杨某忠通过发送手机短信方式要求韩某支付货款，在此之前的2019年1月31日至2020年6月22日多次拨打韩某电话，其中韩某仅于2019年1月19日接听1次，其余均不予接听。2019年1月28日，杨某忠通过手机短信要求韩某支付10万元，韩某回复"等看、信息"。此外，柏农公司员工通过与标注为"贵港盛通韩总夫人"（昵称扬梅）的微信账户联系，表示送货车于2018年3月13日晚11时到搅拌站，要求叫人开门。而有温某莎于2018年4月5日签名的2018年4月《进料明细表》

[1] 本案根据广西壮族自治区防城港市中级人民法院（2021）桂06民终1303号判决书整理。

确认2018年3月14日收到减水剂20吨28,000元(备注杨某梅3月14日),累计欠款196,364元。2018年11月16日,柏农公司发送上述《进料明细表》给"贵港盛通韩总夫人",其表示还没有打款要等钱到账。

※争议焦点:本案的争议焦点主要为本案双方当事人是否存在买卖合同关系,柏农公司请求韩某支付货款196,364元及利息有无事实和法律依据。

※判决结果:法院经审查后认为,根据双方当事人提供的证据和陈述事实来看,本案认定韩某与柏农公司是否存在买卖合同关系的关键是要确认王某阳和杨某忠是否系代表柏农公司跟韩某进行交易活动。首先,柏农公司提供的工资表可证实王某阳和杨某忠是其公司员工;其次,王某阳和潘某莎签字确认的《进料明细表》抬头均有"柏农建材"字样,尤其是2018年4月5日《进料明细表》客户名称栏显示为"柏农",2019年4月20日《进料明细表》客户名称栏有柏农公司盖章确认,按照交易习惯合同一方应为柏农公司;再次,韩某于2017年2月20日向杨某忠账户转账数额与王某阳和潘某莎2017年1月4日签字确认的《进料明细表》结算货款一致,于2018年2月13日再次向杨某忠账户转账数额与微信备注名称为"贵港盛通韩总夫人"微信聊天确认的一致;最后,潘某莎多次代表盛通搅拌站结算的行为构成表见代理,潘某莎的行为责任应由盛通搅拌站承担。2019年4月20日《进料明细表》有柏农公司盖章确认和潘某莎的签字确认,可以作为本案双方货款最终结算的依据,盛通搅拌站公章盖章与否均不影响该事实的认定。综上,一审认定韩某与柏农公司存在买卖合同关系正确,法院予以维持。另,根据2019年《进料明细表》,一审认定韩某向柏农公司支付尚欠货款196,364元和违约金并无不当,予以维持。

综上所述,韩某的上诉请求不能成立,应予驳回;一审判决认定事实清楚,适用法律正确,应予维持。判决驳回上诉,维持原判。

※案例解读:根据《民法典》第56条的规定,个体工商户的债务,个人经营的,以个人财产承担;家庭经营的,以家庭财产承担;无法区分的,以家庭财产承担。盛通搅拌站是韩某设立的个体工商户,盛通搅拌站已于2017年8月25日经工商管理部门注销。韩某作为盛通搅拌站的经营者,应对盛通搅拌站的债务承担偿还责任。故柏农公司向韩某主张盛通搅拌站经营期间的债务主张权利,于法有据,应予以支持。

第三章　法　　人

第一节　一般规定

第五十七条　【法人的定义】法人是具有民事权利能力和民事行为能力，依法独立享有民事权利和承担民事义务的组织。

条文解读

本条是关于法人的定义的规定。

根据本法规定，民事主体包括自然人、法人和非法人组织。法人是具有民事权利能力和民事行为能力，依法独立享有民事权利和承担民事义务的组织。

关于法人的本质，学界有不同观点，如法人拟制说、法人否定说、法人实在说等。本法秉持了我国立法一贯立场，采纳了法人实在说。法人实在说认为，法人是一种在社会现实中实际存在的、具备一定组织机构的、具有一定利益并未实现其利益的组织体，以法律的价值判断而被赋予人格。[1]

法人的特征包括：

第一，法人具有民事权利能力和民事行为能力。法人能够以自己的名义独立作为民事主体，享受民事权利并承担民事义务，法人的法律人格与其成员的法律人格完全分离。但与同样作为民事主体的自然人不同，法人是组织体，不是生命体，不享有生命权、健康权，也不享有并承担以性别、年龄、身份和亲属关系为前提的权利义务。法人还具有民事行为能力，可以以自己的名义参与民事活动，由此产生的权利和义务也都归属法人。

第二，法人依法独立享有民事权利和承担民事义务。法人能够享有独立享有权利承担义务的前提是法人具有独立的财产或经费。但是法人财产不同于法人成

〔1〕 参见李适时主编：《中华人民共和国民法总则释义》，法律出版社 2017 年版，第 160 页。

员的财产，当法人以自己的名义从事民事活动时，由此产生的民事责任只能由法人以自身的财产承担。

典型案例

锦州中鼎乐天置业有限公司、张某艳公司证照返还纠纷案[1]

※案情简介：张某艳系锦州中鼎乐天置业有限公司财务工作人员，此前因工作需要，经公司管理层安排保管公司财务专用章及交通银行锦州上海路支行网上银行U盾2（审核使用）。日前，公司因经营需要决定收回财务专用章及交通银行锦州上海路支行网上银行U盾2（审核使用），指派其他工作人员持有管理。公司管理人员与被告进行谈话，要求其交还财务专用章及交通银行锦州上海路支行网上银行U盾2（审核使用），张某艳在合理期限内拒不返还。一审法院经审查认为，公司法定代表人作为代表公司从事民事活动的负责人，有权行使对外代表公司履行职务等行为，包括代表公司提起诉讼。但代表公司提起诉讼的前提必须是公司的真实意思，否则无权提起。锦州中鼎乐天置业有限公司登记的股东为锦州恒通置业有限公司和李某，各持有公司50%的股权。经询问股东李某，李某明确表示不同意本次公司诉讼。因持有公司50%股权的股东不同意本次诉讼，以锦州中鼎乐天置业有限公司名义提起的诉讼不能证明系公司的真实意思，故驳回了锦州中鼎乐天置业有限公司的起诉。

上诉人锦州中鼎乐天置业有限公司（以下简称中鼎乐天公司）因与被上诉人张某艳公司证照返还纠纷一案，不服辽宁省锦州市古塔区人民法院（2021）辽0702民初1665号民事裁定，向辽宁省锦州市中级人民法院提起上诉。

※争议焦点：本案的争议焦点主要为以锦州中鼎乐天置业有限公司名义提起诉讼能否代表公司的真实意思。

※判决结果：法院认为，依照《民法典》第57条的规定，“法人是具有民事权利能力和民事行为能力，依法独立享有民事权利和承担民事义务的组织”。第61条中规定“依照法律或者法人章程的规定，代表法人从事民事活动的负责人，为法人

[1] 本案根据辽宁省锦州市中级人民法院（2021）辽07民终3818号判决书整理。

的法定代表人。法定代表人以法人名义从事的民事活动,其法律后果由法人承受"。《公司法》第 3 条第 1 款规定"公司是企业法人,有独立的法人财产,享有法人财产权。公司以其全部财产对公司的债务承担责任"。由上文可知,公司作为企业法人,具有独立的民事权利能力和民事行为能力,其法定代表人依法以法人名义从事民事活动。

本案中,中鼎乐天公司系有限公司,其作为企业法人,具有独立的民事权利能力和民事行为能力,其法定代表人有权依法以中鼎乐天公司的名义从事民事活动。且中鼎乐天公司的法定代表人禹某蛟既是公司执行董事又是公司经理,故禹某蛟不但有权依法对外以公司名义从事民事活动,亦能依法根据中鼎乐天公司的公司章程规定主持公司的经营管理活动。李某虽为公司股东,其应当接受并服从公司的管理,不能直接干涉公司正常的经营管理活动。故一审法院仅仅以股东李某"不同意本次诉讼"为由,驳回上诉人的起诉不当,依法应予纠正。

综上所述,上诉人的上诉请求成立,裁定撤销辽宁省锦州市古塔区人民法院(2021)辽 0702 民初 1665 号民事裁定书。

※案例解读: 根据《民法典》第 57 条的规定,法人是具有民事权利能力和民事行为能力,依法独立享有民事权利和承担民事义务的组织。中鼎乐天公司系有限公司,作为企业法人依法独立享有民事权利和承担民事义务,也可以提起诉讼,因为公司股东不能直接干涉公司正常的经营管理活动,因此一审法院驳回中鼎乐天公司的起诉不当,应予以纠正。

第五十八条 【法人成立的条件】法人应当依法成立。

法人应当有自己的名称、组织机构、住所、财产或者经费。法人成立的具体条件和程序,依照法律、行政法规的规定。

设立法人,法律、行政法规规定须经有关机关批准的,依照其规定。

条文解读

本条是关于法人成立条件的规定。

本条主要内容包括:

第一,法人成立法定原则。根据第 2 款和第 3 款可知,法人应当依法成立中的

“法”既包括法律也包括行政法规。一般来说，法人成立原则采取的是准则主义，即法律和法规预先就法人成立的条件和程序作出明确规定，只要符合即可取得法人资格。但对于特殊法人则采取例外主义，即需要有关机关审核批准方可成立。

第二，法人成立的条件和程序。本款共分两句，前一句是对法人成立的一般条件的规定，任何法人的设立都应当有自己的名称、组织机构和住所。法人的名称是区别和独立于其他法人的标志；法人的组织机构和住所是法人具有独立人格的保障；法人的财产或者经费是法人独立性的物质基础和前提条件。后一句规定的是法人成立的条件和程序。法人类型不同，其设立条件和程序也不相同。本款仅对最基本的法人条件和程序作出规定，即依照法律、行政法规成立。

第三，特殊法人的设立条件和程序。特殊法人一般是指：少数营利法人，如金融法人，包括商业银行、证券公司、保险公司等；大部分非营利法人，如基金会；部分特别法人，包括机关法人、农村集体经济组织法人、基层群众性自治组织法人等。关于特殊法人的设立，本款采用核准主义，即特殊法人必须依据法律、行政法规的规定，经过有关机关的批准方可设立。

典型案例

杨某光、杨某荣等医疗损害责任纠纷案〔1〕

※案情简介：三原告的亲属刘某英，因患“蛇胆疮”于2021年2月10日到海阳市就诊，输液10日，2月20日因昏迷入住海阳市人民医院，诊断为2型糖尿病性酮症酸中毒昏迷，经治疗无效死亡。

本案在审理过程中，经原告申请，法院委托烟台正禾司法鉴定所对被告在对原告诊疗过程中是否存在医疗过错、原告亲属刘某英的死亡与被告的诊疗行为是否存在直接因果关系及存在多大的因果关系（参与度）进行司法鉴定。烟台正禾司法鉴定所出具的鉴定意见分析认为，医疗过错：(1)被鉴定人死亡后未行尸检，具体死亡原因不明确，但结合其有糖尿病病史，近期存在带状疱疹感染，饮食欠佳，入院查体见意识模糊、脱水貌，辅助检查示血糖较高，酸中毒，尿酮体（+），分析认为糖尿

〔1〕　本案根据山东省海阳市人民法院(2021)鲁0687民初2655号判决书整理。

病酮症酸中毒(DKA)诊断明确。DKA为最常见的糖尿病急症,延误诊断和治疗死亡率较高。因此分析认为被鉴定人死亡直接原因为糖尿病酮症酸中毒昏迷。双方对死亡原因无异议。(2)静脉输注葡萄糖(未加胰岛素)可以引起血糖升高,导致糖代谢紊乱,诱发酮症酸中毒。葡萄糖诱发DKA与输入葡萄糖的量密切相关。依据现有调查笔录、处方、照片等材料,无法确定2月10日至2月19日葡萄糖的用量和疗程。但可以肯定的是医方曾经为被鉴定人输过葡萄糖。医生输液前一定要详细询问病史,特别是糖尿病病史,对指导用药避免不良后果的发生具有重要作用。医方在对被鉴定人的诊疗过程中,未详细询问病史,未注意到其有糖尿病病史,错误输注葡萄糖,可以诱发或加重DKA,医方未尽到应尽的诊疗义务,存在医疗过错。(3)DKA最常见的诱因是感染。被鉴定人患有带状疱疹,病毒感染是诱发DKA的重要因素。另被鉴定人入院前一段时间内饮食欠佳,分析认为饮食液体不足也是诱发DKA的因素之一。不排除入院前一段时间内血糖控制不佳、在接受卫生室输液之前已经存在酮症或酮症酸中毒。因此分析认为,被鉴定人糖尿病酮症酸中毒是在其自身糖尿病的基础上,由于感染、医方错误输注葡萄糖、不排除平日血糖控制不当、饮食液体不足等多因素共同作用所致。综上所述,医方在对被鉴定人刘某英的诊疗过程中存在一定过错。该医疗过错与被鉴定人损害后果(死亡)之间存在间接因果关系(轻微原因,参与度建议为5%～15%)。

※争议焦点:本案的争议焦点主要为朱吴镇卫生院是否应承担赔偿责任。

※判决结果:被告主张,原告亲属事故发生在丁家夼卫生室,丁家夼卫生室系乡医杨某海申办的可独立执业的私人卫生室,原告起诉我方系主体错误。法院认为,根据《民法典》第58条的规定,法人应当依法成立。法人应当有自己的名称、组织机构、住所、财产或者经费。法人成立的具体条件和程序,依照法律、行政法规的规定。设立法人,法律、行政法规规定须经有关机关批准的,依照其规定。丁家夼卫生室取得的医疗机构执业许可证仅表明其具备一种从业资格,但并没有自己的组织机构代码,不能视为卫生室具有能够独立承担民事责任的组织机构,不符合《民法典》规定的法人应具备的条件。原劳动和社会保障部《关于确立劳动关系有关事项的通知》(劳社部发〔2005〕12号)第1条规定,用人单位招用劳动者未订立书面劳动合同,但同时具备下列情形的,劳动关系成立。(1)用人单位和劳动者符合法律、法规规定的主体资格;(2)用人单位依法制定的各项劳动规章制度适用于劳动者,劳动者受用人单位的劳动管理,从事用人单位安排的有报酬的劳动;(3)劳

动者提供的劳动是用人单位业务的组成部分。第2条规定，用人单位未与劳动者签订劳动合同，认定双方存在劳动关系时可参照下列凭证：(1)工资支付凭证或记录(职工工资发放花名册)、缴纳各项社会保险费的记录；(2)用人单位向劳动者发放的“工作证”“服务证”等能够证明身份的证件……参照上述规定，结合本案被告提交的朱吴镇卫生院给乡医2020年12月至2021年2月工资发放明细，朱吴镇卫生院按月向包括杨某海在内的乡医发放基本药物补助、公共卫生绩效以及代扣个人保险、代扣个人所得税以及收取工会会员费等行为可以认定朱吴镇卫生院系乡医杨某海的用人单位。《民法典》第1191条第1款中规定：“用人单位的工作人员因执行工作任务造成他人损害的，由用人单位承担侵权责任。”杨某海为原告亲属刘某英诊断、治疗的行为，系其履行工作任务的行为而非个人行为，因此相应的侵权责任应由杨某海的用人单位即朱吴镇卫生院承担。法院判决被告海阳市朱吴镇卫生院赔偿原告杨某光、杨某荣、杨某杰各项损失共计65,902.97元。

※案例解读：根据《民法典》第58条的规定，法人应当依法成立。法人应当有自己的名称、组织机构、住所、财产或者经费。法人成立的具体条件和程序，依照法律、行政法规的规定。设立法人，法律、行政法规规定须经有关机关批准的，依照其规定。丁家夼卫生室取得的医疗机构执业许可证仅表明其具备一种从业资格，但并没有自己的组织机构代码，不符合《民法典》规定的法人应具备的条件，无法独立承担民事责任。通过事实可以认定朱吴镇卫生院系乡医杨某海的用人单位，杨某海为原告亲属刘某英诊断、治疗的行为，系其履行工作任务的行为而非个人行为，因此相应的侵权责任应由杨某海的用人单位即朱吴镇卫生院承担。

第五十九条　【法人民事权利能力和民事行为能力的起止】法人的民事权利能力和民事行为能力，从法人成立时产生，到法人终止时消灭。

条文解读

本条是关于法人民事权利能力和民事行为能力的起止的规定。

法人的民事权利能力，是指法人作为民事权利主体，享受民事权利并承担民事义务的资格。法人的民事权利能力是法人参加民事活动的前提，所以本条规定，法人一旦成立即具有民事权利能力，法人终止则其民事权利能力消失。与自然人不同的是，法人是为服务于一个特定目的而创设的法律制度，其权利能力是有限制的。这表现为：其一，法人自身性质的限制。法人是一个组织体，并非生命体，不享有生命权、健康权、身体权等。此外，法人无法承担任何以性别、年龄、身份即亲属关系为前提的权利义务。其二，法律、法规上的限制。自然人的民事权利能力由法律统一规定，不因种族、性别、年龄、财产、宗教信仰等不同而有差别。但法人只能在法律和法规范围内享有民事权利、承担民事义务。由于设立法人的法律和法规不同，所以，不同类型的法人享有的权利和履行的义务也不相同。

民事行为能力是指法人作为民事权利主体，以自己的行为享有民事权利并承担民事义务的资格。与自然人不同的是，法人作为组织体，不存在年龄大小或精神和智力是否健全的问题，所以没有无民事行为能力、限制民事行为能力和完全民事行为能力的划分。法人一旦成立，即具有民事行为能力，法人终止则其民事行为能力消失。

关联法规索引

《公司法》第7条；《事业单位登记管理暂行条例》第8条、第11条、第13条；《基金会管理条例》第11条、第16条；《社会团体登记管理条例》第12条、第15条、第21条

典型案例

谢某平、景某超委托合同纠纷案〔1〕

※案情简介：大启公司于2005年7月29日经登记设立，工商登记的股东为谢某平、景某新、张某萍3人。2010年12月至2018年12月，大启公司为景某超缴纳社会保险合计80,412元，其中单位缴纳部分为59,245.52元，个人缴纳部分为21,167.07元。

2019年1月14日，大启公司形成股东会决议，载明：因公司经营困难，同意按照《公司法》《公司章程》的相关规定，解散公司并依法办理注销登记，公司成立清

〔1〕 本案根据四川省成都市中级人民法院(2021)川01民终23676号判决书整理。

算小组，成员为谢某平、景某新、张某萍，组长为谢某平。2019年1月24日，大启公司通过《中国工业报》发布《注销公告》，载明：大启公司股东会决议解散公司，请公司的债权债务人自本公告见报之日起45日内到成都市金牛区申报债权债务。2019年6月10日，大启公司经核准办理注销登记。

谢某平主张大启公司的债务基本都是由谢某平进行偿还，谢某平为大启公司付出甚多，景某超欠付大启公司代付的社保费80,412元，谢某平有权基于该债权债务提起诉讼。一审法院认为，本案中，为景某超购买社保的主体系大启公司，即便大启公司与景某超之间存在委托代买社保的合同关系，该合同关系的双方亦应为大启公司和景某超，谢某平以大启公司原法定代表人、清算组组长、股东的身份提起本案诉讼属于主体不适格，裁定驳回起诉。因此谢某平向四川省成都市中级人民法院提出上诉。

※争议焦点：本案的争议焦点主要为谢某平能否作为本案的适格原告。

※判决结果：法院认为，大启公司清算注销后，其法人人格已经消灭，谢某平作为大启公司原股东，可以对清算中遗漏的债权，以自己的名义依法提起诉讼、主张权利。理由如下：第一，虽公司注销后其法人人格已经消灭，但公司的债权不因其主体的消灭而灭失，按照"谁出资，谁受益"的理念，以及民法权利承继原则，股东作为公司的出资者，在公司注销后拥有对公司财产的最终处置和所有权，故公司注销后遗漏的债权也应属于股东；第二，公司遗留债务不因公司的消灭而当然消失，应由清算义务人承担相应责任，而对于公司遗留债权的处理规定虽不具体，但基于权利义务对等原则和公平正义的理念，该遗留债权亦应由相应权利人进行主张。另，鉴于股东主张公司的对外债权，与股东之间就公司剩余财产进行分配系不同的法律关系，故本案亦无须大启公司全体股东作为共同原告提起诉讼。综上，谢某平可以以自己的名义提起本案诉讼，其主体适格，一审认定不当，本院予以纠正。

综上，谢某平的上诉请求成立，法院予以支持，裁定如下：撤销四川省成都市金牛区人民法院（2021）川0106民初13717号民事裁定；指令四川省成都市金牛区人民法院审理。

※案例解读：根据《民法典》第59条的规定，法人的民事权利能力和民事行为能力，从法人成立时产生，到法人终止时消灭。由此可知，大启公司清算注销后，其法人人格已经消灭，但其债权并不因此消灭，因此上诉人谢某平可以以自己名义提起诉讼主张债权。

第六十条 【法人民事责任承担】 法人以其全部财产独立承担民事责任。

条文解读

本条是关于法人民事责任承担的规定。

根据本法第57条中的规定，法人“依法独立享有民事权利和承担民事义务”，法人在从事民事活动时可能会发生承担民事责任的问题，如违反合同的违约责任。法人承担民事责任有两重含义：其一，法人承担的民事责任是对法人行为的责任，法人只对自己的行为承担责任，对于非属于法人的行为，法人不承担责任。如法人不需承担其成员个人行为所造成的法律责任。其二，能否独立承担民事责任是区别法人与法人的分支机构、法人职能部门的一个重要标准。

法人以其全部财产承担民事责任。本法第58条第2款中规定，法人应当有自己的名称、组织机构、住所、财产或者经费。法人的财产或者经费是法人独立性的物质基础和基本条件。法人的财产或者经费不同于法人的成员或其工作人员的财产或者经费，法人只以其独立财产承担责任，当其财产不足以承担责任的时，只能选择破产。此外，法人的独立财产是以承担责任时的实有财产为准，而不是以注册财产为主。

关联法规索引

《公司法》第3条、第4条

典型案例

凯天建设发展集团有限公司、罗某科等运输合同纠纷案〔1〕

※案情简介：2016年，罗某科为仁怀市2016年农业综合开发高标准农田建设项目C1标段拉运建材，2020年9月12日，朱某向原告出具《欠条》载明凯天建设

〔1〕 本案根据贵州省遵义市中级人民法院(2021)黔03民终9627号判决书整理。

集团飞龙项目部承建仁怀市2016年农业综合开发高标准农田建设项目C1标差欠原告在该工程中的运输款49,441元,朱某在欠款人处签名,并备注公司名称为"凯天建设集团有限公司"。罗某科因未收到运输款与凯天建设发展集团有限公司发生争议,判决凯天建设发展集团有限公司在判决生效后10日内向原告罗某科支付运输款49,441元,凯天建设发展集团有限公司不服提起上诉,提出了诉讼时效抗辩,称该项目在2017年11月21日完成了实地验收,被上诉人在2021年才起诉,起诉时间已远远超过法律规定时间。

※争议焦点:本案的争议焦点为凯天建设发展集团有限公司是否应当向原告罗某科支付运输款49,441元。

※判决结果:法院认为,根据《最高人民法院关于审理民事案件适用诉讼时效制度若干问题的规定》第4条关于"当事人在一审期间未提出诉讼时效抗辩,在二审期间提出的,人民法院不予支持,但其基于新的证据能够证明对方当事人的请求权已过诉讼时效期间的情形除外"之规定,一审上诉人虽未出庭,但从上诉人一审提出过管辖权异议可知,其知晓本案的存在且一审法院已经将传票送达给上诉人,故视为上诉人自行放弃其诉讼权利,故上诉人的上诉理由不能成立,法院依法不予支持。

综上所述,凯天建设发展集团有限公司的上诉请求不能成立,法院不予支持;一审判决认定事实清楚,适用法律正确,判决驳回上诉,维持原判。

※案例解读:根据《民法典》第60条的规定,法人以其全部财产独立承担民事责任。朱某向被上诉人罗某科结算并出具《欠条》的行为,系执行被告凯天集团的工作任务,上诉人凯天建设发展集团有限公司作为法人应当以其全部财产独立承担民事责任偿,赔偿被上诉人罗某科的运输款49,441元。而朱某在该欠条上作为欠款人签字,故其应当对上述款项承担连带赔偿责任。

第六十一条 【法定代表人的定义及行为的法律后果】依照法律或者法人章程的规定,代表法人从事民事活动的负责人,为法人的法定代表人。

法定代表人以法人名义从事的民事活动,其法律后果由法人承受。

法人章程或者法人权力机构对法定代表人代表权的限制,不得对抗善意相对人。

条文解读

本条是关于法定代表人的定义及行为的法律后果的规定。

本条规定的主要内容包括：

第一，法人的法定代表人的含义。法人是一种组织体，对外进行民事活动时，必须由自然人代为行使权利、承担义务。法定代表人就是依照法律或者法人章程的规定，代表法人从事民事活动的负责人。法定代表人有些是由法律规定的，如《地方各级人民代表大会和地方各级人民政府组织法》第77条规定："地方各级人民政府分别实行省长、自治区主席、市长、州长、县长、区长、乡长、镇长负责制。省长、自治区主席、市长、州长、县长、区长、乡长、镇长分别主持地方各级人民政府的工作。"这里的省长、自治区主席、市长、州长、县长、区长、乡长、镇长就分别是相应机关的法定代表人。有些法定代表人是由法人章程确定的，如《公司法》第13条规定："公司法定代表人依照公司章程的规定，由董事长、执行董事或者经理担任，并依法登记。公司法定代表人变更，应当办理变更登记。"

第二，法定代表人的代表行为。法人的法定代表人与法人之间的关系是代表关系而非代理关系。其差别在于：一是，法定代表人的行为不需要专门授权，相关法律和法人章程已对法定代表人代表法人从事民事活动的权利作出了规定。代理人的行为需要专门授权，否则构成无权代理。二是，法定代表人以法人的名义从事民事活动，代表着法人的行为，不发生法律效果归属过程。代理人从事的代理活动需要发生法律效果的归属过程，如代理人超越代理权限对外从事民事活动，除非构成表见代理，否则该行为的法律效果应当由代理人自行承担。需要注意的是，自然人只有以法定代表人的身份以法人名义从事的民事活动才是法人的活动，其法律后果由法人承受。如果该自然人以其他身份从事民事活动的，该民事活动的后果则不由法人承受。比如，《最高人民法院关于贯彻执行〈中华人民共和国民法通则〉若干问题的意见（试行）》第58条规定，企业法人的法定代表人和其他工作人员，以法人名义从事的经营活动，给他人造成经济损失的，企业法人应当承担民事责任。

第三，法定代表人的越权代表行为。法人的章程或法人的权力机构可以对法定代表人的权限予以限制，这是法人内部治理问题。但是当法定代表人以法人名义与第三人实施了超越其代表权限的行为时，只要第三人是善意的，则该行为后果对法人仍然有效。该规定旨在保护善意第三人的利益和交易安全。比如,本法第504条规定:“法人的法定代表人或者非法人组织的负责人超越权限订立的合同,除相对人知道或者应当知道其超越权限外,该代表行为有效,订立的合同对法人或者非法人组织发生效力。”

关联法规索引

《慈善法》第12条第1款;《公司法》第13条、第16条第1款、第149条

典型案例

彭某、西藏嘉昱商业管理有限责任公司等合同纠纷案[1]

※案情简介:西藏嘉昱商业管理有限责任公司(以下简称西藏嘉昱公司)与彭某于2019年签订《展位租赁及管理服务合同》,约定西藏嘉昱公司将位于拉萨市××区××号展位出租给彭某,展位面积(含公摊)为182平方米,租金为每月每平方米41元,管理费为5元每平方米每月,物业费为10元每平方米每月,租赁期限自2020年6月26日至2022年6月25日,租金、管理费和物业费的支付方式为每6个月支付1次。合同3.3约定:“承租方应于本合同签订当日支付首期租金、管理费和物业费,此后应于每一付款周期之前的30日前支付下一期租金、管理费、物业费。”10.1约定:“本合同专用条款、通用条款和附件均为本合同不可分割的组成部分,具有同等法律效力。”32.1约定:“若承租方未按本合同约定支付任何款项的,应按未付款项金额的每日千分之三支付逾期付款违约金。”34.6约定:“承租人未按时交纳本合同项下的任何费用,经出租方书面催告仍未交纳的,出租方有权解除合同,同时有权要求赔偿因此产生的诉讼费、律师费等。”合同还对商场运营管理等相关事项进行约定。合同签订后,西藏嘉昱公司依约向彭某交付展位。彭某承租案涉展位后,于2020年6月20日向西藏嘉昱公司支付租赁费、管理费、物业费、保证金等共计56,870元,于2021年3月11日向西藏嘉昱公司支付租金5000元,两次共支付61,870元。剩余部分至今未向西藏嘉昱公司支付。西藏嘉昱公司于

[1] 本案根据西藏自治区拉萨市中级人民法院(2021)藏01民终1392号判决书整理。

2020 年 11 月 22 日开始未对案涉商场提供管理和物业服务。雅泰居公司系有限责任公司,彭某任公司总经理,系法定代表人,以雅泰居公司名义执行职务与西藏嘉昱公司签订并履行合同。

※争议焦点:本案的争议焦点为彭某系雅泰居公司法定代表人,以公司名义执行职务与西藏嘉昱公司签订并履行合同,法律后果应由谁承担。

※判决结果:法院认为,根据《民法典》第 61 条第 2 款"法定代表人以法人名义从事的民事活动,其法律后果由法人承受"之规定,雅泰居公司系有限责任公司,彭某任公司总经理,系法定代表人,以雅泰居公司名义执行职务与西藏嘉昱公司签订并履行合同,故应由雅泰居公司承担法律后果,履行付款责任。一审法院判决彭某承担法律后果不妥,法院予以纠正,由雅泰居公司向西藏嘉昱公司承担相应的法律责任。

※案例解读:根据《民法典》第 61 条第 2 款的规定,法定代表人以法人名义从事的民事活动,其法律后果由法人承受。本案中,彭某任公司总经理,系法定代表人,以雅泰居公司名义执行职务与西藏嘉昱公司签订并履行合同,故应由雅泰居公司承担法律后果,履行付款责任。

第六十二条 【法定代表人职务侵权行为的责任承担】法定代表人因执行职务造成他人损害的,由法人承担民事责任。

法人承担民事责任后,依照法律或者法人章程的规定,可以向有过错的法定代表人追偿。

条文解读

本条是关于法定代表人职务侵权行为的责任承担的规定。

本条规定的主要内容包括:

第一,法人侵权责任。法人侵权责任,是指法人的法定代表人因执行职务造成他人损害的,法人应当承担侵权责任。法人的法定代表人执行职务的行为即法人的行为,法人具有民事责任能力,就应当具有为不法行为承担责任的能力。法定代表人执行职务时的侵权行为,即法人的侵权行为,法人应当承担责任。这与本法第 1191 条第 1 款"用人单位的工作人员因执行工作任务造成他人损害的,由用人单位承担侵权责任”的规定保持一致。法人侵权责任的构成要件包括：一是，加害行为人是法人的法定代表人；二是，法定代表人的行为构成了侵权行为；三是，法定代表人因执行职务造成了损害。

第二，法人的追偿权。法人的侵权责任是一种替代责任，即加害行为人与侵权责任的承担人相分离，法定代表人因执行职务的行为构成侵权行为由法人承担责任。本款规定，法人承担民事责任后，依照法律或者法人章程的规定可以向有过错法定代表人追偿。但是追偿权是有限制的，只有当法定代表人确有过错时才能行使。比如，本法第1191条中规定：“用人单位承担侵权责任后，可以向有故意或者重大过失的工作人员追偿。”

关联法规索引

《民法典》第1191条第1款；《公司法》第149条

典型案例

腾某霞、陈某阳等物件脱落、坠落损害责任纠纷案[1]

※案情简介：上诉人腾某霞、陈某阳、陈某敏、徐某荣、李某因与被上诉人武城县供销合作社新华商场（以下简称新华商场）、沙某俊、武城县供销合作社联合社物件脱落、坠落损害责任纠纷一案，不服山东省武城县人民法院（2021）鲁1428民初967号民事判决，向山东省德州市中级人民法院提起上诉。

新华商场负责人沙某俊经人介绍，由陈某忠负责维修商场楼顶防水，双方口头约定3月16日由陈某忠雇佣吊车将各类原料（防水油毡、液化石油气瓶、氧气瓶、维修工具等）吊装运输至商场楼顶以完成维修工作。2021年3月15日13时30分左右，陈某忠驾车携带原材料及维修工具，带领2名（任某华、孙某英）工人来到新华商场提前进行施工，在未告知任何人的前提下，陈某忠首先将原料搬入吊笼，然后带领2名工人经楼梯至商场3楼，2名工人通过爬楼登至楼顶，在楼顶西南角用备索等待接取原料，陈某忠留在3楼的货物入口处，使用涉事装置进行原料升降运

〔1〕本案根据山东省德州市中级人民法院（2021）鲁14民终3607号判决书整理。

输作业。约13时35分,陈某忠擅自打开货物入口门,使用升降控制器将吊笼提升至3楼,手持升降控制器踏入吊笼内部,按动提升按钮意图随吊笼继续升至楼顶檐以上,将吊笼内的原料及工具递给楼顶工人,吊笼继续上升过程中发生卡顿,装置顶部持续卷绕钢丝绳,导致连接处的2个钢丝绳绳夹全部滑脱,吊笼负载失落,陈某忠随吊笼坠落受伤。陈某忠在武城县人民医院住院治疗1天,花费医疗费7445.84元,后经抢救无效于2021年3月15日死亡。涉事装置系武城县广运瑞森服装加工处焊接搭建,事故发生时涉案装置3楼货物入口处设有内开门并上锁,门内侧粘贴有“禁止乘人”“非工作人员禁止使用”等安全警示标志,同时将门锁的钥匙置于锁旁以方便开门。武城县广运瑞森服装加工处焊接搭建涉案装置新华商场知情。武城县广运瑞森服装加工处租赁新华商场3楼场地从事服装加工业务,从商场一楼至三楼外人可随便进出,没有门禁。2021年6月15日武城县广运瑞森服装加工处注销,根据个体工商户注销情况可以认定,武城县广运瑞森服装加工处为个体工商户性质,经营者为李某。事故发生后新华商场向腾某霞、陈某阳、陈某敏、徐某荣支付50,000元,用于陈某忠丧葬事宜。另查明,陈某敏出生于1943年4月13日,徐某荣出生于1943年2月22日,二人系陈某忠父亲、母亲,共育有6名子女;腾某霞、陈某阳系陈某忠妻子、儿子;陈某忠出生于1967年3月8日,死亡于2021年3月15日。

※争议焦点:本案的争议焦点为沙某俊、新华商场是否应当承担事故责任,如承担责任,责任比例是多少。

※判决结果:法院认为,事故发生时,死者陈某忠承揽了新华商场楼顶防水工程,擅自搭乘武城县广运瑞森服装加工处焊接的简易升降装置发生事故;《民法典》第62条第1款规定:“法定代表人因执行职务造成他人损害的,由法人承担民事责任。”本案中沙某俊系新华商场法定代表人,其与陈某忠达成口头协议由陈某忠对新华商场楼顶进行防水作业,系履行职务行为,故沙某俊在本案中不承担赔偿责任。法院判决由武城县供销合作社新华商场赔偿腾某霞、陈某阳、陈某敏、徐某荣因本次事故造成的各项损失共计104,592.63元;由李某赔偿腾某霞、陈某阳、陈某敏、徐某荣因本次事故造成的各项损失共计154,592.63元。

※案例解读:《民法典》第62条第1款规定:法定代表人因执行职务造成他人损害的,由法人承担民事责任。本案中,沙某俊系新华商场法定代表人,其与陈某忠达成口头协议由陈某忠对新华商场楼顶进行防水作业,系履行职务行为,故沙某俊在本案中不承担赔偿责任。

第六十三条　【法人的住所】法人以其主要办事机构所在地为住所。依法需要办理法人登记的，应当将主要办事机构所在地登记为住所。

条文解读

本条是关于法人住所的规定。

本法第58条中规定："法人应当依法成立。法人应当有自己的名称、组织机构、住所、财产或者经费。"有住所是法人成立的条件。法人的住所是法人参与的民事法律关系的中心发生地，本条规定，法人以其主要办事机构所在地为住所。一个法人可能有数个活动场所或者办事机构，但法人的住所只有一个。法人的住所具有重要法律意义，如决定债务履行地、登记管辖、诉讼管辖、法律文书送达之处等。

本条第2句规定，依法需要办理法人登记的，应当将主要办事机构所在地登记为住所。这与《民事诉讼法》和《公司法》保持一致。《民事诉讼法》第22条第2款规定："对法人或者其他组织提起的民事诉讼，由被告住所地人民法院管辖。"《公司法》第10条规定："公司以其主要办事机构所在地为住所。"

关联法规索引

《民事诉讼法》第22条；《最高人民法院关于适用〈中华人民共和国民事诉讼法〉的解释》第3条、第52条；《公司法》第10条

典型案例

徐某龙与常某等证券虚假陈述责任纠纷案[1]

※案情简介：2019年5月27日，中国证券监督管理委员会（以下简称证监会）发布（2019）44号《中国证监会行政处罚决定书》，认定中安科公司披露的重大资产重组文件存在误导性陈述、虚假记载。徐某龙在虚假陈述实施日至揭露日买入中

[1] 本案根据上海金融法院（2022）沪74民初207号判决书整理。

安科公司股票,揭露日之后持续持有,遭受经济损失457,068.88元,该损失与中安科公司的虚假陈述行为存在因果关系。其他被起诉人均被证监会行政处罚,应当承担连带赔偿责任。另外,中安科公司的办公地址位于上海市浦东新区××路××号××广场××号楼×楼×单元,即中安科公司住所地位于上海市浦东新区,遂徐某龙诉至法院。

经查,2021年12月6日,湖北省武汉市武昌区市场监督管理局核准登记中安科公司住所为"武昌区水果湖横路×××"。

※争议焦点:本案的争议焦点为上海金融法院对本案是否具有管辖权。

※判决结果:法院认为,本案系证券虚假陈述责任纠纷。《最高人民法院关于审理证券市场因虚假陈述引发的民事赔偿案件的若干规定》第9条规定,投资人对多个被告提起证券民事赔偿诉讼的,按下列原则确定管辖:(1)由发行人或者上市公司所在地有管辖权的中级人民法院管辖,但有本规定第10条第2款规定的情形除外……本案中,起诉人徐某龙对中安科公司等被起诉人提起诉讼,应由中安科公司所在地有管辖权的中级人民法院管辖。目前,中安科公司经核准登记住所为湖北省武汉市武昌区水果湖横路×××,根据《民法典》第63条的规定,法人以其主要办事机构所在地为住所。依法需要办理法人登记的,应当将主要办事机构所在地登记为住所。因此,法人住所经登记后具有公示公信的效力;法人住所具有特定法律含义且具有唯一性,法人实际办公地点、生产经营地点、销售地点、联系地点等法人的场所易与之混淆。起诉人徐某龙提起本案诉讼时,中安科公司的住所地已登记变更至湖北省武汉市,不属于法院辖区,上海金融法院没有管辖权。综上所述,法院裁定不予受理徐某龙的起诉。

※案例解读:根据《民法典》第63条的规定,法人以其主要办事机构所在地为住所。依法需要办理法人登记的,应当将主要办事机构所在地登记为住所。起诉人徐某龙提起本案诉讼时,中安科公司的住所地已登记变更至湖北省武汉市,故上海金融法院对本案没有管辖权。

第六十四条 【法人变更登记】法人存续期间登记事项发生变化的,应当依法向登记机关申请变更登记。

条文解读

本条是关于法人变更登记的规定。

法人登记，是登记机关对法人成立、变更、终止的法律事实进行登录并公示的制度，包括法人的设立登记、法人的变更登记和法人的终止登记三种基本类型。除了依法不需要办理法人登记的少数法人外，绝大多数法人需经登记机关依法登记后才能取得法人资格。登记事项与法人基本存在条件密切相关，不同类型的法人登记事项不一样。如根据《事业单位登记管理暂行条例》第 8 条第 2 款的规定，事业单位法人登记事项包括：名称、住所、宗旨和业务范围、法定代表人、经费来源（开办资金）等情况。

在法人存续期间，为了适应社会变迁和法人自身发展需要，法人可以对一些登记事项，如法人的业务活动范围、活动宗旨、住所、法定代表人等，进行变更。该变更会对对外交往甚至社会公共利益带来影响，为了维护交往安全和社会诚信，本条规定，法人存续期间登记事项发生变化的，应当依法向登记机关申请变更登记。

关联法规索引

《市场登记管理条例》第 8 条；《事业单位登记管理暂行条例》第 8 条

典型案例

欧某锋、中影文创影视文化有限公司等合同纠纷民事管辖案[1]

※案情简介：上诉人欧某锋与被上诉人中影文创影视文化有限公司、时某山合同纠纷案，济南市历下区人民法院于 2021 年 9 月 3 日立案受理，案号为（2021）鲁 0102 民初 9993 号。上诉人于 2021 年 10 月 15 日收到济南市历下区人民法院作出的（2021）鲁 0102 民初 9993 号之一民事裁定书，裁定将本案移送至北京市朝阳区人民法院审理。被上诉人中影文创影视文化有限公司提出其主要办事机构为北京市朝阳区，根据合同约定，本案应由北京市朝阳区人民法院审理，济南市历下区人

〔1〕 本案根据山东省济南市中级人民法院（2021）鲁 01 民辖终 550 号判决书整理。

民法院收到管辖权异议后，并未将该异议告知上诉人。根据工商登记信息显示，本案合同签订时，中影文创影视文化公司的住所地为山东省济南市历下区，合同签订后，中影文创影视文化有限公司将公司注册地址变更为山东省青岛市，该企业从成立到现在，从未在北京市朝阳区有过注册记录。而且被上诉人未提交任何证据证明其主要办事机构为北京市朝阳区。虽然涉案合同记载的联系地址为北京市朝阳区，但是该地址仅为联系地址，并不代表注册地址或者是主要办事机构，一审法院将本案移送至北京市朝阳区人民法院进行审理，上诉人欧某锋为维护自身权益提起上诉。

※争议焦点：本案的争议焦点为如何确定甲方中影文创影视文化有限公司所在地。

※判决结果：法院认为，《最高人民法院关于适用〈中华人民共和国民事诉讼法〉的解释》第 3 条规定："……法人或者其他组织的住所地是指法人或者其他组织的主要办事机构所在地。法人或者其他组织的主要办事机构所在地不能确定的，法人或者其他组织的注册地或者登记地为住所地。"《民法典》第 63 条规定："法人以其主要办事机构所在地为住所。依法需要办理法人登记的，应当将主要办事机构所在地登记为住所。"第 64 条规定："法人存续期间登记事项发生变化的，应当依法向登记机关申请变更登记。"第 65 条规定："法人的实际情况与登记的事项不一致的，不得对抗善意相对人。"据此，法人的住所是指法人向主管行政机关登记的地点。被上诉人工商登记信息显示，本案中，合同签订时被上诉人中影文创影视文化公司的登记注册地为山东省济南市历下区。即本案双方当事人合同约定的"甲方所在地"在山东省济南市历下区。因此，原审法院对本案具有管辖权，原审法院将本案移送处理不当，应予纠正。裁定撤销济南市历下区人民法院（2021）鲁 0102 民初 9993 号之一民事裁定；本案由济南市历下区人民法院管辖。

※案例解读：《民法典》第 64 条规定："法人存续期间登记事项发生变化的，应当依法向登记机关申请变更登记。"本案中，合同签订时被上诉人中影文创影视文化公司的登记注册地为山东省济南市历下区。即本案双方当事人合同约定的"甲方所在地"在山东省济南市历下区。故原审法院对本案具有管辖权，原审法院将本案移送处理不当，应予纠正。

第六十五条　【法人实际情况与登记事项不一致的法律后果】法人的实际情况与登记的事项不一致的，不得对抗善意相对人。

条文解读

本条是关于法人实际情况与登记事项不一致的法律后果的规定。

法人登记有公示效力，法人的相关事项是通过登记使他人知晓。这种公示是有公信力的，凡是登记在法人登记簿上的事项，都被推定为真实、准确、有效，善意第三人出于对登记的信赖而实施的行为受到法律保护。但是实践中存在实际情况与登记事项不一致的情形，如法人设立登记时实际情况与登记事项不一致、法人存续期间登记事项发生变更但未能依法变更登记导致实际情况与登记事项不一致。此类登记错误的情况往往是由于登记义务人过错，善意第三人或无从知晓，或无力控制，不该承担此过错带来的风险或损失。出于保护第三人的正当权益，本条规定，法人的实际情况与登记的事实不一致的，不得对抗善意相对人。比如，法人的法定代表人由甲变更为乙，但法人登记中的法定代表人仍为甲，对此情况第三人丙并不知晓，丙与甲以该法人名义实施的民事行为的，该法人应当承受以甲为法定代表人名义实施的法律行为的后果。

关联法规索引

《公司法》第32条

典型案例

田某敏、天津凤凰国际旅行社有限公司旅游合同纠纷民事指定管辖案[1]

※案情简介：田某敏于2017年10月9日参加了天津凤凰国际旅行社有限公司（以下简称凤凰旅行社公司）下属南开门市部组织的东西欧6国14天的旅游团。

[1] 本案根据天津市第二中级人民法院（2021）津02民辖311号判决书整理。

旅游合同中自费项目乘坐观光缆车欣赏瑞士阿尔卑斯雪山的景色，游览时间2.5小时130欧元，田某敏交了130欧元参加此项目。领队李某亮没有和田某敏协商，直接把游客带到了瑞士卢赛恩火车站，擅自做主买了齿轮火车登顶阿尔卑斯山。田某敏提出疑问，李某亮说火车和缆车价格一样，景点一样，因为太晚缆车停了改坐火车，坐齿轮火车是旅游合同中自费项目没有的景点，也没经田某敏签字确认，擅自更换自费景点已构成违约，经与凤凰旅行社公司协商无果，故诉至法院。

天津市河西区人民法院认为，凤凰旅行社公司的注册地虽在河西区，但其并未在此经营，其实际经营地点在天津市南开区今晚报大厦，田某敏亦在此地缴纳费用，天津市河西区人民法院对本案没有管辖权，故作出(2021)津0103民初4828号民事裁定，将本案移送至天津市南开区人民法院处理。

天津市南开区人民法院认为，天津市南开区并非双方合同履行地。天津市南开区人民法院于2021年5月10日对凤凰旅行社公司实际办公地进行询问，凤凰旅行社公司明确表示其实际办公地为天津市和平区津联大厦2331号，而非南开区。本案应由天津市和平区人民法院管辖，天津市河西区人民法院将本案移送天津市南开区人民法院不当，故报请上级人民法院指定管辖。

天津市第一中级人民法院认为，田某敏起诉要求赔偿违约金等，争议标的属于其他标的，本案应由凤凰旅行社公司住所地人民法院管辖。凤凰旅行社公司登记注册地在天津市河西区，其虽主张该公司的实际办公地址并非位于河西区，但无充分证据予以证明，故应以凤凰旅行社公司登记地为住所地，即本案应由天津市河西区人民法院管辖，故作出(2021)津01民辖146号民事管辖协商函，函告天津市第二中级人民法院协商解决本案管辖权争议。

※争议焦点：本案的争议焦点为如何确定管辖法院。

※判决结果：法院认为，本案系旅游合同纠纷，依法应由被告住所地或合同履行地人民法院管辖。依据《民法典》第63条、第65条之规定，法人以其主要办事机构所在地为住所。依法需要办理法人登记的，应当将主要办事机构所在地登记为住所。法人的实际情况与登记的事项不一致的，不得对抗善意相对人。凤凰旅行社公司应当将其主要办事机构所在地登记为住所，该公司虽主张其实际经营地位于天津市和平区，但凤凰旅行社公司登记的注册地为天津市河西区大沽南路与琼州道交口东南侧恒华大厦××，该公司实际情况与登记的事项不一致的，不得对抗善意相对人，即本案原告田某敏。田某敏依据凤凰旅行社公司的注册地向天津市

河西区人民法院提起诉讼并无不妥。本案被告住所地为天津市河西区人民法院对本案具有管辖权，其院在有管辖权的前提下，裁定将案件移送天津市南开区人民法院处理不妥。因此裁定本案由天津市河西区人民法院审理。

※案例解读：根据《民法典》第65条的规定，法人的实际情况与登记的事项不一致的，不得对抗善意相对人。凤凰旅行社公司应当将其主要办事机构所在地登记为住所，该公司虽主张其实际经营地位于天津市和平区，但凤凰旅行社公司登记的注册地为天津市河西区大沽南路与琼州道交口东南侧恒华大厦××，属于实际情况与登记的事项不一致的，不得对抗善意相对人，实际情况与登记的事项不一致的，不得对抗善意相对人，因此田某敏可以依据凤凰旅行社公司的注册地向天津市河西区人民法院提起诉讼。

第六十六条　【公示登记信息】登记机关应当依法及时公示法人登记的有关信息。

条文解读

本条是关于公示登记信息的规定。

法人登记，是指依法将与法人主体资格相关的事项记录于登记机构的登记簿上。法人登记公示则是指登记机关为了使公众了解等登记的法人的情况，通过一定的方式将登记信息对外界公告和通知的制度。该制度对于管理监督法人、保护相对人、有效调控经济秩序都具有非常重要的意义，本条规定，负有登记职责的登记机关应当依法及时公示法人登记的有关信息。我国现行法人登记制度也要求登记机关应当及时公示法人登记信息，如《事业单位登记管理暂行条例》第14条规定："事业单位的登记、备案或者变更名称、住所以及注销登记或者注销备案，由登记管理机关予以公告。"《社会团体登记管理条例》第23条规定："社会团体成立、注销或者变更名称、住所、法定代表人，由登记管理机关予以公告。"

关联法规索引

《公司法》第6条；《事业单位登记管理暂行条例》第14条；《社会团体登记管

理条例》第23条

典型案例

兰州双箭矿机有限责任公司、甘肃省东乡族自治县第三建筑工程公司建设工程施工合同纠纷案[1]

※案情简介：1994年12月14日，经兰州市体制改革委员会批准，兰州矿山机具厂改制为兰州双箭矿机有限责任公司(以下简称双箭矿机公司)。1997年8月27日，兰州矿山机具厂作为甲方与乙方东乡县建筑工程公司直属一处签订《建设工程施工合同协议条款》，约定：甲方以议标方式委托乙方承包兰州矿山机具厂日化车间工程，工期为100天，在工程完工后双方按工程结算支付工程价款，如甲方未按合同约定支付工程款，应按延付金额每日以万分之三计算向乙方支付赔偿金等。后因双箭矿机公司仅向东乡县建筑工程公司支付工程款118,000元，致使该工程至今未能完工。因此双方发生争议，一审法院判令双箭矿机公司支付当初承建“日化车间工程、地坪、地坪工程”总计欠款348,028.89元及2018年9月12日至2019年8月30日的逾期利息36,856.26元。双箭矿机公司不服，因此向兰州市中级人民法院提起上诉。

※争议焦点：本案的争议焦点为东乡三建公司是否系本案的适格主体。

※判决结果：法院认为，案涉工程由双箭公司与东乡县建筑工程公司直属一处签订，后东乡县建筑工程公司直属一处改制为东乡县三建公司第五工程处。2015年，东乡族自治县工商行政管理局出具《证明》，该《证明》载明“东乡县建筑工程公司于2005年申请注销，原东乡县建筑工程公司直属一处的相关业务由东乡县三建公司第五工程处”负责办理。此后，东乡族自治县市场监督管理局出具的《关于原东乡县建筑工程公司自成立至停业被注销情况的说明》和东乡族自治县工业和信息化局出具的《关于原东乡县建筑工程公司被注销情况的说明》，进一步明确了原东乡县建筑工程公司所属各工程处归入东乡县第三建筑工程公司所属各工程处，原东乡县建筑工程公司直属一处归入东乡县第三建筑公司第五工程处，其业务、债

---

[1] 本案根据甘肃省兰州市中级人民法院(2020)甘01民终2529号判决书整理。

权、债务应由东乡县第三建筑工程公司接管和承担,故东乡三建公司是本案适格的诉讼主体。综上所述,法院驳回上诉,维持原判。

※案例解读:根据《民法典》第66条的规定,"登记机关应当依法及时公示法人登记的有关信息"。故企业法人的相关信息应以登记机关的公示为准。本案中,东乡县建筑工程公司的企业状态为注销,且东乡族自治县市场监督管理局及东乡族自治县工业和信息化局均认可该公司被注销。东乡县建筑工程公司的企业法人资格不复存在,故东乡三建公司作为本案原告,主体适格。

第六十七条 【法人合并、分立后权利义务的享有和承担】法人合并的,其权利和义务由合并后的法人享有和承担。

法人分立的,其权利和义务由分立后的法人享有连带债权,承担连带债务,但是债权人和债务人另有约定的除外。

条文解读

本条是关于法人合并、分立后权利义务的享有和承担的规定。

法人的合并和分立是法人存续期间组织体的变更。本条规定的主要内容包括:

第一,法人合并后权利义务的享有和承担。法人合并,是指两个或两个以上的法人合并为一个法人,包括创设合并和吸收合并两种情形。创设合并,是指两个或两个以上的法人并为一个新法人,其原各法人资格消灭。如甲、乙、丙三个法人合并为一个新法人丁,原甲、乙、丙法人资格消灭。吸收合并,是指一个法人吸收其他法人,其法人资格保留,被吸收的法人的资格消灭。如甲、乙、丙三个法人,丙法人吸收了甲、乙,丙法人资格保留,甲、乙法人资格消灭。本款规定,法人合并后,原各法人的权利义务都由合并后的法人承受。

第二,法人分立后权利义务的享有和承担。法人分立,是指由一个法人分为两个以上的法人,包括派生分立和新设分立两种情形。派生分立,是指原法人资格不消灭,只是从其中分立出新的法人。如从法人甲中分立出法人乙,甲、乙都具有法人资格。新设分立,是指由一个法人分出两个以上的新法人,原法人资格消灭。如从法人甲中分立出法人乙和法人丙,其中法人甲资格消灭,乙、丙具有法人资格。

分立之后的法人在权利义务上构成连带之债。本款规定，在法人分立的情形，对于原法人的权利，由分立之后的法人享有连带债权；对于原法人债务的承担，由分立之后的法人承担连带债务。

关联法规索引

《公司法》第 174 条、第 176 条

典型案例

延安日报社与樊某萍合同纠纷案[1]

※案情简介：上诉人延安市融媒体中心因与被上诉人樊某萍合同纠纷一案，不服延安市宝塔区人民法院(2019)陕0602民初4586号民事裁定，向陕西省延安市中级人民法院提起上诉。

延安日报社与被上诉人于2017年12月28日签订了《广告承包经营合同》，未违反法律、行政法规的强制性规定，合法有效。另查明，中共延安市委机构编制委员会于2019年9月9日印发的〔2019〕2号会议纪要，内容为2019年9月2日经市委机构编制委员会会议研究审定关于整合延安日报社、延安市广播电视台，成立延安市融媒体中心机构编制事项，会议决定同意将延安日报社、延安市广播电视台整合，组建延安市融媒体中心，对外保留延安日报社、延安市广播电视台牌子。县级建制，市委直属事业单位，归口市委宣传部领导。2020年12月28日，中共延安市委机构编制委员会办公室发布延市编办发〔2020〕153号文件，中共延安市委机构编制委员会办公室关于印发《延安市融媒体中心（延安日报社、延安市广播电视台）"八定"方案》的通知，该"八定"方案根据省委编办《关于整合组建延安市融媒体中心的通知》（陕编办发〔2019〕183号）和市委编委会《关于市融媒体中心人员编制和内设机构调整的通知》（延市编发〔2020〕17号）制定，机构名称为延安市融媒体中心（延安日报社、延安市广播电视台），机构规格为县级建制，隶属关系为市委直属事业单位，归口市委宣传部领导，经费预算管理形式为公益二类事业单位，

[1] 本案根据陕西省延安市中级人民法院(2021)陕06民终1206号判决书整理。

财政差额拨款。

※争议焦点：本案的争议焦点为延安日报社是否具有诉讼主体资格。

※判决结果：法院认为，民事诉讼中作为一方当事人的原法人因合并而消灭的，由合并后的法人参加诉讼。根据《民法典》第67条第1款的规定，法人合并的，其权利和义务由合并后的法人享有和承担。本案中，樊某萍于2019年7月17日向原审法院提起诉讼，延安日报社于2019年7月30日提起反诉，2019年9月9日延安市委机构编制委员会办公室发布的〔2019〕2号会议纪要中明确：同意将延安日报社、延安市广播电视台整合，组建延安市融媒体中心，对外保留延安日报社牌子。编制、内设机构在审定"八定"方案时明确。2020年12月28日，延安市委机构编制委员会办公室印发《延安市融媒体中心（延安日报社、延安市广播电视台）"八定"方案》，明确了延安市融媒体中心的机构名称、规格、隶属关系、内设机构、人员编制等，该事实均发生在诉讼期间，因此，延安日报社在诉讼过程中因机构改制与其他法人合并后消灭，应当通知合并后的法人延安市融媒体中心作为当事人参加诉讼，诉讼权利义务由其承担，原审法院以延安日报社不具备诉讼主体资格而驳回起诉并无不当。裁定驳回上诉，维持原裁定。

※案例解读：根据《民法典》第67条第1款的规定，法人合并的，其权利和义务由合并后的法人享有和承担。本案中，延安市广播电视台与被告延安日报社已整合组建为延安市融媒体中心，且于2020年12月28日确立了延安市融媒体中心的机构名称，故延安日报社作为本案诉讼主体不适格。

第六十八条　【法人终止的原因】有下列原因之一并依法完成清算、注销登记的，法人终止：

（一）法人解散；

（二）法人被宣告破产；

（三）法律规定的其他原因。

法人终止，法律、行政法规规定须经有关机关批准的，依照其规定。

条文解读

本条是关于法人终止的原因的规定。

一个法人的存在应当有始有终,法人的成立是开始,法人的终止就是结束。法人的终止就是法人主体资格的消灭,其民事权利能力和民事行为能力丧失。法人是一个拟制的组织体,在其存续期间从事民事活动,会形成多种民事法律关系。对因其而形成的法律关系,法人有义务在终止前清理了结,故本条第1款规定,有下列原因之一并依法完成清算、注销登记的,法人终止:

第一,法人解散。法人解散并不立即导致法人主体资格的消灭,只是导致法人主体资格发生消灭的原因。这意味着,已经成立的法人因一定原因解散后,在清算结束前其法人主体资格仍然存在。与《民法通则》第45条中的"解散"不同,本条第1款规定中的"法人解散"是一个广义概念,既包括法人权力机构决议等自行解散,也包括法人依法被吊销营业执照、登记证书、被责令关闭、被撤销等行政解散,还包括人民法院强制解散。具体情形《民法典》第69条作了详细规定。

第二,法人被宣告破产。根据《企业破产法》第2条第1款的规定,企业法人不能清偿到期债务,并且资产不足以清偿全部债务或者明显缺乏清偿能力的,依照本法规定清理债务。经企业的法定代表人、主管部门以及企业法人的债权人等提出申请,由人民法院执行企业法人破产。企业被宣告破产后,由清算组织负责对企业法人的财产、债权和债务进行清理。对于破产企业,仅以其资产清偿其债务。

第三,法律规定的其他原因。这是一项兜底性条款,为将来民事立法适应社会生活调整而预留了制度接口。

关联法规索引

《公司法》第180条、第183条;《企业破产法》第2条、第120条、第121条

典型案例

陈某、李某等追索劳动报酬纠纷案[1]

※案情简介:2010年9月21日,原告陈某、李某作为乙方,被告蓝天玻璃公司作为甲方,双方签订《值班协议合同书》一份,约定被告蓝天玻璃公司雇佣两原告在

[1] 本案根据甘肃省张掖市甘州区人民法院(2021)甘0702民初11357号判决书整理。

该公司值班室值班；原告陈某月工资1500元，李某月工资1000元；被告每年给原告支付取暖费1000元，电费1000元，狗食费1000元；合同期限为2010年10月1日至2020年9月30日；如需再续，视乙方身体状况再定。协议签订后，两原告即在被告公司值班室工作。2020年9月30日合同期满后，原被告再未续签合同，原告继续按照原合同约定在被告处工作至今。被告蓝天玻璃公司给原告付清了2015年3月31日之前的所有工资和补助费用。2021年9月14日，经原告与被告蓝天玻璃公司结算，该公司法定代表人陆某给原告出具欠条一张，内容为："欠到陈某、李某值班工资共计贰拾贰万叁仟伍佰元，其中：2015年4月1日到12月31日25,500元；2016年至今6年×33,000元=198,000元，合计223,500元。具条人：陆某、张掖市蓝天玻璃有限责任公司。"欠条中加盖被告公司印章。

另查明，被告东泉村三社系被告蓝天玻璃公司股东之一，2020年之前属张掖工业园区管辖，原名称为"张掖工业园区东泉村三社"。

2016年5月9日，被告东泉村三社向本院提起诉讼，要求解散蓝天玻璃公司。法院审理后作出（2016）甘0702民初4546号民事判决书，判决：张掖市蓝天玻璃有限责任公司于本判决生效后予以解散。后被告蓝天玻璃公司提起上诉，案经审理，张掖市中级人民法院作出（2017）甘07民终1004号民事判决书，判决：驳回上诉，维持原判。被告蓝天玻璃公司至今未经破产清算，其营业执照未被注销。

※争议焦点：本案的争议焦点为张掖市蓝天玻璃有限责任公司是否应承担向两原告支付拖欠工资的义务。

※判决结果：法院认为，《民法典》第509条第1款规定，当事人应当按照约定全面履行自己的义务。根据原被告的陈述及原告提交的证据，可证实被告蓝天玻璃公司雇佣原告在其公司值班室工作的事实。经双方结算，被告蓝天玻璃公司认可拖欠两原被告2015年4月1日至2021年9月14日的工资及其他补贴费用等共计223,500元的事实，并同意支付。另外，《民法典》第68条规定："有下列原因之一并依法完成清算、注销登记的，法人终止：（一）法人解散……"现被告蓝天玻璃公司虽于2018年4月16日被人民法院依法判决解散，但至今未行清算，亦未进行注销登记，其法人资格并未终止。同时，《公司法》第3条规定："公司是企业法人，有独立的法人财产，享有法人财产权。公司以其全部财产对公司的债务承担责任。有限责任公司的股东以其认缴的出资额为限对公司承担责任；股份有限公司的股东以其认购的股份为限对公司承担责任。"根据上述规定，被告蓝天玻璃公司应承

担向两原告支付拖欠工资的义务,被告东泉村三社作为被告蓝天玻璃公司的股东之一,在本案中不承担责任。法院判决被告张掖市蓝天玻璃有限责任公司向原告陈某、李某支付拖欠的工资报酬223,500元;被告张某在本案中不承担责任。

※案例解读:根据《民法典》第68条第1款第1项的规定,"有下列原因之一并依法完成清算、注销登记的,法人终止:(一)法人解散"。在本案中,被告蓝天玻璃公司虽于2018年4月16日被人民法院依法判决解散,但至今未行清算,亦未进行注销登记,其法人资格并未终止。故张掖市蓝天玻璃有限责任公司应承担向两原告支付拖欠工资的义务。

第六十九条 【法人解散的情形】 有下列情形之一的,法人解散:

(一)法人章程规定的存续期间届满或者法人章程规定的其他解散事由出现;

(二)法人的权力机构决议解散;

(三)因法人合并或者分立需要解散;

(四)法人依法被吊销营业执照、登记证书,被责令关闭或者被撤销;

(五)法律规定的其他情形。

条文解读

本条是关于法人解散的情形的规定。

法人解散是法人组织体的解体,这是法人终止的主要原因之一。依据发生事由的不同,法人解散可分为自行解散和强制解散两种,本条规定中的第1项至第3项情形属于自行解散情形,第4项情形属于强制解散。

第一,法人章程规定的存续期间届满或者法人章程规定的其他解散事由出现。法人章程是指法人的成员就法人的活动范围、组织机构及内部成员间的权利义务等事项所订立的书面文件。法人章程规定存续期届满的,法人应当解散。法人章程规定的其他解散事由出现,泛指法人章程自由规定的其他解散事由,如特定消费群体消失等。

第二,法人的权力机构决议解散。这体现了私法自治的精神,法人可以因为共同意思表示而成立,也可以基于股东或成员的共同意思表示而解散。比如,公司设立的经营目的不能实现，法人丧失存在意义，公司股东共同决定将其解散。

第三，因法人合并或者分立需要解散。法人合并包括吸收合并和新设合并两种情形，均涉及法人解散问题。比如，在吸收合并中，被吸收的法人解散；在新设合并中，合并各方均解散。法人分立包括派生分立和新设分立两种情形，其中新设分立涉及法人解散问题，原法人解散。

第四，法人依法被吊销营业执照、登记证书，被责令关闭或者被撤销。本项所列举情形均属于行政强制解散，即法人违反了法律和行政法规中的强制性规定，依法予以解散。例如，法人从事违法经营活动、法人逾期未办理年检手续等。

第五，法律规定的其他情形。本项是指除前述四项之外的法律规定的其他情形的法人解散，如司法强制解散。《公司法》第 182 条规定，公司经营管理发生严重困难，继续存续会使股东利益受到重大损失，通过其他途径不能解决的，持有公司全部股东表决权百分之十以上的股东，可以请求人民法院解散公司。

关联法规索引

《公司法》第 43 条、第 181 条、第 182 条、第 198 条、第 211 条、第 213 条；《基金会管理条例》第 41 条；《最高人民法院关于适用〈中华人民共和国公司法〉若干问题的规定（二）》第 1 条

典型案例

修某亮、彭某民合同纠纷案〔1〕

※案情简介：景德镇兴远建筑劳务有限公司于 2019 年 9 月被吊销营业执照，而此次双方签订合同是在景德镇兴远建筑劳务有限公司被吊销营业执照后的 2020 年 10 月。2020 年 10 月 9 日，彭某民通过手机银行转账给修某亮 30,000 元工程押金，修某亮对该款予以确认。修某亮收取了材料押金后，一直没有干活，申请人多次向其催要未果，双方因此发生纠纷。

※争议焦点：本案的争议焦点为修某亮是否应当承担返还押金的责任。

〔1〕 本案根据山东省济南市钢城区人民法院（2021）鲁 0117 民申 2 号判决书整理。

※判决结果：法院认为，景德镇兴远建筑劳务有限公司于2019年9月被吊销营业执照，而此次双方签订合同是在景德镇兴远建筑劳务有限公司被吊销营业执照后的2020年10月。公司被吊销营业执照后，应当进行清算，不能再从事清算以外的其他一切活动，剥夺了继续从事经营的资格，属于限制权利能力和行为能力的法人，其签订的合同不受法律保护。公司被吊销营业执照后发生的民事行为，其责任应当由实施人承担。本案中，修某亮掌控着公司的公章，由其具体操作，其系此次合同业务具体的实施人和经营者，其应承担返还保证金的责任。原审法院裁判并无不当，修某亮的再审申请不属于《民事诉讼法》(2017年)第200条规定的再审事由，其再审理由不成立，应予以驳回。依照《民法典》第69条、第70条、第72条，《民事诉讼法》(2017年)第204条第1款，《最高人民法院关于适用〈中华人民共和国民事诉讼法〉的解释》(2021年修正)第395条第2款的规定，裁定驳回修某亮的再审申请。

※案例解读：根据《民法典》第69条的规定，有下列情形之一的，法人解散：(1)法人章程规定的存续期间届满或者法人章程规定的其他解散事由出现；(2)法人的权力机构决议解散；(3)因法人合并或者分立需要解散；(4)法人依法被吊销营业执照、登记证书，被责令关闭或者被撤销；(5)法律规定的其他情形。在本案中，景德镇兴远建筑劳务有限公司于2019年9月被吊销营业执照，而此次双方签订合同是在景德镇兴远建筑劳务有限公司被吊销营业执照后的2020年10月。公司被吊销营业执照后发生的民事行为，其责任应当由实施人承担。本案中，修某亮掌控着公司的公章，由其具体操作，其系此次合同业务具体的实施人和经营者，应当由其承担返还保证金的责任。

第七十条 【法人解散后的清算】 **法人解散的，除合并或者分立的情形外，清算义务人应当及时组成清算组进行清算。**

法人的董事、理事等执行机构或者决策机构的成员为清算义务人。法律、行政法规另有规定的，依照其规定。

清算义务人未及时履行清算义务，造成损害的，应当承担民事责任；主管机关或者利害关系人可以申请人民法院指定有关人员组成清算组进行清算。

条文解读

本条是关于法人解散后的清算的规定。

本条规定的主要内容包括：

第一，清算义务人的清算义务。清算义务人，是指法人解散后依法负有启动清算程序的主体，其义务在于根据法律规定及时启动相应的清算程序以终止法人。[1] 本条第1款规定，法人的清算义务人应当及时履行其负有的启动清算程序的义务，即组成清算组进行清算。

第二，清算义务人的主体。本条第2款规定，清算义务人是法人的董事、理事等执行机构或决策机构的成员。法律、行政法规另有规定的，依照其规定。比如，行政清算情形下的清算义务人主体为行政主管机关。《民办教育促进法》第58条规定："民办学校终止时，应当依法进行财务清算。民办学校自己要求终止的，由民办学校组织清算；被审批机关依法撤销的，由审批机关组织清算；因资不抵债无法继续办学而被终止的，由人民法院组织清算。"

第三，清算义务人未及时履行清算义务的后果。清算义务人未能及时履行清算义务，造成损害的，应当承担民事责任。如实践中大量企业法人解散后应当清算而不清算，甚至出现借解散之机逃避债务的现象，为了保障经济秩序和社会秩序，特别规定造成损害的应当承担民事责任。第3款后半段规定了强制清算程序的启动主体为主管机关或利害关系人，该主体可以申请人民法院指定有关人员组成清算组进行清算。

关联法规索引

《公司法》第183条、第184条、第189条；《最高人民法院关于适用〈中华人民共和国公司法〉若干问题的规定(二)》第18条

〔1〕 参见李适时主编：《中华人民共和国民法总则释义》，法律出版社2017年版，第205页。

典型案例

刘某某、炎陵县乡镇企业供销公司清算小组等确认合同无效纠纷案[1]

※案情简介：上诉人刘某某因与被上诉人炎陵县乡镇企业供销公司清算小组（以下简称清算小组）、原审被告肖某某确认合同无效纠纷一案，不服湖南省炎陵县人民法院（2021）湘0225民初734号民事判决，向湖南省株洲市中级人民法院提起上诉。

1996年，炎陵县乡镇企业供销公司（于1997年被吊销，现成立清算小组）通过建设工程规划许可审批，将其拥有产权的仓库改建成商业门面，该门面没有办理房屋所有权证。为完善门面管理和养老统筹金的正常上缴，根据乡企局与供销公司的会议决议，炎陵县乡企局供销公司与供销公司参与集资的职工签订了《公司职工门面使用协议》。该协议主要约定"乙方上交集资款7000元，暂定使用3年，乙方退休、调动时退回门面，甲方需退还乙方集资款"。参与出资的职工通过抽签方式决定门面的位置。刘某某抽签的门面为炎陵县乡镇企业供销公司由北向南的8号门面。之后，部分获得门面的职工在退休后将门面转交本单位未退休职工。1996年12月，刘某某出资7000元，用于公司门面改造，获得了门面使用权，约定使用期3年。2018年11月，上诉人刘某某退休。2018年6月4日，经炎陵县农业局同意成立了炎陵县乡镇企业供销公司清算小组。2019年，上诉人刘某某将门面出租给被告肖某某。被上诉人清算小组要求收回门面，被告刘某某拒绝并仍将门面出租给肖某某获取租金收益。

※争议焦点：本案的争议焦点为清算小组在本案是否有主体资格。

※判决结果：法院认为，关于主体资格是否适格的问题。《民法典》第69条第4项规定，法人依法被吊销营业执照的法人解散。第70条规定："法人解散的，除合并或者分立的情形外，清算义务人应当及时组成清算组进行清算。法人的董事、理事等执行机构或者决策机构的成员为清算义务人。法律、行政法规另有规定的，依照其规定。清算义务人未及时履行清算义务，造成损害的，应当承担民事责任；

[1] 本案根据湖南省株洲市中级人民法院（2021）湘02民终2420号判决书整理。

主管机关或者利害关系人可以申请人民法院指定有关人员组成清算组进行清算。”根据一审查明的事实，炎陵县乡镇企业供销公司已经被吊销营业执照，属于法人解散的法定情形。其主管机关炎陵县农业农村局依法成立清算小组符合法律规定。上诉人对清算小组负责人谭某某及其他部分清算小组成员的资格提出疑问，但未能提供证据予以证实。退一步说，即便清算小组负责人或成员未能勤勉尽职，存在损害公司或者职工合法权益的行为，上诉人可以通过合法途径向主管机关提出更换，但清算组负责人、成员是否适格以及更换不影响清算小组本身的主体资格。谭某某系代表清算小组参加本案诉讼，并非代表其本人参加诉讼，上诉人对谭某某资格的质疑不影响清算小组在本案中的主体资格。法院判决驳回上诉，维持原判。

※案例解读：根据《民法典》第70条的规定，法人解散的，除合并或者分立的情形外，清算义务人应当及时组成清算组进行清算。法人的董事、理事等执行机构或者决策机构的成员为清算义务人。法律、行政法规另有规定的，依照其规定。清算义务人未及时履行清算义务，造成损害的，应当承担民事责任；主管机关或者利害关系人可以申请人民法院指定有关人员组成清算组进行清算。本案中，炎陵县乡镇企业供销公司已经被吊销营业执照，属于法人解散的法定情形。其主管机关炎陵县农业农村局依法成立清算小组符合法律规定。故本案中清算小组主体适格。

第七十一条　【清算适用的法律依据】法人的清算程序和清算组职权，依照有关法律的规定；没有规定的，参照适用公司法律的有关规定。

条文解读

本条是关于清算适用的法律依据的规定。

本条前半句规定，法人的清算程序和清算组职权，依照有关法律的规定。法人的类型多种多样，法律和行政法规对于不同类型的法人，有不同规定。例如，《事业单位登记管理暂行条例》第13条规定：“事业单位被撤销、解散的，应当向登记管理机关办理注销登记或者注销备案。事业单位办理注销登记前，应当在审批机关指导下成立清算组织，完成清算工作。事业单位应当自清算结束之日起15日内，向登记管理机关办理注销登记。事业单位办理注销登记，应当提交撤销或者解散该事业单位的文件和清算报告；登记管理机关收缴《事业单位法人证书》和印章。”

《社会团体登记管理条例》第20条规定："社会团体在办理注销登记前，应当在业务主管单位及其他有关机关的指导下，成立清算组织，完成清算工作。清算期间，社会团体不得开展清算以外的活动。"

本条后半句规定，如果法律或行政法规对于法人的清算程序和清算组职权没有规定的，参照适用公司法律的有关规定。根据《公司法》和《最高人民法院关于适用〈中华人民共和国公司法〉若干问题的规定(二)》的相关规定，具体包括：清理公司财产，分别编制资产负债表和财产清单；通知公告；债权的申报与核定；处理与清算有关的未了结业务；清缴税款；分配剩余财产；代表公司参加民事诉讼活动；清算的终止；报请股东会或人民法院确认清算报告；清算期限等程序。

关联法规索引

《公司法》第183～189条；《最高人民法院关于适用〈中华人民共和国公司法〉若干问题的规定(二)》第18条

典型案例

广州穗成企业发展公司、广州鹏成贸易发展公司申请强制清算与破产案[1]

※案情简介：2021年11月23日，申请人广州穗成企业发展公司(以下简称穗成公司)以被申请人广州鹏成贸易发展公司(以下简称鹏成公司)未在公司解散事由出现之日起15日内成立清算组自行清算为由，向法院申请对鹏成公司进行强制清算。

鹏成公司成立于1993年2月13日，登记机关为广州市工商行政管理局，企业类型为全民所有制，住所地位于广州市越华路××，法定代表人李某健，注册资本为人民币30万元，经营范围为主营百货、针纺织品、家具、日用杂品、家用电器、建筑材料、金属材料、服装、煤炭、普通机械、通信设备、粮油、副食品、农副产品、饲料、广播电视设备。兼营房地产咨询服务、代办运输。主体状态为：吊销，未注销。根

[1] 本案根据广东省广州市中级人民法院(2021)粤01清申328号判决书整理。

据工商内档显示,鹏成公司的组建单位为穗成公司。

根据鹏成公司工商内档显示,鹏成公司因未参加2000年度年检被广州市工商局企管处以穗工商企处字(2001)第146号文书吊销营业执照。鹏成公司至今未成立清算组进行自行清算。

※争议焦点:本案的争议焦点为广东省广州市中级人民法院能否受理穗成公司对鹏成公司的强制清算申请。

※判决结果:法院认为:《民法典》第71条规定:"法人的清算程序和清算组职权,依照有关法律的规定;没有规定的,参照适用公司法律的有关规定。"参照《最高人民法院关于适用〈中华人民共和国公司法〉若干问题的规定(二)》第24条第2款"基层人民法院管辖县、县级市或者区的公司登记机关核准登记公司的解散诉讼案件和公司清算案件;中级人民法院管辖地区、地级市以上的公司登记机关核准登记公司的解散诉讼案件和公司清算案件"之规定,鹏成公司的登记机关为广州市市场监督管理局,故法院对本案具有管辖权。

综上所述,法院裁定受理穗成公司对鹏成公司的强制清算申请。

※案例解读:根据《民法典》第71条的规定,法人的清算程序和清算组职权,依照有关法律的规定;没有规定的,参照适用公司法律的有关规定。在本案中,鹏成公司的登记机关为广州市市场监督管理局,故广东省广州市中级人民法院对本案具有管辖权。

第七十二条　【清算中法人地位、清算后剩余财产的处置和法人终止】清算期间法人存续,但是不得从事与清算无关的活动。

法人清算后的剩余财产,按照法人章程的规定或者法人权力机构的决议处理。法律另有规定的,依照其规定。

清算结束并完成法人注销登记时,法人终止;依法不需要办理法人登记的,清算结束时,法人终止。

条文解读

本条是关于清算中法人地位、清算后剩余财产的处置和法人终止的规定。

本条规定的主要内容包括:

第一,清算中法人的地位。法人在清算期间的主体性质,理论上有清算法人说、拟制存续说、同一人格说、同一人格兼拟制说等。《民法典》采取同一人格说,即清算前的法人和清算后的法人具有同一人格,在清算期间法人存续,但其民事权利能力和民事行为能力均受法律限制,不得进行与清算无关的活动。

第二,法人清算后剩余财产的处理。法人清算后可能还有剩余财产,对于剩余财产的处置,根据法人章程的规定处理,或者依照法人的权力机构的决议处理。法律另有规定的,依照其规定。比如,《慈善法》第 18 条规定:“慈善组织终止,应当进行清算。慈善组织的决策机构应当在本法第十七条规定的终止情形出现之日起三十日内成立清算组进行清算,并向社会公告。不成立清算组或者清算组不履行职责的,民政部门可以申请人民法院指定有关人员组成清算组进行清算。慈善组织清算后的剩余财产,应当按照慈善组织章程的规定转给宗旨相同或者相近的慈善组织;章程未规定的,由民政部门主持转给宗旨相同或者相近的慈善组织,并向社会公告。慈善组织清算结束后,应当向其登记的民政部门办理注销登记,并由民政部门向社会公告。”

第三,清算的终结及法人的终止。清算组织依法完成了清算任务,标志着清算终结。清算结束后,清算组合应当申请注销登记,登记完成则表明法人主体资格消灭。如上述《慈善法》第 18 条的规定。

关联法规索引

《公司法》第 151 条、第 189 条;《最高人民法院关于适用〈中华人民共和国公司法〉若干问题的规定(二)》第 10 条、第 19 条、第 20 条、第 23 条

典型案例

张某营、刘某等特许经营合同纠纷案[1]

※案情简介:2017 年 9 月 4 日,张某营同沈阳峰辉餐饮管理有限公司(以下简称峰辉公司)签订《合作经营合同》,合同约定峰辉公司同意原告开设清和传家连

〔1〕 本案根据辽宁省沈阳市中级人民法院(2021)辽 01 民终 13924 号判决书整理。

锁店,授予特许经营的范围没有具体写明,授予原告“清和传家连锁店”合作经营权的期限没有具体写明。张某营须向峰辉公司一次性交纳技术合作金20万元,双方签约后,此款不退还。回本前原告需向峰辉公司每年每单店交纳权利金3万元,回本后峰辉公司占该店原始股权的30%。峰辉公司要求张某营按照门店装修标准进行装修施工并对原告店面技术骨干人员上岗前进行专业培训并定期进行再培训。峰辉公司为原告提供品牌使用、选址后验址、出标准和技术。同日,双方还签订了《补充协议》一份,写明:“本合同一经签订,一年内在乙方经营地未开发门店,乙方可以提前终止此合同,技术合作金无息全部返还给乙方。”同日,张某营向峰辉公司交纳技术合作金20万元,峰辉公司出具专用收款收据并加盖公司财务专用章。2018年4月12日,张某营与案外人签订《房屋租赁合同》,租期为2018年6月1日至2021年5月31日,租金交纳方式为一年一付。2018年6月,张某营店面开始营业,张某营在行政机关注册了名称为“沈阳市沈河区清河传家饺子馆”的个体工商户,经营者为原告张某营。2019年1月21日,张某营与清和传家餐饮管理有限责任公司签订了《清和中街店面投资股本核定》,对案涉店面的各项费用进行核定,认定张某营股本金合计925,615元,该份协议书尾部加盟商签字处有原告签名,财务经理签字处有刘某丽签名。此后,张某营自认由于赔钱,不再继续开店,2019年4月2日,行政机关下发《注销登记核准通知书》,对原告注册登记的个体工商户“沈阳市沈河区清河传家饺子馆”核准注销。

另查明,沈阳峰辉餐饮管理有限公司成立于2014年3月27日,法定代表人为关某峰。股东有关某峰及刘某。2017年7月14日,峰辉公司清算组备案,清算组负责人为关某峰,成员为刘某。2017年11月3日,工商行政机关向峰辉公司下达《准予注销登记通知书》,准许峰辉公司注销。

※争议焦点:本案的争议焦点为张某营同沈阳峰辉餐饮管理有限公司签订的《合作经营合同》是否有效。

※判决结果:法院认为,民事合同的效力问题应根据法律规定的具体情形予以审查。上诉人请求认定案涉合同无效,即应主要根据《民法典》第72条第1款的规定:“清算期间法人存续,但是不得从事与清算无关的活动。”峰辉公司隐瞒了已经进行清算的事实,与原告签订案涉合同,属于清算范围外的活动。根据《合同法》第52条规定的具体情形进行认定。《合同法》第52条规定,有下列情形之一的,合同无效:(1)一方以欺诈、胁迫的手段订立合同,损害国家利益;(2)恶意串通,损害国

家、集体或者第三人利益;(3)以合法形式掩盖非法目的;(4)损害社会公共利益;(5)违反法律、行政法规的强制性规定。本案合同订立时,二被上诉人所经营管理的峰辉公司已经处于清算期间,按照法律规定,法人在清算期间内不能从事清算范围以外的民事活动。峰辉公司的相关人员在合同订立时故意隐瞒了该项事实。案涉《合作经营合同》系属私人利益之安排,当事人也未提供证据证明行为人的欺诈行为损害了国家利益,故本案中峰辉公司虽隐瞒正在办理清算事宜,但该行为不会导致合同无效,一审法院认定合同有效,并无不当。综上所述,法院判决驳回上诉维持原判。

※**案例解读:**《民法典》第72条第1款规定:"清算期间法人存续,但是不得从事与清算无关的活动。"但该条文的规定并不必然导致法人在清算期间从事的行为无效,民事合同的效力问题应根据法律规定的具体情形予以审查。本案中,《合作经营合同》系属私人利益之安排,当事人也未提供证据证明行为人的欺诈行为损害了国家利益,故本案中峰辉公司虽隐瞒正在办理清算事宜,但该行为不会导致合同无效。

第七十三条 【法人破产】法人被宣告破产的,依法进行破产清算并完成法人注销登记时,法人终止。

条文解读

本条是关于法人破产清算终止程序的规定。

根据《企业破产法》第2条第1款的规定,企业法人不能清偿到期债务,并且资产不足以清偿全部债务或者明显缺乏清偿能力的,依照本法规定清理债务。据此,进行破产宣告的法人仅限于企业法人。根据《企业破产法》第135条的规定:"其他法律规定企业法人以外的组织的清算,属于破产清算的,参照适用本法规定的程序。"非法人企业的法人或非法人组织破产时的清算程序可以参照上述规定。

破产清算完成之后,法人应当完成法人注销登记,法人主体资格归于消灭。《企业破产法》第121条规定:"管理人应当自破产程序终结之日起十日内,持人民法院终结破产程序的裁定,向破产人的原登记机关办理注销登记。"

关联法规索引

《企业破产法》第2条、第121条、第135条

典型案例

天津市天磁有限公司、天津市天磁科技有限公司强制清算与破产案[1]

※案情简介：法院查明，天津市南开区人民法院于2016年4月19日作出(2013)南民破字第0005－1号民事裁定，宣告天津市天磁有限公司破产，并于2016年5月30日作出(2013)南民破字第0005－4号民事裁定，终结天津市天磁有限公司破产清算程序，但天津市天磁有限公司管理人未办理天津市天磁有限公司的注销登记。经询，天津天关律师事务所律师未经天津市天磁有限公司管理人授权，即来法院申请对天津市天磁科技有限公司进行强制清算。

※争议焦点：本案的争议焦点为天津天关律师事务所律师能否申请对天津市天磁科技有限公司进行强制清算。

※判决结果：法院认为，法人被宣告破产的，依法进行破产清算并完成法人注销登记时，法人终止。公司依法清算结束并办理注销登记前，有关公司的民事诉讼，应当以公司的名义进行，但代表公司参加诉讼、仲裁或者其他法律程序是管理人的职责。本案中，天津市天磁有限公司被宣告破产并终结破产清算程序后，未办理注销登记，其民事主体资格就仍然存续，仍应作为民事诉讼主体参加诉讼活动，但应由天津市天磁有限公司管理人予以授权，现天津天关律师事务所律师未经天津市天磁有限公司管理人授权直接到法院申请对天津市天磁科技有限公司进行强制清算，无法确定本次申请是天津市天磁有限公司管理人的真实意思表示。鉴于以上事实，依照《民事诉讼法》第154条第1款第11项的规定，裁定本案予以撤销。

※案例解读：《民法典》第73条规定，法人被宣告破产的，依法进行破产清算并完成法人注销登记时，法人终止。本案中，天津市天磁有限公司被宣告破产并终结破产清算程序后，未办理注销登记，因此法人未终止，其民事主体资格就仍然存续，

---

〔1〕 本案根据天津市河北区人民法院(2021)津0105强清3号判决书整理。

天津天关律师事务所律师到法院申请对天津市天磁科技有限公司进行强制清算，需要经过津市天磁有限公司管理人授权，未经授权不得申请。

第七十四条 【法人分支机构及其责任承担】法人可以依法设立分支机构。法律、行政法规规定分支机构应当登记的，依照其规定。

分支机构以自己的名义从事民事活动，产生的民事责任由法人承担；也可以先以该分支机构管理的财产承担，不足以承担的，由法人承担。

条文解读

本条是关于法人分支机构及其责任承担的规定。

法人分支机构，是指法人为了在空间上拓宽其业务活动范围，出资在一定区域设置的以完成法人部分职能的机构。法人分支机构具有以下特征：(1)分支机构是法人依法设立与法人不同地域的组织，是所属法人的组成部分，管理人员由所属法人指派；(2)分支机构为实现所属法人的宗旨在业务范围内经核准登记进行活动，它可以有自己的名称，但必须标明其与所属法人的隶属关系；(3)分支机构占有、使用的财产并非自己所有，而是所属法人财产的组成部分；(4)分支机构从事业务活动的法律后果由其所属法人承担。

本条规定的主要内容包括：

第一，分支机构的设立。法人可以依法设立分支机构。如《公司法》第14条规定："公司可以设立分公司。设立分公司，应当向公司登记机关申请登记，领取营业执照。分公司不具有法人资格，其民事责任由公司承担。公司可以设立子公司，子公司具有法人资格，依法独立承担民事责任。"《商业银行法》第19条规定："商业银行根据业务需要可以在中华人民共和国境内外设立分支机构。设立分支机构必须经国务院银行业监督管理机构审查批准。在中华人民共和国境内的分支机构，不按行政区划设立。商业银行在中华人民共和国境内设立分支机构，应当按照规定拨付与其经营规模相适应的营运资金额。拨付各分支机构营运资金额的总和，不得超过总行资本金总额的百分之六十。"法律、行政法规规定分支机构应当登记的，法人的分支机构应履行法定的核准登记程序。

第二，法人分支机构从事民事活动的责任承担。法人分支机构可以以自己的名义从事民事活动，表明其具有民事权利能力和民事行为能力。但法人分支机构不具备民事责任能力，其民事活动产生的民事责任，最终是由法人来承担的。

关联法规索引

《公司法》第14条；《最高人民法院关于适用〈中华人民共和国民事诉讼法〉的解释》第52条；《最高人民法院关于民事执行中变更、追加当事人若干问题的规定》第15条

典型案例

礼来苏州制药有限公司上海分公司、礼来苏州制药有限公司劳动争议案[1]

※案情简介：上诉人礼来苏州制药有限公司上海分公司、上诉人礼来苏州制药有限公司因与被上诉人于某劳动争议一案，向辽宁省丹东市中级人民法院提起上诉。

2009年8月，于某入职被告礼来苏州制药有限公司上海分公司，在公司担任医药专员职位，工作地点为辽宁省丹东市。经过几次续签劳动合同，双方最后一次于2018年8月13日续订了自2018年9月1日起的无固定期限劳动合同。

在礼来苏州制药有限公司上海分公司向于某发放的《员工手册》中载明："如发生严重违纪行为，公司有权将违纪员工解聘或退回劳务派遣机构""以欺骗或其他不正当手段获得公司财务，在费用报销中弄虚作假（包括但不限于提供虚假的报销凭证，或伪造或变造事实或数据而申请报销），该行为可构成严重违纪行为。"被告礼来苏州制药有限公司上海分公司在向原告发放《员工手册》时，通知原告可在线上自行查阅、学习。

2018年12月17日，于某因在丹东市振兴区民谣火锅店发生986元消费向被告礼来苏州制药有限公司上海分公司申请报销，该笔费用通过中国建设银行卡刷卡支付，于某向公司提供了消费水单及辽宁增值税普通发票。2019年5月，礼来苏

[1] 本案根据辽宁省丹东市中级人民法院（2021）辽06民终2772号判决书整理。

州制药有限公司上海分公司对该笔报销进行核查，委托第三方到店查询2018年12月17日是否有986元消费账目，并由第三方出具没有查询到相关消费结论的报告。于某表示：民谣火锅店出具了证明，其系多人合伙，有两个账本，每天的刷卡消费当天结算后清账。第三方核查当天，因没有说明是刷卡消费，民谣火锅店查询的是现金消费账本，故没有查到于某申请报销的该笔账目。

2019年7月14日，于某因在丹东珍珠岛江畔酒店有限公司发生2670元消费向被告礼来苏州制药有限公司上海分公司申请报销，该笔费用通过中国建设银行卡刷卡支付，于某向公司提供了消费水单及辽宁增值税普通发票。2020年4月，礼来苏州制药有限公司上海分公司对该笔报销进行核查，委托第三方到店查询2019年7月14日是否有2670元消费账目，并由第三方出具没有查询到相关消费结论的报告。同时，原告在本次报销中提供的水单账单号码为0107140047；水单中菜品名称有错别字。

2019年11月18日，于某因在丹东珍珠岛江畔酒店有限公司发生1990元消费向被告礼来苏州制药有限公司上海分公司申请报销，该笔费用通过中国建设银行卡刷卡支付，于某向公司提供了消费水单及辽宁增值税普通发票。2020年5月，礼来苏州制药有限公司上海分公司对该笔报销进行核查，委托第三方到店查询2019年11月18日是否有1990元消费账目，并由第三方出具没有查询到相关消费结论的报告。同时，于某在本次报销中提供的水单账单号码为0111170056。

2020年9月30日，礼来苏州制药有限公司上海分公司认为于某严重违法公司规章制度，故与于某解除了劳动合同，双方因此发生纠纷。

※争议焦点：本案的争议焦点为礼来苏州制药有限公司应否承担补充责任。

※判决结果：法院认为，《民法典》第74条规定："法人可以依法设立分支机构。法律、行政法规规定分支机构应当登记的，依照其规定。分支机构以自己的名义从事民事活动，产生的民事责任由法人承担；也可以先以该分支机构管理的财产承担，不足以承担的，由法人承担。"本案中，礼来苏州制药有限公司上海分公司是礼来苏州制药有限公司设立的分支机构，虽然与于某签订劳动合同的用人单位是礼来苏州制药有限公司上海分公司，但一审法院依据上述规定，判令礼来苏州制药有限公司对其上海分公司应承担的给付义务，承担补充责任，具有法律依据。礼来苏州制药有限公司上海分公司、礼来苏州制药有限公司的上诉请求不能成立，应予驳回，依照《民事诉讼法》第177条第1款第1项的规定，法院判决驳回上诉，维持

原判。

※案例解读：现行《民法典》第74条规定，法人可以依法设立分支机构。法律、行政法规规定分支机构应当登记的，依照其规定。分支机构以自己的名义从事民事活动，产生的民事责任由法人承担；也可以先以该分支机构管理的财产承担，不足以承担的，由法人承担。本案中，礼来苏州制药有限公司上海分公司是礼来苏州制药有限公司设立的分支机构，虽然与于某签订劳动合同的用人单位是礼来苏州制药有限公司上海分公司，但礼来苏州制药有限公司需要对其上海分公司应承担的给付义务，承担补充责任。

第七十五条　【法人设立行为的法律后果】设立人为设立法人从事的民事活动，其法律后果由法人承受；法人未成立的，其法律后果由设立人承受，设立人为二人以上的，享有连带债权，承担连带债务。

设立人为设立法人以自己的名义从事民事活动产生的民事责任，第三人有权选择请求法人或者设立人承担。

条文解读

本条是关于法人设立行为的法律后果的规定。

设立中的法人，是指从法人设立之初到法人成立之前，在此期间内专门负责法人设立的组织体。该组织体有自己的名称、组织机构、财产和经费。该组织体的名称一般需要注明为筹备，如“公司（设立中）”“公司筹备组”“公司（筹）”等。

本条规定的主要内容包括：

第一，设立中法人的债权债务归属。设立中的法人可以以自己的名义从事民事活动，因而其具有民事权利能力和民事行为能力。但设立中的法人不具有民事责任能力，设立中的法人从事民事活动所产生的民事责任，若法人成立，由成立后的法人承受；若法人没有成立，则由设立法人的设立人承受。当设立人为多人时，各设立人之间发生连带关系，即享有连带债权，承担连带债务。

第二，设立人为设立法人以自己的名义创设的债权债务归属。为了设立法人，设立人可以以自己的名义从事民法活动。设立人以自己的名义从事民事活动而产生的民事责任应当由自己承担。但是设立人从事民事活动的目的在于设立法人，法人一旦成立，设立人可以将因设立法人而从事的民事活动的后果移交给法人。第三人是与设立人进行交易的，交易后果又是由法人来承担，所以本款规定，设立人为设立法人以自己的名义从事民事活动产生的民事责任，第三人有权选择请求法人或者设立人承担。

关联法规索引

《最高人民法院关于适用〈中华人民共和国公司法〉若干问题的规定（三）》第1～5条

典型案例

许昌擎正建材有限公司、河南永盛金属结构有限公司承揽合同纠纷案〔1〕

※案情简介：2013年5月4日，赵某国（甲方）与河南永盛金属结构有限公司（以下简称永盛公司）（乙方）签订《钢结构承揽合同》一份，约定乙方承揽甲方的钢结构制作和安装工程，工程建筑总面积为4550平方米，工程单价为每平方米160元，总金额为728,000元，工期自2013年5月6日至2013年6月25日，有效工期为50天。该合同第5条约定付款方式为：合同签订后，甲方预付定金总额的30%，金额218,000元，乙方人员设备，钢结构大梁，柱子进入工地，甲方预付工程款总额的30%，金额218,000元，钢结构檩条、风撑、水平支撑全部安装齐全，再付总额的30%，金额21,800元，下余5%，金额36,400元为保证金，一年内无质量问题付清，其余5%工程款待工程全部竣工后经甲乙双方验收合格后按实际占地面积在1月底前一次付清。该合同第10条第3款约定：如甲方拖欠工程进度款或尾款，应向乙方支付拖欠金额每日万分之三的违约金。合同签订后，永盛公司按约定履行完毕自己的义务，许昌擎正建材有限公司（以下简称擎正公司）在2013年5月8日至2014年10月累计支付永盛公司工程款587,263元，下欠工程款140,737元未清结。

〔1〕本案根据河南省漯河市中级人民法院（2020）豫11民终1489号判决书整理。

另查明,徐某玉、赵某国系擎正公司的共同发起人,2013 年 5 月 27 日擎正公司注册成立,成立后赵某国担任公司经理职务。永盛公司将完成的承揽工程交付后由擎正公司进行使用。永盛公司、擎正公司对该事实均予以认可。一审法院判决擎正公司支付原告永盛公司工程款 140,737 元及违约金 42,221.1 元,擎正公司不服,因此提出上诉。

※争议焦点:本案的争议焦点为擎正公司对下欠的 140,737 元工程款应否承担还款责任。

※判决结果:法院认为,涉案《钢结构承揽合同》虽系赵某国与永盛公司签订,因赵某国系擎正公司的发起人,且赵某国在擎正公司成立后任经理职务,永盛公司将签订涉案《钢结构承揽合同》后完成的工程交付由擎正公司使用,故一审法院以此认定赵某国为设立擎正公司签订的涉案《钢结构承揽合同》,其法律后果由成立后的擎正公司承担,判决擎正公司向永盛公司支付工程款 140,737 元及违约鑫 42,221.1 元,并无不当,法院依法予以维持。擎正公司上诉称赵某国并不是其公司的设立发起人,与事实不符,其以此上诉主张其公司不应对涉案工程欠款承担清偿责任,应由赵某国承担清偿责任,法院依法不予支持。综上,擎正公司上诉请求不能成立应予驳回;一审判决认定事实清楚,适用法律正确,应予维持。判决驳回上诉,维持原判。

※案例解读:《民法典》第 75 条规定,设立人为设立法人从事的民事活动,其法律后果由法人承担;法人未成立的,其法律后果由设立人承受,设立人为二人以上的,享有连带债权,承担连带债务。设立人为设立法人以自己的名义从事民事活动产生的民事责任,第三人有权选择请求法人或者设立人承担。本案中涉及的《钢结构承揽合同》虽然系赵某国以自己的名义与永盛公司签订,但赵某国作为擎正公司发起人,承担着自开始设立公司到公司设立完成而具有法律人格前的筹办事务。合同签订后永盛公司履行自己的义务,按时交付承揽的工程,该工程由依法设立后的擎正公司使用,擎正公司以自己的行为表明其实际享有了合同权利,同意成为合同当事人,依法应承担作为合同当事人的法律后果。因此永盛公司要求擎正公司偿还工程款 140,737 元的诉求,于法有据。

第二节　营利法人

第七十六条　【营利法人定义及类型】以取得利润并分配给股东等出资人为目的成立的法人，为营利法人。

营利法人包括有限责任公司、股份有限公司和其他企业法人等。

条文解读

本条是关于营利法人定义及类型的规定。

营利法人，是指以营利为目的且将取得的利润分配给出资人的法人。我国《民法典》将法人分为营利法人、非营利法人和特别法人。在营利法人与非营利法人的区别中，重点不在于是否取得利润，而在于是否将利润分配给出资人，将利润分配给股东等出资人的是营利法人。比如，基金会法人为了维持财产价值或升值，会将管理的资金用于经营活动取得一定利润，但没有股东出资人，不能分配利润，属于非营利法人。

具体而言，营利法人与非营利法人的主要区别包括：第一，设立依据不同。营利法人的设立通常要依据特别法设立，如根据《公司法》成立公司，而非营利法人大多依据民法设立。第二，设立原则不同。营利法人的设立一般采取准则主义，而非营利法人一般采取许可主义。第三，设立目的不同。营利法人的设立目的在于实现出资人利益，而非营利法人的设立目的在于满足公共利益需求。第四，法人能力不同。营利法人可以广泛从事各种营利活动，而非营利法人只能从事非营利活动。第五，组织形态不同。营利法人原则上只能采取社团形式，而非营利法人可以采用社团形式也可以采用财团形式。[1]

营利法人的类型包括有限责任公司、股份有限公司和其他企业法人等。根据《公司法》第2条和第3条的规定，公司是指依照本法在中国境内设立的有限责任公司和股份有限公司。公司是企业法人，有独立的法人财产，享有法人财产权。公司以其全部财产对公司的债务承担责任。有限责任公司的股东以其认缴的出资额

〔1〕 王利明主编：《中华人民共和国民法总则详解》（上），中国法制出版社2017年版，第318页。

为限对公司承担责任;股份有限公司的股东以其认购的股份为限对公司承担责任。

第2款所指的"其他企业法人"既包括《公司法》中规定的一人有限责任公司和国有独资公司,也包括其他单行法中规定的且符合本条规定的营利法人,如中外合作经营企业、外资企业等。根据《公司法》第57条的规定,一人有限责任公司是指只有一个自然人股东或者一个法人股东的有限责任公司。第64条则规定,国有独资公司,是指国家单独出资、由国务院或者地方人民政府授权本级人民政府国有资产监督管理机构履行出资人职责的有限责任公司。

关联法规索引

《公司法》第2条、第3条、第57条、第64条

典型案例

过某萍、蒋某合同纠纷案[1]

※案情简介:上诉人过某萍因与被上诉人蒋某合同纠纷一案,不服无锡市梁溪区人民法院(2020)苏0213民初9238号民事判决,向江苏省无锡市中级人民法院提起上诉。

恒斌伟公司的工商登记载明股东为蒋某一人,蒋某系该公司法定代表人。蒋某认可收取过某萍17万元同意其成为公司股东。2020年9月22日,恒斌伟公司被蒋某注销,注销前未进行清算,双方因此发生纠纷。

※争议焦点:本案的争议焦点为蒋某是否应归还过某萍16万元并赔偿利息损失。

※判决结果:法院认为,《民法典》第76条规定,以取得利润并分配给股东等出资人为目的成立的法人,为营利法人。营利法人包括有限责任公司、股份有限公司和其他企业法人等。本案中,过某萍主张其投资16万元成为恒斌伟公司的股东,拥有20%的股权,对此,蒋某并无异议。虽然,恒斌伟公司的工商登记载明股东为蒋某一人,但法律并未禁止规定公司的实际情况不得与登记的事项不一致。因此,

[1] 本案根据江苏省无锡市中级人民法院(2021)苏02民终4162号判决书整理。

应认定过某萍为恒斌伟公司的隐名股东。且从过某萍在恒斌伟公司办公场地以及恒斌伟公司的销售模式和利润分配情况,可以反映过某萍事实上系恒斌伟公司的股东并参与了经营,实际享有了股东的权利,故对过某萍上诉主张受蒋某欺骗,要求蒋某归还16万元本金及利息,于法不符,法院不予支持。综上所述,一审判决认定事实清楚,适用法律正确,应予维持。判决如下:驳回上诉,维持原判。

※案例解读:《民法典》第76条规定,以取得利润并分配给股东等出资人为目的成立的法人,为营利法人。营利法人包括有限责任公司、股份有限公司和其他企业法人等。本案中,过某萍主张其投资16万元成为恒斌伟公司的股东,拥有20%的股权,且过某萍事实上参与了公司经营,实际享有了股东的权利,因此过某萍要求蒋某归还16万元本金及利息的要求于法无据。

第七十七条 【营利法人的成立】营利法人经依法登记成立。

条文解读

本条是关于营利法人成立的规定。

法人设立是依法产生法人的行为。历史上的法人设立主要经历了特许主义、核准主义和准则主义三种模式。特许主义,是指法人的设立需要个案审查,需经国家特别许可。在我国,机关法人、工会、青年团、妇联等特定社会团体都是基于特许产生。核准主义,是指法人的设立除了需要符合法律规定之外,还需要主管机关的审查批准,主管机关依照规定审查后作出批准或不批准的决定。医院、学校等一般非营利法人大多采取核准主义。准则主义,也称登记主义,是指法律预先规定法人设立条件,只要符合法定条件,即可通过登记成立,不需要事前审批。

本条规定我国营利法人原则上采取登记主义,凡符合法人成立条件并依法登记的即取得法人资格。《公司法》第6条规定,设立公司,应当依法向公司登记机关申请设立登记。符合本法规定的设立条件的,由公司登记机关分别登记为有限责任公司或者股份有限公司;不符合本法规定的设立条件的,不得登记为有限责任公司或者股份有限公司。法律、行政法规规定设立公司必须报经批准的,应当在公司登记前依法办理批准手续。公众可以向公司登记机关申请查询公司登记事项,公司登记机关应当提供查询服务。《公司法》的立法模式是准则主义加核准主义,特殊的营利法人,如中外合资企业、中外合作企业、外商独资企业,由国家对外经济贸易主管部门负责审查批准工作,获得批准证书后,相关企业才能到工商部门办理工商登记手续。

关联法规索引

《公司法》第6条、第23条、第76条、第198条;《民办教育促进法》第12条

典型案例

海南农垦旅游集团有限公司、张某平等与贵州金太阳野生兰花保护开发有限公司林业承包合同纠纷案〔1〕

※案情简介:1998年8月18日,刘某风以穗丰公司(乙方)的名义与原蓝洋农场(甲方)签订《土地承包合同》,约定:(1)甲方将蓝洋农场油库背后200亩土地(四至:东至橡胶园沟边,南至橡胶园边,西至橡胶园边,北至橡胶园边)发包给穗丰公司承包发展农业;(2)承包期限35年,即1998年8月18日至2033年8月18日;(3)承包价格:承包前3年免收承包金,第4年开始按每年每亩70元,以后每年每亩递增10元,依此类推,递增至每年每亩130元封顶,此后按每年每亩130元计算;(4)付款方式:从第4年开始每年1月10日前乙方向甲方一次性交清当年承包金。合同签订后,乙方开始在承包地上种植荔枝树、10棵左右的龙眼树、建一排5间平顶房、8间瓦房,总面积100多平方米、水塔1个、小水库1个,支付承包金至2016年。2016年9月8日,蓝洋农场根据《关于海南农垦农场公司制改革的指导意见》(琼府办〔2016〕176号)规定,将蓝洋农场变更为海南农垦蓝洋农场有限公司。2017年11月9日,海南省农垦投资控股集团有限公司将海南农垦蓝洋农场有限公司变更为海南农垦旅游集团有限公司(以下简称旅游公司)。2017年7月20日,旅游公司(甲方)与金太阳公司(乙方)签订《海垦蓝洋农场有限公司农业用地对外租赁合同书》,约定:(1)甲方将其坐落于海垦蓝洋农场有限公司7队的370亩土地租赁给乙方从事农业生产经营。其中一块编号为07201(1),园地二类,面积

---

〔1〕　本案根据海南省第二中级人民法院(2021)琼97民终239号判决书整理。

200 亩,收费标准每亩每年 300 元,地上种植荔枝。另一块编号为 07201(2),园地三类,面积 170 亩,收费标准每亩每年 240 元,地上种植林木。(2)土地租赁期限 20 年,自 2017 年 6 月 1 日起至 2037 年 5 月 31 日止。甲方应当于 2017 年 6 月 1 日之前将承包土地交付给乙方。(3)370 亩土地每年应缴承包金 100,800 元,每 5 年递增 8%,于每年 8 月 31 日前缴清本年度的土地租赁费用。(4)乙方不缴或欠缴租赁费 1 年以上的,甲方可以解除合同。(5)乙方不缴或欠缴土地租赁费的,应视延迟的期限,按当年应缴租赁费每日 0.1%,向甲方支付违约金。(6)本合同签订后,甲方与乙方原签订的《土地承包合同》同时终止,并由甲方收回注销。合同签订后,乙方没有在承包地上另外种植作物,承包地上的荔枝树、龙眼树是穗丰公司原来种植的。

乙方已交付 2017 年土地承包金 100,800 元。2018 年、2019 年的土地承包金乙方仍未支付,甲方于 2019 年 9 月 20 日向一审法院起诉,请求依法支持其诉讼请求。经一审法院多次调解,双方未能协商解决。因此旅游公司、张某平等向贵州金太阳野生兰花保护开发有限公司(以下简称金太阳公司)及原审第三人刘某风林业承包合同纠纷一案提出了上诉。

※争议焦点:本案的争议焦点为旅游公司与金太阳公司于 2017 年 7 月 20 日签订的《海垦蓝洋农场有限公司农业用地对外租赁合同书》是否有效。

※判决结果:法院认为,根据《民法通则》第 50 条"有独立经费的机关从成立之日起,具有法人资格。具备法人条件的事业单位、社会团体,依法不需要办理法人登记的,从成立之日起,具有法人资格;依法需要办理法人登记的,经核准登记,取得法人资格"和《民法典》第 77 条"营利法人经依法登记成立"的规定,对于应当登记的法人没有登记的,法人并未依法成立,不具备法人资格,不能作为当事人,其进行民事活动所享有的民事权利和承担义务的主体,应当是行为人。穗丰公司未登记设立,刘某风以穗丰公司的名义与原蓝洋农场签订《土地承包合同》,刘某风作为签订案涉《土地承包合同》的行为人,案涉《土地承包合同》的权利义务应由其享有和承担。经旅游公司同意,刘某风有权将其以穗丰公司的名义承包原蓝洋农场的 200 亩土地转让给金太阳公司,终止案涉《土地承包合同》。一审第三人主张穗丰公司未登记设立,穗丰公司对涉案 370 亩土地承包权益依法应由他们承接,于法无据,不予采纳。原蓝洋农场变更为旅游公司后,金太阳公司与旅游公司于 2017 年 7 月 20 日签订的《海垦蓝洋农场有限公司农业用地对外租赁合同书》,系双方当

事人的真实意思表示,不违反法律、行政法规的强制性规定,合同合法有效。金太阳公司主张其被逼迫签订合同,因未能提供相关的证据证明,不予采信。刘某风将其以穗丰公司的名义承包的200亩土地转让给金太阳公司,一审第三人是否知情,并不影响金太阳公司与旅游公司签订合同的效力,金太阳公司以此为由主张案涉合同无效于法无据。综上所述,旅游公司、张某平等五人的上诉请求均不能成立,应予驳回;判决驳回上诉,维持原判。

※案例解读:《民法典》第77条规定,营利法人经依法登记成立。穗丰公司未登记设立,刘某风以穗丰公司的名义与原蓝洋农场签订《土地承包合同》,经旅游公司同意,刘某风有权将其以穗丰公司的名义承包原蓝洋农场的200亩土地转让给金太阳公司,终止案涉《土地承包合同》。原蓝洋农场变更为旅游公司后,金太阳公司与旅游公司于2017年7月20日签订的《海垦蓝洋农场有限公司农业用地对外租赁合同书》,系双方当事人的真实意思表示,不违反法律、行政法规的强制性规定,因此合同合法有效。

第七十八条　【营利法人营业执照】依法设立的营利法人,由登记机关发给营利法人营业执照。营业执照签发日期为营利法人的成立日期。

条文解读

本条是关于营利法人营业执照的规定。

营业执照是营利法人的登记机关——市场监督管理机关——颁发的准许该营利法人从事某项生产经营活动的凭证。营利法人办理工商登记,领取营业执照,标志着正式成立,取得法人主体资格。营业执照的格式由国务院市场监督管理部门统一制定,登记事项包括:名称、地址、负责人、资金数额、经济成分、经营范围、经营方式、从业人数、经营期限等。

营利法人的成立日期以营业执照签发日期为准。

典型案例

杨某、贺某等劳动争议案[1]

※案情简介：上诉人杨某、上诉人贺某、尹某兰因与被上诉人张某平劳动争议一案，不服四川省广安市广安区人民法院（2021）川1602民初1969号民事判决，提起上诉。

经张某平联系，杨某于2020年4月28日到金权公司上班，口头约定月工资5000元，未签订劳动合同。杨某主要工作职责是负责公司行政事务及人力资源管理。金权公司于2020年4月26日登记成立，公司成立之初无固定办公场地，无对公账户，无业绩无收益。张某平口头告知杨某第二、三个月月工资3500元。5月杨某经考勤应扣款230元，扣除后应实发工资4770元。2020年6月8日张某平代表公司向杨某支付了第一个月工资5000元，未扣考勤扣款230元，第二、三个月工资未支付。杨某在金权公司上班3个月后离职。同时查明，金权公司性质为有限责任公司，公司股东贺某出资43万元、尹某兰出资38万元、张某平出资19万元，认缴出资（认缴时间2040年）。张某平任公司总经理，全面负责管理公司。金权公司成立后无业绩，2021年2月1日，贺某、尹某兰、张某平申请注销公司，并书面承诺已将企业注销前的债权债务清算完结。2021年2月22日金权公司被注销。另查明，杨某与金权公司劳动争议一案，杨某于2021年2月9日向广安市广安区劳动人事争议仲裁委员会申请仲裁，该委以法定时限已届满尚未受理为由，于2021年2月24日作出逾期未受理证明。

※争议焦点：本案的争议焦点为杨某与金权公司是否存在劳动关系。

※判决结果：法院认为，根据《民法典》第78条"依法设立的营利法人，由登记机关发给营利法人营业执照。营业执照签发日期为营利法人的成立日期"、第59条"法人的民事权利能力和民事行为能力，从法人成立时产生，到法人终止时消灭"、《公司法》第7条第1款"依法设立的公司，由公司登记机关发给公司营业执照。公司营业执照签发日期为公司成立日期"、《劳动合同法》第2条"中华人民共和国境内的企业、个体经济组织、民办非企业单位等组织（以下称用人单位）与劳动

〔1〕 本案根据四川省广安市中级人民法院（2021）川16民终1094号判决书整理。

者建立劳动关系,订立、履行、变更、解除或者终止劳动合同,适用本法。国家机关、事业单位、社会团体和与其建立劳动关系的劳动者,订立、履行、变更、解除或者终止劳动合同,依照本法执行"、《劳动争议调解仲裁法》第2条"中华人民共和国境内的用人单位与劳动者发生的下列劳动争议,适用本法:(一)因确认劳动关系发生的争议;(二)因订立、履行、变更、解除和终止劳动合同发生的争议;(三)因除名、辞退和辞职、离职发生的争议;(四)因工作时间、休息休假、社会保险、福利、培训以及劳动保护发生的争议;(五)因劳动报酬、工伤医疗费、经济补偿或者赔偿金等发生的争议;(六)法律、法规规定的其他劳动争议"的规定,本案双方的诉应属杨某与金权公司的劳动争议。一审判决认定事实清楚,适用法律正确,因此判决驳回上诉,维持原判。

※**案例解读:**现行《民法典》第78条规定,依法设立的营利法人,由登记机关发给营利法人营业执照。营业执照签发日期为营利法人的成立日期。本案中,金权公司已经依法成立,杨某在金权公司上班时间3个月。从2020年4月28日至2020年7月27日,故杨某与金权公司存在劳动关系,金权公司应当承担该期间向杨某支付工资的义务。

第七十九条 【营利法人的章程】设立营利法人应当依法制定法人章程。

条文解读

本条是关于营利法人的章程的规定。

法人章程,是指法人的成员关于法人的活动范围、组织机构及成员之间权利义务等问题订立的书面的自制规则。《公司法》第11条规定:"设立公司必须依法制定公司章程。公司章程对公司、股东、董事、监事、高级管理人员具有约束力。"

法人的章程内容可以分为绝对必要记载事项和任意记载事项。前者是指法人章程中必须具备的内容,否则该章程无效,登记机关将不予登记。《公司法》第25条规定,有限责任公司章程应当载明下列事项:(1)公司名称和住所;(2)公司经营范围;(3)公司注册资本;(4)股东的姓名或者名称;(5)股东的出资方式、出资额和出资时间;(6)公司的机构及其产生办法、职权、议事规则;(7)公司法定代表人;

(8)股东会会议认为需要规定的其他事项。股东应当在公司章程上签名、盖章。任意记载事项,是指不是由法律规定不可缺少的事项,可以自行决定是否体现自章程中。

法人章程是法人的行为准则,对法人具有约束力。法人的权力机构、执行机构和监督机构及其成员都要受到法人章程的约束。

关联法规索引

《公司法》第 11 条、第 16 条、第 25 条、第 43 条、第 71 条、第 75 条

第八十条 【营利法人的权力机构】营利法人应当设权力机构。

权力机构行使修改法人章程,选举或者更换执行机构、监督机构成员,以及法人章程规定的其他职权。

条文解读

本条是关于营利法人的权力机构的规定。

法人治理机构是法人的组成部分,是形成、表示和实现法人意志的机构,包括权力机构、执行机构和监督机构。[1]

本条规定的主要内容包括:

第一,营利法人应当设权力机构。法人的权力机构是法人自己意思的形成机关,决定法人重大事项。营利法人都应当设权力机构,不同类型营利法人的权力机构可以不同。《公司法》第 36 条规定,股东会是有限责任公司的权力机构。第 98 条规定,股东大会是股份有限公司的权力机构。一人有限责任公司不设股东会,股东就是权力机构。国有独资公司也不设股东会,国有资产监督管理机构是其权力机构,也可授权董事会行使部分权力机构的职权。

第二,营利法人权力机构的职权。营利法人权力机构的职权包括:(1)修改法人章程。法人章程是营利法人成立的必备法律文件,对法人即法人权力机构、执行

〔1〕 参见郭明瑞:《民法总则通义》,商务印书馆 2018 年版,第 110 页。

机构和监督机构都有约束力,其修改程序和权限由法律规定。(2)选举或更换执行机构、监督机构的成员。法人的执行机构、监督机构的成员受权力机构委派,执行机构、监督机构对权力机构负责,因此选举或更换其成员必须通过权力机构。(3)法人章程规定的其他职权。例如,决定公司的经营方针和投资计划、选举和更换董事、决定有关董事的报酬事项,等等。

关联法规索引

《公司法》第16条、第36条、第37条、第90条、第98条

典型案例

乐某毅与上海任天农业科技有限公司请求变更公司登记纠纷案[1]

※案情简介:被告上海任天农业科技有限公司成立于2016年8月29日,注册资本2000万元,成立时工商登记的股东为冯某军(持股90%),承某文(持股10%),法定代表人为承某文。

2018年4月23日,被告上海任天农业科技有限公司形成股东会决议:选举原告乐某毅为公司的执行董事,同时免去承某文原执行董事职务。原告乐某毅配合被告办理相应工商变更登记。2018年4月26日,公司法定代表人从承某文变更为原告乐某毅。

上海任天农业科技有限公司在其存续期间发生了两次股权转让,直至2019年4月1日,由陶某英一人100%持股。原告乐某毅配合被告办理了相应的工商变更登记。公司在工商备案的公司章程第7条规定,公司不设股东会,由股东行使委托和更换执行董事的职权;第16条规定,公司的法定代表人由执行董事担任。

庭审中,原告乐某毅陈述,其在担任被告公司执行董事之际就与被告没有任何劳动劳务关系,也无经营上的往来,系受被告原股东冯某军之托,答应担任被告执行董事及法定代表人,任职期间也从未关注过被告公司情况,包括过问公司经营情况、阅看公司相应资料等。

〔1〕 本案根据上海市闵行区人民法院(2020)沪0112民初14158号判决书整理。

※争议焦点：本案的争议焦点为原告乐某毅是否有权申请变更被告法定代表人。

※判决结果：法院认为，原告的诉讼请求名为要求被告办理工商变更登记，消除原告作为被告法定代表人的登记事项，其实隐含了要求变更被告法定代表人的诉请，而法定代表人作为有限责任公司的内设法定机构，其人员的选任、变更均为公司治理的内部事务，需要该公司依据相关法律及公司章程，经过相应公司决议程序或其他程序进行，工商登记的被告的公司章程中的相关规定也恰恰印证了该点，故在法无明文规定的情况下，法院无权对此予以干涉，而原告也无法提供证据证明被告公司进行过相应的变更其法定代表人的程序，并形成相应结果。反之，公司法定代表人的担任并不需要同时是该公司股东或与该公司形成劳动关系这些法定的资质要求。原告不曾是公司股东，也并非公司员工，但这并未对原告出任公司执行董事、担任公司法定代表人造成任何法律上的障碍，故原告现以该理由要求法院突破公司内部治理原则，直接代替公司作出免除其法定代表人的职务，实无法律依据，法院难以支持。最后，原告在任职期间，怠于行使其作为公司执行董事暨法定代表人职权，包括查阅公司资料，关注公司经营情况等，反而配合被告公司完成数次工商变更登记，直至公司现状对其造成现有不利影响，这是原告针对自身行为应当自担之商事风险，也需原告另择法律途径进行救济，无法成为原告可以径行要求法院免除其法定代表人职务的正当理由。据此，依照《民法总则》第 80 条、《民事诉讼法》(2017 年修正)第 144 条、《最高人民法院关于适用〈中华人民共和国民事诉讼法〉的解释》第 90 条的规定，判决驳回原告乐某毅的诉讼请求。

※案例解读：《民法典》第 80 条规定，营利法人应当设权力机构。权力机构行使修改法人章程，选举或者更换执行机构、监督机构成员，以及法人章程规定的其他职权。本案中，法定代表人作为有限责任公司的内设法定机构，其人员的选任、变更均为公司治理的内部事务，需要该公司依据相关法律及公司章程，经过相应公司决议程序或其他程序进行，工商登记的被告的公司章程中的相关规定也恰恰印证了该点，故在法无明文规定的情况下，法院无权对此予以干涉。

第八十一条　【营利法人的执行机构】营利法人应当设执行机构。

执行机构行使召集权力机构会议，决定法人的经营计划和投资方案，决定法人内部管理机构的设置，以及法人章程规定的其他职权。

执行机构为董事会或者执行董事的，董事长、执行董事或者经理按照法人章程的规定担任法定代表人；未设董事会或者执行董事的，法人章程规定的主要负责人为其执行机构和法定代表人。

条文解读

本条是关于营利法人的执行机构的规定。

执行机构是执行法人章程、法人意志，执行法人权力机构决策事项的法人机关。

本条规定的主要内容包括：

第一，营利法人应当设执行机构。

第二，法人执行机构的职权。法人执行机构的职权包括：(1)召集权力机构会议。执行机构是由权力机构产生，向权力机构报告工作并负责，因此，执行机构为了履行职责，有权召集权力机构会议。(2)决定法人的经营计划和投资方案。执行机构应执行权力机构作出的关于经营计划和投资方案的决议，根据该决议决定营利法人的具体经营计划和投资方案，并组织实施。(3)决定内部管理机构的设置。执行机构有管理法人内部事务的职权，有权决定内部管理事务，如制定管理制度、决定管理机构的设置等。(4)法人章程规定的其他职权。

第三，营利法人执行机构与法定代表人的关系。执行机构与法定代表人的关系包括两种情形：(1)执行机构为董事会或者执行董事的，董事长、执行董事或者经理按照法人章程的规定担任法定代表人；(2)没有设立董事会或执行董事的，法人章程规定的主要负责人为其执行机构和法定代表人。

关联法规索引

《公司法》第41条、第46条、第50条、第61条；《全民所有制工业企业法》第45条；《城镇集体所有制企业条例》第31条

典型案例

台州市海兴渔业有限公司与李某福、徐某1公司证照返还纠纷案[1]

※案情简介：原告台州市海兴渔业有限公司（以下简称海兴公司）成立于2007年5月17日，为有限责任公司，公司章程第8条规定了股东会的职权，第11条规定召开股东会，应当在会议召开前15日以前通知全体股东，但另有约定的除外，定期会议应每半年召开1次，代表1/10以上表决权的股东、执行董事、监事提议召开临时会议的，应当召开临时会议。第12条规定股东会由执行董事召集和主持，执行董事不能履行或者不履行召集职责的，由监事召集和主持。第14条规定，公司设执行董事，为公司的法定代表人，由股东会选举产生，任期3年，可以连任。第15条规定，执行董事有10项职责包括制定公司的基本管理制度。第16条规定公司设经理，其职责为有7项，包括拟订公司的基本管理制度。徐某2占33.34%的股份，任公司执行董事、法定代表人，被告李某福、徐某1各占33.33%，分别任公司经理和监事。从2016年8月开始，两被告占有公司公章（2枚），通过控制公司办公场所的方式，实际控制公司营业执照，通过控制公司财务人员任用的方式实际控制法定代表人印鉴章、公司财务章、账册和会计凭证。2021年1月5日，在没有徐某2参加下，两被告召开股东会，股东会作出徐某2不再担任公司执行董事和法定代表人而由李某福担任公司经理、执行董事和法定代表人等决议。2021年1月8日，被告李某福以公司名义向法院提出撤诉申请，加盖了公司公章。

※争议焦点：本案的争议焦点为徐某2是否可以代表公司提起返还证照之诉。

※判决结果：法院认为，徐某2担任海兴公司法定代表人以及原告海兴公司公章、执照、财务资料占有、控制的法律事实发生在《民法典》实施之前，但持续至《民法典》实施后。因此，上述法律事实引起了民事诉讼适用《民法典》的规定。《民法典》第61条第2款规定，法定代表人以法人名义从事的民事活动，其法律后果由法人承受。第81条规定，营利法人应当设执行机构，执行机构行使召集权力机构会议，决定法人的经营计划和投资方案，决定法人内部管理机构的设置以及法人章程规定的其他职权，执行机构为执行董事的，由执行董事或者经理按照法人章程的规

[1] 本案根据浙江省温岭市人民法院（2020）浙1081民初10939号判决书整理。

定担任法定代表人。原告海兴公司的公章、执照、财务账册是公司的核心资料，是由公司执行董事和法定代表人行使的属于公司章程规定的基本管理制度所要管理的职责范围。徐某2作为原告海兴公司的执行董事和法定代表人，除对外代表公司行使职责外，对内行使上述职责符合法律的规定和原告海兴公司的章程的规定，故徐某2可以代表公司提起返还证照之诉，无须股东会另行就证照的诉讼问题作出决议表达其意思。

※案例解读：《民法典》第81条规定，营利法人应当设执行机构……执行机构为董事会或者执行董事的，董事长、执行董事或者经理按照法人章程的规定担任法定代表人；未设董事会或者执行董事的，法人章程规定的主要负责人为其执行机构和法定代表人。本案中，徐某2作为原告海兴公司的执行董事和法定代表人，除对外代表公司行使职责外，亦有权代表公司提起返还证照之诉。

第八十二条　【营利法人的监督机构】营利法人设监事会或者监事等监督机构的，监督机构依法行使检查法人财务，监督执行机构成员、高级管理人员执行法人职务的行为，以及法人章程规定的其他职权。

条文解读

本条是关于营利法人的监督机构的规定。

法人机关应当包括权力机构、执行机构和监督机构。监督机构是对执行机构的行为进行监督和检查，以保障权力机构的决议得以执行的机构。营利法人监督机构的规模应当适中，可以根据法人的具体情况设立。《公司法》第51条第1款规定："有限责任公司设监事会，其成员不得少于三人。股东人数较少或者规模较小的有限责任公司，可以设一至二名监事，不设监事会。"

监督机构的职权包括：第一，检查法人财务。第二，监督执行机构成员、高级管理人员执行法人职务的行为。比如，《公司法》第54条规定："监事可以列席董事会会议，并对董事会决议事项提出质询或者建议。监事会、不设监事会的公司的监事发现公司经营情况异常，可以进行调查；必要时，可以聘请会计师事务所等协助其工作，费用由公司承担。"第三，法人章程规定的其他职权。

关联法规索引

《公司法》第 51 条、第 54 条、第 117 条、第 149 条、第 151 条

第八十三条 【出资人滥用权利的责任承担】 营利法人的出资人不得滥用出资人权利损害法人或者其他出资人的利益；滥用出资人权利造成法人或者其他出资人损失的，应当依法承担民事责任。

营利法人的出资人不得滥用法人独立地位和出资人有限责任损害法人债权人的利益；滥用法人独立地位和出资人有限责任，逃避债务，严重损害法人债权人的利益的，应当对法人债务承担连带责任。

条文解读

本条是关于出资人滥用权利的责任承担的规定。

营利法人的出资人，依法依规依章程享有出资人的权利，同时，也负有依法行使权利的义务。本条规定意在避免出资人滥用权利损害法人或其他出资人利益，并规定出资人滥用权利损害法人的债权人的利益应承担的责任。

本条规定的主要内容包括：

第一，关于出资人滥用权利损害法人或其他出资人利益的规定。《公司法》第 20 条规定："公司股东应当遵守法律、行政法规和公司章程，依法行使股东权利，不得滥用股东权利损害公司或者其他股东的利益；不得滥用公司法人独立地位和股东有限责任损害公司债权人的利益。公司股东滥用股东权利给公司或者其他股东造成损失的，应当依法承担赔偿责任。公司股东滥用公司法人独立地位和股东有限责任，逃避债务，严重损害公司债权人利益的，应当对公司债务承担连带责任。"现代公司制度下，股东滥用权利损害公司或其他股东利益的现象屡见不鲜，如股东有查阅公司章程、股东会议记录、财务报告等有关资料的权利，股东应当按要求行使该权利，在规定时间、地点，按照查阅目的查阅相关资料。但股东以查账为由，窃取公司商业秘密，则构成股东权利滥用。又如，股东有出席股东大会并质询的权利，但有股东在股东大会上恶意质询，导致会议难以继续，并以此为由敲诈勒索公司，也构成股东权利滥用。滥用出资人权利造成法人或者其他出资人损失的，应当

依法承担民事责任。

第二,关于出资人滥用法人人格和有限责任损害债权人利益的规定。《公司法》等法律为了保护和鼓励投资,创制了法人独立地位和出资人有限责任制度。但是,在经济生活中,有的营利法人的出资人通过各种途径控制营利法人,目的在于赚取高额利润或逃避债务,破坏了营利法人的独立地位,同时,出资人逃避了其应承担的责任,使营利法人的债权人面临极大交易风险。针对这种情况,《公司法》确认了法人人格否认制度,亦称"揭开公司的面纱",是指在特殊情况下对公司的股东特别是董事,在管理公司的事务中,从事各种不正当行为造成公司债权人的损害时,应不考虑公司的独立人格,而要求公司的股东向债权人直接承担责任。如《公司法》第20条第3款规定:"公司股东滥用公司法人独立地位和股东有限责任,逃避债务,严重损害公司债权人利益的,应当对公司债务承担连带责任。"第63条规定:"一人有限责任公司的股东不能证明公司财产独立于股东自己的财产的,应当对公司债务承担连带责任。"《民法典》第83条第2款中规定,滥用法人独立地位和出资人有限责任,逃避债务,严重损害法人债权人的利益的,应当对法人债务承担连带责任。

关联法规索引

《公司法》第20条、第21条;《乡镇企业法》第14条

典型案例

桑某、菏泽睿志泡塑有限公司等民事纠纷案〔1〕

※案情简介:上诉人桑某、菏泽睿志泡塑有限公司(以下简称睿志公司)因与被上诉人赵某刚及原审被告李某刚损害公司债权人利益责任纠纷一案,不服山东省菏泽经济开发区人民法院(2021)鲁1791民初1808号民事判决,向山东省菏泽市中级人民法院提起上诉。

2020年6月9日,赵某刚与李某刚签订了《协议书》,内容为:"赵某刚于2020

〔1〕 本案根据山东省菏泽市中级人民法院(2021)鲁17民终3670号判决书整理。

年4月6日出资150万元以现金入股的形式转入李某刚中国银行账户，占股李某刚经营的梁山力建泡沫菏泽睿志泡沫30%的股份。由于经营理念不同，经友好协商，现李某刚将股份转让退还给赵某刚，李某刚应退还现金150万元。4月6日到5月6日在共同经营的一月内共亏损拾万元，赵某刚按比例应承担叁万元。到5月6日合作终止，以前李某刚经营的两个公司盈亏和债务与赵某刚无关，由于李某刚无法一次性退还145万元，经双方协商由按月息一分，分期分批逐步返还。2021年2月9日之前连本带息还清。（壹佰肆拾伍万元正）。"赵某刚、李某刚在《协议书》上签名并捺印，还加盖了"菏泽睿志泡塑有限公司"印章。《协议书》签订后，桑某分别于2020年9月6日、12月4日、2021年2月10日通过自己的账户向赵某刚转账5万元、5万元、20万元，共计30万元用于偿还《协议书》中约定的转让款后，未再还款。原、被告双方确认:2021年3月6日之前的利息已结清，本金尚欠130.95万元。经查，睿志公司于2013年6月27日成立，注册资本200万元，股东李某刚持股比例为75%，股东桑某持股比例为25%。在日常经营中，睿志公司的账户与李某刚、桑某的个人账户之间以及李某刚和桑某个人账户之间频繁相互转账，李某刚、桑某经常使用个人账户收取、支付公司的各项费用。李某刚和桑某原系夫妻关系，双方于2011年11月3日办理了离婚登记手续，现仍在一起同居生活。

※争议焦点:本案的争议焦点为李某刚和桑某是否应对赵某刚承担责任。

※判决结果:法院认为，据《民法典》第83条规定:"营利法人的出资人不得滥用出资人权利损害法人或者其他出资人的利益;滥用出资人权利造成法人或者其他出资人损失的，应当依法承担民事责任。营利法人的出资人不得滥用法人独立地位和出资人有限责任损害法人债权人的利益;滥用法人独立地位和出资人有限责任，逃避债务，严重损害法人债权人的利益的，应当对法人债务承担连带责任。"公司应当使用单位账户对外展开经营行为，本案中桑某、李某刚、睿志公司三者的财产混同，目前李某刚和睿志公司无力偿还债权人赵某刚的到期债务，严重损害债权人赵某刚的利益，故桑某应对本案债务承担连带清偿责任。综上，依照《民法典》第83条、第579条的规定，判决:李某刚、桑某和睿志公司共同支付赵某刚欠款130.95万元及利息。

※案例解读:《民法典》第83条规定:"营利法人的出资人不得滥用出资人权利损害法人或者其他出资人的利益;滥用出资人权利造成法人或者其他出资人损失的，应当依法承担民事责任。营利法人的出资人不得滥用法人独立地位和出资

人有限责任损害法人债权人的利益;滥用法人独立地位和出资人有限责任,逃避债务,严重损害法人债权人的利益的,应当对法人债务承担连带责任。”本案中,桑某、李某刚、睿志公司三者的财产混同,严重损害了公司债权人赵某刚的利益,故桑某、李某刚应对赵某刚承担责任。

第八十四条　【限制不当利用关联关系】营利法人的控股出资人、实际控制人、董事、监事、高级管理人员不得利用其关联关系损害法人的利益;利用关联关系造成法人损失的,应当承担赔偿责任。

条文解读

本条是关于限制不当利用关联关系的规定。

本条脱胎于《公司法》第 21 条“公司的控股股东、实际控制人、董事、监事、高级管理人员不得利用其关联关系损害公司利益。违反前款规定,给公司造成损失的,应当承担赔偿责任”的规定。关联交易,又称关联方交易,是指具有投资关系或合同关系的不同主体之间所进行的交易。营利法人进行正常经营活动,正常的关联交易是不可避免的,且具有节约谈判成本、提高交易效率等优点。但在实践中,常有关联关系人,利用与从属法人的关联关系或控制关系,迫使从属法人进行交易,损害从属法人或其他出资人利益的现象。为此,法律控制关联关系,保护从属法人或其他出资人利益。如证监会修订后的《上市公司治理准则》第 75 条、第 76 条分别规定:“上市公司应当与关联方就关联交易签订书面协议。协议的签订应当遵循平等、自愿、等价、有偿的原则,协议内容应当明确、具体、可执行。”“上市公司应当采取有效措施防止关联方以垄断采购或者销售渠道等方式干预公司的经营,损害公司利益。关联交易应当具有商业实质,价格应当公允,原则上不偏离市场独立第三方的价格或者收费标准等交易条件。”

本条规定,与营利法人有关联关系的五种人不得利用其与营利法人的关系损害营利法人的利益。这五种人分别为:控股出资人、实际控制人、董事、监事、高级管理人员。利用关联关系给法人造成损失的,应当承担赔偿责任。

关联法规索引

《公司法》第 20 条、第 21 条;《乡镇企业法》第 14 条

典型案例

西安陕鼓汽轮机有限公司、高某华等公司关联交易损害责任纠纷案[1]

※案情简介:再审申请人西安陕鼓汽轮机有限公司(以下简称陕鼓汽轮机公司)因与被申请人高某华、程某公司关联交易损害责任纠纷一案,不服陕西省高级人民法院(2020)陕民终 777 号民事判决,向最高人民法院申请再审。

2010 年至 2015 年 5 月,陕鼓汽轮机公司与钱塘公司共签订采购合同近 2100 份,总额约为 250,000,000 元。高某华、程某同时担任陕鼓汽轮机公司董事、高级管理人员和钱塘公司的股东。

※争议焦点:本案的争议焦点为案涉关联交易是否损害陕鼓汽轮机公司利益。

※判决结果:法院认为,本案高某华、程某作为董事及高级管理人员,未履行披露义务,违反了董事、高级管理人员的忠诚义务。《民法典》第 84 条规定:"营利法人的控股出资人、实际控制人、董事、监事、高级管理人员不得利用其关联关系损害法人的利益;利用关联关系造成法人损失的,应当承担赔偿责任。"高某华、程某的行为不仅违反陕鼓汽轮机公司《公司章程》的约定,亦违反上述法律规定。

且案涉关联交易价格不符合市场公允价格。且高某华、程某的行为与陕鼓汽轮机公司损害结果的发生有因果关系。故判决高某华、程某于本判决生效之日起 15 日内向西安陕鼓汽轮机有限公司赔偿损失 7,064,480.35 元.

※案例解读:现行《民法典》第 84 条规定,营利法人的控股出资人、实际控制人、董事、监事、高级管理人员不得利用其关联关系损害法人的利益;利用关联关系造成法人损失的,应当承担赔偿责任。本案中,高某华、程某实施了关联交易的行为,其行为给西安陕鼓汽轮机有限公司造成了损失,且行为与结果之间具有因果关系。故高某华、程某应对西安陕鼓汽轮机有限公司承担赔偿责任。

---

〔1〕 本案根据最高人民法院(2021)最高法民再 181 号判决书整理。

第八十五条 【决议的撤销】营利法人的权力机构、执行机构作出决议的会议召集程序、表决方式违反法律、行政法规、法人章程，或者决议内容违反法人章程的，营利法人的出资人可以请求人民法院撤销该决议。但是，营利法人依据该决议与善意相对人形成的民事法律关系不受影响。

条文解读

本条是关于决议的撤销的规定。

营利法人的权力机构和执行机构通过召开会议形成决议来行使权力。决议一旦作出并生效，即对营利法人及其出资人形成约束力，如果决议有瑕疵可能会影响营利法人及其出资人的利益，这就要求法律允许出资人对该有瑕疵的决议提起无效或撤销之诉。《公司法》第 22 条规定："公司股东会或者股东大会、董事会的决议内容违反法律、行政法规的无效。股东会或者股东大会、董事会的会议召集程序、表决方式违反法律、行政法规或者公司章程，或者决议内容违反公司章程的，股东可以自决议作出之日起六十日内，请求人民法院撤销。股东依照前款规定提起诉讼的，人民法院可以应公司的请求，要求股东提供相应担保。公司根据股东会或者股东大会、董事会决议已办理变更登记的，人民法院宣告该决议无效或者撤销该决议后，公司应当向公司登记机关申请撤销变更登记。"

法人的决议有效包括两个方面的内容，一是决议的形成程序符合要求，二是决议的内容符合要求。从程序上说，营利法人的权力机构和执行机构作出决议的会议召集程序和表决方式应当符合法律、行政法规、法人章程的规定。从内容上说，营利法人的权力机构和执行机构作出的决议的内容应当符合法人章程的规定。无论从程序上还是从内容上看，若决议有瑕疵，则营利法人的出资人可以请求人民法院撤销该决议。决议一经法院撤销，则自始不发生效力。

出于保护交易安全和相对方信赖利益的要求，本条规定，若营利法人已经根据该决议与不知晓决议有瑕疵的相对人形成民事法律关系的，则该民事法律关系不受决议撤销的影响，仍然有效。

关联法规索引

《公司法》第22条

典型案例

厦门瑞城投资开发有限公司、海翼瑞都（福建）房地产开发有限公司等与公司有关的纠纷案[1]

※案情简介：上诉人海翼瑞都（福建）房地产开发有限公司（以下简称海翼瑞都公司）因与被上诉人厦门瑞城投资开发有限公司（以下简称瑞城公司）、原审第三人厦门海翼地产有限公司（以下简称海翼公司）、厦门大都投资开发有限公司（以下简称大都公司）与公司有关的纠纷一案，不服福建省三明市三元区人民法院（2021）闽0403民初242号民事判决，向法院提起上诉。

2021年1月14日，海翼公司向瑞城公司发《关于提请召开海翼瑞都公司2021年第2次临时股东会的提议》，该提议主要内容：海翼瑞都公司董事会，鉴于傅某华先生涉嫌挪用资金罪处于取保候审期间，已不适合担任公司法定代表人和董事长，根据《公司法》和《公司章程》作为公司持股49%的股东，现特向董事会提请尽快召开2021年度临时股东会，建议会议议程及安排如下：（1）会议时间：在收到本通知后3日内召集，建议2021年2月3日15:00。（2）会议地点：三明瑞都项目公司会议室。（3）提请会议审议事项：①免除傅某华先生公司董事长兼法定代表人职务。②免除傅某华先生公司营销部负责人职务。③对公司章程作出相应修订，作出《海翼瑞都公司章程修正案》。

※争议焦点：本案的争议焦点为海翼瑞都公司于2021年2月3日作出的股东会决议应否撤销。

※判决结果：法院认为，根据《海翼瑞都公司章程》第26条"股东会会议分为定期会议和临时会议。定期会议每年召开一次。代表十分之一以上表决权的股东，三分之一以上的董事，监事提议召开临时会议的，应当召开临时会议。召开股东会会议，应于会议召开15日以前通知全体股东……"的规定，召开股东会会议，

---

〔1〕 本案根据福建省三明市中级人民法院（2021）闽04民终1795号判决书整理。

应于会议召开15日以前通知全体股东，但现有证据表明，瑞城公司收到该会议通知的时间未满15天（瑞城公司于2021年1月20日收到，会议于2021年2月3日召开），已违反公司章程规定，不属轻微瑕疵，根据《民法典》第85条“营利法人的权力机构、执行机构作出决议的会议召集程序、表决方式违反法律、行政法规、法人章程，或者决议内容违反法人章程的，营利法人的出资人可以请求人民法院撤销该决议。但是，营利法人依据该决议与善意相对人形成的民事法律关系不受影响”的规定，判决2021年2月3日的股东会召集程序因违反公司章程的规定，此次股东会作出的决议依法予以撤销。

※案例解读：《民法典》第85条规定，营利法人的权力机构、执行机构作出决议的会议召集程序、表决方式违反法律、行政法规、法人章程，或者决议内容违反法人章程的，营利法人的出资人可以请求人民法院撤销该决议。但是，营利法人依据该决议与善意相对人形成的民事法律关系不受影响。本案中，2021年2月3日的股东会召集程序因违反公司章程的规定，故法院有权对其予以撤销。

第八十六条　【营利法人应履行的义务】营利法人从事经营活动，应当遵守商业道德，维护交易安全，接受政府和社会的监督，承担社会责任。

条文解读

本条是关于营利法人应履行的义务的规定。

营利法人作为从事民事活动的主体，其合法权益受法律保护的同时，也应当承担一定的社会义务。本条规定营利法人应履行的义务包括：

第一，遵守商业道德。营利法人是从事商业营利活动的商人，应当遵守商业道德，如秉持诚实、恪守承诺等。本法第7条规定，民事主体从事民事活动，应当遵循诚信原则，秉持诚实，恪守承诺。

第二，维护交易安全。营利法人从事的往往是商事交易行为，商事交易行为最为重视的是交易安全。维护交易安全是营利法人从事经营活动应当遵循的基本准则。

第三，接受政府和社会的监督。营利法人的经营活动是否符合法律和商业道德规范，需要接受政府和社会的监督。

第四，承担社会责任。营利法人具有很强的社会关联性，这就要求营利法人作决策时,除了考虑自身商业利益之外,还应当主动考虑相关者的利益和社会公共利益,承担起社会责任。

关联法规索引

《公司法》第5条

典型案例

陈某章等与北京仔仔鑫豪教育文化发展有限公司教育培训合同纠纷案〔1〕

※案情简介:上诉人陈某、陈某章因与被上诉人北京仔仔鑫豪教育文化发展有限公司(以下简称仔仔鑫豪公司)教育培训合同纠纷一案,不服北京市朝阳区人民法院(2019)京0105民初51438号民事判决,向法院提起上诉。

2017年10月22日,陈某章与仔仔鑫豪公司签订《培训收费单》,约定仔仔鑫豪公司向陈某提供绘画培训服务,课时数96课时,收费9900元,业务类型为感恩卡。收费单下方写有"感恩卡会员上完96课时可随时无理由全额退款,如时间未调整好可时时退款",陈某、陈某章主张仔仔鑫豪公司应按照该约定进行全额退款。

2017年10月22日,陈某章向仔仔鑫豪公司支付费用9900元。2019年3月2日,仔仔鑫豪公司关门停业。陈某、陈某章主张,至停业时陈某已上课时为46课时,并提交退款申请予以证明,仔仔鑫豪公司不予认可,提交教网系统证明陈某已上课时为74课时,剩余22课时。

※争议焦点:本案的争议焦点为仔仔鑫豪公司的"感恩卡活动"是否违背公平原则。

※判决结果:法院认为,面向中小学生的校外教育培训机构开展非学历教育培训作为在校教育的补充,对于满足中小学生选择性学习需求、培育发展兴趣特长、拓展综合素质具有积极作用。本案中,陈某、陈某章与仔仔鑫豪公司之间成立教育培训合同关系,双方选择了"感恩卡活动"的预付费交费方式,约定"感恩卡会员上

〔1〕 本案根据北京市第三中级人民法院(2020)京03民终4992号判决书整理。

完96课时可随时无理由全额退款,如时间未调整好可时时退款”。现陈某、陈某章上诉主张要求按照上述约定全额退还费用,一审法院不应适用合同法的公平原则并按照实际接受服务的次数及剩余课时数予以确定退款数额。对此,法院认为,在认定合同当事人的约定是否符合公平原则时,应结合当事人意思自治、合法性及是否存在显失公平、违约情形等因素予以综合考量。

《民法典》第86条规定:“营利法人从事经营活动,应当遵守商业道德,维护交易安全,接受政府和社会的监督,承担社会责任。”第143条规定:“具备下列条件的民事法律行为有效:(一)行为人具有相应的民事行为能力;(二)意思表示真实;(三)不违反法律、行政法规的强制性规定,不违背公序良俗。”首先,陈某、陈某章与仔仔鑫豪公司之间签订《培训收费单》并在其中明确约定“感恩卡会员上完96课时可随时无理由全额退款,如时间未调整好可时时退款”,系双方当事人的真实意思表示,不违反法律、行政法规的强制性规定,不违背公序良俗,合法有效,应当予以尊重。其次,“感恩卡会员上完96课时可随时无理由全额退款,如时间未调整好可时时退款”的约定系仔仔鑫豪公司在招生时为吸引生源作出的单方允诺,在订立合同前,仔仔鑫豪公司对该约定系明知,由此带来的商业风险亦可预见,该约定并未加重仔仔鑫豪公司的负担,且仔仔鑫豪公司因正式闭店无法正常继续履行合同从而无法实现合同目的导致合同解除,其行为构成根本违约,陈某、陈某章在履行合同的过程中并不存在违约行为和过错。再次,仔仔鑫豪公司采用“感恩卡活动”的预付费交费模式,付费周期为年付,该模式除却系仔仔鑫豪公司自认采取吸引生源的营销手段外,其背后亦存在资金回笼的经济利益,即仔仔鑫豪公司在提供教育培训服务前,已经先行占有学员预交的全部学费。最后,中国人民银行营业管理部、北京市公安局、北京市工商行政管理局等九部门于2017年11月联合制定的《北京市联合整治预付卡违规经营专项行动工作方案》明确重点检查内容系学校是否存在跨年预收费(含预收费的时间、预收费标准等)、是否制定本校的退费管理办法、收费是否经过价格部门备案公示等,要求各培训机构进行认真自查报送,发现问题要求立即整改,并规范收退费行为;另,国务院办公厅于2018年颁布的《关于规范校外培训机构发展的意见》规定,教育培训机构要严格执行国家关于财务与资产管理的规定,收费时段与教学安排应协调一致,不得一次性收取时间跨度超过3个月的费用,对于培训对象未完成的培训课程,有关退费事宜宜严格按双方合同约定以及相关法律规定办理。由此可见,仔仔鑫豪公司存在收费不规范的情形,其采取的“感恩卡活动”预付费交费模式亦有违市场监管要求。综合上述分析,对陈某、陈某章的上诉请求予以支持。一审法院既未考虑仔仔鑫豪公司的违约行为,亦未尊重合同的意思自治原则,片面地以约定不符合合同法公平原则为由减轻仔仔鑫豪公司的责任,违背合同法公平原则对合同当事人之间权利义务分配公平合理、大体平衡的要求,认定“感恩卡活动”约定不符合合同法的公平原则,属于适用法律错误,法院予以纠正。

※案例解读:《民法典》第 86 条规定,营利法人从事经营活动,应当遵守商业道德,维护交易安全,接受政府和社会的监督,承担社会责任。本案中,感恩卡活动是仔仔鑫豪公司真实的意识体现,故陈某章等原告有权依据该活动向要求仔仔鑫豪公司成承担相应的社会责任。

第三节　非营利法人

第八十七条　【非营利法人定义及类型】为公益目的或者其他非营利目的成立,不向出资人、设立人或者会员分配所取得利润的法人,为非营利法人。

非营利法人包括事业单位、社会团体、基金会、社会服务机构等。

条文解读

本条是关于非营利法人定义及类型的规定。

本条第 1 款规定的是非营利法人的定义。非营利法人,是指为公益目的或其他非营利目的而成立,不向出资人、设立人或者会员分配所取得利润的法人。其特征表现为:

第一,为公益目的或其他非营利目的而成立。为公益目的或其他非营利目的而成立,并不意味着提供无偿服务,而是从事有偿活动,但所获收入不能作为利润分配给所属成员,只能用于维持该法人的存续和发展。比如,基金会出于资产保值的需要也对外进行营利性投资活动。

第二,不向出资人、设立人或者会员分配所取得利润。是否向出资人、设立人或者会员分配所取得利润,是区分营利法人和非营利法人的最核心区别。仅法人本身营利,不将所获利益分配给成员,仅作为自身发展经费的,属于非营利法人。非营利法人还可以进一步细分,分为公益法人和中间法人。公益法人,是指以满足不特定多数人的利益为目的的法人,如慈善机构、福利院等。中间法人,是指既不以营利为目的也不以公益为目的的法人,如行业协会、俱乐部、同学会等。

本条第2款规定了非营利法人的类型。非营利法人包括事业单位、社会团体、基金会、社会服务机构等。

第一,事业单位。根据《事业单位登记管理暂行条例》第2条的规定,事业单位,是指国家为了社会公益目的,由国家机关举办或者其他组织利用国有资产举办的,从事教育、科技、文化、卫生等活动的社会服务组织。

第二,社会团体。根据《社会团体登记管理条例》第2条的规定,社会团体,是指中国公民自愿组成,为实现会员共同意愿,按照其章程开展活动的非营利性社会组织。

第三,基金会。根据《基金会管理条例》第2条的规定,基金会,是指利用自然人、法人或者其他组织捐赠的财产,以从事公益事业为目的,按照本条例的规定成立的非营利性法人。

第四,社会服务机构。原来称为民办非企业单位,根据《民办非企业单位登记管理暂行条例》第2条的规定,民办非企业单位,是指企业事业单位、社会团体和其他社会力量以及公民个人利用非国有资产举办的,从事非营利性社会服务活动的社会组织。主要是指民办学校、民办医院、民办科研机构、民办博物馆等。2016年《慈善法》将其又改称为社会服务机构。

关联法规索引

《事业单位登记管理暂行条例》第2条;《基金会管理条例》第2条;《社会团体登记管理条例》第2条、第4条;《民办非企业单位登记管理暂行条例》第2条

典型案例

爱芬(苏州)环保信息科技有限公司与上海静安区爱芬环保科技咨询服务中心不正当竞争纠纷案[1]

※案情简介:上诉人爱芬(苏州)环保信息科技有限公司[以下简称爱芬(苏州)公司]因与被上诉人上海静安区爱芬环保科技咨询服务中心(以下简称上海爱芬环保服务中心)不正当竞争纠纷一案,不服江苏省苏州市中级人民法院(2019)苏05知初550号民事判决,向江苏省高级人民法院提起上诉。

上海爱芬环保服务中心系民办非企业单位,其原名称为上海闸北区爱芬环保科技咨询服务中心,设立于2012年8月1日,登记机关为上海市闸北区民政局。因行政区划变更,更名为上海静安区爱芬环保科技咨询服务中心,登记机关为上海市静安区民政局。江苏绿春城环保科技有限公司成立于2014年1月24日。2017年12月18日,该公司经工商变更登记,企业名称变更为爱芬(苏州)公司。

※争议焦点:本案的争议焦点为上海爱芬环保服务中心是不是本案适格的原告。

※判决结果:法院认为,关于上海爱芬环保服务中心是不是本案一审适格的原告的问题,国务院《民办非企业单位登记管理暂行条例》第2条规定,本条例所称民办非企业单位,是指企业事业单位、社会团体和其他社会力量以及公民个人利用非国有资产举办的,从事非营利性社会服务活动的社会组织。《民法总则》第87条规定,为公益目的或者其他非营利目的成立,不向出资人、设立人或者会员分配所取得利润的法人,为非营利法人。非营利法人包括事业单位、社会团体、基金会、社会服务机构等。第110条第2款规定:法人、非法人组织享有名称权、名誉权、荣誉权等权利。根据以上法律规定可以明确,本案上海爱芬环保服务中心系民办非企业单位,属非营利法人,其依法享有名称权,其名称权及于对“爱芬”或“爱芬环保”简称的使用等相关权益。江苏绿春城环保科技有限公司于2017年12月18日将其企业名称变更为爱芬(苏州)公司,上海爱芬环保服务中心据此指控爱芬(苏州)公司擅自使用其在先的、有一定影响的社会组织名称的简称的行为构成不正当竞争为由诉来法院。1993年《反不正当竞争法》于2017年11月4日进行了修订,自

---

[1] 本案根据江苏省高级人民法院(2020)苏知终51号判决书整理。

2018年1月1日起施行。本案爱芬(苏州)公司变更企业名称的行为发生于2017年12月18日,即涉案被诉侵权行为发生在1993年《反不正当竞争法》修订后、2018年《反不正当竞争法》实施前。因涉案被诉侵权行为在2018年《反不正当竞争法》实施后仍然处于持续状态,故本案应适用修订后的2018年《反不正当竞争法》。2018年《反不正当竞争法》第2条规定,本法所称的经营者,是指从事商品生产、经营或者提供服务的自然人、法人和非法人组织。本案上海爱芬环保服务中心系非营利法人,其作为典型的服务提供者属于反不正当竞争法规定的经营者。2018年《反不正当竞争法》第6条第2项规定,擅自使用他人有一定影响的社会组织名称(包括简称等),引人误认是他人商品或者与他人存在特定关系的,构成不正当竞争。现上海爱芬环保服务中心以爱芬(苏州)公司实施了2018年《反不正当竞争法》第6条第2项规定的行为构成不正当竞争为由诉至法院,故一审法院认为上海爱芬环保服务中心提起本案诉讼于法有据,原告主体适格。爱芬(苏州)公司关于本案应适用1993年《反不正当竞争法》以及原告主体不适格无权提起本案诉讼的主张既无事实依据也无法律依据,不予采信。

※案例解读:《民法典》第87条规定,为公益目的或者其他非营利目的成立,不向出资人、设立人或者会员分配所取得利润的法人,为非营利法人。非营利法人包括事业单位、社会团体、基金会、社会服务机构等。本案中,上海爱芬环保服务中心系民办非企业单位,属非营利法人,其依法享有名称权,其名称权及于对"爱芬"或"爱芬环保"简称的使用等相关权益。故上海爱芬环保服务中心是本案一审适格的原告。

第八十八条　【事业单位法人资格的取得】具备法人条件,为适应经济社会发展需要,提供公益服务设立的事业单位,经依法登记成立,取得事业单位法人资格;依法不需要办理法人登记的,从成立之日起,具有事业单位法人资格。

条文解读

本条是关于事业单位法人资格的取得的规定。

事业单位,是指国家为了社会公益目的,由国家机关举办或者其他组织利用国有资产举办的,从事教育、科技、文化、卫生等活动的社会服务组织。事业单位是非营利法人。事业单位不以营利为目的,不能将所获利益分配给出资人。比如,公立学校可能从事某些营利活动,但所取得的利益只能用于维持学校存续及进一步发展,不能分配给其所属成员。

根据《事业单位登记管理暂行条例》的规定,事业单位的设立分为两种情况:

第一,通过设立行为而设立。《事业单位登记管理暂行条例》第3条规定:"事业单位经县级以上各级人民政府及其有关主管部门(以下统称审批机关)批准成立后,应当依照本条例的规定登记或者备案。事业单位应当具备法人条件。"该条主要指的是一般的事业单位,如公立医院、学校、出版社、电视台等。此类事业单位法人的设立采取审批制,需要有关主管部门审批。

第二,通过法律规定和政府命令而直接设立。《事业单位登记管理暂行条例》第11条规定:"法律规定具备法人条件、自批准设立之日起即取得法人资格的事业单位,或者法律、其他行政法规规定具备法人条件、经有关主管部门依法审核或者登记,已经取得相应的执业许可证书的事业单位,不再办理事业单位法人登记,由有关主管部门按照分级登记管理的规定向登记管理机关备案。县级以上各级人民政府设立的直属事业单位直接向登记管理机关备案。"通过法律规定和政府命令直接设立的法人,设立采取特许主义,需要专门的国家法令方可设立,成立即自动取得法人资格,不以登记为要件,如国务院直属的正部级单位证监会。

关联法规索引

《事业单位登记管理暂行条例》第3条、第6~8条

典型案例

南昌兆龙建筑防水技术服务有限公司、上饶市人民政府驻南昌办事处等装饰装修合同纠纷案[1]

※案情简介:2018年4月13日,原告南昌兆龙建筑防水技术服务有限公司(以下简称兆龙公司)(乙方)与被告上饶市人民政府驻南昌办事处(以下简称上饶

[1] 本案根据江西省南昌市红谷滩区人民法院(2021)赣0113民初4821号判决书整理。

驻昌办)(甲方)签订《工程合同》,约定:乙方对南昌市的屋面防水处理进行承包施工,工程面积为597平方米,工程造价(人工及材料包干价)35,820元;合同签订后支付工程款的40%,即14,328元,工程全部完工后支付工程款的60%,即21,492元。合同签订后,兆龙公司依约进行了屋面防水施工,并施工了增项维修工程,增项工程款金额为4460元。此外,兆龙公司认为上饶驻昌办经第三方装修后未完工部分共计119,923元系其承接施工,其以标题为"上饶市政府驻南昌办事处未装修部分"维修项目明细表(明细表中列明装修改造工程量及综合单价,工程款金额合计119,923元)要求上饶驻昌办支付工程款,未果。之后,兆龙公司致函上饶驻昌办催款。

※争议焦点:本案的争议焦点为上饶驻昌办是否应该独立承担民事责任。

※判决结果:法院认为,原告兆龙公司与被告上饶驻昌办于2018年4月13日签订的《工程合同》系双方真实意思表示,且未违反国家法律、行政法规的强制性规定,属合法有效,双方应当按照约定全面履行合同义务。该工程完工后双方经结算确定工程款为40,280元,法院予以确认。现该工程已完工,原告诉请被告支付工程款40,280元,于法有据,法院予以支持。根据《民法典》第88条之规定,具备法人条件,为适应经济社会发展需要,提供公益服务设立的事业单位,经依法登记成立,取得事业单位法人资格;依法不需要办理法人登记的,从成立之日起,具有事业单位法人资格。本案中,上饶市人民政府虽是上饶驻昌办的主管单位,但上饶驻昌办为独立的事业法人,具有法人资格,应独立承担民事责任。综上所述,法院判决被告上饶市人民政府驻南昌办事处支付原告南昌兆龙建筑防水技术服务有限公司工程款112,385元及利息。

※案例解读:《民法典》第88条规定,具备法人条件,为适应经济社会发展需要,提供公益服务设立的事业单位,经依法登记成立,取得事业单位法人资格;依法不需要办理法人登记的,从成立之日起,具有事业单位法人资格。本案中,上饶市人民政府虽是上饶驻昌办的主管单位,但上饶驻昌办为独立的事业法人,具有法人资格,故其应独立承担民事责任。

第八十九条 【事业单位法人的组织机构及法定代表人】事业单位法人设理事会的,除法律另有规定外,理事会为其决策机构。事业单位法人的法定代表人依照法律、行政法规或者法人章程的规定产生。

条文解读

本条是关于事业单位法人的组织机构及法定代表人的规定。

《事业单位登记管理暂行条例》第6条规定："申请事业单位法人登记，应当具备下列条件：(一)经审批机关批准设立；(二)有自己的名称、组织机构和场所；(三)有与其业务活动相适应的从业人员；(四)有与其业务活动相适应的经费来源；(五)能够独立承担民事责任。"2011年《中共中央、国务院关于分类推进事业单位改革的指导意见》中提出，"面向社会提供公益服务的事业单位，探索建立理事会、董事会、管委会等多种形式的治理结构，健全决策、执行和监督机制，提高运行效率，确保公益目标实现"。

本条规定事业单位法人设理事会的，理事会为决策机构，法律另有规定除外。一般而言，理事会的成员的组成、权利、义务、责任、职权等都在非营利法人章程中作出规定。事业单位法人也应当有法定代表人，其法定代表人应当依照法律、行政法规或法人章程的规定而产生。

关联法规索引

《事业单位登记管理暂行条例》第6条

第九十条 【社会团体法人资格的取得】具备法人条件，基于会员共同意愿，为公益目的或者会员共同利益等非营利目的的设立的社会团体，经依法登记成立，取得社会团体法人资格；依法不需要办理法人登记的，从成立之日起，具有社会团体法人资格。

条文解读

本条是关于社会团体法人资格的取得的规定。

根据《社会团体登记管理条例》第2条的规定，社会团体，是指中国公民自愿组成，为实现会员共同意愿，按照其章程开展活动的非营利性社会组织。国家机关以外的组织可以作为单位会员加入社会团体。社会团体主要包括各种政治团体，如各民主党派；人民群众团体，如工会、共青团；社会公益团体，如残疾人联合会；学术研究团体,如中国法学会等。

社会团体法人是非营利法人,不以营利为目的,不能向会员分配利润。社会团体法人包括以公益为目的公益性社会团体和以会员共同利益为目的中间性社会团体,如工会、妇联、残联是典型的公益性社会团体,各种同学会、行业协会是典型的中间型社会团体。

根据《社会团体登记管理条例》的规定,社会团体法人既有依法登记成立的,也有不需要办理法人登记而成立的。其中,第 3 条规定,不需要办理法人登记的社会团体法人包括:参加中国人民政治协商会议的人民团体,如中华全国总工会;由国务院机构编制管理机关核定,并经国务院批准免于登记的团体,如中国作家协会;机关、团体、企业事业单位内部经本单位批准成立、在本单位内部活动的团体。第 7 条规定,全国性的社会团体,由国务院的登记管理机关负责登记管理;地方性的社会团体,由所在地人民政府的登记管理机关负责登记管理;跨行政区域的社会团体,由所跨行政区域的共同上一级人民政府的登记管理机关负责登记管理。

关联法规索引

《社会团体登记管理条例》第 3 条、第 7 条、第 9 条、第 10 条

典型案例

成都兴鼎源建筑架料租赁有限公司、泸州浩源建筑有限公司等租赁合同纠纷案[1]

※案情简介: 上诉人(原审原告)成都兴鼎源建筑架料租赁有限公司(以下简称兴鼎源公司)向法院申请撤销都江堰市人民法院(2020)川 0181 民初 4320 号民事判决。向四川省都江堰市中级人民法院提起上诉。

2015 年 4 月 17 日,兴鼎源公司(出租方)与泸州浩源建筑有限公司(以下简称浩源公司)(承租方)、龙洞庵(担保方)签订《建筑设备租赁合同》,合同约定浩源公司租赁兴鼎源公司的建筑机械和周转工具用于“四川省雅安市雨城区龙洞庵”项

[1] 本案根据四川省都江堰市中级人民法院(2021)川 01 民终 9195 号判决书整理。

目,合同期限自2015年4月17日至2018年4月17日止,双方还对数量、价款、结算方式、付款方式、担保责任、违约责任、争议解决办法、管辖法院等进行了约定。

※争议焦点:本案的争议焦点为龙洞庵是否应该承担担保责任。

※判决结果:法院认为,龙洞庵取得了社会团体法人登记证书,虽然其未进行年检,但发证机关雨城区民政局对此作出了合理解释;案涉《建筑设备租赁合同》签订时间为2015年4月17日,当时施行的《民法通则》规定的法人种类仅包括企业法人、机关法人、事业单位法人和社会团体法人,并无公益法人或捐助法人的规定及配套登记制度,即在当时法律制度下并不存在社团法人与公益法人(或捐助法人)并立的情形,因此不能仅以龙洞庵系社会团体法人而简单推定其不具有公益性,相反,2005年3月1日施行《宗教事务条例》第34条规定"宗教团体、宗教活动场所可以依法兴办社会公益事业",说明宗教活动场所可以具有公益性。从案涉合同订立之后的法律指向来看,首先,2017年10月1日施行的《民法总则》第90条中规定:"具备法人条件,基于会员共同意愿,为公益目的或者会员共同利益等非营利目的设立的社会团体,经依法登记成立,取得社会团体法人资格……"进一步明确了社会团体也可以具有公益目的;其次,《民法总则》首次规定了捐助法人类型,《民法总则》第92条第1款及之后的《民法典》第92条第1款均规定捐助法人是指"具备法人条件,为公益目的以捐助财产设立基金会、社会服务机构等",可见捐助法人具有公益性,而《民法总则》第92条第2款、《民法典》第92条第2款均规定,依法设立的宗教活动场所,具备法人条件的,可以申请法人登记,取得捐助法人资格,可见具备法人条件的宗教活动场所属于捐助法人,具有公益性。综上,从案涉合同订立时及订立后的法律沿革来看,法律均肯定了宗教活动场所具有一定的公益性,且本案中,龙洞庵举示了相应的收据、报道等证据证明其在宗教活动外进行公益活动,雅安市雨城区民族宗教事务局亦出具证明称龙洞庵的收入皆用于场所维护、服务社会及慈善公益,故一审认定龙洞庵具有公益性并无不当。本案既不属于购入或者以融资租赁方式承租公益设施而在其上保留所有权,也不属于以公益设施之外的财产或财产权利设立担保物权,并不符合2021年1月1日起施行的《最高人民法院关于适用〈中华人民共和国民法典〉有关担保制度的解释》第6条规定的公益单位担保的有效情形,故本案亦不适用《最高人民法院关于适用〈中华人民共和国民法典〉时间效力的若干规定》第8条的有效溯及规定,而属于适用《最高人民法院关于适用〈中华人民共和国民法典〉时间效力的若干规定》第1条

第2款“民法典施行前的法律事实引起的民事纠纷案件,适用当时的法律、司法解释的规定”的情形,一审依据《最高人民法院关于适用〈中华人民共和国担保法〉若干问题的解释》第3条“国家机关和以公益为目的的事业单位、社会团体违反法律规定提供担保的,担保合同无效”的规定认定龙洞庵所作担保无效,适用法律正确,法院予以维持。兴鼎源公司关于龙洞庵所作担保有效、应承担约定范围内全部担保责任的上诉请求依据不足,法院不予支持。

※案例解读:《民法典》第90条规定,具备法人条件,基于会员共同意愿,为公益目的或者会员共同利益等非营利目的设立的社会团体,经依法登记成立,取得社会团体法人资格……该条文明确了龙洞庵的公益性质。本案中,龙洞庵所作担保与其设立初衷相违背,因此据有关法律的规定,应认为龙洞庵所作担保行为无效。

第九十一条　【社会团体法人的章程及组织机构】设立社会团体法人应当依法制定法人章程。

社会团体法人应当设会员大会或者会员代表大会等权力机构。

社会团体法人应当设理事会等执行机构。理事长或者会长等负责人按照法人章程的规定担任法定代表人。

条文解读

本条是关于社会团体法人的章程及组织机构的规定。

本条规定的主要内容包括:

第一,社会团体法人应当依法制定法人章程。章程是设立社会团体法人的法定必备文件,是社会团体法人为了调整其内部关系、规范成员行为而制定的规范性文件。《社会团体登记管理条例》第14条规定,社会团体的章程应当包括下列事项:(1)名称、住所;(2)宗旨、业务范围和活动地域;(3)会员资格及其权利、义务;(4)民主的组织管理制度,执行机构的产生程序;(5)负责人的条件和产生、罢免的程序;(6)资产管理和使用的原则;(7)章程的修改程序;(8)终止程序和终止后资产的处理;(9)应当由章程规定的其他事项。

第二,社会团体法人的权力机构是会员大会或者会员代表大会。一般来说,规模较小、会员人数较少的社会团体的权力机构为会员大会;规模较大、会员人数较多的社会团体的权力机构为会员代表大会。社会团体法人的权力机构决定该法人的组织、运营、管理等重大事项。

第三,社会团体法人的执行机构。社会团体法人的执行机构是执行法人权力机构的机构,通常设理事会为执行机构,也可以设其他机关为法人的执行机构。社会团体法人也应当有法定代表人代表该法人从事民事活动。社会团体法人的法定代表人按照法人章程确定,可以由理事长或会长等负责人担任。

关联法规索引

《社会团体登记管理条例》第 2 条、第 11 条、第 14 ~ 16 条

典型案例

淮安市围棋协会、谷某顺民事纠纷案[1]

※案情简介:2017 年 3 月 17 日,淮安市围棋协会经淮安市民政局核准设立,社会组织类型为社会团体,负责人为谷某顺,登记时会员名单载明的会员人数为 120 人,理事会成员有谷某顺、颜某志、朱某国、季某、姚某峰、黄某军、朱某琪、徐某海、姜某等 9 人。

落款日期为 2016 年 12 月 18 日的《淮安市围棋协会章程》第 16 条载明:"本协会的最高权力是会员代表大会。其职权是:一、制定和修改章程……三、制定和修改理事和常务理事、负责人(秘书长、包括会长、副会长、分支机构负责人等)产生办法;四、选举和罢免理事、监事……"第 17 条载明:"……召开会员代表大会须提前 15 日将会议的议题书面通知会员。"第 19 条载明:"全体会员或者会员代表大会须有 2/3 以上的会员出席方能召开,其决议具备下列条件方能生效:(一)制定和修改章程,决定更名和终止事宜,指定和修改会费标准,须经到会会员 2/3 以上表决通过……"经查,该章程已在淮安市民政局备案。

2021 年 2 月 19 日,谷某顺在淮安围棋协会微信群内发出了关于提前换届选举的通知,2021 年 3 月 6 日,谷某顺、姚某峰、周某等 33 名参会人员签到并参会,参会

---

〔1〕 本案根据江苏省淮安市清江浦区人民法院(2021)苏 0812 民初 7059 号判决书整理。

人员中,有徐某、李某华等人系受托参会。本次会议所形成的《淮安市围棋协会第一届会员代表大会及理事会会议纪要》载明:会员代表大会选举产生了周某、徐某、谷某顺、姚某峰等30名理事。会员代表大会结束后,召开了新一届理事会会议,选举姚某峰为新一届秘书长及淮安市围棋协会"淮安棋院"院长。2021年3月7日,淮安市围棋协会作出《关于淮安市围棋协会选举新一届秘书长及增选其他负责人的公告》,主要内容为,淮安市围棋协会于2021年3月6日成功召开了首届会员代表大会,会议选举了新一届理事共30名。会议一致推选谷某顺同志担任协会总顾问,理事会选举了协会秘书长,淮安天元棋院院长姚某峰以高票(有效票数30票,姚某峰获得28票)当选为协会新一届秘书长。2021年6月16日的《淮安市围棋协会第二届常务理事会关于协会法定代表人变更事宜专题会议纪要》载明的决议内容为:"1. 请谷某顺尽快向市围棋协会新一届领导班子移交上一届协会收支情况报告及相关财务报表、账册,由协会委托专业机构进行审计。2. 对谷某顺提出的协会尚未报销的费用要求,待审计报告出具后,提交协会专题会议讨论具体解决方案。3. 本纪要送达谷某顺起七日内,谷某顺应积极配合协会完成协会法定代表人变更及公章等事宜的移交手续。4. 如谷某顺对以上决定不配合不执行,协会有权保留通过法律途径依法解决的权利。谷某顺拒绝配合姚某峰办理交接手续,双方因此发生纠纷。"

※争议焦点:本案的争议焦点为案涉会议纪要及公告是否合法有效,姚某峰是否有权以淮安市围棋协会法定代表人身份提起本诉。

※判决结果:法院认为,章程是设立社会团体法人的法定必备文件,是社会团体法人为了调整其内部关系,规定内部成员的行为而制定的具有明显行为规则性质的文件,是社会团体法人内部管理和活动的根本准则,社会团体法人的活动应当遵守其章程的规定。本案中,首先,按照《淮安市围棋协会章程》第17条的规定,召开会员代表大会须提前15日将会议的议题书面通知会员,但2021年3月6日的会议仅是姚某峰、谷某顺在包含非会员的协会微信群中发出口头通知,并未逐一对现有符合章程的会员进行书面通知;其次,双方提交的证据均不足以证明到会人员中会员人数达到章程第19条规定的"全体会员或者会员代表大会须有2/3以上的会员出席方能召开"的标准;最后,2021年3月6日的会议选举出的理事会成员为30名,按照章程第20条规定,理事人数为会员的10%,那么按此推算,会员人数应至今为300人,方符合章程规定,但即使按微信群人数259人计算,本次会议所选

举的理事会人数也超出了章程规定。综上,故 2021 年 3 月 6 日代表大会违反了围棋协会章程,其会议纪要无效,该代表大会所选举的理事亦不产生法律效力,并不能认定该次代表大会所选举的理事为淮安市围棋协会的理事。

对于原告所称的民政局在册登记的理事会 9 名成员中,有 6 名经证人证明是当时出席理事会会议的,已符合章程约定的 2/3,该 6 人也全票投给了姚某峰担任秘书长,即使从中扣除姚某峰未获得的两票,也还是符合章程 2/3 的约定的意见。法院认为,该理事会会议并非以民政部门备案登记的 9 名理事为主体召开,而是以出席案涉理事会会议的所谓新的 30 名理事为主体召开,故该次理事会会议的召开亦不符合围棋协会章程的规定,其作出的姚某峰以 28 票高票当选新一届协会秘书长兼法定代表人的决议亦无效。故姚某峰不具备淮安市围棋协会法定代表人资格,无权以淮安市围棋协会法定代表人的身份提起本诉,本案应予驳回起诉。综上,依照《民法典》第 61 条第 1 款、第 91 条,《社会团体登记管理条例》第 2 条第 1 款,《民事诉讼法》(2017 年修正)第 154 条第 1 款第 3 项,《最高人民法院关于适用〈中华人民共和国民事诉讼法〉的解释》(2020 年修正)第 208 条第 3 款之规定,裁定驳回原告淮安市围棋协会的起诉。

※案例解读:《民法典》第 91 条规定,设立社会团体法人应当依法制定法人章程。社会团体法人应当设会员大会或者会员代表大会等权力机构。社会团体法人应当设理事会等执行机构。理事长或者会长等负责人按照法人章程的规定担任法定代表人。在本案中,代表大会违反了围棋协会章程,其会议纪要无效,该代表大会所选举的理事亦不产生法律效力,并不能认定该次代表大会所选举的理事为淮安市围棋协会的理事。故姚某峰不具备淮安市围棋协会法定代表人资格,无权以淮安市围棋协会法定代表人的身份提起诉讼。

第九十二条 【捐助法人资格的取得】 具备法人条件,为公益目的以捐助财产设立的基金会、社会服务机构等,经依法登记成立,取得捐助法人资格。

依法设立的宗教活动场所,具备法人条件的,可以申请法人登记,取得捐助法人资格。法律、行政法规对宗教活动场所有规定的,依照其规定。

条文解读

本条是关于捐助法人资格的取得的规定。

捐助法人,是指为一定公益目的以捐助的财产为基础而设立的法人。在传统民法中,捐助法人称为财产法人,是社团法人的对称。与事业单位法人和社会团体法人不同,捐助法人是以捐助的财产形成的法人,没有社员或成员。捐助法人需要申请设立,自登记之日起取得法人资格。

我国捐助法人主要有基金会、社会服务机构、宗教活动场所三类。

第一,基金会。根据《基金会管理条例》第2条的规定,基金会是指利用自然人、法人或者其他组织捐赠的财产,以从事公益事业为目的,按照本条例的规定成立的非营利性法人。其特征包括:(1)基金会的设立目的是从事公益事业,基金会为了基金保值、增值,可以从事营利活动,但是收益只能用于公益事业;(2)基金会的财产来自捐助财产;(3)基金会没有成员;(4)基金会应当保障用于公益事业的支出。

第二,社会服务机构。原来称民办非企业单位,是指企业事业单位、社会团体和其他社会力量以及公民个人利用非国有资产举办的,从事非营利性社会服务活动的社会组织。主要是指民办学校、民办医院、民办科研机构、民办博物馆等。《慈善法》将其名称改为社会服务机构。其特征包括:(1)民间兴办,资金源于民间;(2)以公益为目的,从事非营利性社会服务活动;(3)享有自决权,自筹资金,自我管理,自主决定服务范围和内容。

第三,宗教活动场所。根据《宗教事务条例》第7条、第13条、第14条等的规定,宗教活动场所不仅是空间概念,还是组织概念,宗教活动场所属于民间非营利组织。需要注意的是:(1)宗教活动场所法人资格登记以具备法人条件为前提;(2)赋予宗教活动场所捐助法人的地位不影响国家对宗教活动场所的规范和管理;(3)赋予宗教活动场所捐助法人地位不影响其与宗教团体的关系。[1]

关联法规索引

《慈善法》第8条;《宗教事务条例》第7条、第13条、第14条、第17条、第35

〔1〕李适时主编:《中华人民共和国民法总则释义》,法律出版社2017年版,第282、285页。

条;《基金会管理条例》第 2 条;《民办非企业单位登记管理暂行条例》第 2 条

典型案例

郭某一、许某辉等合同执行异议纠纷案〔1〕

※案情简介:法院查明,申请执行人许某辉和被执行人邹某平合同纠纷一案,南昌仲裁委员会于 2019 年 1 月 1 日作出(2017)洪仲裁字第 0273 号裁决书,主要内容:(1)解除申请人许某辉与被申请人邹某平之间于 2017 年 1 月 10 日签订的《合作协议书》;(2)被申请人应向申请人返还投资款 300 万元;(3)被申请人应向申请人支付违约金,违约金以 300 万元为基数,从 2017 年 11 月 19 日起至清偿之日止,按年利率 24% 计算。法院在执行过程中于 2021 年 6 月 25 日作出(2021)湘 13 执恢 5 号协助执行通知书,要求新化老年病医院协助冻结邹某平持有的该院 33.34% 股份,冻结期间,不得办理股份转让、变更、质押(抵押)等事项。

另查明,新化老年病医院系新化县民政局于 2014 年 7 月 24 日批准成立的非营利性民营股份制医院,属于民办非企业单位,邹某平为法定代表人。根据新化兴和联合会计师事务所出具的新兴(验)(2014)第 26 号《验资报告》,新化老年病医院(筹)系由邹某平、邹某荣、孙某俊、邹某彪、邹某鸿、孙某坤、王某波出资组建的民办非营利性专科医院。2018 年 11 月 2 日,邹某平与邹某荣签订《医院股份转让协议书》,邹某平将其所占新化老年病医院原始股份中一部分转让给邹某荣。2019 年 8 月 12 日,邹某平与郭某一签订《医院股份转让协议书》,约定邹某平将其在新化老年病医院剩余的原始股份转让给郭某一,并协助郭某一在 1 周内办理好变更登记。

2020 年 10 月 16 日,新化县卫生健康局向新化县老年病医院发放《医疗机构执业许可证(副本)》,该证书显示新化老年病医院为股份合作制非营利性综合医院,法定代表人为郭某一。目前新化老年病医院的民办非企业单位登记证书上的法定代表人仍为邹某平。

※争议焦点:本案的争议焦点为是否解除邹某平持有的新化老年病医院 33.34%

---

〔1〕 本案根据湖南省娄底市中级人民法院(2021)湘 13 执异 82 号判决书整理。

股份的冻结。

※判决结果：法院认为，根据相关法律规定，民办非企业单位，是指利用非国有资产举办的，从事非营利性社会服务活动的社会组织，系非营利法人中的捐助法人，其出资人对该单位既不享有资产收益权利，也不享有股东权益，单位的盈余和清算后的剩余财产只能用于社会公益事业，不得在成员中分配。本案中，新化老年病医院系非营利性民营股份制医院，其性质为民办非企业单位，虽然被执行人邹某平在新化老年病医院开办之初提供了资金，但资金已作为新化老年病医院的自有资金，不归邹某平所有，邹某平也不能享有收益。且邹某平所欠许某辉的债务系个人债务，与新化老年病医院无关，因此法院对新化老年病医院采取冻结措施无法达到执行目的，反而在一定程度上将影响该医院的正常经营活动，不利于其公益事业的开展。另外，邹某平转让出资份额的行为客观存在，如造成了医院资金流失应由该医院依法予以追回，追回后继续用于医院章程规定的业务范围和事业发展，不能用于清偿与医院无关的债权债务。依据《民法典》第 87 条、第 92 条，《民办非企业单位登记暂行条例》第 2 条，《民事诉讼法》（2017 年修正）第 225 条，《最高人民法院关于人民法院办理执行异议和复议案件若干问题的规定》（2020 年修正）第 17 条的规定，裁定撤销（2021）湘 13 执恢 5 号协助执行通知，解除对邹某平持有的新化老年病医院 33.34% 股份的冻结。

※案例解读：《民法典》第 92 条规定，具备法人条件，为公益目的以捐助财产设立的基金会、社会服务机构等，经依法登记成立，取得捐助法人资格。本案中，新化老年病医院系非营利性民营股份制医院，其性质为民办非企业单位，虽然被执行人邹某平在新化老年病医院开办之初提供了资金，但资金已作为新化老年病医院的自有资金，不归邹某平所有，邹某平也不能享有收益。因此对新化老年病医院采取冻结措施无法达到执行目的，反而在一定程度上会影响该医院的正常经营活动，因此应解除对邹某平持有的新化老年病医院 33.34% 股份的冻结。

第九十三条　【捐助法人的章程及组织机构】设立捐助法人应当依法制定法人章程。

捐助法人应当设理事会、民主管理组织等决策机构，并设执行机构。理事长等负责人按照法人章程的规定担任法定代表人。

捐助法人应当设监事会等监督机构。

条文解读

本条是关于捐助法人的章程及组织机构的规定。

本条规定的主要内容包括：

第一，捐助法人应当制定章程。设立捐助法人应当制定法人章程，对此，《慈善法》和《基金会管理条例》都作了明确规定，如《慈善法》第11条规定，慈善组织的章程，应当符合法律法规的规定，并载明下列事项：(1)名称和住所；(2)组织形式；(3)宗旨和活动范围；(4)财产来源及构成；(5)决策、执行机构的组成及职责；(6)内部监督机制；(7)财产管理使用制度；(8)项目管理制度；(9)终止情形及终止后的清算办法；(10)其他重要事项。《基金会管理条例》第10条第2款规定，基金会章程应当载明下列事项：(1)名称及住所；(2)设立宗旨和公益活动的业务范围；(3)原始基金数额；(4)理事会的组成、职权和议事规则，理事的资格、产生程序和任期；(5)法定代表人的职责；(6)监事的职责、资格、产生程序和任期；(7)财务会计报告的编制、审定制度；(8)财产的管理、使用制度；(9)基金会的终止条件、程序和终止后财产的处理。

第二，捐助法人的决策、执行机构及法定代表人。捐助法人没有成员，也就没有权力机构。但是为了维持捐助法人的正常运转，有必要设立决策机构和执行机构。《慈善法》第11条第5项规定章程中应当确定"决策、执行机构的组成及职责"。第16条规定了不得担任慈善组织负责人的情形：(1)无民事行为能力或者限制民事行为能力的；(2)因故意犯罪被判处刑罚，自刑罚执行完毕之日起未逾5年的；(3)在被吊销登记证书或者被取缔的组织担任负责人，自该组织被吊销登记证书或者被取缔之日起未逾5年的；(4)法律、行政法规规定的其他情形。

第三，捐助法人的监督机构。为了保障捐助法人能够按照法人章程从事活动，保障捐助法人的决策和执行机构按照章程履行职责，本条第3款规定，捐助法人应当设监事会等监督机构。监督机构按照章程规定的程序检查法人的财务和会计资料，监督决策机构遵循是否遵循法律和章程。

关联法规索引

《慈善法》第8条、第9条、第11条、第12条、第16条；《基金会管理条例》第5条、第8~10条、第15条、第16条、第21条、第23条、第24条；《宗教事务条例》第17条

典型案例

山东九天检测有限公司与山东省鲁环生态环境检测评估中心委托合同纠纷案〔1〕

※案情简介:2019年4月5日,鲁环中心监事长王某出具《收条》,载明:"今收到山东嘉源王某强预付鲁环生态检测和实训中心合作项目定金共计叁拾万整。待协议生效后,第一期运管款壹佰万元支付时,退回本款项。"同日,山东九天检测有限公司(以下简称九天公司)向山东省鲁环生态环境检测评估中心(以下简称鲁环中心)支付30万元定金。

2019年4月9日,九天公司(乙方)与鲁环中心(甲方)就委托管理运行鲁环中心项目签订《委托管理运营协议》,约定:协议有效期自2019年4月8日始至2024年4月7日止。若协议期间提前解除协议,须提前3个月提前告知对方,经审查清点办理交接后方可……本协议签订1个月内,甲方应取得理事会的认可。协议期内乙方每年6月1日前,向甲方指定账户汇入当年运管费200万元。九天公司、鲁环中心均在协议中签章确认,鲁环中心理事长、监事长在协议中签名予以确认。

2019年4月11日至2019年4月13日双方对财务进行交接,并分别形成《财务信息一览表》《人员资料一览表》。

2019年4月24日,鲁环中心出具《山东省鲁环生态环境检测评估中心委托函》,载明:"山东省鲁环生态环境检测评估中心理事会决议(以下简称中心),变更理事长和法人代表为宋某才……中心理事会聘请王某强任中心执行理事,古某芳为执行经理,负责中心全部工作。"

2019年4月24日,九天公司与鲁环中心进行交接,并形成《山东省鲁环生态环境检测评估中心所有的章、印鉴、证书》,鲁环中心交接人郭某燕、监交人路某、九天公司接收人古某芳签字确认。同日,双方形成《山东省鲁环生态环境检测评估中心财务方面交接》,鲁环中心交接人聂某静、监交人路某、九天公司接收人古某芳签字确认。

2019年4月25日,九天公司与鲁环中心对鲁环中心实地了解和相关财务数据查看,并形成《山东省鲁环生态环境检测评估中心检查知情书》,九天公司崔某敏、

〔1〕 本案根据山东省济南市中级人民法院(2020)鲁01民终12664号判决书整理。

邓某勇、古某芳,鲁环中心王某、郭某燕、聂某静、路某等签字捺印确认。

2019 年 4 月 30 日,古某芳、王某强分别出具《承诺函》。2019 年 5 月 30 日,九天公司向鲁环中心支付运管费 100 万元。2019 年 6 月 3 日,鲁环中心向九天公司返还项目定金 30 万元。2020 年 3 月 7 日,鲁环中心召开第一届理事会第四次会议,并形成会议纪要,其中载明:执行董事王某强同志作了 2019 年中心工作报告。王某强明确表示不再执行合同约定,交纳 2019 年下半年及 2020 年的承包经营款项,原协议不能继续履行。到会理事一致建议中止承包经营,寻求新的专业经营模式,组建自己的专业经营团队。本次会议通过举手表决的方式,一致通过如下决议:同意中止九天公司的委托经营协议。参会人员路某、徐某昌、王某、宋某才、王某强等签字确认。

2020 年 3 月 11 日,鲁环中心向九天公司送达《解除合同通知书》。

另查明,鲁环中心章程规定:本单位设理事会,其成员为 7 人。理事会是本单位的决策机构。九天公司主张合同无效,要求鲁环中心偿还已支付的运管费 100 万元及因协议无效产生的损失 400 万元,双方因此发生纠纷。

※争议焦点:本案的争议焦点为九天公司与鲁环中心签订的《委托管理运营协议》的效力问题。

※判决结果:九天公司主张因鲁环中心未按照协议约定取得理事会的认可,双方签署的协议应属无效,鲁环中心应向九天公司退还运管费用。对此,法院认为,鲁环中心虽未取得理事会的书面认可,但在鲁环中心与九天公司签署的运行协议上,鲁环中心的理事长、监事长均在协议上签字认可,在本案诉讼过程中,鲁环中心亦认可协议为有效协议。双方在签署协议后以及九天公司实际履行协议的近一年里,九天公司并未就鲁环中心未取得理事会的认可提出异议。通过上述事实,一审法院认定,鲁环中心理事会知晓并同意九天公司与鲁环中心签署的案涉协议,并据此认定双方协议有效并无不当。九天公司就案涉协议无效的主张,缺乏事实及法律依据,法院不予支持。

综上,九天公司的上诉请求不能成立,应予驳回;一审判决认定事实清楚,适用法律正确,应予维持。判决驳回上诉,维持原判。

※案例解读:《民法典》第 93 条规定,设立捐助法人应当依法制定法人章程。捐助法人应当设理事会、民主管理组织等决策机构,并设执行机构。九天公司设理事会为单位的决策机构,虽然鲁环中心虽未取得理事会的书面认可,但在鲁环中心

与九天公司签署的运行协议上，鲁环中心的理事长、监事长均在协议上签字认可，且双方在签署协议后以及九天公司实际履行协议的近一年里，九天公司并未就鲁环中心未取得理事会的认可提出异议。因此九天公司与鲁环中心签订的《委托管理运营协议》有效。

第九十四条 【强化捐助人监督力度】捐助人有权向捐助法人查询捐助财产的使用、管理情况，并提出意见和建议，捐助法人应当及时、如实答复。

捐助法人的决策机构、执行机构或者法定代表人作出决定的程序违反法律、行政法规、法人章程，或者决定内容违反法人章程的，捐助人等利害关系人或者主管机关可以请求人民法院撤销该决定。但是，捐助法人依据该决定与善意相对人形成的民事法律关系不受影响。

条文解读

本条是关于强化捐助人监督力度的规定。

捐助法人没有成员，仅有监事会，无法对法人权力机构和执行机构进行有效监督，因此必须强化其他监督制约手段。虽然捐助法人的捐助人对捐助给该法人的财产不再享有财产权利，但是为了更好地达到捐助目的，法律规定捐助人有权向捐助法人查询捐助财产的使用、管理情况，并提出意见和建议，捐助法人应当及时、如实答复。捐赠人也享有同样的权利，如《慈善法》第 42 条第 1 款规定，捐赠人有权查询、复制其捐赠财产管理使用的有关资料，慈善组织应当及时主动向捐赠人反馈有关情况。

本条第 2 款规定，捐助人有权请求撤销捐助法人有瑕疵的决定。捐助法人的决策机构、执行机构或者法定代表人作出的有瑕疵的决定分为两类：一是该决定的程序违反法律、行政法规、法人章程，二是该决定的内容违反法人章程。对于有瑕疵的决定，有权请求人民法院将其撤销的主体包括捐助人等利害关系人和主管机关。这是因为，捐助人捐助的目的可能因为有瑕疵的决定而无法实现，所以法律赋予捐助人及其利害关系人请求撤销的权利。此外，主管机关负有监督捐助法人按照章程从事公益事业的职责，所以也具有请求撤销的权利。出于维护交易安全的考虑，有瑕疵的决定被人民法院撤销后，捐助法人依据该决定与善意相对人形成的民事法律关系不受影响。

关联法规索引

《基金会管理条例》第 39 条、第 43 条;《慈善法》第 42 条

典型案例

唐某碧、林某方股东出资纠纷案[1]

※案情简介:2004 年 1 月 8 日,仪陇县人民政府出具仪府函〔2004〕2 号《关于同意兴办仪陇县净诚安乐养老院的批复》文件,决定由仪陇县民政局严格按照国家民政部《社会福利机构管理暂行办法》的规定,落实开办社会福利机构的优惠政策,规范管理,加强指导,促其健康发展。

2004 年 3 月 1 日,唐某碧、唐某明、林某方、曾某梅、王某琴、母某华、王某琼、董某祥 8 人签订《出资协议》,内容为:经唐某碧、林某方等 8 位股东协商,自愿出资成立有限责任公司,并向社会各界募捐,修建仪陇县净诚安乐养老院。同日,该 8 人向仪陇县工商局出具委托书,内容为:"此委托唐某碧、王某琴同志前来你局办理企业名称预告核准。"2004 年 3 月 3 日,唐某碧等 8 人向仪陇县工商局申请设立仪陇县净诚安乐养老院合伙企业,申请资料中附有 2004 年 3 月 1 日唐某碧等 8 人出资协议复印件。同日,仪陇县工商局出具企业名称预先核准通知书,核准唐某碧等 8 个投资人投资 100 万元,设立中的合伙企业名称为仪陇县净诚安乐养老院,名称保留期为 2004 年 3 月 3 日至 2004 年 9 月 2 日。在仪陇县工商局核定的合伙企业名称保留期间,上述 8 人未进行合伙企业工商登记。

2004 年 6 月 24 日,南充市民政局南民福〔2004〕160 号《关于仪陇净诚安乐养老院项目送审的请示》文件内容为:"四川省民政厅:……唐某碧个人拟为给老年人修建净诚安乐养老院……该养老院属民办的、非公有、非集体、非民政的,由个人自主经营、自负盈亏的性质。现将仪陇县民政局请示及可行性报告、租赁土地使用合同、资金配套情况报你们,请审核。"

---

〔1〕 本案根据四川省高级人民法院(2020)川民再 173 号判决书整理。

林某方、曾某梅于2004年8月4日向仪陇县净诚安乐养老院投入现金20万元，王某琴分别于2004年、2005年、2006年向仪陇县净诚安乐养老院投入现金2万元、1万元、2万元，合计5万元。唐某碧向仪陇县净诚安乐养老院投入现金30万元，8人《出资协议》中的其余4人未出资。2004年农历冬月29日，唐某碧亲笔书写《自我心愿》，主要内容为："我所捐给养老院的钱和我所做的养老事业是我个人心意，没有儿女、家人的参与，也没有儿女、子孙和家人的继承权。"2005年5月16日，林某方、曾某梅夫妇亲笔书写《发愿文》，主要内容为其捐赠20万元给仪陇县净诚安乐养老院，其女儿没有继承权，不作为继承财产，完全是无私奉献。2005年7月14日，王某琴亲笔书写《我的心愿》，主要内容为："我自愿拿出我微薄的全部积蓄，参与唐某碧同志发起的慈善福利事业，协助她搞好净诚安乐养老院的筹资、管理、服务等工作，这是个人不谋一分钱私利的慈善福利机构，社会公益事业。我们完全是无私奉献，不图任何回报……我为养老院所做的一切，是我为人民做的，与我的亲属子孙没有任何关系。养老院今后发达了，他们可以与其他人一样来交费养老，没有任何的特权和继承占有权。"唐某碧任仪陇县净诚安乐养老院负责人、院长，曾某梅担任会计，王某琴任出纳。

2006年7月16日，仪陇县民政局向仪陇县净诚安乐养老院颁发了《社会福利机构设置批准证书》，该证书记载养老院的运营方式为民办，负责人为唐某碧。仪陇县净诚安乐养老院至今未在仪陇县民政局办理民办非企业单位登记。仪陇县净诚安乐养老院在经营过程中的资金的主要来源有财政补助资金、单位和个人的捐赠、部分入住老人缴纳的基本生活费以及林某方、曾某梅、王某琴、唐某碧4人的出资。仪陇县民政局作为社会福利机构的业务主管部门，在对仪陇县净诚安乐养老院进行管理、监督和检查中发现该养老院存在问题，于2012年3月20日及2012年6月27日先后两次向其发出《仪陇县老年人社会福利机构整改通知书》，责令仪陇县净诚安乐养老院就审计和检查中存在的问题限期整改。二审法院以（2014）南行终字第83号行政判决维持了（2014）仪行初字第1号行政判决。（2014）南行终字第83号行政判决认为林某方、曾某梅、王某琴作为仪陇县净诚安乐养老院的共同筹办人，参与仪陇县净诚安乐养老院的管理活动，与仪陇县民政局作出的撤销行为以及登记行为具有法律上的利害关系，诉讼主体适格，有权提起诉讼，但其在二审中请求确认3人是仪陇县净诚安乐养老院的合伙人等诉请不属于该案审理范畴。申诉人唐某碧因对其与被申诉人林某方、曾某梅、王某琴确认出资人纠纷一案不服,向检察机关申诉。四川省人民检察院以川检民(行)监(2018)51000000455号民事抗诉书向法院提出抗诉。

※争议焦点:本案的争议焦点为林某方、曾某梅、王某琴是否为仪陇县净诚安乐养老院的出资人。

※判决结果:法院认为,唐某碧与林某方、曾某梅、王某琴等人通过自己出资、向社会募捐等形式筹资设立仪陇县净诚安乐养老院,4人均按照其签订的《出资协议》履行了各自的出资义务,并相继书立《发愿文》《我的心愿》《自我心愿》,明确设立仪陇县净诚安乐养老院系为慈善福利公益目的,4人的出资均为捐赠,不参与利润分配、不收回出资。仪陇县净诚安乐养老院亦于2006年7月取得民政部门颁发的《社会福利机构设置批准证书》。因此,仪陇县净诚安乐养老院性质为民办非企业单位,属于《民法总则》第92条规定的捐助法人,其相关权利义务的界定应当适用《民法总则》的规定。

《民法总则》第87条规定:"为公益目的或者其他非营利目的成立,不向出资人、设立人或者会员分配所取得利润的法人,为非营利法人。非营利法人包括事业单位、社会团体、基金会、社会服务机构等。"第92条第1款规定:"具备法人条件,为公益目的以捐助财产设立的基金会、社会服务机构等,经依法登记成立,取得捐助法人资格。"第94条规定:"捐助人有权向捐助法人查询捐助财产的使用、管理情况,并提出意见和建议,捐助法人应当及时、如实答复。捐助法人的决策机构、执行机构或者法定代表人作出决定的程序违反法律、行政法规、法人章程,或者决定内容违反法人章程的,捐助人等利害关系人或者主管机关可以请求人民法院撤销该决定。但是,捐助法人依据该决定与善意相对人形成的民事法律关系不受影响。"第95条规定:"为公益目的成立的非营利法人终止时,不得向出资人、设立人或者会员分配剩余财产。剩余财产应当按照法人章程的规定或者权力机构的决议用于公益目的;无法按照法人章程的规定或者权力机构的决议处理的,由主管机关主持转给宗旨相同或者相近的法人,并向社会公告。"因此,唐某碧与林某方、曾某梅、王某琴作为仪陇县净诚安乐养老院的捐助人,依照其承诺和前述法律规定,有权向仪陇县净诚安乐养老院查询捐助财产的使用和管理情况,对仪陇县净诚安乐养老院的决策、执行行为进行监督,并提出意见和建议,但依法不能分配利润和剩余财产,不能收回出资。仪陇县净诚安乐养老院虽取得了民政部门颁发的《社会福利机构设置批准证书》,但尚未依法登记,属于设立中的非营利性法人中的捐助法人。唐某碧与林某方、曾某梅、王某琴属于设立中的捐助法人的捐助人。因《民法总则》第87条、第95条未对非营利性法人中的捐助人作出专门规定，仅笼统规定非营利性法人的相关权利义务人员为出资人、设立人或者会员，因此，林某方、曾某梅、王某琴认定为仪陇县净诚安乐养老院的出资人或设立人，抑或捐助人，对其权利义务没有影响，亦不违反相关法律规定。故判决维持四川省南充市中级人民法院(2015)南中法民终字第2119号民事判决。

※案例解读：《民法典》第94条规定，捐助人有权向捐助法人查询捐助财产的使用、管理情况，并提出意见和建议，捐助法人应当及时、如实答复。捐助法人的决策机构、执行机构或者法定代表人作出决定的程序违反法律、行政法规、法人章程，或者决定内容违反法人章程的，捐助人等利害关系人或者主管机关可以请求人民法院撤销该决定。但是，捐助法人依据该决定与善意相对人形成的民事法律关系不受影响。仪陇县净诚安乐养老院系为慈善福利公益目的而成立的捐助法人，唐某碧与林某方、曾某梅、王某琴作为仪陇县净诚安乐养老院的捐助人，依照其承诺和前述法律规定，有权向仪陇县净诚安乐养老院查询捐助财产的使用和管理情况，对仪陇县净诚安乐养老院的决策、执行行为进行监督，并提出意见和建议，且有权将林某方、曾某梅、王某琴认定为仪陇县净诚安乐养老院的出资人或设立人，抑或捐助人，对其权利义务没有影响，也没有违反相关法律规定。

第九十五条　【非营利法人终止时剩余财产处置】为公益目的成立的非营利法人终止时，不得向出资人、设立人或者会员分配剩余财产。剩余财产应当按照法人章程的规定或者权力机构的决议用于公益目的；无法按照法人章程的规定或者权力机构的决议处理的，由主管机关主持转给宗旨相同或者相近的法人，并向社会公告。

条文解读

本条是关于非营利法人终止时剩余财产处置的规定。

营利法人终止时，适用破产清算程序，清偿所有债务后仍有剩余财产的，应当允许出资人取回出资。但非营利法人与营利法人最大的区别就在于，非营利法人的设立不以营利为目的，不向出资人或其成员分配利润。所以，以公益为目的的非营利法人终止时,不得向出资人、设立人或者会员分配剩余财产。

根据本条规定,以公益为目的成立的非营利法人终止时,其剩余财产处置分为两步:

第一,剩余财产应当按照法人章程的规定或者权力机构的决议用于公益目的。需要注意的是,章程和决议不得违反法律强制性规定。若章程或决议规定可以把剩余财产在出资人之间分配,则违反了本条前半段的规定,属于因违法而无效的情形。

第二,当无法按照法人章程的规定或权力机构的决议处理的,非营利法人终止时的剩余财产由主管机关主持转给宗旨相同或相近的法人,并向社会公告。例如,《慈善法》第18条第3款规定:"慈善组织清算后的剩余财产,应当按照慈善组织章程的规定转给宗旨相同或者相近的慈善组织;章程未规定的,由民政部门主持转给宗旨相同或者相近的慈善组织,并向社会公告。"《基金会管理条例》第33条规定:"基金会注销后的剩余财产应当按照章程的规定用于公益目的;无法按照章程规定处理的,由登记管理机关组织捐赠给与该基金会性质、宗旨相同的社会公益组织,并向社会公告。"

关联法规索引

《民办教育促进法》第59条;《慈善法》第18条;《基金会管理条例》第10条、第33条;《宗教事务条例》第60条

典型案例

李某蕊、阴某君与陆某鋆、何某星合同纠纷案[1]

※案情简介:上诉人李某蕊、阴某君、陆某鋆、何某星因合同纠纷一案,均不服宁波市江北区人民法院(2020)浙0205民初428号民事判决,向浙江省宁波市中级人民法院提起上诉。

李某蕊、阴某君(作为甲方)与陆某鋆(作为乙方)签订《转让协议》。陆某鋆、

[1] 本案根据浙江省宁波市中级人民法院(2021)浙02民终573号判决书整理。

何某星与李某蕊、阴某君签订《转让协议》已经生效履行3个多月，陆某鋆、何某星也全部接管了人财物，但在履行中，陆某鋆、何某星存在严重违约行为，给李某蕊、阴某君造成了巨大损失。

※争议焦点：本案的争议焦点为东方爱婴注销后，陆某鋆、何某星应返还东方爱婴的款项能否支付给李某蕊、阴某君。

※判决结果：法院认为，根据《民办教育促进法》第36条、第37条的规定，陆某鋆、何某星个人收取的学员费用和取得的款项，属于东方爱婴的资产，对此应由陆某鋆、何某星返还东方爱婴。审计报告显示，2019年8月1日至2019年11月1日，陆某鋆、何某星投入东方爱婴的资金为243,938.73元、陆某鋆、何某星从东方爱婴取得的资金为49,936元；东方爱婴未完全计入会计账的学员费用206,372.80元，该金额应视为陆某鋆、何某星个人收取的学员费用。上述陆某鋆、何某星投入东方爱婴的资金应由东方爱婴返还陆某鋆、何某星；而陆某鋆、何某星从东方爱婴取得的资金和个人收取的学员费用应由陆某鋆、何某星返还东方爱婴。因此陆某鋆、何某星应返还东方爱婴256,308.80元（由206,372.80元+49,936元计算得出），东方爱婴应返还陆某鋆、何某星的款项数额为243,938.73元。将上述款项进行抵销后，陆某鋆、何某星应返还东方爱婴的款项数额为12,370.07元。根据《民办教育促进法》第59条的规定，非营利性民办学校在清偿债务后的剩余财产继续用于其他非营利性学校办学；《民法典》第95条规定，为公益目的成立的非营利法人终止时，不得向出资人、设立人或者会员分配剩余财产。东方爱婴属于非营利法人，其注销后，陆某鋆、何某星应返还的款项不能支付给李某蕊、阴某君。

※案例解读：《民法典》第95条规定，为公益目的成立的非营利法人终止时，不得向出资人、设立人或者会员分配剩余财产。本案中，东方爱婴属于非营利法人，在其注销后，陆某鋆、何某星应返还的款项不能支付给李某蕊、阴某君。

第四节　特别法人

第九十六条　【特别法人类型】本节规定的机关法人、农村集体经济组织法人、城镇农村的合作经济组织法人、基层群众性自治组织法人，为特别法人。

条文解读

本条是关于特别法人类型的规定。

特别法人是我国民法上特有的、与营利法人和非营利法人相对应的概念。社会实践中有一些法人组织在设立、变更、终止等方面有一些特殊性,无法纳入营利法人和非营利法人的范围,于是在本法中单设一个法人类型——特别法人。

本条采用完全列举式的方法规定特别法人有四种类型:机关法人、农村集体经济组织法人、城镇农村的合作经济组织法人和基层群众性自治组织法人。

典型案例

胡某权、麻城市夫子河镇胡城寨村民委员会民间借贷纠纷案[1]

※案情简介:2002 年胡某权(已故)在麻城市夫子河镇胡城寨村民委员会任主任,胡某权为完成村级财贸任务向原告胡某权借款 2500 元并出具借据:"城寨村借胡某权现金贰仟伍佰元整 2500 上交财贸,利率 0.012/年。"署名借方胡某权并加盖麻城市夫子河镇胡城寨村民委员会公章。被告辩称该笔借款未计入村级公账,拒绝还款,遂酿成纠纷。

※争议焦点:本案的争议焦点为麻城市夫子河镇胡城寨村民委员会是否应向胡某权承担还款责任。

※判决结果:法院认为,《民法典》第 96 条规定:"本节规定的机关法人、农村集体经济组织法人、城镇农村的合作经济组织法人、基层群众性自治组织法人,为特别法人。"第 61 条第 1 款、第 2 款规定:"依照法律或者法人章程的规定,代表法人从事民事活动的负责人,为法人的法定代表人。法定代表人以法人名义从事的民事活动,其法律后果由法人承受。"本案中,胡某权代表被告从事民事活动,为被告的法定代表人,其以法人名义出具借据的法律后果由被告承受。故原告与被告之间的民间借贷关系合法成立并生效,被告应该按照约定偿还本金和利息,对原告第 1 项诉请予以支持。关于利息,借据上载明利率为 0.012/年,即年利率 1.2%,并非原告主张的年利率 12%,故对原告的第 2 项诉请不予支持。原告主张律师费

〔1〕 本案根据湖北省麻城市人民法院(2021)鄂 1181 民初 5651 号判决书整理。

无法律和事实依据，法院不予支持。综上，依据《民法典》第61条、第96条、第118条、第119条、第143条、第465条，《民事诉讼法》第64条的规定，判决被告麻城市夫子河镇胡城寨村民委员会于本判决生效后10日内偿还原告胡某权2500元及利息（利息按照年利率1.2%自2002年2月28日起计算至实际还清之日止）。

※案例解读：《民法典》第96条规定，本节规定的机关法人、农村集体经济组织法人、城镇农村的合作经济组织法人、基层群众性自治组织法人，为特别法人。本案中，胡某权代表被告从事民事活动为被告的法定代表人，其以法人名义出具的借据，法律后果由被告承受。故原告与被告之间的民间借贷关系合法成立并生效，被告应该按照约定偿还本金和利息。故麻城市夫子河镇胡城寨村民委员会应向胡某权承担还款责任。

第九十七条　【机关法人】有独立经费的机关和承担行政职能的法定机构从成立之日起，具有机关法人资格，可以从事为履行职能所需要的民事活动。

条文解读

本条是关于机关法人的规定。

机关法人，是指依法从事国家管理活动，并因行使职权需要而享有民事权利能力和民事行为能力的国家机关。国家机关法人依据《宪法》及其相关法律、行政决定、命令设立，不需要经审核批准等程序，属于公法人。[1]

机关法人具有以下特征：

第一，机关法人依据法律和行政法规设立。这是其与营利法人和非营利法人最大的不同，营利法人和非营利法人都是由出资人设立。机关法人的设立由法律和行政法规决定，自成立之日起即具有机关法人资格，其设立无须经专门机关核准登记。

第二，机关法人的经费来自国家和地方财政拨款。机关法人没有自己独立经营的财产，但有独立经费。经费是根据其承担的管理职能和工作需要，由国家和地

〔1〕 郭明瑞：《民法总则通义》，商务印书馆2018年版，第137页。

方财政拨款形成。机关法人对外所负债务由其经费承担。

第三,机关法人从事民事活动时,其民事行为能力受到限制。机关法人具有双重属性,既是承担国家职能的公法主体,又是可以从事民事活动的民事主体,但只能从事为履行职能所需要的民事活动,如购置办公用品、租用房屋、发包工程等。机关法人不能以营利为目的,广泛从事商业经营性活动,否则容易导致权力滥用。

典型案例

李某、张某东等不当得利纠纷案〔1〕

※案情简介:上诉人张某东、张某华、李某因与被上诉人长春市绿园区富民街道办事处(以下简称富民街道)不当得利纠纷一案,不服长春汽车经济技术开发区(以下简称汽开区)人民法院(2020)吉0192民初2100号民事判决,向法院提起上诉。

李某是张某田的妻子,张某东、张某华是张某田与李某的子女。2017年6月6日,长春市国土资源局向被征收人张某田作出《责令交出土地决定书》(长国土发〔2017〕21号),以张某田在征收过程中无正当理由拒绝接受安置补偿,且拒不交出土地,已经影响到征收工作的正常进行为由,责令张某田在接到决定起15日内,拆除地上附着物并交出土地。后因张某田未在期限内拆除地上附着物并交出土地,长春市国土资源局向法院申请强制执行。法院经审查裁定准予强制执行,并由汽开区管委会组织实施。2019年4月18日,汽开区管委会及各相关部门对地铁2号线区域实施强制执行,张某田为被执行人。强制执行过程中,张某田被送往吉林省一汽总医院并一直住院至今。

※争议焦点:本案的争议焦点为富民街道是否具备民事诉讼主体资格。

※判决结果:法院认为,三名上诉人张某东、张某华、李某上诉主张,富民街道起诉本案的主体不适格,认为富民街道无权以三名上诉人不尽抚养或赡养义务提起诉讼,但本案起诉的并非扶养或赡养履行责任纠纷,而是三名上诉人的行为是否构成民法上所规定的不当得利行为。富民街道负担了本应由三名上诉人负担的张某田的住院费、医疗费等费用,富民街道受有损失,并且正是因为三名上诉人在接

---

〔1〕 本案根据吉林省长春市中级人民法院(2021)吉01民终4800号判决书整理。

到富民街道通知张某田被送往医院救治后,仍不负担应当负担的相关费用且不将老人接回才导致相关费用的产生,三名上诉人利益的消极取得不具有法律上的根据,三名上诉人的行为已经构成不当得利,应将富民街道的损失予以返还。三名上诉人称,富民街道将张某田送至医院的行为系因净月管委会行政强拆行为引发,并非三名上诉人所为,与三名上诉人无关,富民街道应自行承担费用。但原审判决已经将各方协商赡养问题的时间点以前的部分费用认定为强拆实施主体应尽的妥善安置义务,由拆迁实施主体负担,而该时间点以后的费用应由作为张某田近亲属的三名上诉人负担,原审已依法保护三名上诉人的权益,并无不当之处。三名上诉人以净月管委会实施强拆行为违法为由,主张其不应负担医疗费等费用。拆迁行为的性质已经法院行政生效文书作出裁判,且不属于民事法律行为,故不在本案审理范围,三名上诉人的主张依法不能支持。判决驳回上诉,维持原判。

※案例解读:《民法典》第97条规定,有独立经费的机关和承担行政职能的法定机构从成立之日起,具有机关法人资格,可以从事为履行职能所需要的民事活动。本案中,富民街道属于有独立经费的国家机关,系特别法人中的机关法人,故富民街道具备民事诉讼主体资格。

第九十八条 【机关法人终止】机关法人被撤销的,法人终止,其民事权利和义务由继任的机关法人享有和承担;没有继任的机关法人的,由作出撤销决定的机关法人享有和承担。

条文解读

本条是关于机关法人终止的规定。

机关法人依法律、行政法规和命令而设立,因此也只能根据法律、行政法规和命令而撤销。机关法人被撤销,其法人资格终止。比如,我国多次进行机构改革,行政机关的新设或撤销时有发生。

在我国,机关法人不适用《企业破产法》,没有破产能力,其撤销后的民事权利和义务由继任的机关法人享有和承担。如果没有继任的机关法人,原机关法人的民事权利和义务由作出撤销决定的机关法人享有和承担。例如,《国家赔偿法》第7条第5款规定:“赔偿义务机关被撤销的,继续行使其职权的行政机关为赔偿义务机关；没有继续行使其职权的行政机关的，撤销该赔偿义务机关的行政机关为赔偿义务机关。”

关联法规索引

《国家赔偿法》第7条

典型案例

法库县市场监督管理局、姜某柱等债权人代位权纠纷案[1]

※案情简介：上诉人法库县市场监督管理局（以下简称法库市监局）因与被上诉人姜某柱及原审第三人安某芳、李某债权人代位权纠纷一案，不服辽宁省法库县人民法院(2021)辽0124民初2464号民事判决，向法院提起上诉。

2000年4月5日，甲方法库技监局与乙方大连漫谈房地产开发公司驻大石桥北市场开发办签订《共同开发建设法库县技术监督局所在旧城区协议书》约定："由乙方向甲方提供立断1500平方米楼房面积与门点1个(90平方米)，用于偿还法库技监局原办公楼及院内所有房屋面积。除保留原院面积外，新增面积归法库技监局所有。"2011年8月8日，沈阳工业国有资产经营有限公司、沈阳科瑞投资有限公司、法库县国有资产管理公司、法库质监局、法库县人民政府共五方签订《代偿协议》约定："将位于（产权所有者为法库质监局）的房产（沈房权证法库字第××，面积988m^2；沈房房权证法库字第××，面积602.7m^2；无证房138.17m^2）折价抵债过户给沈阳工业国有资产经营有限公司。"2015年9月2日，法编发〔2015〕33号《关于成立法库县市场监督管理局的通知》载明："将县政府食品安全委员会办公室、县工商行政管理局、县质量技术监督局、县食品药品监督管理局的职责整合，组建法库县市场监督管理局。"

※争议焦点：本案的争议焦点为法库市监局是否为本案的适格被告。

※判决结果：法院认为，关于上诉人法库市监局作为本案原审被告是否适格的问题，依据《民法典》第98条的规定以及一审认定的事实，法库技监局经职能部门

---

〔1〕 本案根据辽宁省沈阳市中级人民法院(2021)辽01民终19270号判决书整理。

审批后，变更为法库质监局，后又变更为法库市监局，均是机关法人，因此法库技监局的权利义务应当都由上诉人法库市监局承继。法库市监局主张从来没有接受过原法库技监局的财务或财产，且涉案财产已无偿划归法库县人民政府所有，后登记在沈阳工业国有资产有限公司名下，属国有资产。法院认为，有关部门之间的财产移转并不影响法人对外权利义务的享有和承担，也不能产生对外的对抗效力，因而并不能否定法库市监局有可能是不当得利的受益者这一事实和身份。故法库市监局是本案的适格被告。一审判决认定事实清楚，适用法律正确，应予维持。

※案例解读：《民法典》第98条规定，机关法人被撤销的，法人终止，其民事权利和义务由继任的机关法人享有和承担；没有继任的机关法人的，由作出撤销决定的机关法人享有和承担。本案中，法库技监局经职能部门审批后，变更为法库质监局，后又变更为法库市监局，均是机关法人，因此法库技监局的权利义务应当都由上诉人法库市监局承继。故法库市监局是本案的适格被告。

第九十九条　【农村集体经济组织法人】农村集体经济组织依法取得法人资格。

法律、行政法规对农村集体经济组织有规定的，依照其规定。

条文解读

本条是关于农村集体经济组织法人的规定。

农村集体经济组织法人，是指由农民联合形成的、集体组织农业生产经营、集体劳动、各尽所能、按劳分配的农业社会主义经济组织。[1]

农村集体经济组织法人作为特殊法人的一种，具有以下特点：

第一，财产的特殊性。营利法人的财产来自出资人的出资，非营利法人的财产来自投资者捐助，农村集体经济组织法人的财产来自历史上形成的农村集体经济组织的财产。农村集体经济组织以土地为中心，集体财产由集体成员集体所有，具有不可分割性。

第二，成员的特殊性。农村集体经济组织法人与营利法人和非营利法人最大

〔1〕郭明瑞：《民法总则通义》，商务印书馆2018年版，第138页。

的不同在于,农村集体经济组织法人的成员无法像营利法人和非营利法人的成员那样自愿加入、自由退出,其成员具有很强的地域性和身份性。农村集体经济组织多以村为地域划分标准,但并非生活在该地域的人都有成员身份,只有出生或经过特别程序进入该地域的人才可以成为该集体经济组织的成员。成员身份依附在集体土地之上,也体现出较强的封闭性。

第三,成立和终止的特殊性。农村集体经济组织法人是历史上长期存在的一种组织形式,不需要申请批准设立,也不需要办理法人登记成立,一经法律确认就具备了法人的主体资格。农村集体经济组织以土地为存在基础,其财产有很强的地域性,人员有很强的封闭性,这就决定该法人具有很强的稳定性,一般不会终止。只有在合并时,才会发生终止的情况。

典型案例

江门市紫富物业发展有限公司、江门市蓬江区白沙街紫莱股份合作经济联合社股东知情权纠纷案[1]

※案情简介:上诉人江门市紫富物业发展有限公司(以下简称紫富公司)因与被上诉人江门市蓬江区白沙街紫莱股份合作经济联合社(以下简称紫莱经联社)股东知情权纠纷一案,不服广东省江门市蓬江区人民法院(2020)粤0703民初6040号民事判决,向法院提起上诉。

紫莱经联社请求:(1)紫富公司提供自2016年9月28日起至实际提供之日期间紫富公司的公司章程、股东会会议记录、董事会会议决议、监事会会议决议和财务会计报告(含月、季、半年、年度)供紫莱经联社查阅并复制;(2)紫富公司提供2016年9月28日至实际提供之日紫富公司全部会计账簿(含总账、明细账、日记账和其他辅助性账簿)及与之相关的记账凭证、相关原始凭证和作为原始凭证附件入账备查的有关资料(包括往来函件、房屋认购协议、商品房买卖合同、建设工程相关合同等协议及纳税申报书、传票、银行账户流水凭证、发票登记簿及发票存根、收据登记簿及收据存根等资料)供紫莱经联社查阅并复制,前述事宜由紫莱经联社委

[1] 本案根据广东省江门市中级人民法院(2021)粤07民终765号判决书整理。

托的会计师等中介机构执业人员辅助进行;(3)紫富公司配合紫莱经联社安排,对紫富公司自2016年起至实际审计开始之日止的公司财务状况进行审计;(4)本案诉讼费由紫富公司承担。

紫富公司成立于2015年4月28日,注册资本666.6667万元,股东为紫莱经联社及广东胜坚集团有限公司,分别出资200万元、466.6667万元。诉讼中,对于紫莱经联社的第1项诉讼请求,紫富公司称制作了年度财务会计报告、月度财务报表,但没有制作过股东会会议记录,也无董事会会议决议、监事会会议决议。紫莱经联社对以上紫富公司所述均表示不清楚。2020年8月3日,一审法院根据紫莱经联社申请对紫富公司2016年9月28日至2020年6月的公司财务会计档案材料进行证据保全。

※争议焦点:本案的争议焦点为:(1)紫莱经联社是否具有诉讼主体资格;(2)紫莱经联社请求查阅与会计账簿相关的记账凭证、原始凭证和作为原始凭证入账备查的有关资料应否支持。

※判决结果:法院认为,关于紫莱经联社是否具有诉讼主体资格的问题。首先,根据《民事诉讼法》第119条第1项的规定,起诉原告必须是与本案有直接利害关系的公民、法人和其他组织。《民法典》第99条第1款规定:“农村集体经济组织依法取得法人资格。”农村集体经济组织依法管理土地和集体财产、组织本集体成员共同开展生产经营活动和提供其他社会经济服务。紫莱经联社行使诉讼权利维护村集体的财产利益,是履行其职能的表现,与涉案标的具有利害关系,符合上述法律规定。其次,《广东省农村集体经济组织管理规定》第9条规定,凡涉及成员切身利益的重大事项,必须提交成员大会讨论决定。但紫莱经联社提起诉讼的行为是通过司法程序行使救济权利的行为,并非处分财产的行为或者其他影响村民切身利益的行为,不属于法律规定的必须经过成员大会决议的事项。并且,紫莱经联社提交的《关于股民授权相关职能机构执行紫莱“三旧”改造项目相关法务事宜的提案》《紫莱经联社三委会会议记录》等证据,可以证明紫莱经联社提起本案诉讼并不违背该社成员的意志,紫富公司虽然对相关证据不予认可但并未提交相反证据予以反驳,从便利当事人及节约诉讼资源的角度考虑,一审法院受理本案并无不当。

关于紫莱经联社请求查阅与会计账簿相关的记账凭证、原始凭证和作为原始凭证入账备查的有关资料应否支持的问题。《会计法》第9条第1款规定:“各单位必须根据实际发生的经济业务事项进行会计核算,填制会计凭证,登记会计帐簿,编制财务会计报告。”第 14 条第 1 款、第 2 款规定:“会计凭证包括原始凭证和记帐凭证。办理本法第十条所列的经济业务事项,必须填制或者取得原始凭证并及时送交会计机构。”第 14 条第 5 款规定:“记帐凭证应当根据经过审核的原始凭证及有关资料编制。”第 15 条第 1 款规定,会计帐簿登记,必须以经过审核的会计凭证为依据,并符合有关法律、行政法规和国家统一的会计制度的规定。因此,根据会计准则,会计凭证应当入账备查。公司的具体经营活动也只有通过查阅原始凭证和记账凭证等会计凭证才能知晓,否则股东可能无法准确了解公司真正的经营状况。据此,股东行使会计账簿查阅权的范围理应包括相关记账凭证、原始凭证和作为原始凭证入账备查的有关资料。紫富公司有关一审判决确定的查阅范围超出法律规定的上诉主张,法院不予支持。至于紫富公司上诉称其已向紫莱经联社提供相关资料供其查阅、复制,但未能提交证据予以证明,其据此主张一审判决缺乏履行的必要性,法院亦不予支持。

综上所述,紫富公司的上诉请求不能成立,应予驳回。一审判决认定事实属实,适用法律正确,应予维持。判决驳回上诉,维持原判。

※案例解读:《民法典》第 99 条第 1 款规定,农村集体经济组织依法取得法人资格。本案中,紫莱经联社行使诉讼权利维护村集体的财产利益,是履行其职能的表现,与涉案标的具有利害关系,符合上述法律规定。故紫莱经联社具有诉讼主体资格。

第一百条 【城镇农村的合作经济组织法人】城镇农村的合作经济组织依法取得法人资格。

法律、行政法规对城镇农村的合作经济组织有规定的,依照其规定。

条文解读

本条是关于城镇农村的合作经济组织法人的规定。

城镇农村的合作经济组织法人,是指具有法人资格的各类城镇和农村合作社。这些合作社经济组织是集体经济组织的一种形式,具有如下特征:

第一,合作社原则上不以营利为目的。合作社是劳动者自愿联合的组织,原则上不以营利为目的，旨在实现社员之间的互助互惠，其财产主要来源于社员出资，因此无法将其划分到营利法人与非营利法人之中，只能划为特殊法人的一种。

第二，依法取得法人资格。与农村集体经济组织法人的一大不同在于，合作经济组织法人需依法取得法人资格，才能以法人名义从事民事活动。

第三，合作经济组织法人适用法律、行政法规的特别规定。涉及农民专业合作社的事项，应当按照《农民专业合作社法》的相关规定处理。

第一百零一条　【基层群众性自治组织法人】居民委员会、村民委员会具有基层群众性自治组织法人资格，可以从事为履行职能所需要的民事活动。

未设立村集体经济组织的，村民委员会可以依法代行村集体经济组织的职能。

条文解读

本条是关于基层群众性自治组织法人的规定。

居民委员会和村民委员会都是我国基层群众性自治组织法人。根据《城市居民委员会组织法》的规定，居民委员会是居民自我管理、自我教育、自我服务的基层群众性自治组织。根据《村民委员会组织法》的规定，村民委员会是村民自我管理、自我教育、自我服务的基层群众性自治组织，实行民主选举、民主决策、民主管理、民主监督；村民委员会办理本村的公共事务和公益事业，调解民间纠纷，协助维护社会治安，向人民政府反映村民的意见、要求和提出建议。

基层群众性自治组织法人具有如下特征：

第一，依法直接设立。居民委员会依据《城市居民委员会组织法》设立，村民委员会依据《村民委员会组织法》设立，无须申办程序，可直接设立。居委会财产的来源主要是政府财政拨付；村委会财产的来源主要是村办企业、土地承包费等经济收入，以及政府财政补助。居委会和村委会以其财产和经费对外独立承担民事责任。

第二，主要承担公益和公共事务职能。如《城市居民委员会组织法》第3条规定："居民委员会的任务：（一）宣传宪法、法律、法规和国家的政策，维护居民的合法权益，教育居民履行依法应尽的义务，爱护公共财产，开展多种形式的社会主义精神文明建设活动;(二)办理本居住地区居民的公共事务和公益事业;(三)调解民间纠纷;(四)协助维护社会治安;(五)协助人民政府或者它的派出机关做好与居民利益有关的公共卫生、计划生育、优抚救济、青少年教育等项工作;(六)向人民政府或者它的派出机关反映居民的意见、要求和提出建议。”《村民委员会组织法》第2条第2款规定:“村民委员会办理本村的公共事务和公益事业,调解民间纠纷,协助维护社会治安,向人民政府反映村民的意见、要求和提出建议。”

第三,从事为履行职能所需要的民事活动。基层群众性自治组织的主要职能是从事公益和公共事务管理,只有在进行必要的民事活动时才成为民事主体,具有相应的民事权利能力和民事行为能力,如为保证组织正常运行,购买活动设备、租赁活动场所等。

第四,未设立村集体经济组织的,村民委员会可以依法代行村集体经济组织的职能。

关联法规索引

《城市居民委员会组织法》第2条、第3条;《村民委员会组织法》第2条

典型案例

龙泉同安永胜页岩砖厂、钟某蓉等土地租赁合同纠纷案[1]

※案情简介:上诉人龙泉同安永胜页岩砖厂(以下简称永胜砖厂)、钟某蓉因与被上诉人四川省成都市龙泉驿区同安街道阳光村村民委员会(以下简称阳光村村委会)及原审第三人张某明土地租赁合同纠纷一案,不服成都市龙泉驿区人民法院(2020)川0112民初2911号民事判决,向法院提起上诉。

曾某奇、柏某河等数十名村民与永胜砖厂签订土地租赁合同,2016年1月后永胜砖厂没有支付土地租赁费给村民。村民与永胜砖厂发生租赁费纠纷后,村民多次催要无果,遂将土地承包经营权交回阳光村村委会,由阳光村村委会行使相关权利。

---

〔1〕 本案根据四川省成都市中级人民法院(2021)川01民终8551号判决书整理。

※争议焦点：本案的争议焦点为：(1)阳光村村委会是否具备原告主体资格；(2)若主体适格，其是否有权要求返还案涉租赁物；(3)永胜砖厂的实际租赁面积及使用情况；(4)永胜砖厂是否存在实际损失。

※判决结果：法院认为，《民法典》第101条规定，居民委员会、村民委员会具有基层群众性自治组织法人资格，可以从事为履行职能所需要的民事活动。未设立村集体经济组织的，村民委员会可以依法代行村集体经济组织的职能。《村民委员会组织法》第2条第1款规定："村民委员会是村民自我管理、自我教育、自我服务的基层群众性自治组织，实行民主选举、民主决策、民主管理、民主监督。"第8条规定："村民委员会应当支持和组织村民依法发展各种形式的合作经济和其他经济，承担本村生产的服务和协调工作，促进农村生产建设和经济发展。村民委员会依照法律规定，管理本村属于村农民集体所有的土地和其他财产，引导村民合理利用自然资源，保护和改善生态环境。村民委员会应当尊重并支持集体经济组织依法独立进行经济活动的自主权，维护以家庭承包经营为基础、统分结合的双层经营体制，保障集体经济组织和村民、承包经营户、联户或者合伙的合法财产权和其他合法权益。"由此可见，村民委员会具有管理集体所有的土地、维护村民土地承包经营权的法定职能。本案中，阳光村村委会系案涉土地的所有权人，在案涉的租赁合同建立、履行过程中，永胜砖厂也认可由村委会代表村民与其订立并履行合同。而从阳光村村委会提交的数十位村民签署的《自愿交回(放弃)土地承包经营权申请书》来看，该申请书的内容实质是案涉土地的部分承包经营权人明确表示支持和认可阳光村村委会对永胜砖厂主张收回案涉土地。因此，阳光村村委会以自身名义提起本案诉讼，符合合同订立和履行的实际，且是得到了村民支持、履行自身职责的行为，故阳光村村委会有权提起本案诉讼。

关于永胜砖厂是否应返还租赁物。永胜砖厂与原同安乡第二机制砖厂之间并非主体上的承继关系，故永胜砖厂租用村集体所有的土地，系平等民事主体之间的法律关系，并不涉及原集体企业改制等历史遗留问题。永胜砖厂占有、使用了村集体所有的土地，且其与阳光村村委会或其他任何主体之间均未约定租赁期限，因此出租方、承租方之间的关系应视为不定期租赁合同关系，故阳光村村委会有权随时主张解除双方租赁合同关系并要求返还租赁的土地。

关于返还范围和面积。阳光村村委会委托了专门的测绘机构对案涉土地的实际使用状况进行了测绘，故实际返还面积在无相反证据的情况下，应以实际测绘的情况为准。对永胜砖厂主张的不应返还的水凼面积，首先，在永胜砖厂与原永胜村村委会签订的出让协议书中，永胜砖厂购买原同安乡第二机制砖厂资产的同时，其实际承租的范围与原砖厂相比有所调整，水凼在此约定的是“包干”，无论该处对应的占有使用对价如何计算，双方真实意思显然是水凼与永胜砖厂承租的其他土地一并占有使用，因此在阳光村村委会要求解除合同、返还土地的情况下，水凼显然应与其他土地一并被返还；其次，水凼目前的实际使用人张某明在二审中也确认，该处水凼系其从永胜砖厂处承租。故在返还土地时，应将包含水凼在内的土地一并向阳光村村委会返还。2016 年永胜砖厂出具的租赁费表格所载金额系其真实意思表示，系永胜砖厂对应付租金标准的确认，阳光村村委会主张的计租标准未超过该标准，故一审判决以该计租标准计算永胜砖厂应付租金合法有据，应予维持。

关于永胜砖厂的损失。阳光村村委会和永胜砖厂之间系不定期租赁合同关系，阳光村村委会有权随时解除双方租赁合同关系，故永胜砖厂以村民及村委会不让其使用土地为由主张损失缺乏法律和事实依据，本院不予支持。

综上所述，上诉人永胜砖厂、钟某蓉的上诉请求不能成立，应予驳回；一审判决认定事实清楚，适用法律正确，应予维持。判决驳回上诉，维持原判。

※案例解读：《民法典》第 101 条第 1 款规定，居民委员会、村民委员会具有基层群众性自治组织法人资格，可以从事为履行职能所需要的民事活动。本案中村民与永胜砖厂发生租赁费纠纷后，村民多次催要无果，遂将土地承包经营权交回阳光村村委会，由阳光村村委会行使相关权利。阳光村村委会以自身名义提起本案诉讼，符合合同订立和履行的实际，且是得到了村民支持、履行自身职责的行为，故阳光村村委会有权提起本案诉讼。

第四章　非法人组织

第一百零二条　【非法人组织的定义和范围】非法人组织是不具有法人资格，但是能够依法以自己的名义从事民事活动的组织。

非法人组织包括个人独资企业、合伙企业、不具有法人资格的专业服务机构等。

条文解读

本条是关于非法人组织的定义和范围的规定。

本条第1款是关于非法人组织的定义。非法人组织，是指不具有法人资格，但是能够依法以自己的名义从事民事活动的组织。根据该定义，非法人组织具有如下特征：

第一，非法人组织是一个组织体。传统上的社会组织，或因自然人集合在一起，成为社团；或因财产集合在一起，成为财团。但现代社会，社会组织可以是一个人兴办，也可以是几个人兴办，不以自然人的名义存在，以社会组织的名义存在，依法成立，具有一定目的性和稳定性。非法人组织是一个组织体，这是其与自然人最大的不同。

第二，非法人组织不具有法人资格。非法人组织不能独立承担民事责任，其责任由非法人组织的设立人或出资人承担，这是其与法人最大的不同。

第三，非法人组织具有民事权利能力和民事行为能力。非法人组织具有民事主体资格，能够以自己的名义从事民事活动，具有民事权利能力和民事行为能力。在这一方面其与法人相同。

本条第2款规定的是非法人组织的范围。本款列举了三种典型的非法人主体：个人独资企业、合伙企业和不具有法人资格的专业服务机构。

《个人独资企业法》第2条规定："本法所称个人独资企业，是指依照本法在中国境内设立，由一个自然人投资，财产为投资人个人所有，投资人以其个人财产对企业债务承担无限责任的经营实体。”

根据《合伙企业法》第 2 条的规定，合伙企业，是指自然人、法人和其他组织依照《合伙企业法》在中国境内设立的普通合伙企业和有限合伙企业。普通合伙企业由普通合伙人组成，没有法律特别规定的情况下，全体普通合伙人对合伙企业的债务承担无限连带责任。有限合伙企业由普通合伙人和有限合伙人组成，其中，普通合伙人对合伙企业债务承担无限连带责任，而有限合伙人以其认缴的出资额为限对合伙企业债务承担责任。

不具有法人资格的专业服务机构，最典型的是律师事务所和会计师事务所。《注册会计师法》第 23 条规定，会计师事务所可以由注册会计师合伙设立。合伙设立的会计师事务所的债务，由合伙人按照出资比例或者协议的约定，以各自的财产承担责任。合伙人对会计师事务所的债务承担连带责任。《律师法》第 15 条第 2 款规定，合伙律师事务所可以采用普通合伙或者特殊的普通合伙形式设立。合伙律师事务所的合伙人按照合伙形式对该律师事务所的债务依法承担责任。

除了本条第 2 款列举的三种非法人组织，社会实践中非法人组织还可以以其他方式存在，如企业法人的分支机构、业委会等。

关联法规索引

《民事诉讼法》第 3 条；《最高人民法院关于适用〈中华人民共和国民事诉讼法〉的解释》第 52 条；《个人独资企业法》第 2 条；《合伙企业法》第 2 条、第 55 条

第一百零三条　【非法人组织设立程序】非法人组织应当依照法律的规定登记。

设立非法人组织，法律、行政法规规定须经有关机关批准的，依照其规定。

条文解读

本条是关于非法人组织设立程序的规定。

第 1 款规定，非法人组织应当依照法律的规定登记。非法人组织依法登记，有助于帮助交易相对人识别主体，维护交易安全。不同类型的非法人组织的登记程

序各不相同。根据《个人独资企业法》第 9 条第 1 款的规定，申请设立个人独资企业，应当由投资人或者其委托的代理人向个人独资企业所在地的登记机关提交设立申请书、投资人身份证明、生产经营场所使用证明等文件。根据《合伙企业法》第 9 条第 1 款的规定，申请设立合伙企业，应当向企业登记机关提交登记申请书、合伙协议书、合伙人身份证明等文件。

第 2 款对特殊类型的非法人组织的设立作出规定。对于特殊类型的非法人组织，法律、行政法规要求必须经过有关机关批准方可设立的，该非法人组织应当依照规定设立。《个人独资企业法》第 9 条第 2 款规定，个人独资企业不得从事法律、行政法规禁止经营的业务；从事法律、行政法规规定须报经有关部门审批的业务，应当在申请设立登记时提交有关部门的批准文件。《合伙企业法》第 9 条第 2 款规定，合伙企业的经营范围中有属于法律、行政法规规定在登记前须经批准的项目的，该项经营业务应当依法经过批准，并在登记时提交批准文件。《律师法》第 18 条规定，设立律师事务所，应当向设区的市级或者直辖市的区人民政府司法行政部门提出申请，受理申请的部门应当自受理之日起 20 日内予以审查，并将审查意见和全部申请材料报送省、自治区、直辖市人民政府司法行政部门。省、自治区、直辖市人民政府司法行政部门应当自收到报送材料之日起 10 日内予以审核，作出是否准予设立的决定。准予设立的，向申请人颁发律师事务所执业证书；不准予设立的，向申请人书面说明理由。

关联法规索引

《个人独资企业法》第 9 条；《合伙企业法》第 9 条；《律师法》第 18 条

典型案例

张某平、章某田等合同纠纷案[1]

※案情简介：张某林于 2001 年投资设立钢城海绵铁厂，该厂登记在其女儿张某兰名下。2009 年，张某林就钢城海绵铁厂租赁经营事宜与张某平进行协商并达

〔1〕本案根据安徽省马鞍山市中级人民法院（2021）皖 05 民终 1941 号判决书整理。

成协议。2009 年 7 月 30 日，张某兰配合张某林将钢城海绵铁厂登记至张某平名下，同时钢城海绵铁厂变更名称为天华海绵铁厂。2009 年 12 月 8 日，张某林与张某平正式签订《合同书》。合同约定张某平租赁经营张某林位于林里村××鹦鹉下××靶场下面的××厂房以及场地、设备，年租赁费 18 万元，租赁经营期为 10 年，自 2009 年 1 月 1 日起至 2018 年 12 月 31 日止。合同还约定，为了张某平对外经营方便，张某林不干涉张某平的生产经营活动，并同意张某平变更营业执照、更换法人代表（投资人），但经营地点不变，租赁期满需恢复原状。2019 年 3 月，张某林与张某平因租赁费产生纠纷，张某林起诉张某平要求给付拖欠的租金，后张某林于 2019 年 10 月撤回起诉。在该案审理期间，张某平未经张某林同意，于 2019 年 7 月 4 日擅自将天华海绵铁厂工商登记的投资人由张某平变更为章某田。2020 年 1 月，张某林再次起诉张某平。

※争议焦点：本案的争议焦点之一是张某林是否有权要求将天华海绵铁厂投资人变更为自己。

※判决结果：法院认为，根据《民法总则》相应规定，非法人组织是不具有法人资格，但是能够依法以自己名义从事民事活动的组织，包括个人独资企业。非法人组织应当依照法律的规定登记。本案中，张某林、张某平在 2009 年 12 月 8 日签订的《合同书》中约定“为了乙方对外经营方便，甲方不干涉乙方的生产经营活动，同意乙方要求变更营业执照更换法人代表，经营地点不变，租赁期满恢复原状”。在张某林与张某平签订租赁合同前，原钢城海绵铁厂的生产项目本身涉及相关行政审批，如重新申请相应的独资企业工商登记，可能存在诸多不确定事项。因此，基于诚实信用原则，在案涉合同约定的租赁期限届满后，张某平应当按照合同约定，除厂房、场地、设备外，尚需将天华海绵铁厂工商登记的投资人恢复成张某林（张某兰）。张某平辩称在其经营天华海绵铁厂期间，为获得环境评价的验收和相关资质投入了大量资金，可在该企业投资人变更登记完成后，基于公平原则要求张某林在其受益的合理范围内支付相应的补偿。

※案例解读：本案中，张某林与张某平 2009 年 12 月 8 日签订的《合同书》是双方真实意思表示，合法有效，双方均应遵照履行。合同明确约定“为了对外经营方便，甲方（张某林）不干涉乙方（张某平）一切生产经营活动，同意乙方（张某平）要求变更营业执照更换法人代表，经营地点不变，期满恢复原状”。按照合同此项约定，张某平在租赁合同于 2018 年 12 月 31 日到期后，应当将租赁物返还租赁企业，

并按约将租赁企业投资人恢复原状，即变更为原登记人张某兰。但张某平未经张某林同意，擅自将租赁企业天华海绵铁厂的投资人变更登记为章某田，而且是在张某林与张某平的诉讼案件审理期间进行变更的，此举明显具有主观恶意。张某平未能履行将天华海绵铁厂工商登记恢复原状的义务，应承担继续履行的违约责任。

第一百零四条　【非法人组织民事责任】非法人组织的财产不足以清偿债务的，其出资人或者设立人承担无限责任。法律另有规定的，依照其规定。

条文解读

本条是关于非法人组织民事责任的规定。

非法人组织民事责任承担分为两种情形：

第一，非法人组织的财产不足以清偿债务的，其出资人或者设立人承担无限责任。首先，非法人组织的债务，应当先以非法人组织的财产清偿。非法人组织具有民事主体资格，可以以自己的名义参与民事活动并享有财产权利，所以首先应当以该非法人组织的全部财产清偿其债务。《合伙企业法》第38条规定，合伙企业对其债务，应先以其全部财产进行清偿。其次，当非法人组织的财产不足以清偿债务时，其出资人或设立人承担无限责任。非法人组织与法人组织最大的不同在于，非法人组织的出资人或设立人以其个人的全部财产对非组织法人的债务承担无限责任，而法人组织的出资人只是以其出资额为限承担有限责任。

第二，法律另有规定的，依照其规定。对于非法人组织的民事责任承担，除了根据本条的一般性规定进行处理，法律还可以作出特殊性规定。《合伙企业法》第2条第2款和第3款规定："普通合伙企业由普通合伙人组成，合伙人对合伙企业债务承担无限连带责任。本法对普通合伙人承担责任的形式有特别规定的，从其规定。有限合伙企业由普通合伙人和有限合伙人组成，普通合伙人对合伙企业债务承担无限连带责任，有限合伙人以其认缴的出资额为限对合伙企业债务承担责任。"第57条规定，一个合伙人或者数个合伙人在执业活动中因故意或者重大过失造成合伙企业债务的，应当承担无限责任或者无限连带责任，其他合伙人以其在合伙企业中的财产份额为限承担责任。合伙人在执业活动中非因故意或者重大过失造成的合伙企业债务以及合伙企业的其他债务，由全体合伙人承担无限连带责任。

关联法规索引

《合伙企业法》第38~40条、第57条;《个人独资企业法》第31条;《注册会计师法》第23条;《律师法》第15条

典型案例

唐某发、南京市浦口区仁发针织服装厂与南京圣豪服饰有限公司、江苏迅优制衣有限公司加工合同纠纷案[1]

※案情简介:2018年8月1日,南京圣豪服饰有限公司(以下简称圣豪公司)(供货方)与江苏迅优制衣有限公司(以下简称迅优公司)(采购方)签订购销合同书,约定供货方为采购方提供校服。合同对校服名称、数量、单价、布料成分、交货时间等进行约定,合同金额约为29.9万元,为估算金额,双方结算时按照订货清单数量所确定的实际供货数量结算。2019年4月19日,迅优公司出具往来对账证明,载明:"江苏迅优制衣有限公司实际欠贵司(南京圣豪服饰有限公司)的416,040元于2019年4月30日之前协商解决。"4月22日,唐某发在该证明上书写"工厂在2019年6月30日前还清""情况属实"。同日,唐某发书写欠条1份,载明"今欠到倪某林服装加工费肆拾壹万陆仟零肆拾元(¥416,040元),此据,欠款人浦口区仁发针织厂唐某发"。因迅优公司、南京市浦口区仁发针织服装厂(以下简称仁发厂)、唐某发至今未付款,圣豪公司提起本案诉讼。

※争议焦点:本案的争议焦点之一是唐某发应否承担连带责任。

※判决结果:法院认为,仁发厂系唐某发投资设立的个人独资企业,属非法人组织。《个人独资企业法》第31条规定:"个人独资企业财产不足以清偿债务的,投资人应当以其个人的其他财产予以清偿。"《民法总则》第104条规定:"非法人组织的财产不足以清偿债务的,其出资人或者设立人承担无限责任。法律另有规定的,依照其规定。"本案中,唐某发向法院出具的情况说明中已明确其以仁发厂的名义出具欠条时仁发厂"已倒闭",故可以认定仁发厂的财产不足以清偿其对圣豪公司的债务,一审据此判令唐某发对仁发厂的债务承担连带清偿责任,并无不当,

---

〔1〕 本案根据江苏省南京市中级人民法院(2020)苏01民终4231号判决书整理。

可予维持。

※案例解读：本案中，非法人组织的财产不足以清偿债务的，其出资人或者设立人承担无限责任。仁发厂系唐某发投资的个人独资企业，根据法律规定，投资人以其个人财产对企业债务承担无限责任，故唐某发作为投资人，应以其个人财产对仁发厂的债务承担无限责任。

第一百零五条　【非法人组织代表人】非法人组织可以确定一人或者数人代表该组织从事民事活动。

条文解读

本条是关于非法人组织代表人的规定。

非法人组织，是指能够以自己的名义从事民事活动的组织，具有从事民事活动的民事主体资格。同法人一样，作为一个组织体，非法人组织需要确定一个或几个自然人作为其代表人，由代表人以该非法人组织的名义从事民事活动。本条规定，非法人组织可以确定一人或数人代表该组织从事民事活动。代表人的人数和权限由出资人或设立人在非法人组织章程中予以明确。如《合伙企业法》第 26 条第 2 款和第 3 款规定，按照合伙协议的约定或者经全体合伙人决定，可以委托一个或者数个合伙人对外代表合伙企业，执行合伙事务。作为合伙人的法人、其他组织执行合伙事务的，由其委派的代表执行。

关联法规索引

《合伙企业法》第 26 条

典型案例

英山县西河中心水厂、英山县金铺胜川自来水厂合同纠纷案[1]

※案情简介：2018 年 4 月 10 日，胜川自来水厂与西河中心水厂签订产权转让

〔1〕 本案根据湖北省黄冈市中级人民法院(2020)鄂 11 民终 655 号判决书整理。

协议书,以131.5万元的价格一次性转让胜川自来水厂的取水设施、制水设备、供水设施及所属房屋所有权、经营权和管理权给西河中心水厂,并就相关事项进行了约定。关于转让款,双方约定在签订协议书后1个月西河中心水厂向胜川自来水厂支付60万元,并在2018年农历年底前付清余款。双方还约定,如因一方违约给对方造成经济损失,除赔偿对方由此造成的经济损失,需一次性向对方支付违约金20万元。合同签订后,西河中心水厂于2018年5月29日向胜川自来水厂支付了转让费60万元,于2019年2月3日向胜川自来水厂支付了转让费45万元,尚余26.5万元未支付。胜川自来水厂认为,西河中心水厂未按协议约定及时支付转让款项,按合同约定应支付违约金20万元,双方协商未果,胜川自来水厂提起诉讼。

※争议焦点:本案的争议焦点为,对于西河中心水厂所欠的转让款,付某胜(胜川自来水厂的合伙负责人)能否以胜川自来水厂的名义主张权利。

※判决结果:《民法总则》第102条规定:"非法人组织是不具有法人资格,但是能够依法以自己的名义从事民事活动的组织。非法人组织包括个人独资企业、合伙企业、不具有法人资格的专业服务机构等。"第105条规定:"非法人组织可以确定一人或者数人代表该组织从事民事活动。"本案中,首先,付某胜作为胜川自来水厂的合伙负责人,有权以胜川自来水厂的名义起诉,但付某胜不是本案诉讼主体。其次,本案涉案的相关法律文书(包括民事诉状)没有加盖公章的原因,系被上诉人依据双方之间的协议约定将公章交付给上诉人,而上诉人不仅没有依协议约定支付剩余的转让款,还拒绝盖章。上诉人这种不付款又不加盖公章的行为违反了诚实信用原则。最后,胜川自来水厂的所有股东亦认可付某胜以胜川自来水厂名义起诉的行为。故西河中心水厂应该支付胜川自来水厂剩余转让款及违约金。

※案例解读:本案的产权转让协议书的当事人系胜川自来水厂和西河中心水厂两民事主体。付某胜作为胜川水厂合伙负责人,代表胜川自来水厂参加诉讼并无不当。故西河中心水厂提出的诉讼主体与落款不一致的抗辩意见不能得到采纳。

第一百零六条 【非法人组织的解散事由】 有下列情形之一的,非法人组织解散:

(一)章程规定的存续期间届满或者章程规定的其他解散事由出现;

(二)出资人或者设立人决定解散;

(三)法律规定的其他情形。

条文解读

本条是关于非法人组织的解散事由的规定。

非法人组织解散意味着非法人组织民事主体资格的丧失,非法人组织不再具有民事权利能力和民事行为能力。本条规定导致非法人组织解散的法律事实包括:

第一,章程规定的存续期间届满或者章程规定的其他解散事由。如果非法人组织的章程规定了该组织的存续期间,当该期间届满时,非法人组织即可解散。如果存续期间届满后,设立人或成员不愿解散,可以修改章程并办理变更登记。如果非法人企业章程中约定了解散事由,当该事由出现,非法人组织即可解散。比如,某合伙企业在章程中约定连续3年盈利低于某一数额时,则该合伙企业解散,那么“连续三年盈利低于某数额”就是章程规定的其他解散事由。

第二,出资人或者设立人决定解散。非法人组织由出资人或设立人自愿设立,当然也有权决定解散,如根据《合伙企业法》第85条第3项的规定,全体合伙人决定解散时,合伙企业应当解散。

第三,法律规定的其他情形。例如,非法人组织因为违法经营被主管部门吊销营业执照而解散。这是兜底性条款,目的在于与其他法律相协调。

关联法规索引

《合伙企业法》第85条

第一百零七条 【非法人组织清算】非法人组织解散的,应当依法进行清算。

条文解读

本条是关于非法人组织清算的规定。

清算是非法人组织终止的必经程序。一般而言,非法人组织的成员协商确定清算人,由清算人负责清算。如《合伙企业法》第86条规定:“合伙企业解散,应当由清算人进行清算。清算人由全体合伙人担任;经全体合伙人过半数同意,可以自合伙企业解散事由出现后十五日内指定一个或者数个合伙人，或者委托第三人，担任清算人。自合伙企业解散事由出现之日起十五日内未确定清算人的，合伙人或者其他利害关系人可以申请人民法院指定清算人。”第 87 条规定：“清算人在清算期间执行下列事务：（一）清理合伙企业财产，分别编制资产负债表和财产清单；（二）处理与清算有关的合伙企业未了结事务；（三）清缴所欠税款；（四）清理债权、债务；（五）处理合伙企业清偿债务后的剩余财产；（六）代表合伙企业参加诉讼或者仲裁活动。”

关联法规索引

《合伙企业法》第 86～88 条、第 92 条；《企业破产法》第 135 条；《个人独资企业法》第 27 条

典型案例

周某红与郑某会、朱某梅等合伙协议纠纷案〔1〕

※案情简介：周某红与郑某会、杨某口头协议租赁场地、购买设备，用废旧口袋生产塑料颗粒。郑某会与朱某梅系夫妻关系，施某春与薛某玉系夫妻关系。郑某会于 2016 年 11 月开始租赁厂房，杨某提供旧设备，后又购买设备、安装变压器、建设厂棚等。2017 年 3 月，上述塑料颗粒厂开始生产。2017 年 7 月 14 日，周某红、郑某会、杨某签订条据，约定杨某出资 316,000 元，周某红出资 108,614 元，郑某会出资 42,203 元。2017 年 9 月，因环境污染问题，塑料颗粒厂被政府责令停止生产。当时一批已经生产好的塑料颗粒成品被杨某运走，此外，塑料颗粒厂里还有生产材料和机械设备等。随后，部分生产材料被处理，部分材料被人偷走。现机器等设备去向不明。

※争议焦点：本案的争议焦点之一是上诉人提出的 5 名被上诉人返还投资款的请求是否成立。

※判决结果：法院认为，根据《民法总则》第 107 条的规定，非法人组织解散的，

〔1〕 本案根据江苏省淮安市中级人民法院（2021）苏 08 民终 1716 号判决书整理。

应当依法进行清算。本案中,上诉人周某红基于合伙关系向郑某会、朱某梅、施某春、薛某玉、杨某等人主张返还投资款。在塑料颗粒厂停产后,部分生产材料、塑料颗粒半成品被处理,还有些机械设备下落不明,合伙期间账目不清。根据《最高人民法院关于适用〈中华人民共和国民事诉讼法〉的解释》第90条第1款的规定,当事人对自己提出的诉讼请求所依据的事实或者反驳对方诉讼请求所依据的事实,应当提供证据加以证明,但法律另有规定的除外。上诉人周某红未能提供合伙期间的账目,在二审中也承认塑料颗粒厂停产以后其与被上诉人郑某会以及杨某未就合伙财产、债权债务进行清算。上诉人据此要求5名被上诉人返还投资款于法无据,法院不予支持。

※案例解读:本案中,周某红与郑某会、杨某以提供资金和设备的方式进行合伙,用废旧口袋生产塑料颗粒。塑料颗粒厂从2017年3月开始生产,2017年9月被政府责令停止生产。其间,三方对合伙的股份进行了约定。工厂被停止生产后,各合伙人并没有对合伙事宜进行清算,且部分塑料颗粒成品、生产材料被周某红、施某春、薛某玉、朱某梅等人处理,同时还有机器设备去向不明,导致合伙期间的账目不清。现周某红亦未提供合伙期间的账目,故在此情况下其直接向郑某会、朱某梅、施某春、薛某玉、杨某5人主张返还投资款,缺乏事实和法律依据。

第一百零八条 【参照适用】非法人组织除适用本章规定外,参照适用本编第三章第一节的有关规定。

条文解读

本条是关于非法人组织参照适用法律的规定。

非法人组织作为一种社会组织体,与法人有相似之处。本章仅规定了非法人组织的一般性规定,其他与法人组织存在共性的规定,如住所、清算程序、分支机构等事项,可以参照法人一般规定中的有关规定执行。

关联法规索引

《合伙企业法》第14条、第90条;《个人独资企业法》第8条、第32条;《民办

非企业单位登记管理暂行条例》第8条、第17条;《乡村集体所有制企业条例》第13条

典型案例

吴某、刘某军等合伙合同纠纷案[1]

※案情简介:2018年7月30日,陈某明、吴某、刘某军、孙某斌4人签订《合作协议》。协议载明,吴某、刘某军、孙某斌3人同意陈某明入伙,即同意陈某明加入陕西鸿发建筑工程有限公司承接的江苏中南集团××城××楼和北京韩建河北涞水世贸一度4#、5#、6#楼及车库工程项目,并参与投资分红等事项。协议签订后,燕郊首尔甜城项目开工,其间由陈某明负责管理此工程账目。该项目各合伙人所投资的金额均从其私人账户陆续转出,用于工程资金周转。2018年年底工程结束,经核算,陈某明对燕郊项目投资782,000元,吴某投资1,193,167元,刘某军投资1,063,500元,各方当事人在融资明细清单上签名确认。但对于合伙经营期间的账务,各合伙人经过清算,均未核算出结果。对于北京韩建河北涞水世贸一度项目,陈某明未再参与,亦未出资。

※争议焦点:本案的争议焦点为上诉人的上诉请求能否成立。

※判决结果:法院认为,本案一审中,陈某明为支持自己的诉讼请求,向法院提供了其与吴某、刘某军、孙某斌于2018年7月30日签订的《合作协议》及与吴某、刘某军、孙某斌融资数额明细各一份等证据;而吴某、刘某军、孙某斌提供了多份证据抗辩称其与陈某明合作结束后,未进行合作项目的账务清算,且陈某明私自拿走了所有账目清单等;陈某明也自称4人之间没有对合伙期间的合作项目账务进行清算。《民法典》第107条规定:"非法人组织解散的,应当依法进行清算。"第108条规定:"非法人组织除适用本章规定外,参照适用本编第三章第一节的有关规定。"陈某明与吴某、刘某军、孙某斌签订了《合作协议》,共同投资合伙建设工程项目,4人之间属于合伙关系,但4人在合作项目结束后,并没有对合作期间的账目依法进行清算,没有确实证据证明吴某、刘某军、孙某斌下欠陈某明合作期间的利

---

[1] 本案根据陕西省汉中市中级人民法院(2021)陕07民终1386号判决书整理。

润分成或投资款项等。由此,一审依法判决驳回陈某明的诉讼请求,并无不当。

※案例解读:本案各方当事人对《合作协议》无异议。陈某明仅提供《合作协议》和融资明细清单,吴某、刘某军、孙某斌辩称融资明细清单中仅对各方出资额进行了盯对,未对支出、利润进行清算,且本案中陈某明管理合伙经营期间的财务,账簿、记账凭证也在陈某明实际控制中。陈某明应当且有能力提供合伙经营期间的财务账册,但其未予提交,应当承担举证不能的法律后果。

第五章　民 事 权 利

第一百零九条　【人身自由、人格尊严受法律保护】自然人的人身自由、人格尊严受法律保护。

条文解读

本条是关于人身自由、人格尊严受法律保护的规定。

人身自由是自然人自主参与社会各项活动的前提,包括人身自由、行为自由和意志自由。自然人拥有人身自由,才能成为独立的民事主体,有独立人格,参与各种民事活动,享有民事权利并履行民事义务。我国《宪法》第 37 条规定:"中华人民共和国公民的人身自由不受侵犯。任何公民,非经人民检察院批准或者决定或者人民法院决定,并由公安机关执行,不受逮捕。禁止非法拘禁和以其他方法非法剥夺或者限制公民的人身自由,禁止非法搜查公民的身体。"

人格尊严是人身权的重要内容,包括姓名权、名誉权、荣誉权、肖像权、隐私权等。人格尊严是自然人的基本权利之一,受法律保护。我国《宪法》第 38 条规定:"中华人民共和国公民的人格尊严不受侵犯。禁止用任何方法对公民进行侮辱、诽谤和诬告陷害。"

关联法规索引

《宪法》第 37 条、第 38 条;《劳动法》第 32 条;《残疾人保障法》第 3 条、第 40 条;《妇女权益保障法》第 37 条、第 42 条;《精神卫生法》第 5 条

第一百一十条　【民事主体人格权】自然人享有生命权、身体权、健康权、姓名权、肖像权、名誉权、荣誉权、隐私权、婚姻自主权等权利。

法人、非法人组织享有名称权、名誉权和荣誉权。

条文解读

本条是关于民事主体人格权的规定。

本条列举了自然人、法人和非法人组织所享有的人格权。

第一，自然人享有的人格权包括生命权、身体权、健康权、姓名权、肖像权、名誉权、荣誉权、隐私权、婚姻自主权等。自然人的人格权可分为物质性人格权和精神性人格权两大类。

生命权、身体权和健康权都是与自然人的身体有关的人格权，属于物质性人格权。生命权，是指以自然人的生命为客体的人格权，包括对生命安全和安宁的维护权以及对生命利益的支配权。生命权是自然人享有的最基本的人格权。身体权是以自然人的身体为客体的权利，包括对身体组织的完整权、对身体安全的维护权和对身体的支配权。健康权是以健康为客体的人格权，包括对身心健康的维护权和对身体生理机能健康的维护权。

姓名权、肖像权、名誉权、荣誉权、隐私权、婚姻自主权等不以自然人的身体这一物质体为载体，属于精神性人格权。姓名权是以自然人的姓名为客体的人格权，包括姓名的决定权和利用权，如自然人有权决定自己的姓名，有权利用自己的姓名从事民事活动，有权变更自己的姓名。肖像权是以自然人的肖像为客体的人格权，包括制作肖像、维护肖像和利用肖像的权利。名誉权是以自然人的名誉为客体的人格权，包括名誉的利用权和维护权，如自然人有权采取措施维护自己的名誉。荣誉权是以自然人的荣誉为客体的人格权，包括荣誉的获得权、维护权和利用权。隐私权是以自然人的隐私为客体的人格权，包括隐私的控制权、维护权和利用权。隐私，是指自然人不愿被别人知晓的个人事项。需要注意的是，自然人利用隐私获得利益时，不得违反法律和公序良俗。婚姻自主权是以自然人的婚姻自由为客体的权利，包括结婚的自主权和离婚的自主权。

第二，法人、非法人组织享有名称权、名誉权、荣誉权等权利。法人、非法人组织作为社会组织体，不享有自然人那样以自然人身体为载体的物质性人格权，只享有精神性人格权。名称权是以法人和非法人组织的名称为客体的权利，包括名称的决定权、利用权和变更权。名誉权是以法人和非法人组织的名誉为客体的权利，包括名誉的维护权和利用权。荣誉权是以法人和非法人组织的荣誉为客体的权利，包括对荣誉的获取、维护和利用的权利。

关联法规索引

《宪法》第38条

典型案例

陕西洛川农村商业银行股份有限公司与马某强名誉权纠纷案[1]

※案情简介：2013年11月26日，陕西洛川农村商业银行股份有限公司（以下简称洛川农商银行）与屈某某、马某某签订《个人借款合同》，该合同约定洛川农商银行向屈某某、马某某发放贷款20万元，期限2年，即自2013年11月26日起至2015年11月26日。当日，马某强及其妻子赵某某亦与洛川农商银行签订《保证担保合同》，约定马某强夫妇为该笔贷款提供担保，保证形式为连带责任保证，保证期间为借款到期之日起2年。2019年8月29日，因屈某某、马某某未按约定还款付息，洛川农商银行将屈某某、马某某、马某强、赵某某起诉至洛川县人民法院，洛川县人民法院于2019年11月15日作出（2019）陕0629民初2013号民事判决。法院认为，洛川农商银行未提供相关证据证明其在保证期间内向马某强、赵某某主张过保证责任，故马某强、赵某某保证责任免除。判决生效后至今，洛川农商银行未将马某强从不良征信名单中删除，双方多次沟通未果，马某强遂将洛川农商银行诉至法院。

※争议焦点：本案的争议焦点为上诉人洛川农商银行是否侵犯了被上诉人马某强的名誉权，即洛川农商银行是否应当消除马某强在中国人民银行个人信用信息基础数据库的不良信用记录。

※判决结果：法院认为，本案中，马某强为屈某某、马某某在洛川农商银行的借款提供担保，屈某某、马某某未按照借款合同的约定偿还借款本息，马某强也未依约承担保证责任，双方对该事实均无异议。因马某强未按照保证合同的约定自觉履行保证义务，洛川农商银行在马某强授权的情况下将其信贷交易信息推送至中国人民银行个人信用信息基础数据库，洛川农商银行并不存在过错。一审法院的生效判决虽然免除了马某强的保证责任，但该不良记录的形成并非洛川农商银行

---

〔1〕 本案根据陕西省延安市中级人民法院（2021）陕06民终2356号判决书整理。

怠于向保证人主张权利所致，而是马某强未依约履行保证责任所产生的违约后果。《民法典》第 509 条第 1 款和第 2 款规定："当事人应当按照约定全面履行自己的义务。当事人应当遵循诚信原则，根据合同的性质、目的和交易习惯履行通知、协助、保密等义务。"马某强自愿为屈某某、马某某的借款行为提供担保，当屈某某、马某某不履行还款义务时，马某强作为保证人，应当依据保证合同的约定履行保证义务，该行为并不以洛川农商银行在保证期间内向其主张权利为前提，马某强的违约事实客观存在，洛川农商银行系如实进行推送其信贷交易信息，不存在降低马某强社会影响评价的故意。

※案例解读：本案是因人民银行不良信用记录产生的侵犯信用权纠纷，而信用权包含在名誉权中。上诉人洛川农商银行是否构成侵权，应当根据其有无过错、有无损害后果以及过错与损害后果是否存在因果关系等因素加以判断。洛川农商银行不存在侵权行为，马某强无权要求洛川农商银行消除其在中国人民银行个人信用信息基础数据库的不良信用记录。

第一百一十一条　【个人信息受法律保护】自然人的个人信息受法律保护。任何组织或者个人需要获取他人个人信息的，应当依法取得并确保信息安全，不得非法收集、使用、加工、传输他人个人信息，不得非法买卖、提供或者公开他人个人信息。

条文解读

本条是关于个人信息受法律保护的规定。

《个人信息保护法》第 4 条规定："个人信息是以电子或者其他方式记录的与已识别或者可识别的自然人有关的各种信息，不包括匿名化处理后的信息。个人信息的处理包括个人信息的收集、存储、使用、加工、传输、提供、公开、删除等。"

个人信息的特征如下：第一，个人性。个人信息是关于自然人的各种信息，与法人无关。第二，识别性。其他人通过数据掌握和数据分析可以确定特定的个人信息主体。第三，利益性。个人信息和人格利益密切相关，信息主体以外的人可以通过掌握和交易信息主体的个人信息获利，如贩卖个人信息等。基于此，本条规定，自然人的个人信息受法律保护。

其他民事主体对个人信息保护的义务大致有以下两点：

第一，获取他人个人信息的组织或个人应当依法取得并确保信息安全。出于经营的需要，一些民事主体可以获取他人的个人信息，如银行在给客户办理贷款业务时，银行可以收集客户的个人信息。获取他人个人信息的组织或个人应当遵循自愿、合法、必要的原则，依法取得个人信息，在限定范围和途径内使用个人信息，并且有义务确保个人信息避免被泄露、篡改和丢失。

第二，获取他人个人信息的组织和个人不得非法利用个人信息。非法利用个人信息包括非法收集、使用、加工、传输他人个人信息和非法买卖、提供或者公开他人个人信息。义务人违反个人信息保护义务，对个人信息主体造成损失的，应承担民事责任，若构成行政违法、刑事犯罪，还应承担行政责任、刑事责任。

关联法规索引

《个人信息保护法》第4～10条

典型案例

汪某心与陈某华等其他人格权纠纷案[1]

※案情简介：陈某华于2021年3月15日至东方××有限公司办理业务，用户需求确认书载明"本人汪某心（姓名）确认办理有线电视短期暂停业务，并知晓有线电视将于2022年3月14日（日期）开通。用户签字：陈某华"。陈某华向东方××有限公司提供了汪某心的身份证复印件及陈某华的身份证原件。根据陈某华、赵某美的陈述，上述汪某心的身份证复印件系由赵某美交给陈某华。

※争议焦点：本案的争议焦点之一是陈某华、赵某美使用汪某心身份证复印件办理业务是否构成对汪某心个人信息的侵害。

※判决结果：法院认为，一般侵权行为的构成要件包括行为的违法性、有损害事实的存在、行为与损害后果之间存在因果关系、行为人主观上有过错。本案中，根据查明的事实，赵某美在未经许可的情况下，使用汪某心身份证复印件办理有线

〔1〕 本案根据上海市第二中级人民法院（2021）沪02民终11688号判决书整理。

电视业务，该行为侵犯了汪某心个人信息，一审法院据此认定本案侵权事实成立正确，据此判决赵某美应书面赔礼道歉并赔偿律师费并无不当，法院予以认定。

※案例解读：本案中，因赵某美继续占有和使用案涉房屋缺乏合法依据，其在未取得汪某心同意的情况下，使用汪某心的身份证复印件办理有线电视套餐业务的行为自然缺乏合理依据，构成具有过错的侵害行为。此外，个人信息侵权不但包括因个人信息被非法使用而造成直接和间接财产损失的情况，而且包括个人信息受到侵害但没有财产损失或者难以证明财产损失的情况。赵某美未取得汪某心同意而使用汪某心的身份证复印件办理了上述业务，无论赵某美办理的业务是提高套餐收费标准还是降低套餐收费标准，甚至是停用套餐，均未经汪某心同意，构成了对汪某心个人信息的侵害。最后，根据法律规定，只有在该自然人或者其监护人同意的范围内合理处理该自然人自行公开的或者其他已经合法公开的信息（但是该自然人明确拒绝或者处理该信息侵害其重大利益的除外）以及为维护公共利益或者该自然人合法权益而合理实施的其他行为的情况下，行为人对其处理个人信息的行为所产生的法律后果不承担民事责任。赵某美并未提供证据证明其存在上述情形，故其理应对其侵犯汪某心个人信息的行为承担民事责任。

第一百一十二条　【因婚姻家庭关系等产生的人身权利受法律保护】自然人因婚姻家庭关系等产生的人身权利受法律保护。

条文解读

本条是关于因婚姻家庭关系等产生的人身权利受法律保护的规定。

家庭是社会最基本的组成单位，婚姻是建立家庭最重要的途径。对婚姻和家庭的保护是民法的基础职能之一。我国《宪法》第 49 条第 1 款规定：“婚姻、家庭、母亲和儿童受国家的保护。”该条体现了《宪法》对于婚姻和家庭的保护。

自然人因婚姻产生的人身权利，是指男女双方通过结婚形成婚姻关系而产生的人身权利，如夫妻双方的扶养权利和义务。本法第 1059 条规定：“夫妻有相互扶养的义务。需要扶养的一方，在另一方不履行扶养义务时，有要求其给付扶养费的权利。”

自然人因家庭关系产生的人身权利，如亲权和亲属权等。亲权，是指父母基于父母身份对未成年子女享有的身份权。本法第 26 条第 1 款规定:“父母对未成年子女负有抚养、教育和保护的义务。”亲属权,是指父母与成年子女、祖父母(外祖父母)与孙子女(外孙子女)以及兄弟姐妹之间基于亲属关系而产生的身份权。本法第 1067 条第 2 款规定:“成年子女不履行赡养义务的,缺乏劳动能力或者生活困难的父母,有要求成年子女给付赡养费的权利。”

关联法规索引

《民法典》第 1056 ~ 1061 条;《未成年人保护法》第 15 条、第 16 条

第一百一十三条 【财产权利平等保护】民事主体的财产权利受法律平等保护。

条文解读

本条是关于财产权利平等保护的规定。

本法第 2 条规定:“民法调整平等主体的自然人、法人和非法人组织之间的人身关系和财产关系。”第 4 条规定:“民事主体在民事活动中的法律地位一律平等。”本条是在平等原则基础上,对民事主体财产权利平等保护的具体规定。

本条规定的核心是平等保护。我国《宪法》第 6 条规定:“中华人民共和国的社会主义经济制度的基础是生产资料的社会主义公有制,即全民所有制和劳动群众集体所有制。社会主义公有制消灭人剥削人的制度,实行各尽所能、按劳分配的原则。国家在社会主义初级阶段,坚持公有制为主体、多种所有制经济共同发展的基本经济制度,坚持按劳分配为主体、多种分配方式并存的分配制度。”我国目前正处于社会主义初级阶段,在所有制形态上实行公有制为主体、多种所有制经济共同发展的基本经济制度。所以,为了更好地发展社会主义市场经济,维护市场经济主体的平等地位,本条特别申明民事主体的财产权利受到法律的平等保护。

民事主体财产权利平等具体表现在以下三个方面:第一,民事主体法律地位平等,即所有市场主体在民法中具有平等地位,所享受的财产权利也是平等的。第

二，民事主体适用规则平等，即各类财产权人在行使财产权时应当平等遵循共同的规则。第三，民事主体保护平等，即财产归属发生争议时，采用平等的规则解决纠纷；财产权受到侵害时，各财产权主体受到平等保护。

关联法规索引

《宪法》第6条、第13条

第一百一十四条　【民事主体依法享有物权】民事主体依法享有物权。

物权是权利人依法对特定的物享有直接支配和排他的权利，包括所有权、用益物权和担保物权。

条文解读

本条是关于民事主体依法享有物权的规定。

本条主要包括如下含义：

第一，民事主体依法享有物权。物权是对物的权利，是财产权的一种。财产可以分为有形财产和无形财产，物权就是对有形财产的权利。

第二，物权是权利人依法对特定的物享有直接支配和排他的权利。物权的概念强调直接支配和效力排他两个要素。直接支配是人对物的权利，表明物权人可以依自己的意思表示和行为对物进行管领、控制和处置，并且物权人可以直接享受依自己的意思表示和行为支配物所产生的利益。效力排他是人对人的权利，表明物权是得以排除他人干涉的权利。比如，某人有权支配某物，享有因支配而产生的某一方面物的利益，这就排斥他人对于该物的支配以及该利益的享有。

第三，物权包括所有权、用益物权和担保物权。

根据本法第240条和第241条的规定，所有权是最全面的物权，所有权人不仅对自己的不动产或者动产依法享有占有、使用、收益和处分的权利，还可以在自己的不动产或者动产上设立用益物权和担保物权。

根据本法第323条的规定，用益物权人对他人所有的不动产或者动产，依法享有占有、使用和收益的权利，即用益物权的权利人有权对他人之物的使用价值依法予以支配。我国的用益物权主要包括土地承包经营权、建设用地使用权、宅基地使用权、不动产役权等,另外还包括海域使用权、探矿权、采矿权、取水权和使用水域、滩涂从事养殖、捕捞的准用益物权。

担保物权是权利人对他人提供用以确保债务履行的物或者权利的价值所享有的权利。本法第386条规定,担保物权人在债务人不履行到期债务或者发生当事人约定的实现担保物权的情形时,依法享有就担保财产优先受偿的权利,但是法律另有规定的除外。担保物权包括抵押权、质权和留置权。

关联法规索引

《民法典》第207条、第240条、第241条、第323条、第386条

典型案例

青海省公路桥梁工程集团有限公司、青海第二路桥建设有限公司等房屋租赁合同纠纷案〔1〕

※案情简介:西宁市南川西路福路巷7号院的不动产产权归被告青海省公路桥梁工程集团有限公司(以下简称省路桥公司)所有,青海第二路桥建设有限公司(以下简称第二路桥公司)系省路桥公司的子公司。2017年1月1日,第二路桥公司受省路桥公司授权,与海瑞宾馆签订了《房屋租赁合同》,该合同约定了租赁地点为西宁市南川西路福路巷7号院整体三层楼及海瑞宾馆自行修建的宾馆接待室,租赁期限自2017年1月1日起至2022年12月31日止;同时约定了租金支付方式、押金、违约责任及相关的权利义务等。该合同第3条第10项约定:“乙方在租赁期内如因政府规划或改造,乙方租赁的此房屋如按规定对此房屋进行经营性补偿,乙方在租赁后的所有装修和装潢设施的补偿归乙方所有,对乙方经营性停产停业的营业损失补偿归乙方所有,如遇政府规划拆迁或改造,甲方应及时配合乙方合理解决所有相关事宜。”该合同签订并履行至2019年10月31日时,西宁市城中区人民政府颁布《关于征求路桥公司片区棚户区改造项目国有土地上房屋征收与补

〔1〕 本案根据青海省西宁市中级人民法院(2021)青01民终2364号判决书整理。

偿方案意见的通知》《路桥公司片区棚户区改造项目国有土地上房屋征收与补偿方案(征求意见稿)》,征求被征收人的意见。省路桥公司片区被列为西宁市城中区棚户区改造区域,案涉房屋属于被征收补偿的范围。根据该通知和方案以及被征收人的意见,住宅征收补偿包括被征收房屋价值、室内装饰装修、附属物评估价值、搬迁奖励及搬迁费等,非住宅征收补偿包括原房屋价值、房屋室内装饰装修、附属物评估价值、停产停业损失费、搬迁奖励及搬迁费等,由征收部门委托具有相应资质的房地产价格评估机构评估确定。2019 年 10 月 31 日,西宁市城中区城乡建设局发布通知,对包括案涉房屋在内的省路桥公司片区棚户区改造项目选定了青海九懿房地产评估有限公司等 3 家公司为评估机构。2020 年 3 月 25 日,西宁市城中区人民政府颁布《路桥公司片区棚户区改造项目国有土地上房屋(非住宅)征收决定》,决定省路桥公司片区房屋征收补偿标准按《路桥公司片区棚户区改造项目国有土地上房屋(非住宅)征收与补偿方案》执行,并要求被征收人在 2020 年 3 月 25 日至 2020 年 6 月 24 日与征收部门签订征收补偿安置协议等。省路桥公司分别于 2019 年 11 月 18 日、2020 年 4 月 13 日就征收补偿相关事宜向西宁市城中区人民政府致函、协商。2020 年 11 月 27 日,青海九懿房地产评估有限公司对省路桥公司片区棚户区改造范围内的案涉房屋装饰装修价值及其他附属物进行了评估。

※争议焦点:本案的争议焦点为海瑞宾馆对案涉房屋的装修装潢设施、停产停业损失费及搬迁费是否享有征收补偿收益权。

※判决结果:本案的《房屋租赁合同》是双方当事人的真实意思表示,不违反法律、行政法规的强制性规定,属合法有效的合同。该合同中明确约定:"乙方在租赁期内如因政府规划或改造,乙方租赁的此房屋如按规定对此房屋进行经营性补偿,乙方在租赁后的所有装修和装潢设施的补偿归乙方所有,对乙方经营性停产停业的营业损失补偿归乙方所有,如遇政府规划拆迁或改造,甲方应及时配合乙方合理解决所有相关事宜。"一审法院根据双方合同约定,确定海瑞宾馆对案涉房屋的装修装潢设施、停产停业损失费及搬迁费享有征收补偿收益权,并且由省路桥公司、第二路桥公司协助海瑞宾馆向西宁市城中区人民政府拆迁部门提供获得征收补偿收益所需资料并无不当。

在西宁市城中区人民政府就案涉房屋已经决定进行征收的情况下,省路桥公司、第二路桥公司与城中区人民政府就拆迁安置补偿方案是否达成一致意见,以及案涉房屋是否已经被拆除,均不影响海瑞宾馆对案涉房屋征收补偿收益权的享有,省路桥公司、第二路桥公司的此项上诉理由不能成立，应予驳回。

※案例解读：依法成立的合同受法律保护，对当事人有法律约束力。民事权利可以依据民事法律行为、事实行为、法律规定的事件或者法律规定的其他方式取得。民事主体的人身权利、财产权利以及其他合法权益受法律保护，任何组织或者个人不得侵犯。依照《民法典》的相关规定，民事主体依法享有物权。物权是权利人依法对特定的物享有直接支配和排他的权利，包括所有权、用益物权和担保物权。为了公共利益的需要，依照法律规定的权限和程序征收、征用不动产或者动产的，应当给予公平、合理的补偿。因物权的归属、内容发生争议的，利害关系人可以请求确认权利。

第一百一十五条　【物权客体】物包括不动产和动产。法律规定权利作为物权客体的，依照其规定。

条文解读

本条是关于物权客体的规定。

作为物权客体的物，是指存在于人身之外的能为民事主体实际控制或支配的满足人们一定需要的具有经济价值的物质资料。作为物权客体的物具有以下特征：第一，存在于人身之外。作为民法主体的自然人的人身不能作为物。第二，有体物。有一定的物质形态，能为人的感官所感知的是有体物。但是，我国法律规定的能作为物权客体的无体物，如权利质权，也可以作为物权客体。第三，能为人力实际控制和支配。可被人控制的物才是物权客体所指的物。随着科学技术的发展，越来越多的自然力可被人控制，物的范围随之扩大。第四，能满足人们的生产或生活需要。民法上的物应有独立的价值或使用价值，能满足人们的需要。

动产和不动产是民法对物的基本分类，其划分标准是物的移动与否对其价值有无影响。不动产，是指不能依一般方法移动或移动之后会损害其价值的物，主要包括土地及土地上的定着物、海域、水面等。动产，是指依一般方法可以移动，且移动不会损害其价值的物。不动产之外的物即为动产。民法上区分动产和不动产的意义在于：第一，权利的公示方式不同。我国对于不动产的流通有一定限制，而动产流通则无限制。第二，权利类型不同。不动产上存在用益物权，而动产一般不是用益物权的客体。除了动产和不动产这一组分类，物的分类还包括原物与孳息、主物与从物、种类物与特定物等。

另外，精神产品不属于物权制度的调整范围，但是在有些情况下无形的财产权利可以作为担保物权的标的，如根据本法第440条的规定，专利权可以作为担保物权的标的，形成权利质权，此时该权利可以成为物权的客体。所以本条规定，法律规定权利作为物权客体的，依照其规定。

关联法规索引

《民法典》第440条、第444条

典型案例

房某与王某所有权确认纠纷案[1]

※案情简介：涉案个体户信息查询载明：张店吴裕泰茶庄，经营场所为张店人民西路58号，成立日期为2012年8月23日；张店日灿茶行，经营场所为张店区人民西路6号院，成立日期为2013年8月2日；上述两处茶庄载明的经营者姓名均为王某，设立方式均为个体工商户。在庭审中，房某陈述称：这两处房产都是租赁的淄博军分区的军产房，当时有租赁合同，现在找不到了；张店吴裕泰茶庄的租赁时间是从2012年到2015年，张店日灿茶庄的租赁时间是从2013年到2015年；自2016年年初起，这两处茶庄便不再经营了，所租赁房屋均退给部队了；王某认为茶庄内是她的资产都被她拉走了；这两处茶庄均是吴裕泰加盟店，经营吴裕泰的产品。对此，王某陈述称：人民西路58号是干休所的房子，人民西路6号是淄博军分区的房子，当时的租赁合同都是其本人去签的，一个茶庄一份；张店吴裕泰茶庄的租赁时间是正确的，张店日灿茶庄的租赁时间是从2013年到2014年10月；租赁合同都被部队收回了，无法提供；茶庄内固定资产（空调、冰箱等）已被王某卖去二手市场了。

※争议焦点：本案的争议焦点为房某的诉讼请求即依法确认张店吴裕泰茶庄

[1] 本案根据山东省淄博市中级人民法院（2021）鲁03民终3987号判决书整理。

的所有权诉讼请求应否予以支持。

※判决结果：一审法院认为，本案中房某诉求确认的两处茶庄本身属于经营用字号，并非特定指向的物。经查明，该两处茶庄的经营场所均是租赁的案外人房产，庭审中双方当事人的陈述提及涉案茶庄到2016年年初均不再经营，所租赁房屋亦均已退还给出租人。关于案涉茶庄的资产，房某述称已由王某拉走；王某述称固定资产（空调、冰箱等）已处理。在本案诉讼中，房某未举证证明茶庄内尚存其他财产的具体情况，则涉案两处茶庄作为所有权确认的标的物已不存在；至于茶庄的经营权，一般指出资人或投资人对企业经营等享有的权利，并不属于所有权确认的客体。

二审法院认为，房某述称案涉茶庄的资产已由王某拉走，王某述称茶庄资产均已处理，在房某不能举证证明其主张资产仍然存在的情况下，已没有对相关资产进行确权的事实基础。据此，房某的诉讼请求不能成立。

※案例解读：《民法典》第115条规定："物包括不动产和动产。法律规定权利作为物权客体的，依照其规定。"所有权确认纠纷，是指因某一标的物的权利归属产生争议而引发的纠纷。只有在当事人之间就某一动产或不动产争相主张所有权的时候，法院才能对该争议的动产或不动产的权利归属加以确认。而经营权并不符合物权的客体特征，也没有相关法律的规定，故不属于所有权确权的对象。

第一百一十六条 【物权法定原则】物权的种类和内容，由法律规定。

条文解读

本条是关于物权法定原则的规定。

本条规定的主要内容包括：

第一，物权的种类由法律规定。物权的种类是由法律规定的，当事人不得创设法律没有规定的物权种类。比如，物权可以分为所有权、用益物权和担保物权，用益物权还可以分为土地承包经营权、建设用地使用权、宅基地使用权和地役权。

第二，物权的内容由法律规定。物权的权利义务的规定多是强制性规范，当事人应当严格遵守，除法律规定例外情形，不能由当事人约定排除。比如，土地承包经营权的承包期限、权利设立等都由法律规定，不能由当事人约定。

第三，物权法定中的法是指法律，即全国人民代表大会及其常务委员会制定的法律，除了法律明确规定可以由行政法规、地方性法规规定的物权种类和内容之外，一般不包括行政法规和地方性法规。

典型案例

长春市吉盛通达小额贷款有限责任公司、长白山保护开发区天地人房地产开发有限公司别除权纠纷案〔1〕

※案情简介：2013年8月30日，长春市吉盛通达小额贷款有限责任公司（以下简称吉盛公司）与长白山保护开发区天地人房地产开发有限公司（以下简称天地人公司）等单位签订借款合同，合同约定吉盛公司出借给天地人公司2400万元，借款期限自2013年8月30日起至2013年10月29日止；借款利率为月利率1.8%，逾期本金罚息利率按该合同约定利率上浮500%；逾期利息罚息按该合同约定利率上浮500%；挪用本金的罚息利率按该合同约定利率上浮600%。同日，吉盛公司与天地人公司签订抵押合同，合同约定天地人公司将其所使用的土地及在建房屋抵押给吉盛公司。同日，吉盛公司与长白山保护开发区金池假日宾馆有限公司、长白山保护开发区唯美装饰设计有限公司签订保证合同，合同约定长白山保护开发区金池假日宾馆有限公司、长白山保护开发区唯美装饰设计有限公司为天地人公司的债务承担保证责任，所担保的主债权为借款合同下贷款本金及利息，承担保证责任的方式为连带责任保证。上述合同签订后，吉盛公司分7次向天地人公司银行账户发放贷款本金2400万元。

※争议焦点：本案的争议焦点为吉盛公司行使抵押权是否超过了法定期间。

※判决结果：最高人民法院认为，本案中，吉盛公司与天地人公司之间的主债权债务合同纠纷尽管已经生效判决确认，但因天地人公司等债务人未主动履行生效判决，吉盛公司在《民事诉讼法》规定的申请执行期间内向人民法院申请强制执行天地人公司的财产。在执行过程中，因人民法院受理有关天地人公司的破产申请，吉盛公司又在法律规定的申报债权期间向破产管理人申报了有财产担保的债权；在天地人公司破产管理人仅将其债权确认为普通债权的情况下，吉盛公司又及

〔1〕　本案根据最高人民法院（2021）最高法民再154号判决书整理。

时提起本案诉讼,请求对抵押财产享有优先受偿权。综合前述分析,吉盛公司在申请执行期间、法律规定的申报债权期间行使了主债权,主债权仍在受到法律保护的期间内,相应地,其抵押权也应当受人民法院的保护。

※案例解读:《民法典》第419条规定:"抵押权人应当在主债权诉讼时效期间行使抵押权;未行使的,人民法院不予保护。"抵押权作为担保物权的一种,本身不适用诉讼时效制度,但为了防止抵押权人怠于行使抵押权,充分发挥抵押财产的经济效用,《民法典》规定抵押权人应在主债权诉讼时效期间内行使抵押权,实质在于明确抵押权人应在主债权受到法律保护的期间内行使抵押权。该受到法律保护的期间,在主债权未经生效裁判确定之前,为主债权诉讼时效期间。当主债权经诉讼程序被生效裁判确认后,主债权固然不存在诉讼时效问题,但裁判生效后,主债权不一定就能实现。在债务人未主动履行的情况下,还存在执行问题。只要当事人在申请执行期间内对债务人申请强制执行,参照《民法典》第419条之规定,就应视为抵押权人在主债权受到法律保护的期间内行使了权利,抵押权人的权利仍应受到保护。换言之,在主债权经生效裁判确认后,此时的主债权受到法律保护的期间不再是诉讼时效期间,而是申请执行期间。同理,在债务人破产的情况下,此时的主债权受到法律保护的期间就是法律规定的申报债权期间。

第一百一十七条 【征收、征用】为了公共利益的需要,依照法律规定的权限和程序征收、征用不动产或者动产的,应当给予公平、合理的补偿。

条文解读

本条是关于征收、征用的规定。

征收是指为了公共利益的需要,国家将他人所有的财产强制地征归国有。征用是指为了公共利益的需要而强制使用他人的财产。根据本法第243条、第245条和第327条的规定,征收与征用的共同点在于:二者都是为了公共利益的需要,都要经过法定程序,并且都会给予补偿。二者的不同点在于:征收涉及所有权的改变,所有权发生了转移;征用只是使用权的改变,当被征用事由消失,被征用财产应返还原权利人。

征收和征用是对他人所有权的限制,是公权力对私权利的干预,其实施必须遵循一定的原则:一是公共利益原则。政府实施征收和征用必须是为了满足公共利益的需要,只有公共利益才是限制私有财产的理由。比如,为了建设公共设施、公立医院和公立学校,征收他人不动产;为了抢险救灾征用他人的汽车,等等。二是权限和程序法定原则。征收和征用是对他人所有权的限制,为了避免侵害他人合法权益,法律规定了严格的权限和程序。未依照法律规定的权限和程序征收、征用他人不动产、动产,构成对他人物权的侵害的,行为主体应当承担相应的法律责任。三是公平、合理补偿原则。一般而言,以市场价格作为补偿标准是公平、合理的。

关联法规索引

《民法典》第243条、第245条、第327条

典型案例

岳阳铭泰房地产开发有限公司、沈某莲等房屋拆迁安置补偿合同纠纷案[1]

※案情简介:岳阳华盛置业有限公司(以下简称华盛公司)与沈某莲签订的《房屋拆迁协议书》《岳阳市广播电视台第三栋西单元三楼西户住宅房拆迁补偿协议》约定了被拆迁房屋的补偿方式、补偿金额、安置用房面积、搬迁期限和过渡期限等事项。华盛公司对上述协议无异议,且岳阳市国土资源局发布的《岳土网挂(2014)15号宗地国有建设用地使用权网上挂牌出让须知》第4条内容显示,岳阳市国土资源局对华盛公司与被拆迁人签订的拆迁协议予以认可。

华盛公司与王某军联合竞拍案涉土地之前,华盛公司已与沈某莲相继签订了《房屋拆迁协议书》《岳阳市广播电视台第三栋西单元三楼西户住宅房拆迁补偿协议》。沈某莲按约向华盛公司移交了房屋和房产证,已经履行了拆迁补偿安置协议中约定的义务,华盛公司拆除了案涉房屋,也应按约定履行拆迁安置补偿的义务。华盛公司与王某军联合竞得案涉土地后,华盛公司向岳阳市国土资源局提交的《关于办理国有建设用地使用权出让合同的申请》载明华盛公司与王某军一致同意案

[1] 本案根据最高人民法院(2021)最高法民申6445号判决书整理。

涉土地的所有权利和义务归王某军享有，并将该宗土地的使用权办理在王某军成立的岳阳铭泰房地产开发有限公司（以下简称铭泰公司）名下。岳阳市国土资源局根据该申请将案涉土地的权属变更登记至铭泰公司名下。后因华盛公司和案涉土地受让人铭泰公司未按照拆迁协议的约定履行义务，沈某莲遂提起本案诉讼，诉请铭泰公司履行拆迁安置补偿协议约定的义务。

※争议焦点：本案的争议焦点为：(1)本案案由为房屋拆迁安置补偿合同纠纷是否正确；(2)铭泰公司是否应当履行案涉《房屋拆迁协议书》《岳阳市广播电视台第三栋西单元三楼西户住宅房拆迁补偿协议》载明的拆迁安置补偿义务。

※判决结果：2019年《民事案件案由规定》针对拆迁人与被拆迁人已经签订合同，后因合同履行发生争议的情形，设定了房屋拆迁安置补偿合同纠纷这一独立的第三级民事案由。因此，沈某莲就拆迁安置补偿协议履行争议提起诉讼的案由应为房屋拆迁安置补偿合同纠纷。并且沈某莲诉请铭泰公司继续履行案涉《房屋拆迁协议书》《岳阳市广播电视台第三栋西单元三楼西户住宅房拆迁补偿协议》约定的义务，应予以支持。

※案例解读：为了公共利益的需要，依照法律规定的权限和程序征收、征用不动产或者动产的，应当给予公平、合理的补偿。本案中，铭泰公司虽然不是房屋征收的主体，但其作为案涉土地的受让人，应当履行拆迁安置补偿协议约定的义务。

第一百一十八条 【民事主体依法享有债权】民事主体依法享有债权。

债权是因合同、侵权行为、无因管理、不当得利以及法律的其他规定，权利人请求特定义务人为或者不为一定行为的权利。

条文解读

本条是关于民事主体依法享有债权的规定。

债是特定当事人之间以债权债务为内容的民事法律关系，权利人享有的权利为债权，义务人负有的义务为债务。债权是债权人享有的请求债务人为或者不为一定行为的权利，债务是债务人负担的应向债权人为或不为一定行为的义务。本章规定的是民事权利，因此本条从民事权利的角度规定民事主体依法享有债权。

债发生的原因包括：合同、侵权行为、无因管理、不当得利以及法律的其他规定。合同,是指当事人之间设立、变更、终止民事关系的协议。侵权行为,是指侵害了他人的合法权益,依法应当承担民事责任的行为。无因管理,是指没有法定的或者约定的义务,为避免他人利益受损进行管理或者服务的行为。在无因管理中,行为人有权要求受益人偿付由此而支付的必要费用。不当得利,是指没有合法根据,造成他人损失而取得不当利益的行为。在不当得利中,不当得利人应返还所得的不法利益。法律规定的其他情形,是指法律作出特别规定的情形。比如,父母对子女有抚养教育义务,当父母不履行该义务时,未成年子女或不能独立生活的子女,有要求父母付给抚养费的权利。再如单方行为,即由于行为人单方发出了某种意思表示,而使他人产生信赖并作出了相应的行为,由此在行为人和表意人之间成立了某种请求关系,如悬赏广告。

典型案例

蚌埠宝龙置业有限公司、蚌埠雅豪家居有限责任公司房屋租赁合同纠纷案[1]

※案情简介:蚌埠宝龙置业有限公司(以下简称宝龙公司)与蚌埠雅豪家居有限责任公司(以下简称雅豪公司)于2011年3月31日签订租赁合同,约定免租期为12个月。雅豪公司于2011年5月进场装修,于2011年12月18日开业经营,其间双方因租赁场所存在瑕疵发生争议,雅豪公司未按租赁合同约定就场地交付签订《租赁场所交付确认书》。2013年10月30日,宝龙公司向雅豪公司寄送《租赁合同解除通知书》。2013年12月25日,雅豪公司因宝龙公司停电报警。2014年1月9日,雅豪公司离开案涉租赁场所。

※争议焦点:本案的争议焦点为二审判决认定雅豪公司对合同不能履行所造成的损失承担主要责任,是否缺乏证据证明,以及适用法律是否错误。

※判决结果:虽然宝龙公司与雅豪公司未就租赁场所交付进行确认,但雅豪公司于2011年12月18日开业经营,应视为租赁场所于当天交付。按照租赁合同约定免租期为12个月,雅豪公司自2012年12月19日起应向宝龙公司交付租金。

---

〔1〕本案根据最高人民法院(2021)最高法民申7517号判决书整理。

租赁合同为双务合同，交付符合合同约定的租赁场所是宝龙公司的合同义务，按约支付租金是雅豪公司的合同义务。虽然宝龙公司交付的租赁场所存在瑕疵，但雅豪公司已实际占有租赁场所并进行经营使用，雅豪公司有权主张减少应付租金并要求宝龙公司对租赁场所进行改善，但不能因此免除租金支付义务。雅豪公司主张其享有先履行抗辩权并以此为由拒付租金缺乏事实和法律依据。二审判决综合考虑宝龙公司与雅豪公司纠纷的发生情况及生效判决认定的事实，认定雅豪公司拒付租金是导致案涉合同无法履行的主要原因，据此判令雅豪公司对合同不能履行所造成的损失承担主要责任，实体处理并无明显不当。雅豪公司关于二审判决缺乏证据证明、适用法律错误的主张不能成立。

※案例解读：合同是债发生的原因之一。合同签订后，享有债权的一方可以请求负担债务的一方为一定行为或不为一定的行为。履行一方未完全履行义务时，对方不能拒绝履行义务，只能请求对方继续履行合同义务，或者行使相应的抗辩权。本案中，宝龙公司未按照租赁合同的约定交付适格的经营场所，但雅豪公司已经实际占有并经营使用租赁场所，针对宝龙公司的瑕疵履行行为，雅豪公司只能请求对方改善经营场所并相应减少自身支付租金的义务，而不能拒绝履行全部合同义务。

第一百一十九条 【合同的约束力】依法成立的合同，对当事人具有法律约束力。

条文解读

本条是关于合同的约束力的规定。

合同是当事人之间设立、变更、终止民事关系的协议。合同的约束力，是指依法成立的合同在当事人之间产生的法律效力，当事人应当根据合同约定行使权利和履行义务，违反合同约定应当承担相应的责任。本法第 464 条第 2 款规定，婚姻、收养、监护等有关身份关系的协议，适用有关该身份关系的法律规定；没有规定的，可以根据其性质参照适用合同编的规定。

结合本法第 465 条的规定，合同应包含如下内容：

第一，依法成立的合同才对当事人具有法律约束力。合同必须依法成立。这需要考虑两点内容:其一,合同的内容是否违反法律的强制性规定和社会公序良俗;其二,合同的形式是否符合法定形式要件的要求。只有依法成立的合同才具有法律约束力。

第二,合同所具有的法律约束力的内容。本法第465条第2款规定,依法成立的合同,仅对当事人具有法律约束力,但是法律另有规定的除外。合同的法律约束力表现在合同的对内效力和对外效力两个方面。合同的对内效力,即合同对合同当事人的效力。合同一旦生效,债权人即享有权利,同时债务人负担义务;当事人必须严守合同约定,不得随意撤销或解除合同;当事人应当严格按照约定履行合同,否则可能承担违约责任。合同的对外效力,即合同对合同当事人以外的第三人的效力,如确立债权保全制度、承租权物权化等。

关联法规索引

《民法典》第464条、第465条

典型案例

秦某园、张某等民间借贷纠纷案[1]

※案情简介:原告张某与被告张某勇系朋友关系。2019年2月19日,二被告向原告张某借款200,000元,其中180,000元通过银行转账方式交付给被告秦某园,20,000元以现金形式交付二被告。当日,原告(乙方)与二被告(甲方)签订《房屋买卖协议》一份,协议约定:"甲方自愿将自有坐落沈阳市铁西区浑河十一号街香堤南苑小区C03-4-1-1号房屋,建筑面积82.2平方米,成交价格为人民币贰拾万元整(小写200,000)售卖给乙方。"二被告向原告出具收条一份,该收条记载:"今有张某勇收到张某买房款贰拾万元整(含现金2万),房屋地址为铁西区浑河11号街香堤南苑小区C03-4-1-1号,保证2019年5月19日交房(交给张某)。"二被告在收款人处签字、捺手印。原告张某与被告张某勇对《房屋买卖协议》及收条均为形式上的房屋买卖实为借贷的事实予以认可,双方对借款期限为3

〔1〕 本案根据辽宁省沈阳市中级人民法院(2021)辽01民终20908号判决书整理。

个月、借款利息为22,500元没有异议。被告张某勇与被告秦某园原系夫妻关系，双方于2018年8月2日离婚。借款出借后，二被告未能对借款和利息进行偿还，故原告提起诉讼。

※争议焦点：本案的争议焦点为秦某园是否应承担本案民事责任。

※判决结果：法院认为，张某勇、秦某园作为合同的一方，应履行返还款项的合同义务而未履行，故在本案中应承担相应的民事责任。至于秦某园主张的对借款不知情的问题，知情与否与秦某园在案涉《房屋买卖协议》和收条上签字确认并无关联，不知情却签字亦应承担合同无法履行的法律风险。合同相对性原则将合同的效力限定在当事人之间，为意思自治的实现提供了法秩序上的可能。合同相对性原则仍是司法裁判中识别合同主体、认定合同责任承担的重要依据。本案中，张某基于合同的相对性原则向张某勇、秦某园主张权利，在案涉《房屋买卖协议》不能履行的情况下，向张某勇、秦某园主张返还借款，仍然系基于合同相对性原则；张某要求秦某园承担还款责任的依据除上述证据外，还有张某将案涉款项转移至秦某园银行账户的事实。张某作为善意的相对人，在秦某园作出上述行为的情况下，认定秦某园系与张某勇是共同债务人符合正常的思维逻辑，故一审法院确定秦某园与张某勇构成共同借款并无不当。

※案例解读：所谓合同的约束力，是指除当事人同意或有解除原因外，任何一方当事人都不得无故反悔解约、撤销合同。合同的约束力是合同功能实现的重要基石。如果合同没有相应的约束力，那么信赖利益的保护与市场交易的秩序都无从谈起，社会经济生活也必然陷入混乱和无序。合同约束力在权利层面表现为当事人的权利受到法律保护。依法成立的合同一经成立便在当事人之间产生法律约束力。当事人可以基于合同的约定享有合同权利。合同权利既包括请求和接受相对人履行合同债务的权利，也包括在合同相对方不履行合同时获得救济的权利。合同约束力在义务层面表现为合同应当严守。合同严守是合同功能实现的保障。合同严守原则包含两个层面的含义：第一，合同一经产生，合同的当事人即应该按照合同的内容严格履行自己的义务，以使合同目的得以实现。第二，合同一经成立，非经当事人协商一致或有法定事由，任何一方当事人都不得单方面解除或变更合同。当事人不履行其所负的合同义务或履行义务不符合约定时，法律会通过对违约方进行制裁的方式，使未被履行或未被按约履行的合同内容得以履行，让当事人之间被破坏的利益分布得到再平衡，继而使合同目的得以实现。依法成立的合

同仅对当事人具有法律约束力，体现了合同的相对性。合同相对性的内涵在于合同只在特定的当事人之间发生法律约束力，即合同当事人只能基于合同向合同相对方提出请求或提起诉讼，而不能向与其无合同关系的第三人提出合同上的请求，也不能擅自为第三人设定合同上的义务。

本案中，张某勇、秦某园二人均在案涉《房屋买卖协议》和收条上签字确认，秦某园也有接收账款的事实，基于合同的相对性，双方都要受到借款合同的约束。

第一百二十条　【侵权责任的承担】民事权益受到侵害的，被侵权人有权请求侵权人承担侵权责任。

条文解读

本条是关于侵权责任承担的规定。

侵权行为是侵害他人民事权益的不法行为，是债权发生的原因之一。根据本法第 1165 条的规定，侵权行为不仅包括侵权人的加害行为，还包括在法律上应当承担责任的准侵权行为，如被监护人致人损害。侵权责任是指侵权人因为实施侵害或损害他人民事权益的行为而应当承担的民事法律后果，是民事责任的一种类型。

侵权责任具有以下特征：

第一，侵权责任以侵权行为为前提。侵权责任产生的基础是有侵权行为。与合同债权因合法行为发生不同，侵权债权是因为不法行为发生的。

第二，侵权责任是依据法律规定而应承担的责任。与合同债权因当事人自愿设定不同，侵权债权是基于法律规定发生的。本法第 1166 条规定："行为人造成他人民事权益损害，不论行为人有无过错，法律规定应当承担侵权责任的，依照其规定。"

第三，侵权责任以损害赔偿为核心，但又不限于损害赔偿。本法第 1167 条规定，侵权行为危及他人人身、财产安全的，被侵权人有权请求侵权人承担停止侵害、排除妨碍、消除危险等侵权责任。

关联法规索引

《民法典》第 1165 ~ 1167 条

典型案例

景宁浙南钼业有限公司、景宁畲族自治县水利发展有限公司侵权责任纠纷案[1]

※案情简介：景宁畲族自治县水利发展有限公司（以下简称景宁水利公司）为际头水库项目法人，该项目经相关政府部门规划、立项及审批等程序，决定建设。2014年8月11日，浙江省核工业二六九大队受景宁水利公司的委托作出《调查报告》。该份报告确认：调查区内无查明矿产资源（甲类）压覆；调查区横跨两个探矿权范围，建议业主在行政主管部门的指导下，按原国土资源部和浙江省国土资源厅的有关规定，与景宁立泰矿业公司和景宁浙南钼业有限公司（以下简称浙南钼业公司）探矿权业主协商处理；调查区内无采矿活动，无采矿权设置。2014年9月18日，原景宁县国土资源局作出景矿压证（2014）49号《关于际头水库项目用地范围内矿产资源压覆情况的证明》，确认际头水库项目用地范围内无甲类矿产资源压覆。际头水库项目于2015年5月25日开工建设，2017年8月31日水库建成并在蓄水阶段验收后下闸蓄水，2018年4月18日开始供水，并于2018年12月27日通过完工验收。

浙南钼业公司主营钼矿开采、加工、销售，持有从事钼矿开采、加工、销售的相应许可证。2014年8月23日，因际头水库项目，景宁水利公司与浙南钼业公司签订《建设项目用地压覆矿产资源协议》，该协议约定：由于际头水库项目的建设造成浙南钼业公司矿产资源不能开采，浙南钼业公司有权向景宁水利公司提出按矿产资源量的市场评估价补偿损失；景宁水利公司承诺，该工程建设对浙南钼业公司矿产资源压覆或使浙南钼业公司不能继续生存造成的经济利益损失，将依法按市场评估价给予补偿。2018年3月起，浙南钼业公司向景宁县当地相关政府部门反映际头水库项目报批手续违法、行政机关认定该项目未压覆甲类矿产资源违法未果，故提起诉讼。

※争议焦点：本案的争议焦点为：（1）景宁水利公司建造案涉际头水库的行为是否对浙南钼业公司构成侵权；（2）如构成侵权，造成的损失应如何认定。

---

〔1〕 本案根据最高人民法院（2021）最高法民再135号判决书整理。

※判决结果：关于第一个问题，本案现有证据不足以证明景宁水利公司建造案涉际头水库的行为是压覆浙南钼业公司矿产资源的侵权行为。景宁水利公司作为建设单位已向原景宁县国土资源局申办建设项目是否压覆矿产资源证明，原景宁县国土资源局已作出审查意见，并出具证明，原审法院关于行政行为合法性问题不属于本案民事诉讼审理范围的认定并无不当。在该行政行为的合法性未被依法否定之前，浙南钼业公司以行政机关违反管理性规定、未层报省级行政主管部门为由主张景宁水利公司具有瞒报行为或者存在压覆浙南钼业公司矿产资源的侵权行为，证据不足。

关于第二个问题，鉴于现有证据不足以证明景宁水利公司建设案涉际头水库的行为对浙南钼业公司构成侵权，浙南钼业公司请求景宁水利公司赔偿因侵权造成的损失，亦缺乏事实基础，本院不予审查认定。

※案例解读：侵权责任的成立一般包括主观过错、侵权行为、损害结果、侵权行为与损害结果之间存在因果关系等四个构成要件。本案应由浙南钼业公司承担景宁水利公司构成侵权的举证证明责任，如其不能举证证明，则应由其承担举证不能的不利法律后果。景宁水利公司在建造际头水库前，已委托浙江省核工业二六九大队调查并出具《调查报告》，景宁水利公司还向当地行政主管部门申办建设项目是否压覆矿产资源证明。行政主管机关作出的行政行为确认际头水库项目用地范围内无甲类矿产资源压覆。景宁水利公司与浙南钼业公司曾签订《建设项目用地压覆矿产资源协议》，但该协议只是一种附条件的承诺，并不能证明侵权行为的存在。侵权责任产生的基础是有侵权行为的存在，由于本案景宁水利公司不能证明侵权行为的存在，故对方也无须承担侵权责任。

第一百二十一条　【无因管理】没有法定的或者约定的义务，为避免他人利益受损失而进行管理的人，有权请求受益人偿还由此支出的必要费用。

条文解读

本条是关于无因管理的规定。

无因管理是债发生的原因之一。无因管理，是指管理人没有法定或者约定的义务，为避免他人利益受损失而对他人事务进行管理的行为。其中，管理他人事务的人称为管理人,因管理他人事务而受益的人称为本人或受益人。

无因管理具有以下几个特征:

第一,管理他人事务。管理他人事务就是为他人进行管理,如果将自己的事务误认为他人的事务而进行管理,不能构成无因管理。

第二,为避免他人利益受到损失。管理他人的事务本来属于干涉他人事务的范畴,但因为无因管理是为了避免他人利益受损而施行的管理他人事务的行为,属于助人为乐、危难相助的行为,应当受到法律的鼓励和保护。

第三,没有法定或约定的义务。无因,是指没有法定或约定的义务,如果管理人因为法定或约定的义务而进行管理,其管理行为不能构成无因管理。

根据本法第979条的规定,无因管理的管理人"可以请求受益人偿还因管理事务而支出的必要费用;管理人因管理事务受到损失的,可以请求受益人给予适当补偿。管理事务不符合受益人真实意思的,管理人不享有前款规定的权利;但是,受益人的真实意思违反法律或者违背公序良俗的除外"。

关联法规索引

《民法典》第979条

典型案例

大连名仕物业管理有限公司、大连万祥物业管理有限公司无因管理纠纷案〔1〕

※案情简介:2007年,位于大连市的名仕苑建成并投入使用。2007年11月15日,开发商大连名仕高新房地产开发有限公司与大连名仕物业管理有限公司(本案原告,以下简称名仕物业)签订了一份《名仕苑(名仕乐居)项目前期物业服务合同》,合同约定由名仕物业对该小区提供前期的物业服务。名仕物业依据该前期物业管理合同及双方申请,将该小区用电户域名确定为"大连名仕物业管理有限公司",并由该物业公司向国网辽宁省电力有限公司大连供电公司缴纳代收的小区业

〔1〕 本案根据辽宁省大连市中级人民法院(2021)辽02民终9974号判决书整理。

主的电费。名仕苑小区业主委员会成立后,2015 年 2 月 9 日名仕苑小区业主委员会与大连万祥物业管理有限公司(本案被告,以下简称万祥物业)签订《名仕苑(名仕乐居)小区物业管理委托合同》,委托万祥物业对该小区进行物业管理服务。双方将合同及申请提交给国网辽宁省电力有限公司大连供电公司大连供电局,要求变更该小区用电域名为“大连万祥物业管理有限公司”,停止委托名仕物业代收高价电费。但国网辽宁省电力有限公司大连供电公司以双方尚未解除前期物业合同为由未予办理变更。

※争议焦点:本案的争议焦点为原告管理案涉配电站的行为是否构成无因管理。

※判决结果:法院认为,上诉人名仕物业提供的证据不足以证实其主张的无因管理名仕苑 1#配电站期间(2016 年 11 月至 2020 年 11 月),其向被上诉人万祥物业移交名仕苑 1#配电站的管理权,而被上诉人万祥物业拒绝接收的事实。被上诉人原审提供的证据却能够证实案涉小区的业主委员会曾经为了将案涉名仕苑 1#配电站的管理权由上诉人名仕物业变更至被上诉人万祥物业进行过诉讼,且此后两次以本案上诉人名仕物业为被告,要求其移交包括案涉配电站在内区域的物业管理权,足以证明系上诉人名仕物业拒绝移交案涉名仕苑 1#配电站的管理权,而非被上诉人万祥物业拒绝接受案涉名仕苑 1#配电站的管理权。故原审法院认定上诉人名仕物业管理案涉配电站的行为不构成无因管理,并且判决驳回其主张由被上诉人万祥物业支付其管理维护费用的诉讼请求并无不当。

※案例解读:无因管理系管理人没有法定或者约定的义务,为避免他人利益受损失而管理他人事务的法律行为。根据《民法典》第 979 条的规定,无因管理的管理人“可以请求受益人偿还因管理事务而支出的必要费用;管理人因管理事务受到损失的,可以请求受益人给予适当补偿。管理事务不符合受益人真实意思的,管理人不享有前款规定的权利;但是,受益人的真实意思违反法律或者违背公序良俗的除外”。本案中,原告提供的证据不足以证实其管理案涉配电站系为避免他人利益受损失,也未提供证据证实其管理案涉配电站符合受益人的真实意思表示,故原告管理案涉配电站的行为不构成无因管理。

第一百二十二条　【不当得利】因他人没有法律根据,取得不当利益,受损失的人有权请求其返还不当利益。

条文解读

本条是关于不当得利的规定。

不当得利是债权发生的原因之一。不当得利,是指没有合法根据地取得利益而使他方受损失的事实。其中,取得不当利益的一方称为受益人,受到损失的一方称为受损人或受害人。根据本法第985条的规定,受损失的人可以请求得利人返还取得的利益。

不当得利具有以下几个特征:

第一,民事主体一方取得利益,另一方利益受到损失。取得利益既包括积极增加,如财产总额增加;也包括消极增加,如财产总额应减少而未减少。利益受到损失既包括积极损失,如财产总额减少;也包括消极损失,如应当增加的财产没有增加。

第二,民事主体一方取得利益和另一方受到损失之间有因果关系。此处的因果关系是指另一方的损失是因为一方获得利益造成的。

第三,没有法律依据。这是构成不当得的重要要件。如果一方得利和另一方受损之间有法律依据,则这一民事关系受法律保护,不构成不当得利。

关联法规索引

《民法典》第985条

典型案例

上海逗众网络科技有限公司与深圳巨鼎科技有限公司不当得利纠纷案[1]

※案情简介:2020年6月,上海逗众网络科技有限公司(以下简称逗众公司)与深圳巨鼎科技有限公司(以下简称巨鼎公司)签订了《商城系统软件服务协议书》。该协议约定甲方(逗众公司)聘请乙方(巨鼎公司)为甲方提供技术开发服

〔1〕 本案根据上海市第一中级人民法院(2022)沪01民终98号判决书整理。

务,服务期间为2020年6月14日起至2020年11月30日止,咨询费用29万元。2020年6月22日,逗众公司向巨鼎公司银行转账支付29万元。

涉案"定制化分销商城"是一种网上销售平台,逗众公司将相应的开发商场的技术工作交由第三方负责,第三方的技术人员在开发上述商城软件时,就商城应有的模式、功能、模块等在微信群中与巨鼎公司经办人联系、沟通。对于商城的营销模式,巨鼎公司在合同签订之前就提供了意见,并且对于商城的名称、补贴分销价格体系等,在合同签订的6月,巨鼎公司也给出了相应意见。在后来的合同履行过程中,巨鼎公司向逗众公司提供了逗众拼购平台简介、产品介绍、平台的特点、收益的分析测算、趣拼豆的介绍、趣拼豆用户协议、APP用户协议、爱丽莎拼购项目讲解、参团须知、视频配音稿等多份文档资料。2020年8月30日,与逗众公司合作负责商城技术开发的第三方停止了与逗众公司的合作。商城注册功能经测试可以运行,但商城系统软件应有的派单功能、物流功能等没有完成,商城开发完成了60%～70%。系争合同约定的内容是巨鼎公司为逗众公司提供商城系统软件开发中有关营运模式、功能模块以及商城系统上线后相应的诊断、维护等咨询服务,社群引流不属于约定的内容。

※争议焦点:本案的争议焦点为巨鼎公司应否返还服务费。

※判决结果:法院认为,双方签订的服务协议合法有效。巨鼎公司未全部履行合同义务,故仅有权获得部分服务费,余款应当返还逗众公司。由于逗众公司与第三方停止了合作,导致巨鼎公司因不能按约继续提供服务而无法获得可得利益,故逗众公司应当承担违约责任,即赔偿巨鼎公司可得利益损失。一审法院综合了巨鼎公司的部分履约情况和可得利益损失,酌定巨鼎公司返还5万元,并无不当。

※案例解读:本案中,巨鼎公司为商城系统软件开发提供了一定的咨询服务,故逗众公司无权要求退还全部咨询费。由于与逗众公司合作的第三方的原因,逗众公司中途停止了软件开发,不再需要巨鼎公司继续提供服务,致使巨鼎公司未完成约定的全部咨询服务,故逗众公司存在违约行为,应对巨鼎公司因未完成全部服务而产生的可得利益损失承担赔偿责任。扣除巨鼎公司已履行部分义务的服务费和可得利益损失,巨鼎公司应当返还余款,余款可酌定为5万元。这符合不当得利制度,巨鼎公司应当返还不当得利。

第一百二十三条 【民事主体依法享有知识产权】民事主体依法享有知识产权。

知识产权是权利人依法就下列客体享有的专有的权利：

（一）作品；

（二）发明、实用新型、外观设计；

（三）商标；

（四）地理标志；

（五）商业秘密；

（六）集成电路布图设计；

（七）植物新品种；

（八）法律规定的其他客体。

条文解读

本条是关于民事主体依法享有知识产权的规定。

知识产权是民事主体的基本民事权利之一。本法以列举的方式定义知识产权，即知识产权是权利人依法就下列客体享有的专有的权利：(1)作品；(2)发明、实用新型、外观设计；(3)商标；(4)地理标志；(5)商业秘密；(6)集成电路布图设计；(7)植物新品种；(8)法律规定的其他客体。

知识产权具有如下特征：第一，知识产权是一种无形财产权。第二，知识产权具有财产权和人身权双重属性。第三，知识产权具有专有性。第四，知识产权具有地域性和时间性。知识产权在空间效力上受地域限制，在甲国领域内取得的知识产权仅在该国领域内有效。并且知识产权不是永久的，其仅在法律规定的有效期间内受法律保护。

本条规定，知识产权是权利人依法就八种法定客体享有的专有权利。

(1)作品。根据2020年11月11日新修正的《著作权法》第3条的规定，作品是指文学、艺术和科学领域内具有独创性并能以一定形式表现的智力成果，如文字作品，口述作品，音乐、戏剧、曲艺、舞蹈、杂技艺术作品，美术、建筑作品，摄影作品，视听作品，工程设计图、产品设计图、地图、示意图等图形作品和模型作品，计算机软件，符合作品特征的其他智力成果。

(2)发明、实用新型、外观设计。自2020年10月17日修正的《专利法》第2条第2款、第3款和第4款规定:"发明,是指对产品、方法或者其改进所提出的新的技术方案。实用新型,是指对产品的形状、构造或者其结合所提出的适于实用的新的技术方案。外观设计,是指对产品的整体或者局部的形状、图案或者其结合以及色彩与形状、图案的结合所作出的富有美感并适于工业应用的新设计。"

(3)商标。根据2019年4月23日修正的《商标法》第3条第1款的规定,经商标局核准注册的商标为注册商标,包括商品商标、服务商标和集体商标、证明商标;商标注册人享有商标专用权,受法律保护。

(4)地理标志。根据《商标法》第16条第2款的规定,地理标志,是指标示某商品来源于某地区,该商品的特定质量、信誉或者其他特征,主要由该地区的自然因素或者人文因素所决定的标志。

(5)商业秘密。根据2019年4月23日修正的《反不正当竞争法》第9条第4款的规定,商业秘密,是指不为公众所知悉、具有商业价值并经权利人采取相应保密措施的技术信息、经营信息等商业信息。

(6)集成电路布图设计。《集成电路布图设计保护条例》第7条规定:"布图设计权利人享有下列专有权:(一)对受保护的布图设计的全部或者其中任何具有独创性的部分进行复制;(二)将受保护的布图设计、含有该布图设计的集成电路或者含有该集成电路的物品投入商业利用。"

(7)植物新品种。根据《植物新品种保护条例》第2条的规定,植物新品种,是指经过人工培育的或者对发现的野生植物加以开发,具备新颖性、特异性、一致性和稳定性并有适当命名的植物品种。

(8)法律规定的其他客体。该项为未来知识产权客体的发展预留了空间。

关联法规索引

《著作权法》第3条;《专利法》第2条;《商标法》第3条、第16条;《反不正当竞争法》第9条;《集成电路布图设计保护条例》第7条;《植物新品种保护条例》第2条

典型案例

广州梦仪贸易有限公司、张某璇侵害实用新型专利权纠纷案[1]

※案情简介：张某璇于2015年7月14日向国家知识产权局提出涉案专利申请，并于2015年11月18日获得授权，该专利已按期缴纳年费。2016年8月8日，国家知识产权局作出《实用新型专利权评价报告(更正)》，并于2016年8月23日作出《专利权评价报告复核意见通知书》，初步结论为“涉案专利全部权利要求1～5未发现不符合授予专利权条件的缺陷”。

2018年9月2日，张某璇的委托代理人在淘宝网站天猫商城的“艾薇芳旗舰店”购买了1件“收腹带束腰绑带美体瘦身瘦腰带束缚带透气塑身衣女减肚子夏季薄款”并于次日收货。“艾薇芳旗舰店”的商品链接显示价格为49元，月销量3件，累计评价38个。广东省广州市南粤公证处根据张某璇的申请对上述购货、收货过程以及网页内容进行了公证，出具了(2019)粤广南粤第24406号、第24412号、第26605号3份公证书，并封存了所购产品。

张某璇在原审庭审过程中提交了公证封存实物，双方确认封存完好。张某璇认为被诉侵权技术方案与涉案专利权利要求1相同，广州梦仪贸易有限公司(以下简称梦仪公司)则认为二者的长度、角度、材料均不一致，组织结构、整体穿感也不一样。2017年8月3日，张某璇曾向阿里巴巴平台投诉艾薇芳厂侵害涉案专利权，该投诉于次日审核通过，2018年11月28日投诉处理完结。该投诉处理记录显示“卖家申诉不成立”。此外，张某璇还曾于2020年向天猫商城平台投诉“艾薇芳旗舰店”销售、许诺销售收腹带构成对涉案专利权的侵害，并声明从未许可陈某佳、陈某坤制造、销售、许诺销售涉案专利产品。

※争议焦点：本案的争议焦点为：(1)梦仪公司是否制造了被诉侵权产品；(2)梦仪公司的现有技术抗辩能否成立；(3)原审判决梦仪公司赔偿经济损失及合理开支共10万元是否恰当。

※判决结果：关于梦仪公司是否制造了被诉侵权产品的问题。梦仪公司虽然陈述其仅是从阿里巴巴网店“拿货”、“代发”(代理批发)被诉侵权产品，但并未就

---

[1] 本案根据最高人民法院(2021)最高法知民终1599号判决书整理。

其主张的进货渠道提交证据予以证明。至于梦仪公司关于其经营执照上记载的经营范围仅为批发业，不包括服装制造的主张，与其实际上是否制造了被诉侵权产品之间并不存在必然的逻辑联系。梦仪公司为所销售的被诉侵权产品添附吊牌，并在吊牌上标注了自己的企业名称和地址，而未标注其他与生产者相关的信息，即是以此行为向社会公众表明其就是被诉侵权产品法律意义上的制造者。故梦仪公司关于被诉侵权产品并非由其制造的上诉主张缺乏事实依据和法律依据，法院不予支持。

关于梦仪公司的现有技术抗辩能否成立的问题。本案中，梦仪公司上诉时主张被诉侵权产品的技术方案属于现有技术，其销售、许诺销售被诉侵权产品的行为不构成侵权。然而，梦仪公司仅陈述了其所主张现有技术的专利申请日期，并未就该“现有技术”的内容提交证据予以证明，更未将其所称的现有技术与被诉侵权产品进行比对以证明二者技术方案相同。

关于原审判决梦仪公司赔偿经济损失及合理开支共10万元是否恰当的问题。《专利法》不仅规定了侵权赔偿数额可以按照侵权人因侵权所获得的利益来确定，还规定了法院在酌定赔偿数额时可以将专利权的类型、侵权行为的性质和情节等因素纳入考量范畴。本案中，“艾薇芳旗舰店”2019年9月17日网页所显示的数据仅是梦仪公司的当月销售情况，未被证明与其制造、销售被诉侵权产品的全部收入相一致，因此其网店的当月销售数据仅能作为法院在酌定赔偿数额时的一项参考因素。相比之下，本案中梦仪公司侵权行为的情节对其应承担赔偿数额的确定起到了更为重要的作用。因此，原审判决在认定梦仪公司为被诉侵权产品制造商的基础上，结合其故意侵权的具体情节，判决其承担10万元损失赔偿及合理开支并无不妥。梦仪公司关于该赔偿金额过高的上诉主张不能成立，法院不予支持。

※案例解读：判断实用新型专利侵权应当以权利要求的内容为准。本案中，将被诉侵权产品与涉案专利权利要求进行比对时发现，被诉侵权产品具备涉案专利权利要求1记载的全部技术特征，落入涉案专利权利要求1的保护范围，故构成专利侵权。此外，梦仪公司作为通过互联网从事商品销售经营活动的公司，其在经营过程中应当全面、真实、准确、及时地披露商品信息，保障消费者的知情权和选择权，不能以虚构交易、编造用户评价等方式做虚假或引人误解的商业宣传，欺骗、误导消费者。

第一百二十四条 【自然人依法享有继承权】自然人依法享有继承权。

自然人合法的私有财产，可以依法继承。

条文解读

本条是关于自然人依法享有继承权的规定。

继承权，是指自然人依照法律的规定或被继承人生前立下的合法有效的遗嘱而取得被继承人遗产的权利。

继承权具有如下特征：

第一，继承权是基于一定身份关系享有的权利。继承人是自然人的权利，法人和非法人组织没有继承权。继承权的取得以一定身份关系为前提，即继承人与被继承人之间有特定身份关系时，继承人才可以继承被继承人的财产。

第二，继承权的取得方式有两种：一是依照法律的直接规定取得，如法定继承；二是根据被继承人生前立下的合法有效的遗嘱取得，如遗嘱继承。

第三，继承权是以遗产为客体的权利。继承人继承的是自然人死亡时遗留的合法的私人财产。

关联法规索引

《宪法》第13条；《民法典》第1120条

典型案例

宋某1与宋某3等继承纠纷案[1]

※案情简介：宋某5和苍某1系夫妻关系，二人育有3子，即宋某6、宋某1和宋某2。宋某5于2007年8月5日死亡，苍某1于2019年10月16日死亡。宋某6于2017年9月21日因死亡注销户口，宋某3和宋某4系宋某6之子女。宋某1、宋某2、宋某3及宋某4称，宋某6与牟某系夫妻关系，二人在宋某5死亡前已离

〔1〕 本案根据北京市第三中级人民法院（2021）京03民终14586号判决书整理。

婚，宋某6于2012年12月9日死亡。涉案房屋登记在苍某1名下，宋某1、宋某2、宋某3及宋某4均认可涉案房屋系苍某1与宋某5的夫妻共同财产。2016年10月24日，北京市铭泰律师事务所作出（2016）铭泰字第126号《律师见证书》，载明该见证书"北京市铭泰律师事务所接受苍某1的委托，指派张某、岳某锋律师对苍某1《遗嘱》进行见证，并审查了苍某1提供的身份证、户口本、房屋产权证、宋某5的死亡证明等文件。2016年10月23日，张某、岳某锋律师对苍某1进行遗嘱见证；该遗嘱主要内容为：'苍某1自己持有的涉案房屋二分之一份额及继承宋某5的房屋份额（共计占全部房屋份额的八分之五）在苍某1去世后全部由宋某2继承，苍某1的全部银行存款、首饰及其他全部财产均由宋某2继承。'"此外，宋某5生前未留有遗嘱。

※**争议焦点：**本案二审的争议焦点为苍某1自书遗嘱的效力。

※**判决结果：**法院认为，本案中，苍某1于2016年10月23日自书遗嘱一式两份，一份由北京市铭泰律师事务所存档，另一份由北京市铭泰律师事务所制作《律师见证书》交宋某2保存。宋某2所提交的由律师见证的苍某1的自书遗嘱中虽载有"本受胁迫等情形"的字样，但北京市铭泰律师事务所存档的苍某1的自书遗嘱中则载明"未受胁迫等情形"字样。结合苍某1书写遗嘱时的年龄、其自书遗嘱的其他内容亦存在若干笔误以及律师见证遗嘱的录像内容、见证人的陈述等因素，本院认为，宋某2所提交的苍某1自书遗嘱中载有"本受胁迫"的字样虽存在表述瑕疵，但并不影响对苍某1自书遗嘱系其真实意思表示的认定。宋某1以遗嘱中载有"本受胁迫"字样主张遗嘱系苍某1受胁迫而作出，应属无效，依据不足，法院不予支持。宋某1又主张宋某2虐待苍某1并最终导致苍某1死亡，宋某2无权继承苍某1的遗产，但其未能提交充分证据予以证明，故法院对其上述主张亦不予支持。

夫妻在婚姻关系存续期间所得的共同所有的财产，除有约定，如果分割遗产，应当先将共同所有的财产的一半分出为配偶所有，其余的为被继承人的遗产。关于涉案房屋，结合在案证据及当事人诉辩意见可知，涉案房屋系宋某5与苍某1的夫妻共同财产，且宋某5未留有遗嘱，故宋某5去世后，房屋的一半份额归苍某1所有，剩余一半由宋某5的法定继承人苍某1、宋某1、宋某2、宋某6平均继承；鉴于宋某6已去世，其份额由其子女宋某3、宋某4各继承二分之一。依据苍某1见证遗嘱的内容，苍某1对涉案房屋享有的八分之五份额应由宋某2继承，一审法院据此认定涉案房屋由宋某1、宋某2、宋某3、宋某4共同继承，宋某1占八分之一份额，宋某2占四分之三份额，宋某3、宋某4分别占十六分之一份额，具有法律及事实依据，法院予以维持。

关于苍某1名下存款，依据苍某1遗嘱内容，苍某1名下全部存款由宋某2继承。一审法院不予支持宋某1要求分割苍某1存款的主张，并无不当。关于宋某5名下存款，宋某1主张对宋某5名下存款予以分割，但并未举证证明宋某5存款以及余额状况，一审法院不予支持宋某1该项主张，亦无不当，法院予以维持。

※案例解读：公民可以依照本法规定立遗嘱处分个人财产，并可以指定遗嘱执行人。公民可以立遗嘱将个人财产指定由法定继承人的一人或者数人继承。存在有效遗嘱时，应当尊重被继承人的真实意思表示，按照遗嘱的内容进行分配。本案中，苍某1自书遗嘱中将自己持有的涉案房屋份额及全部银行存款、首饰及其他全部财产均交由宋某2继承的内容系苍某1的真实意思表示，也没有其他证据证明其有受胁迫的情况，故本案按照遗嘱继承处理。

第一百二十五条 【民事主体依法享有投资性权利】民事主体依法享有股权和其他投资性权利。

条文解读

本条是关于民事主体依法享有投资性权利的规定。

投资性权利包括股权和其他投资性权利。股权，是指民事主体因投资公司成为公司股东而享有的权利。其他投资性权利，是指民事主体通过投资享有的权利，如民事主体通过购买证券、基金、保险等进行投资而享有的民事权利。

股权和其他投资性权利的特点包括：第一，都是财产权；第二，都是无形财产权；第三，都具有可转让性。

第一百二十六条 【其他民事权益】民事主体享有法律规定的其他民事权利和利益。

条文解读

本条是关于其他民事权益的规定。

本章规定了民事主体的民事权利，具体包括：民事主体的人格权、身份权、物权、债权、知识产权、继承权、股权和其他投资性权利。考虑到随着科学技术和社会的发展，民事权利和利益愈加多样，立法难以一一穷尽，故本条对民事主体享有的民事权利和利益作了兜底性规定。

第一百二十七条　【数据、网络虚拟财产保护】法律对数据、网络虚拟财产的保护有规定的，依照其规定。

条文解读

本条是关于数据、网络虚拟财产保护的规定。

随着科学技术的发展，权利客体的范围也在不断扩大。21 世纪是数据信息时代，数据和网络虚拟财产成为重要的权利客体。

数据和网络虚拟财产都是新生事物，学界对其定义和权利属性并未形成通说，但社会实践中数据加工和交易的商业价值越来越大，虚拟财产的纠纷也越来越多。为了更好地应对这一局面，本条将数据和虚拟财产作为民事权利的一种，作了一般性规定，连接了与其有关的一般法与特别法，为该民事权利的保护预留了充分的空间。

典型案例

杭州臣工医用空气净化技术有限公司、杭州鸿鹄电子有限公司侵权责任纠纷案[1]

※案情简介：2017 年 6 月 29 日，杭州臣工医用空气净化技术有限公司(以下简称臣工公司)与案外人广州机智云物联网科技有限公司(以下简称机智云公司)

〔1〕 本案根据最高人民法院(2020)最高法知民终 683 号判决书整理。

签订《机智云业务开发协议》,该协议约定机智云公司为臣工公司提供定制软件系统服务,包括臣工新风系统、微信客户端、App开发及机智云服务等。2018年4月12日,臣工公司与杭州鸿鹄电子有限公司(以下简称鸿鹄公司)签订《技术开发合同书》,该合同约定臣工公司委托鸿鹄公司研究开发空气净化器扫码支付系统项目。鸿鹄公司与臣工公司签订并部分履行了涉案《机智云业务开发协议》,形成合同关系。合同履行过程中,鸿鹄公司误将臣工公司用来部署新风系统的阿里云服务器格式化,从而给臣工公司造成损害。

※争议焦点:本案的争议焦点为本案被毁损的电子数据客体是否属于我国《侵权责任法》保护对象。

※判决结果:法院认为,综观本案事实,涉案新风系统被错误格式化,该侵权行为导致系统受损的同时也致其存储的数据丢失,对臣工公司利用系统平台开展相关业务经营造成一定影响,损害其因电子数据可能获得的财产利益。因此,本案被毁损的电子数据客体依法属于我国《侵权责任法》的保护对象,原审法院适用《侵权责任法》对本案侵害电子数据所导致的财产利益损失进行救济,有事实和法律依据,其对本案侵权行为的定性准确。

※案例解读:电子数据即电子形式的数据信息,具体是指基于计算机应用、通信和现代化管理技术等电子技术手段形成的包括文字、图形符号、数字、字母等的客观资料。对电子数据完整性的侵害,主要表现为数据全部或部分的丢失、被删改或以其他方式被破坏,致其无法再被完整地读取使用。在发生存储数据丢失或被删改的情况下,数据的财产价值会遭到一定程度的毁损。正是基于对信息互联网时代数据价值的重要性的认识,我国现行法律体系尤其是在侵权领域,对侵害电子数据所导致的财产利益损失的救济作出了一些规定。如《民法典》第127条规定:"法律对数据、网络虚拟财产的保护有规定的,依照其规定。"这一规定是开放性和原则性的规定,根据这些法律法规的指引,司法实践中也多将数据丢失、受损等认定为权利人的一项财产性损害予以保护。本案中,电子数据的丢失也会给当事人的相关经营业务造成影响,故也属于法律保护的范围。

第一百二十八条 【弱势群体民事权利的特别保护】法律对未成年人、老年人、残疾人、妇女、消费者等的民事权利保护有特别规定的,依照其规定。

条文解读

本条是关于弱势群体民事权利特别保护的规定。

民事主体的民事权利受法律平等保护。但是,民事活动中的一些主体,如未成年人、老年人、残疾人、妇女、消费者等,由于心理、生理、能力等因素,在交易中往往处于弱势地位,为了确保其民事权利实质平等,法律对弱势群体民事权利予以特别保护。本条为一般性规定,在法律没有对弱势群体提供保护的特别规定时,适用该一般规则予以保护;当《未成年人保护法》《老年人权益保障法》《消费者权益保护法》《反家庭暴力法》等单行特别法有特别规定时,根据特别法优于一般法的原则,优先适用特别法对弱势群体提供保护。

第一百二十九条 【民事权利的取得方式】 民事权利可以依据民事法律行为、事实行为、法律规定的事件或者法律规定的其他方式取得。

条文解读

本条是关于民事权利的取得方式的规定。

民事权利的取得,是指民事主体通过法定或约定的方式取得一定民事权利。民事权利的取得包括原始取得和继受取得。原始取得,是指民事主体取得权利不受他人权利制约,直接因法律的规定取得,如基于先占而取得无主物的所有权。继受取得,是指民事主体基于原权利人的意志,以原权利人的权利为依据而取得,如通过买卖取得物的所有权。

根据本条规定,民事权利可以依据民事法律行为、事实行为、法律规定的事件、法律规定的其他方式取得。

(1)民事法律行为。民事法律行为,是指民事主体通过意思表示设立、变更、终止民事法律关系的行为,如订立买卖合同的行为、订立遗嘱的行为等。本法第143条规定:"具备下列条件的民事法律行为有效:(一)行为人具有相应的民事行为能力;(二)意思表示真实;(三)不违反法律、行政法规的强制性规定,不违背公序良俗。"

(2)事实行为。事实行为,是指行为人主观上没有引起民事法律关系发生、变更或者消灭的意思，而依照法律的规定产生一定民事法律后果的行为，如无因管理行为。

(3)法律规定的事件。法律规定的事件，是指与人的意志无关，根据法律规定而引起法律关系变动的客观情况，如自然人的出生、死亡，自然灾害等。

(4)法律规定的其他方式。如本法第229条规定，因人民法院、仲裁机构的法律文书或者人民政府的征收决定等，导致物权设立、变更、转让或者消灭的，自法律文书或者征收决定等生效时发生效力。

关联法规索引

《民法典》第143条、第229条

典型案例

郭某亮、李某鹏等商标权权属纠纷案[1]

※案情简介：2008年11月，郭某亮、李某鹏与周某祥开始合伙做饮料生意，并以周某祥个人名义注册"名趣"商标，同年12月开始以代加工的方式生产苏打水。2009年6月24日，3人共同签订《协议书》，该协议书约定了出资、分红、风险分配、责任承担等内容。

经查，案涉注册商标核定使用商品(第32类)包括：啤酒、无酒精饮料、苏打水、花生牛奶(软饮料)、矿泉水、水(饮料)、杏仁牛奶。注册信息显示原注册人为周某祥，申请日期为2008年12月8日，初审日期为2010年4月6日，注册日期为2010年7月7日。2014年4月30日，周某祥将该注册商标转让给名仁公司，该公司法定代表人为陈某枝。陈某枝与周某祥共同生活但未进行婚姻登记。

※争议焦点：本案的争议焦点为案涉注册商标专用权是否由郭某亮、李某鹏、周某祥共同享有。

※判决结果：法院认为，商标权权属确认过程中，应当尊重当事人的意思自治，根据案件的具体情况确定商标权的归属。根据《民法通则》第78条第1款、《民法

---

〔1〕 本案根据河南省高级人民法院(2020)豫知民再1号判决书整理。

总则》第129条、《商标法》第5条的规定，商标权作为一种民事财产权利，可以由两个以上的公民、法人或者其他组织共同享有和行使，商标权可有多种取得方式。本案中，案涉注册商标虽然曾注册在周某祥一人名下，但郭某亮、李某鹏、周某祥2009年6月24日签订的《协议书》第2条明确约定该商标权为三方共同投资注册、三方持有、共享权利、共担风险。该协议系三方自愿签订，意思表示真实，不违反法律、行政法规的禁止性规定，合法有效，应予履行。《协议书》签订后，案涉注册商标亦于2010年7月7日获准注册。因此，案涉注册商标专用权应由郭某亮、李某鹏、周某祥共同享有。

※案例解读：《民法典》第129条规定："民事权利可以依据民事法律行为、事实行为、法律规定的事件或者法律规定的其他方式取得。"商标权作为一种民事权利，可以由两个以上的公民、法人共有，而且商标权可有多种取得方式。案涉《协议书》为三人自愿签订，是当事人的真实意思表示，合法有效。该协议第2条不仅约定了三方取得注册商标"名趣"的方式，也约定了三方在该商标上的权利和义务，结合庭审情况，能够认定案涉注册商标是三方共同投资、由周某祥进行注册的事实。虽然该商标经商标局登记的注册人是周某祥，注册登记在周某祥一人名下，但是从商标权的取得方式和权利归属看，该商标专用权应当由郭某亮、李某鹏、周某祥共同享有。

第一百三十条　【按照自己意愿依法行使民事权利】民事主体按照自己的意愿依法行使民事权利，不受干涉。

条文解读

本条是关于按照自己意愿依法行使民事权利的规定。

本条规定是自愿原则在民事权利行使中的体现。本法第5条规定，民事主体从事民事活动，应当遵循自愿原则，按照自己的意思设立、变更、终止民事法律关系。民事主体如何行使民事权利、是否行使民事权利都是民事主体的自由，除法律另有规定外，即使民事主体放弃实现民事权利，也不会导致民事权利的消灭。

民事权利在自由行使的同时也需要依法行使。民事权利在行使时，不能违反法律和行政法规的强制性规定，不得违反权利本身的性质，不得违法公序良俗。

关联法规索引

《民法典》第5条

典型案例

蔡某军、常州良艺装饰设计有限公司等买卖合同纠纷案[1]

※案情简介：周某银分别于2019年8月7日、2019年8月9日、2019年8月11日向蔡某军、常州良艺装饰设计有限公司（以下简称良艺公司）供应价款为10,546.2元、25,200元、4939.2元的瓷砖，其中两张送货单载明收货人电话为150××××××××，且3份送货单均经李某全签字确认。另外，蔡某军在“宁帮三楼创意用瓷砖欠款”结算单上签注“二、三、四层墙地砖已到齐，蔡某军确认已到货，2019.8.19”。同年8月23日，蔡某军向周某银出具欠条1份，载明“今欠到瓷砖款肆万另陆百捌拾伍元正（¥40,685.00元）”，并写“（现场砖多退少补，宁邦结款支付材料款）”。

经查，良艺公司成立于2018年6月1日，注册资本为100万元，法定代表人为蔡某军，类型为有限责任公司（自然人投资或控股），经营范围为室内外装饰工程设计、施工，广告设计，建筑设计，建设工程、园林景观工程、机电设备安装工程、安防工程、钢结构工程、水电安装工程施工等。

※争议焦点：本案的争议焦点为案涉买卖合同关系的相对方应如何确定。

※判决结果：法院认为，本案中，因宁邦大酒店工程系良艺公司承接，在周某银向该工程提供瓷砖后，蔡某军遂以自己名义向周某银出具欠条。在周某银提起本案诉讼之时，其已知悉蔡某军是良艺公司法定代表人的确切身份，享有公司概括代理权，但其没有依据上述法律规定行使选择权，甚至在良艺公司明确蔡某军所为系职务行为，法院向其释明是否变更被告、变更诉请后，仍坚持将蔡某军和良艺公司作为共同被告。据此，案涉买卖合同关系的相对方应确定为蔡某军。

※案例解读：首先，蔡某军作为良艺公司法定代表人，与良艺公司之间存在代理关系，其以自己名义从事案涉交易；其次，周某银在提起本案诉讼前，一直认为蔡

---

〔1〕 本案根据江苏省常州市中级人民法院（2021）苏04民终872号判决书整理。

某军系买卖合同的相对人,对案涉工程究竟是蔡某军抑或其他主体承接、蔡某军与良艺公司的关系等均不知悉;再次,蔡某军认为出具欠条系职务行为,故其个人无须担责,究其实质,蔡某军是以代理关系行使抗辩权;最后,周某银现已知悉案涉工程的承接主体、蔡某军与良艺公司的代理关系。据此,周某银行使选择权的法定条件业已具备。

选择权属于形成权,可以通过诉讼或者其他方式行使,但只能在委托人和受托人之间择一主张,且一旦选择不得变更。本案中,没有证据证明周某银知悉代理关系并在诉讼前行使了选择权,现其有权通过诉讼方式行使选择权,但其同时将蔡某军、良艺公司作为共同被告提起本案诉讼,且在法院释明后仍坚持己见,不做变更被告,则意味着其放弃行使法定选择权。

民事主体是否行使以及如何行使民事权利,完全取决于自己的意愿。放弃民事权利是民事主体对民事权利的处分,法院应给予尊重,而不能越俎代庖,代替其作出选择。第三人放弃选择权并不影响其原本不知代理关系、没有选择权时的权利状态,即第三人可依据信赖利益要求受托人承担相应的民事责任。本案中,周某银在坚持不变更诉请的前提下,视为放弃选择权,应由其自担相应的法律风险,法院不能替其决策。鉴于周某银起诉前是直接与蔡某军发生交易往来,诉讼中又始终主张根据合同相对性,蔡某军不应免责,故应认定蔡某军是案涉买卖的合同相对方,应由其清偿货款并承担相应的利息损失。

第一百三十一条 【权利义务一致】民事主体行使权利时,应当履行法律规定的和当事人约定的义务。

条文解读

本条是关于权利义务一致的规定。

民事权利和民事义务是一对相对应的概念,两者共同构成民事法律关系的内容。民事主体不仅享有权利,也负有义务。比如,合同双方当事人一般相互约定各自的权利和义务,一方当事人享有合同权利的同时,也负有约定的合同义务。民事义务的根本特点在于其约束性,即民事主体应按其约定的内容为或不为一定行为。

典型案例

曹某杰、张某君等民间借贷纠纷案[1]

※案情简介：被告曹某杰和被告罗某欧系夫妻关系。2018年9月28日，被告曹某杰向原告张某君借款10万元。2018年10月9日，被告曹某杰向原告张某君借款8万元。2018年10月18日，被告曹某杰为原告张某君出具《借条》，《借条》载明"于2018年9月28日借张某君（姐姐）人民币，壹拾万元整（100,000.00元），2018年10月9日又借张某君（姐姐）人民币捌万元整（80,000.00元），计：壹拾捌万元整"。后被告曹某杰向原告张某君支付了2018年10月15日至2019年8月的利息，共计16,824元。

※争议焦点：本案的争议焦点为原告张某君是否应当承担投资风险。

※判决结果：民事主体行使权利时，应当履行法律规定的和当事人约定的义务。本案中，虽然上诉人曹某杰为被上诉人张某君出具了《借条》，但根据本案现有证据及当事人陈述，张某君自2016年起便成为卓信公司的客户，在卓信公司以自己的名义开户投资，因此曹某杰提出本案涉及的18万元系张某君为了获得更高的投资收益而数人拼单投资的投资款，符合常理。且双方在《借条》中对利息并未约定，而根据曹某杰提供的记账本显示，张某君按月在曹某杰处领取利息，张某君也承认领取利息时的签字均为本人所签，由此可以认定张某君对案涉的18万元投资到卓信公司这一事实是知晓并认可的。故张某君在享受高额利息回报的同时，亦应承担相应的投资风险，而不应仅凭《借条》将投资风险转嫁给上诉人。现卓信公司因涉嫌经济犯罪已被立案侦查，根据《最高人民法院关于在审理经济纠纷案件中涉及经济犯罪嫌疑若干问题的规定》第11条的规定，本案应裁定驳回张某君的起诉。

第一百三十二条 【不得滥用民事权利】民事主体不得滥用民事权利损害国家利益、社会公共利益或者他人合法权益。

---

[1] 本案根据辽宁省锦州市中级人民法院（2021）辽07民终3542号判决书整理。

条文解读

本条是关于不得滥用民事权利的规定。

不得滥用民事权利，是指民事权利行使时不得损害国家利益、社会公共利益或者他人的合法权益。《宪法》第51条规定：“中华人民共和国公民在行使自由和权利的时候，不得损害国家的、社会的、集体的利益和其他公民的合法的自由和权利。”权利人行使权利时不能损害（侵害）国家利益、社会公共利益或者他人合法权益。禁止权利滥用实际上是解决权利冲突的一个手段，其本质上是法律对私权行使的一种限制，体现了法律追求的“矫正正义”和“分配正义”的目标。《民法典》第132条并没有解释什么是“滥用”，但规定“不得滥用”民事权利“损害”国家利益、社会公共利益或者他人合法权益。有观点认为，不得滥用民事权利，是指民事权利的行使不得损害国家利益、社会公共利益或者他人的合法权益。有观点认为，禁止权利滥用原则，是指民事主体不得以不正当的方式行使权利，加害于他人。行为人在行使权利时具有损害国家利益、社会公共利益或他人利益的故意或重大过失等主观过错，并且客观上已经或可能造成他人利益损害的，可以判断其构成民事权利的滥用。经查《现代汉语词典》，“滥用”是指“胡乱地或过度地使用”。本书认为，本条所规定的“滥用”权利包括胡乱地行使民事权利或过度地行使民事权利，既包括了上述立法例中的“恶意说”“目的不当说”，又包括了“利益衡量说”。

权利滥用的法律后果主要有三种：第一，权利人行使权利的行为不受法律保护，不能发生权利人所期望的法律后果；第二，权利人滥用权利的行为损害了国家利益、社会公共利益或他人合法权益，应当停止侵害，若造成损失，还应负赔偿责任；第三，权利人严重滥用权利的，可依法剥夺其行使权利的权利。

配套法规及解读

《最高人民法院关于适用〈中华人民共和国民法典〉总则编若干问题的解释》（2022年2月24日）

第三条 对于民法典第一百三十二条所称的滥用民事权利，人民法院可以根据权利行使的对象、目的、时间、方式、造成当事人之间利益失衡的程度等因素作出认定。

行为人以损害国家利益、社会公共利益、他人合法权益为主要目的行使民事权利的,人民法院应当认定构成滥用民事权利。

构成滥用民事权利的,人民法院应当认定该滥用行为不发生相应的法律效力。滥用民事权利造成损害的,依照民法典第七编等有关规定处理。

※法规解读:本条是关于权利滥用的判断和法律后果的规定。

关于权利滥用的认定,理论上有不同看法,这必然导致实践中认定上的混乱。因此,本条明确了判断权利滥用的方法主要有二:其一,综合判断法,即人民法院可以根据权利行使的对象、目的、时间、方式、造成当事人之间利益失衡的程度等因素作出认定;其二,根据行使权利的目的判断,即行为人行使权利主观上具有恶意,以损害国家利益、社会公共利益、他人合法权益为主要目的的,可认定其行为构成权利的滥用。

关于权利滥用的法律后果,《民法典》第132条未对其作规定。滥用权利的行为属于违法行为,因此滥用权利之行为无效。滥用权利的行为侵害他人合法权利的,属于侵权行为,行为人应依据《民法典》第七编之规定,承担侵权责任。

关联法规索引

《宪法》第51条

典型案例

孙某生与夏某珠相邻关系纠纷案[1]

※案情简介:孙某生系常州市武进区湟里镇×村××房屋所有权人。夏某珠系武进区湟里镇×村××房屋所有权人。孙某生、夏某珠的房屋南北相邻,夏某珠居南,孙某生居北。1996年6月2日原湟里镇兽医站搬迁,该兽医站原有两排房子,分别出卖给邻近的6户人家。其中孙某生花费5500元购买位于其自有房屋东边临近的一间正房、一间副房,面积为38.36平方米,并于同年7月5日取得武房湟字第0××1号房屋所有权证。同年6月2日同一天,夏某珠花费5280元,购买自身房屋后面临近的两间平房,面积36.23平方米,并于同年7月5日取得湟字第

〔1〕本案根据江苏省常州市中级人民法院(2021)苏04民终197号判决书整理。

0××2号房屋所有权证。夏某珠在1996年购得该房产后建造了往北往东的两段围墙,形成一个院子,并在这个围建的院子内种了一棵银杏树。往北的一段围墙,超出孙某生所购副房的南边墙体,该段围墙搭建在孙某生的副房南墙面。夏某珠搭建的北面围墙部分破损,破损墙体散落在过道中未清理。在一审诉讼过程中,孙某生自行花费2000元对副房旁边的大树进行了修剪,杜绝了其他安全隐患,夏某珠也将鸡窝等清理了。夏某珠搭建的两段围墙并未在孙某生的土地上。

※争议焦点:本案的争议焦点为孙某生以夏某珠违法私建为由要求其拆除案涉两段围墙的主张能否成立。

※判决结果:法院认为,不动产的相邻权利人应当按照有利生产、方便生活、团结互助、公平合理的原则,正确处理相邻关系。本案系相邻关系的民事纠纷,夏某珠搭造的围墙与孙某生的副房相连接的状态已有20余年,在孙某生不改变现有房屋结构的情况下,并不会对孙某生正常使用房屋产生任何影响,本案中孙某生也未提供该墙体对其造成损害与影响的证据,至于夏某珠搭造该围墙的行为是否违法则不属于民事法律调整的范畴。据此,孙某生要求夏某珠拆除案涉两段围墙的主张也不能成立。

※案例解读:民事主体不得滥用民事权利损害国家利益、社会公共利益或者他人合法权益。不动产的相邻各方应当按照有利生产、方便生活、团结互助、公平合理的精神,正确处理通行等方面的相邻关系。本案中,孙某生、夏某珠作为不动产相邻权人,在使用相邻不动产时应当承担相应的注意义务。

第六章　民事法律行为

第一节　一般规定

第一百三十三条　【民事法律行为定义】民事法律行为是民事主体通过意思表示设立、变更、终止民事法律关系的行为。

条文解读

本条是关于民事法律行为定义的规定。

民事法律行为，是指自然人、法人或者非法人组织通过意思表示设立、变更、终止民事权利和民事义务关系的行为。民事法律行为具有以下特征：

第一，民事法律行为是民事主体实施的行为。根据本法第2条的规定，民事主体包括平等主体的自然人、法人和非法人组织。所以，民事法律行为是自然人、法人或非法人组织所实施的法律行为。需要注意的是机关法人的行为，如司法机关，司法机关作出的裁决会产生法律后果，但这不是以民事主体身份作出的行为，所以裁决不属于民事法律行为。但如果司法机关在履行其职能时进行一些民事活动，如购买办公用品，这时司法机关是以民事主体身份作出的行为，该行为属于民事法律行为。

第二，民事法律行为是以发生一定法律效果为目的的行为。民事法律行为的法律效果主要包括：(1)设立民事法律关系，如订立合同；(2)变更民事法律关系，如当事人通过约定变更合同内容；(3)终止民事法律关系，如当事人通过约定解除合同关系。

第三，民事法律行为是以意思表示为核心的行为。判断民事主体实施的行为是不是民事法律行为，就是要看行为人是否有意思表示，是否追求发生民事法律后果的效果。比如，某人开玩笑的行为，虽然用语言表达于外，但没有使承诺产生法律效果的追求，不符合民事法律行为中意思表示的要求，因此该行为不属于民事法律行为。

关联法规索引

《民法典》第 2 条

典型案例

董某敏、章某艳等行纪合同纠纷案[1]

※案情简介：2021 年 5 月 23 日，卖方章某艳（甲方）、买方董某敏（乙方）、居间方君德房产经纪公司（丙方）签订《房屋买卖合同》，合同约定，甲方将坐落于徐州市贾汪区府佐路以东高盛唐郡 16 号楼 1 单元 302 室的房产卖与乙方，售价总金额 626,000 元。丙方需承担如下义务：(1) 丙方应向甲乙双方详解该合同各项条款，然后由甲、乙、丙三方在该合同上签字；(2) 丙方应将甲方提供的房屋的信息如实向乙方披露；(3) 在甲乙双方提供了全部有关房屋买卖资料的前提下，丙方负责协助甲、乙双方办理产权过户登记手续。关于各项税费的负担，合同约定甲、乙双方应遵守国家房地产政策、法规，按规定缴纳办理房产过户手续所需缴纳的税费，经双方协商，交易税费由乙方承担，中介服务费用由甲、乙方承担，自签订合同当日，甲乙双方必须向丙方一次性支付中介服务费（信息费）人民币 12,500 元整，此中介服务费不退。合同另对付款方式、交房、违约责任等作出约定。当日，董某敏向章某艳支付 2 万元定金，后双方没有履行《房屋买卖合同》，章某艳于 7 月将 2 万元定金退还给董某敏。

章某艳称，其于 2021 年 4 月和 5 月将案涉房产委托包括君德房产经纪公司在内的多家中介公司进行销售，董某敏称其于 2021 年 4 月 26 日与君德房产经纪公司工作人员一起去现场看房。董某敏提供了其与吉家东顺房产中介公司工作人员的聊天记录以及与君德房产经纪公司工作人员的聊天记录，在其与君德房产经纪公司工作人员的聊天记录中，双方就案涉房产的价格、付款方式、中介费等进行了多次沟通。

※争议焦点：本案的争议焦点为案涉《房屋买卖合同》的效力。

※判决结果：法院认为，本案中，各方当事人对于案涉《房屋买卖合同》的真实

[1] 本案根据江苏省徐州市中级人民法院（2021）苏 03 民终 10700 号判决书整理。

性不持异议，且该合同的内容不违反法律法规强制性规定，该合同合法有效。各方作为完全民事行为能力人均应承担由此而产生的法律后果，并应遵循诚信原则按合同约定履行各自义务。就本案业已查明的事实来看，董某敏在君德房产经纪公司的居间下就案涉房屋签订的买卖合同，是各方自由意思表示下合意的结果，而非一方意思表示的强加，故上诉人主张截胡故而案涉合同有违诚信理应无效的主张不能成立。上诉人对中介费提出异议，但缺乏充分证据证实，且该异议并未得到该费用债权相对一方君德房产经纪公司的许诺和认可，现有证据不能证明双方就上诉人所称的中介费变更达成了新的一致意见，故法院对上诉人该项上诉理由不予采信。一审法院根据各方陈述及举证质证情况，结合案涉房屋买卖合同签订之后履行情况，酌定董某敏、章某艳分别支付中介费4000元，并无不当。

※案例解读：民事法律行为是民事主体通过意思表示设立、变更、终止民事法律关系的行为，民事法律行为的行为人具有相应的民事行为能力、意思表示真实，且作出的行为不违反法律法规强制性规定、不违背公序良俗的，该民事法律行为有效，非依法律规定或者未经对方同意，不得擅自变更或者解除民事法律行为。本案中，根据双方当事人的陈述及董某敏、章某艳提供的聊天记录，可以确认君德房产经纪公司作为中介人提供了一定的中介服务并促成双方签订《房屋买卖合同》，《房屋买卖合同》税费负担条款中对中介费的负担方、中介费数额均以手工方式填写，且董某敏在与君德房产经纪公司工作人员聊天中也曾咨询过中介费收取问题，因而《房屋买卖合同》依法成立并合法有效。

第一百三十四条　【民事法律行为成立】民事法律行为可以基于双方或者多方的意思表示一致成立，也可以基于单方的意思表示成立。

法人、非法人组织依照法律或者章程规定的议事方式和表决程序作出决议的，该决议行为成立。

条文解读

本条是关于民事法律行为成立的规定。

民事法律行为可以分为不同类型，如单方民事法律行为、双方或者多方民事法律行为、多方决议行为等。

单方民事法律行为，是指仅有一方单独的意思表示就可以成立的民事法律行为。比如撤销行为，只需要撤销权人的意思表示，撤销行为就可以成立；再如遗嘱行为，只要遗嘱人作出处分财产的意思表示，遗嘱行为就可以成立。

双方或者多方民事法律行为，是指由各方意思表示一致才能够成立的民事法律行为。比如，买卖行为是双方意思表示一致即告成立民事法律行为，合伙协议是多方意思表示一致即告成立的民事法律行为。

多方决议行为，是指法人、非法人组织依照法律或者章程规定的议事方式和表决程序形成的团体意志所实施的民事法律行为。多方决议行为与多方民事法律行为相似，都需要由两个以上共同意思表示一致构成，其区别在于：多方民事法律行为的成立，需要两个以上的多方共同一致的意思表示；多方决议行为的成立不要求各方意思表示完全一致，只要符合规定的多数意思表示一致，决议行为就宣告成立。

典型案例

西安桔子影视文化传媒有限公司、成某琨公司决议纠纷案[1]

※案情简介：西安桔子影视文化传媒有限公司（以下简称桔子公司）成立于2015年10月9日，法定代表人系成某琨，注册资本300万元。桔子公司于2018年8月1日对公司章程进行了修订，2019年8月26日、8月28日、8月29日，桔子公司通过邮件向成某琨、卢某发送了《股东会通知》。该通知决定于2019年8月30日15时在公司会议室召开2019年股东大会。2019年8月30日16时，桔子公司执行董事李某某主持召开2019年度临时股东会议，实际参会股东有国熙公司、刘某华、高某宇，会议就公司年度经营情况、成某琨履职情况、公司账务核查情况进行了说明，并形成了决议。决议载明：(1)即日免去成某琨桔子公司总经理职务，根据公司章程规定成某琨也不再担任公司法定代表人；(2)成某琨和卢某立即归还所侵占的公司款项281.237万元，否则公司将适时向司法机关报案，追究其职务侵占公司财产的法律责任；(3)成某琨立即归还违反公司财务制度占用的公司款项共计39.132万元；(4)即日起成某琨不得以桔子公司及公司总经理或法定代表人的名

〔1〕 本案根据陕西省西安市中级人民法院（2021）陕01民终12346号判决书整理。

义开展任何活动，公司将在公众传媒上予以公告。出席会议的股东在股东签字一栏进行了签名。事后，桔子影视公司将上述股东会决议以邮件方式发送给了成某琨、卢某，并于2019年9月3日、9月6日在《各界导报》第4419期、第4422期刊登了罢免成某琨公司总经理职务，不再担任公司法定代表人的内容。另，在上述股东会召开期间，成某琨、卢某委派律师作为其代理人参加股东会，但桔子公司因成某琨、卢某委派人员的身份不符合公司章程规定未让其参会，双方因此发生纠纷并报警、投诉。

※争议焦点：本案的争议焦点为成某琨主张桔子公司于2019年8月30日作出的股东会决议不成立，法院是否应当支持。

※判决结果：法院认为，桔子公司在2019年8月30日召开股东会，已经按照公司章程的规定通知了股东成某琨，成某琨接到通知后，因故不能参加，应当按照公司章程第24条的规定"股东因故不能出席会议的，可委托其他股东参加股东会并行使权利"，但其并未委托其他股东，而是委托律师参加，不符合公司章程的规定，导致其委托人未能参加股东会，是其自己的责任。公司章程第27条规定"股东会就修改公司章程、增加或减少注册资本、公司分立、合并、解散或变更公司形式作出决议的，必须经出席会议的股东所持表决权的三分之二以上通过"。案涉股东会决议是经全体参会人员表决，全票通过，该表决结果符合公司章程的规定。故该股东会决议具备决议成立的要件，成某琨主张该决议不成立的理由，缺乏充足的事实及法律依据。

关于上诉人提出的给其通知的股东会议题内容与实际作出的股东会决议内容不符的问题，属于程序上的瑕疵，但并不因此导致决议不成立。关于上诉人提出股东会决议的事项实际修改了公司章程的问题，公司章程第31条规定"公司设经理（总经理）一名，由股东成某琨担任"，第37条规定"经理（总经理）为公司的法定代表人"，因成某琨在本案中主张的是公司决议不成立，而该问题不属于《最高人民法院关于适用〈中华人民共和国公司法〉若干问题的规定（四）》第5条规定的决议不成立的情形，故成某琨以此主张股东会决议不成立，法院依法不予支持。至于案涉股东会决议的内容是否导致公司章程的变更问题，本案中不予处理。

※案例解读：法人、非法人组织依照法律或者章程规定的议事方式和表决程序作出决议的，该决议行为成立。股东会、股东大会或者董事会决议不成立的原因是决议欠缺成立要件，属于程序上的瑕疵，法定情形包括：（1）未召开股东会或者股东

大会、董事会,虚构决议;(2)会议未对决议事项进行表决;(3)出席会议的人数或者股东所持表决权不符合《公司法》或者公司章程的规定;(4)会议的表决结果未达到《公司法》或者公司章程规定的通过比例;(5)导致决议不成立的其他情形。在法律行为理论的支配下,股东会、股东大会或者董事会决议的成立,类推适用法律行为成立的法理。本案中,桔子公司 2019 年 8 月 30 日作出的股东会决议是依照章程规定的议事方式和表决程序形成的符合章程规定标准的意思表示,故成某琨请求确认桔子公司于 2019 年 8 月 30 日作出的股东会决议不成立的诉请,不能成立。

第一百三十五条　【民事法律行为形式】民事法律行为可以采用书面形式、口头形式或者其他形式;法律、行政法规规定或者当事人约定采用特定形式的,应当采用特定形式。

条文解读

本条是关于民事法律行为形式的规定。

民事法律行为的形式,是民事法律行为的核心要素——意思表示的外在表现形式。本条规定,民事法律行为可以采用书面形式、口头形式或者其他形式。根据本法第 469 条第 2 款、第 3 款的规定,书面形式是合同书、信件、电报、电传、传真等可以有形地表现所载内容的形式。以电子数据交换、电子邮件等方式能够有形地表现所载内容,并可以随时调取查用的数据电文,视为书面形式。口头形式,是指当事人以面对面的谈话或者以电话交流等方式形成民事法律行为的形式,如在菜市场买菜、在商店买衣服等。口头形式较书面形式的优点是更为直接、简便和快捷,缺点是没有凭证,容易发生争议,且发生争议后难以取证,不易分清责任。除书面形式和口头形式外,本条还规定民事法律行为可以采用其他形式,如合同领域中,根据当事人的行为或特定情形推定合同成立。

在一些特殊情况下,为保护交易安全、避免纠纷,有些法律和行政法规会对民事法律行为提出特殊要求,故本条规定,法律、行政法规规定或者当事人约定采用特定形式的,应当采用特定形式。比如,当事人约定民事法律行为采用公证形式,则应当采用公证形式。

配套法规及解读

《最高人民法院关于适用〈中华人民共和国民法典〉总则编若干问题的解释》(2022年2月24日)

第十八条 当事人未采用书面形式或者口头形式,但是实施的行为本身表明已经作出相应意思表示,并符合民事法律行为成立条件的,人民法院可以认定为民法典第一百三十五条规定的采用其他形式实施的民事法律行为。

※法规解读: 本条是关于“其他形式”的民事法律行为的认定的规定。《民法典》第135条对民事法律行为的形式作了规定,主要有口头形式、书面形式和其他形式。何为“其他形式”,立法上并未明确规定。《民法典》第135条的“其他形式”属于兜底性规定。例如,在合同领域中的默示合同,可以根据当事人的行为或者特定情形推定合同成立。这种默示合同实际上不具备法律规定的要式形式,属于不要式民事法律行为的范畴。依据本条规定,虽然当事人之间没有口头或者书面形式,但是实施的行为本身表明其已经作出相应意思表示,并符合民事法律行为成立条件的,可以认定为采取“其他形式”实施的民事法律行为。通过实施行为成立“民事法律行为”需要具备两个要件:一是当事人有作为意思表示的意思,即要有发生私法效果的意思;二是要符合民事法律行为的成立条件,如标的须确定等。

关联法规索引

《民法典》第469条

典型案例

江苏金信达置业有限公司、江苏浦华沭源自来水有限公司供用水合同纠纷案[1]

※案情简介: 沭阳县水木清华小区系江苏金信达置业有限公司(以下简称金信达公司)开发。2016年5月13日,桑某公司与金信达公司就水木清华小区装总表

---

〔1〕 本案根据江苏省宿迁市中级人民法院(2021)苏13民终1832号判决书整理。

用水设施设计、安装工程协商一致，签订《工程施工合同》，约定桑某公司为水木清华小区安装自来水总表，总表户头为金信达公司。后桑某公司按约向水木清华小区供应自来水。2019年7月19日，因金信达公司在桑某公司预交的水费即将用完，桑某公司向金信达公司发送《交纳水费通知单》，要求其继续预交水费。2019年7月23日，金信达公司向桑某公司复函："2019年7月19日，我公司接到贵公司发来的《交纳水费通知单》，告知我公司预交的小区居民水费即将用完并要求继续预交水费，否则将会对该小区的用水停止供用。我公司开发建设的水木清华小区已于2015年12月30日竣工并陆续交付业主使用，就该小区的前期物业管理由我公司代管，由于小区自来水管网由我公司按照设计图纸施工完成，至今未能与贵公司对接分户，导致目前自来水费用仍未分户设置并由业主向贵公司交纳，而是由管理单位分户收取，统一交纳。该小区在2018年初即成立了沭阳县南湖街道水木清华小区业主委员会，该委员会于2018年1月27日向我公司发函，称该委员会已与沭阳县华信物业服务有限公司签订了物业管理合同，并于2018年2月1日接管了该小区的物业，此后该小区的物业管理由该公司在实际履行管理义务。"

金信达公司指出，由于该小区的物业管理已由华信公司于2018年1月接手进行管理，因为对于分户应收的电费、水费应当由物业公司在管理中一并向业主予以收取，在收取后由物业单位统一向自来水公司交纳，为此还特向业主委员会及物业公司致函，告知自来水公司催缴费用一事，并请业主委员会及物业公司会商确定水费收取及预交一事，以免造成水费交纳不及时而产生停水现象，给业主生活带来不便。后金信达公司仍未能按约交纳水费。截至2020年11月1日，金信达公司已使用水333,680吨。

※争议焦点：本案的争议焦点为案涉合同相对方是否为金信达公司。

※判决结果：法院认为，案涉供用水合同的相对方为金信达公司。根据《民法典》第135条的规定，民事法律行为可以采用书面形式、口头形式或者其他形式；法律、行政法规规定或者当事人约定采用特定形式的，应当采用特定形式。本案中，金信达公司与江苏浦华沭源自来水有限公司（以下简称浦华公司）虽然未签订书面的供用水合同，但一审法院结合金信达公司向业主出具的告示、金信达公司支付水费等事实，认定金信达公司有与浦华公司订立供用水合同的意思表示，再结合浦华公司的实际供水行为，应认定浦华公司与金信达公司之间形成了事实上的供用水合同关系。

※**案例解读：**本案中，桑某公司已变更为浦华公司，浦华公司作为原告，诉讼主体适格。浦华公司与金信达公司之间虽未签订书面的供用水合同，但结合浦华公司、金信达公司陈述及金信达公司向业主出具的告示以及向某华公司出具的回复函，均能表明水木清华小区总表是金信达公司向某华公司申请设立的，对浦华公司而言，金信达公司申请安装总表的行为表明金信达公司要求浦华公司向其提供用水。鉴于浦华公司已向该水表提供了自来水，且金信达公司亦履行了前期支付水费的义务，故认定浦华公司与金信达公司之间形成了事实上的供用水合同关系。

第一百三十六条 【民事法律行为生效时间】民事法律行为自成立时生效，但是法律另有规定或者当事人另有约定的除外。

行为人非依法律规定或者未经对方同意，不得擅自变更或者解除民事法律行为。

条文解读

本条是关于民事法律行为生效时间的规定。

通常情况下，民事法律行为生效时间与民事法律行为的成立原则上一致，即民事法律行为自成立时生效，另有规定或约定除外。根据本法第 134 条的规定，民事法律行为可以基于单方的意思表示成立、双方或者多方的意思表示一致成立，还可以以决议行为成立。简言之，成立时就有效的民事法律行为的行为人应当具有民事行为能力，意思表示真实，且不违反法律、行政法规和公序良俗。在一些特殊情况下，民事法律行为即使具备一般有效要件，在成立时也不立即生效，而是需要满足特殊生效要件才能生效，如遗嘱行为只有在遗嘱人死亡后才生效。

第 2 款规定行为人非依法律规定或者未经对方同意，不得擅自变更或者解除民事法律行为。根据该款的规定，在法定的或当事人约定的情况下，可以变更和解除民事法律行为。可解除的条件是：第一，法律有特别规定，如出现了法定变更事由；第二，经对方同意，如一方提出解除合同，另一方同意该请求。

关联法规索引

《民法典》第502条

典型案例

宇政纺织品经营部与张某欠款纠纷案[1]

※案情简介：郫都区宇政纺织品经营部系以销售布匹为主营业务的个体工商户，张某长期在郫都区宇政纺织品经营部处购买布匹，尚欠部分货款未支付给郫都区宇政纺织品经营部，2020年1月12日张某向郫都区宇政纺织品经营部出具欠条一份，该欠条由张某签字确认，该欠条载明"今欠宇政布业37,000元大写（叁万柒仟元），欠款人：张某"。张某至今未支付该款项，故涉诉。

※争议焦点：本案的争议焦点为张某是否应当就欠条载明的欠付货款金额承担付款责任。

※判决结果：民事法律行为自成立时生效，但是法律另有规定或者当事人另有约定的除外。本案中，本案双方当事人均认可案涉债务系布匹买卖产生的欠付货款，张某作为具有相应民事行为能力的行为人，其在欠条上签字确认了欠付货款，应当就欠条载明的欠付货款金额承担付款责任。张某提出的其在欠条上签字的意思表示不真实的主张并无相应的证据，法院不予采信。即使案涉债务系张某的母亲聂某英所负，张某向郫都区宇政纺织品经营部出具欠条的行为亦构成债务加入，应当就案涉债务承担付款责任。

※案例解读：《民法典》第136条第1款规定："民事法律行为自成立时生效，但是法律另有规定或者当事人另有约定的除外。"本案郫都区宇政纺织品经营部与张某之间建立的买卖合同是双方当事人真实意思表示的结果，未违反法律法规禁止性规定，合法有效，双方当事人均应按约履行自己的义务，郫都区宇政纺织品经营部按约向张某供货且经双方对货款进行确认后，张某应当按约支付郫都区宇政纺织品经营部尚余货款。

---

〔1〕本案根据四川省成都市中级人民法院（2021）川01民终20379号判决书整理。

第二节　一般规定

第一百三十七条　【有相对人的意思表示生效时间】以对话方式作出的意思表示，相对人知道其内容时生效。

以非对话方式作出的意思表示，到达相对人时生效。以非对话方式作出的采用数据电文形式的意思表示，相对人指定特定系统接收数据电文的，该数据电文进入该特定系统时生效；未指定特定系统的，相对人知道或者应当知道该数据电文进入其系统时生效。当事人对采用数据电文形式的意思表示的生效时间另有约定的，按照其约定。

条文解读

本条是关于有相对人的意思表示生效时间的规定。

意思表示，是指行为人想要设立、变更、终止民事权利义务关系的内在意志的外部表现。有相对人的意思表示，是指有表示对象的意思表示。意思表示生效则是指意思表示对作出意思表示的表意人产生拘束力。

本条将有相对人的意思表示分为两种情形：

第一，以对话方式作出的意思表示，相对人知道其内容时生效。例如，当事人面谈或者通过电话交谈，表意人作出意思表示当即就可以被相对人知道，意思表示作出的时间、到达相对人的时间、相对人知道的时间基本一致，所以，本条第1款规定，以对话方式作出的意思表示，相对人知道其内容时生效。

第二，以非对话方式作出的意思表示，到达相对人时生效。以非对话方式作出意思表示的，意思表示不能当即被相对人知悉，意思表示的生效时间在立法中有不同选择。表示主义，即意思表示人作出时生效；发信主义，即表意人发出意思表示时即告生效；到达主义，即意思表示到达相对人时生效；了解主义，即意思表示被相对人知悉时生效。我国民法传统采取到达主义。

非对话方式作出的意思表示经常采用数据电文的形式。数据电文，是指经由电子手段、电磁技术、光学手段生成、改善、接收或者储存的信息，包括电子邮件、电报、电传或传真等方式。本条规定了三种情形：(1)有约定的情形。当事人可以约定生效时间，意思表示依约定时间生效。(2)没有约定生效时间，但指定了接收系统。数据电文进入该指定接收系统即告意思表示生效。(3)没有约定生效时间，也没有指定接收系统。自相对人知道或者应该知道数据电文进入其系统时生效。

关联法规索引

《民法典》第469条、第472条、第474条、第477条

典型案例

赵某全、韩某滨房屋租赁合同纠纷案[1]

※案情简介：2019年7月1日，赵某全(承租方)作为乙方与作为甲方的韩某滨(出租方)签订《房屋租赁合同》，合同约定：甲方同意将位于兴隆台区长湖小区××栋×单元×0×室整体出租给乙方，建筑面积92.76平方米，3年租金(包括物业费和取暖费)合计人民币4万元，押金2000元，租赁期限为3年，自2019年7月1日起至2022年7月1日止。赵某全一次性交纳租金及押金共计42,000元。合同履行过程中，赵某全通过微信的方式与韩某滨妻子(网名为“头发乱了”)沟通房屋事宜，包括要求韩某滨提交房屋产权证复印件、房屋转租、出售等。

※争议焦点：本案的争议焦点为房屋租赁合同的解除时间。

※判决结果：赵某全主张其2020年11月30日向韩某滨发出结账收房消息，韩某滨12月4日回复，代表韩某滨11月30日已经收到消息，故应按11月30日确定合同解除时间。对于赵某全通知韩某滨解除合同的生效时间，赵某全主张信息发出即到达，韩某滨主张其爱人微信回复之日才收到通知。《民法总则》第137条规定：“以对话方式作出的意思表示，相对人知道其内容时生效。以非对话方式作出的意思表示，到达相对人时生效。以非对话方式作出的采用数据电文形式的意思表示，相对人指定特定系统接收数据电文的，该数据电文进入该特定系统时生效；未指定特定系统的，相对人知道或者应当知道该数据电文进入其系统时生效。当事人对采用数据电文形式的意思表示的生效时间另有约定的，按照其约定。”赵

[1] 本案根据辽宁省辽河中级人民法院(2021)辽74民终115号判决书整理。

某全通过微信这种即时通信工具通知韩某滨妻子解除合同，属于采用数据电文形式作出意思表示，韩某滨未指定特定系统接收，双方也无其他约定，根据上述法律规定，应当以韩某滨或其妻子知道或者应当知道数据电文进入其系统时生效，赵某全对该事实负有举证责任，由于其未能提供相应证据，应当承担举证不能的不利后果，故法院只能依据韩某滨妻子回复该信息的时间即2020年12月4日认定解除合同通知的生效时间。

※案例解读：本案中，双方签订的《房屋租赁合同》系真实意思表示，该合同合法有效。合同履行过程中，赵某全多次通过微信与韩某滨妻子沟通房屋租赁事宜，赵某全主张解除合同，并通知韩某滨，该通知到达韩某滨时合同解除，故双方签订的《房屋租赁合同》于2020年12月4日解除。

第一百三十八条　【无相对人的意思表示生效时间】无相对人的意思表示，表示完成时生效。法律另有规定的，依照其规定。

条文解读

本条是关于无相对人的意思表示生效时间的规定。

无相对人的意思表示，是指意思表示没有特定的相对人，主要是指遗嘱等情形。

本条规定的主要内容包括：

第一，无相对人的意思表示，表示完成时生效。无相对人的意思表示，即无须向一定对象作出意思表示，由于不涉及领受问题，所以一般意思表示成立时即产生拘束力，如公告、启示、遗嘱等。

第二，法律另有规定的，依照其规定。对于无相对人的意思表示，如果法律对其生效另有规定，则依据特别规定认定该意思表示的效力。

典型案例

言某国等与言某民所有权确认纠纷案[1]

※案情简介：言某德与沈某秀系夫妻关系。1994年3月24日，言某德、沈某秀

〔1〕 本案根据北京市第三中级人民法院(2021)京03民终18406号判决书整理。

夫妇与言某国签署《购房协议书》。内容为:“(1)由言某国根据县房改政策,为其父母出资玖仟叁佰壹拾贰元贰角贰分,购买现居住的×××号,三居室住宅楼的产权。(2)该三居室楼房购买后,言某德、沈某秀夫妇有居住权,直至终年。(3)言某德、沈某秀夫妇百年之后,该楼房的产权交给其子言某国一人处置,他人不得干涉。”顺义县公证处对该购房协议书进行了公证。2012 年 8 月 1 日言某国持申请材料(包括×××号公证书一份)办理言某国名下的房产证,证号为×京房权证顺字第××××号。后查明该公证书系伪造。2021 年 3 月 17 日言某民向规自委提出异议登记,规自委于 2021 年 5 月 14 日作出不动产更正登记公告,并于 2021 年 6 月 7 日作出不动产权证书登记证明作废公告,将×京房权证顺字第××××号登记在权利人言某国名下的房屋所有权证公告作废,将涉案房屋更正到案外人言某德名下。言某与张某丽系夫妻关系(均已去世)。言某德为二人之子。沈某与沈何氏系夫妻关系(均已去世)。沈某秀为二人之女。当事人就案涉房屋的所有权问题发生争议。

※争议焦点:本案的争议焦点为案涉房屋的所有权归属。

※判决结果:法院认为,言某国为办理涉案房屋过户手续向规自委提交的虚假公证书中载明“言某军、言某民放弃对言某德、沈某秀遗产的继承权”,该公证书系伪造,应属无效。但 1994 年 3 月 24 日经公证的言某德、沈某秀夫妇与言某国签署的《购房协议书》中有关于“言某德、沈某秀夫妇百年之后,该楼房的产权交给其子言某国一人处置,他人不得干涉”的意思表示真实有效,且不需要言某民、言某军明示放弃继承即可生效。因而,言某国持伪造材料申请过户的行为并非法律所规定的伪造、篡改、隐匿或者销毁遗嘱,情节严重而丧失继承权的情形。据此,言某德、沈某秀在《购房协议书》中所立遗嘱有效,涉案遗产应按照遗嘱继承办理。现言某民起诉要求所有权确认,依据不足,应予驳回。就遗嘱继承问题,言某国可另行主张。

※案例解读:无相对人的意思表示的解释,不能完全拘泥于所使用的词句,而应当结合相关条款、行为的性质和目的、习惯以及诚信原则,确定行为人的真实意思。综合考虑《购房协议书》的签署及言某德与沈某秀夫妻死亡时间、涉案房屋出资款的来源、《购房协议书》第 2 条言某德、沈某秀夫妇对房屋居住权的表述以及诚信原则,可以认定意思表示真实有效。

第一百三十九条 【以公告方式作出的意思表示生效时间】以公告方式作出的意思表示，公告发布时生效。

条文解读

本条是关于以公告方式作出的意思表示生效时间的规定。

以公告方式作出的意思表示，是指依一定的程序对不特定人作出的意思表示。公告的方式多种多样，如招贴画，在路牌、橱窗等地的刊载，通过报纸、网络、电台等方式发布。最为典型的以公告方式作出的意思表示是悬赏广告。

典型案例

荆门市物通机电设备有限公司、荆门市荆港美食有限责任公司合同纠纷案[1]

※案情简介：王某系原荆门市机电设备有限公司职工，购买了位于荆门市东宝区××大道××房改房××套，2013年3月21日其将该套房屋转让给荆门市荆港美食有限责任公司(以下简称荆港美食公司)并办理了不动产所有权转移登记手续。2001年荆门物资集团公司将荆门市机电设备有限公司改制为荆门市物通机电设备有限公司(以下简称物通机电公司)，改制方案中预留了职工住宅电网改造费10万元、自来水网改造费50万元，待水电改造工程竣工结算交由社会中介机构审计结论后，由财政、国资、审计、物资集团等部门登记备查，结余部分上缴财政。2018年6月21日，物通机电公司向荆港美食公司在内的16位住户发出承诺书，承诺“因水电线路及管道年久失修及老化，给大家的生活带来了诸多不便及安全隐患，为了让大家有一个温馨的居住环境，我公司将于近期进行水电工程管网线改造，改造费用由我公司承担。待改造完成验收后15个工作日内，我公司承诺以每户人民币壹万元的标准，补偿改造前给大家带来的损失。同时各住户之前所欠我公司的水电费将从此项补偿费用里扣除”。同年9月，物通机电公司完成对荆港美

[1] 本案根据湖北省荆门市中级人民法院(2021)鄂08民终289号判决书整理。

食公司在内的16位住户的水电改造。

※争议焦点:本案的争议焦点为物通机电公司的承诺是否对荆港美食公司生效。

※判决结果:法院认为,据荆港美食公司陈述及其房屋产权证、荆门市东宝区龙泉街道办事处北门社区居民委员会证明,该公司于2013年自老住户王某处购得长宁××号居民楼住宅一套(×××室),由其法定代表人居住;该住宅登记于荆港美食公司名下,且登记为该公司注册地址。据此,荆港美食公司为产权人,也属住户。

物通机电公司的承诺书系针对长宁××号居民楼的各位住户发出,其中并未区别公司与个人、上访人与未上访人,也未将公司住户排除在外。因此,荆港美食公司应为承诺书中的住户。

根据《民法总则》第139条的规定,以公告方式作出的意思表示,公告发布时生效。物通机电公司以在长宁××号居民楼张贴承诺书的方式,作出每户补偿1万元损失的意思表示。据前述规定,该意思表示自承诺书张贴时生效。荆港美食公司同意该补偿方案,双方因此达成补偿协议。

物通机电公司与各住户补偿协议的达成,并非基于住户的上访。部分住户签署书面诉求,并非补偿协议成立过程中的要约或承诺,对补偿协议的成立及内容不产生影响。而且,补偿系基于住户存在损失,荆港美食公司作为住户,在水电改造前客观上存在损失,具有补偿基础。因此,荆港美食公司没有参与上访,不影响承诺书对其生效,也不影响补偿协议的成立。

※案例解读:《民法典》第139条规定:"以公告方式作出的意思表示,公告发布时生效。"本案中,物通机电公司向荆港美食公司在内的16位住户发出承诺书,属于以公告方式作出的意思表示,自承诺书张贴时生效。

第一百四十条　【作出意思表示的方式】行为人可以明示或者默示作出意思表示。

沉默只有在有法律规定、当事人约定或者符合当事人之间的交易习惯时,才可以视为意思表示。

条文解读

本条是关于作出意思表示的方式的规定。

行为人作出意思表示的方式很多,归纳起来主要有明示和默示两种方式。明示方式,是指表意人以语言文字的方式作出的意思表示,如以对话、信件、数据电文等方式作出的意思表示。默示方式,是指表意人不以语言文字而是以行为方式作出的意思表示,一般指推定形式,如顾客向自动售货机投币,由投币行为可推定该顾客作出购买货物的意思表示。

根据本条第2款的规定,沉默一般不能作为意思表示,除非在法律规定、当事人约定或者符合当事人之间的交易习惯时,才可以视为意思表示。包括如下情形:(1)法律规定的情形。比如,本法第1124条规定:"继承开始后,继承人放弃继承的,应当在遗产处理前,以书面形式作出放弃继承的表示;没有表示的,视为接受继承。受遗赠人应当在知道受遗赠后六十日内,作出接受或者放弃受遗赠的表示;到期没有表示的,视为放弃受遗赠。"(2)当事人约定的情形。如果当事人之间特别约定,将沉默作为意思表示的形式,则当事人的沉默可以产生意思表示的效力。(3)符合当事人之间的交易习惯的情形。如当事人之间在前期交易中存在一定交易习惯,按照该习惯沉默可以产生意思表示的效力,则该沉默可以发生意思表示的效力。

关联法规索引

《民法典》第638条、第1124条

典型案例

姚某舟、姚某光等民间借贷纠纷案[1]

※案情简介:姚某舟以造船为由向朱某茂借款。朱某茂将款项交付后,姚某舟向朱某茂出具两张借条。落款日期为2013年11月11日的借条载明"今借到朱某茂人民币肆万元整(40,000.00),此款用于造船用利息壹分伍厘。借款人:姚某舟"。落款日期为2014年6月6日的借条载明"今借到朱某茂人民币叁万元整(30,000.00),此款用于造船用利息壹分伍厘。借款人:姚某舟"。2015年11月28

[1] 本案根据安徽省蚌埠市中级人民法院(2021)皖03民终2696号判决书整理。

日，因未能偿还利息，姚某光在借条上写明"证明现在没还钱"。2020 年 11 月 28 日，姚某光代为偿还利息 5000 元；2021 年 6 月 28 日，姚某光代为偿还 5000 元。2021 年 6 月 28 日，姚某光将落款日期为 2013 年 11 月 11 日的借条及落款日期为 2014 年 6 月 6 日的借条撕毁，同时向朱某茂重新出具借条，朱某茂未同意，随后由朱某茂的儿子报警，致双方产生纠纷，朱某茂起诉至法院。

※**争议焦点：**本案的争议焦点为案涉债务是否已经转移。

※**判决结果：**法院认为，《合同法》第 84 条规定："债务人将合同的义务全部或者部分转移给第三人的，应当经债权人同意。"《民法总则》第 140 条规定："行为人可以明示或者默示作出意思表示。"沉默只有在有法律规定、当事人约定或者符合当事人之间的交易习惯时，才可以视为意思表示。故只有在合同当事人明示同意或以其行为表示接受或法律有明确规定的情形下才能发生法律效力。姚某光称案涉债务已经转移，并经朱某茂认可，而朱某茂明确予以否认，且通过朱某茂的特定行为亦不足以推定其有默示债务转移的意思表示。故姚某舟、姚某光认为案涉债务已发生转移的理由不能成立；其诉认为欠款金额仅为 6 万元，亦缺乏充分依据，法院均不予采信。

※**案例解读：**本案中，姚某舟向朱某茂借款并向朱某茂出具借条，姚某舟收到借款并在借条上确认，故朱某茂与姚某舟之间形成民间借贷关系，现姚某舟未能偿还借款，其应予偿还。由于沉默只有在有法律规定、当事人约定或者符合当事人之间的交易习惯时，才可以视为意思表示。朱某茂明确否认案涉债务已经移转，也无法通过朱某茂的特定行为推定其有默示债务转移的意思表示，故案涉债务未移转。

第一百四十一条　【意思表示撤回】行为人可以撤回意思表示。撤回意思表示的通知应当在意思表示到达相对人前或者与意思表示同时到达相对人。

条文解读

本条是关于意思表示撤回的规定。

意思表示撤回，是指在意思表示生效之前，使该意思表示不发生效力的单独行为。意思表示生效，该意思表示才有法律拘束力，因此，在意思表示生效前，表意人发出撤回的表示,且撤回的意思在意思表达到达相对人前或者与意思表示同时到达相对人,则原意思表示不能生效,没有法律拘束力。

意思表示的撤回只有在有相对人的情形下才有意义。根据本法第138条的规定,无相对人的意思表示,表示完成时生效,即无相对人的意思表示在表示作出时就发生效力,不能撤回,只能撤销。

意思表示的撤回与意思表示的撤销不同:意思表示的撤回,是指在意思表示未生效前使其不发生效力;意思表示的撤销,是指意思表示发出并生效之后,行为人又作出的取消其意思表示的表示。

关联法规索引

《民法典》第475条、第485条

第一百四十二条 【意思表示解释】 有相对人的意思表示的解释,应当按照所使用的词句,结合相关条款、行为的性质和目的、习惯以及诚信原则,确定意思表示的含义。

无相对人的意思表示的解释,不能完全拘泥于所使用的词句,而应当结合相关条款、行为的性质和目的、习惯以及诚信原则,确定行为人的真实意思。

条文解读

本条是关于意思表示解释的规定。

意思表示解释,是指阐明并确定行为人所作的意思表示的真实含义。根据本条规定,意思表示的解释规则分为有相对人的意思表示和无相对人的意思表示两种情形。

第一,有相对人的意思表示解释采取折中主义,即意思表示的解释首先按照其所使用的词句来解释,若对意思表示的文义解释不足以表明表意人的真实意图或解释的结果显然不合理,则结合相关条款、行为的性质和目的、习惯及诚信原则来解释,以探求表意人的真实意思。

第二,无相对人的意思表示解释采取主观主义。无相对人的意思表示解释与相对人利益无关，其解释的目的在于探求表意人的真实意思，所以不能完全拘泥于所使用的词句，而应当结合相关条款、行为的性质和目的、习惯以及诚信原则，确定表意人的真实意思。

关联法规索引

《民法典》第 498 条

典型案例

河南省第一建筑工程集团有限责任公司、陕西逸阳房地产开发有限公司等建设工程施工合同纠纷案[1]

※案情简介：2014 年 4 月 14 日，河南省第一建筑工程集团有限责任公司（以下简称河南一建）通过合法的招投标程序中标成为华阳公司位于陕西省西咸新区××城××大道××段××号××街二期项目工程的总承包方，同日，陕西华阳房地产开发有限公司（以下简称华阳公司）与河南一建签订建设工程施工合同，合同约定华阳公司将乐华国际商业街二期项目发包给河南一建施工。2014 年 10 月 11 日，华阳公司与河南一建再次签订建设工程施工合同，该合同与之前签订的合同在施工范围、工程价款方面有部分增加，且合同条款也约定得比较具体明确。2014 年 7 月 15 日，河南一建依约进场施工，但华阳公司未按合同约定足额支付工程进度款，导致工程时干时停。在 2019 年河南一建复工的情况下，河南一建与华阳公司围绕乐华国际商业街二期项目复工进行了谈判，于 2020 年 6 月 23 日形成会议纪要。该会议纪要是当事人在合同履行过程中对工程进度款支付及部分工程组价的变更，但华阳公司未按照会议纪要约定的时间和金额支付工程进度款。

※争议焦点：本案的争议焦点为一审判决华阳公司向河南一建支付进度款利息是否错误。

※判决结果：会议纪要对工程款给付时间进行变更，华阳公司应当按照会议纪要确定的付款时间履行付款义务，其至今未给付显属违约，应当支付利息。华阳公

---

〔1〕 本案根据陕西省高级人民法院（2021）陕民终 854 号判决书整理。

司上诉主张应当按照双方原合同的约定认定工程款利息。《民法总则》第142条第1款规定:“有相对人的意思表示的解释,应当按照所使用的词句,结合相关条款、行为的性质和目的、习惯以及诚信原则,确定意思表示的含义。”会议纪要中并没有关于利息应按照原合同约定条款进行计付的约定,综合会议纪要的文本亦无法推定华阳公司所主张的意思、含义。会议纪要第2条虽约定“其他项目按合同约定执行”,但结合第2条整体内容,该条所谓的“其他项目”是指“2019年复工的工程”及“谈判后复工的B1的北扩一跨未施工部分”,不能得出欠付工程款利息按照双方原合同约定履行的含义。故华阳公司的上诉理由缺乏事实依据。

※案例解读:河南一建与华阳公司双方围绕乐华国际商业街二期项目复工进行了谈判,并形成了双方认可的会议纪要,该会议纪要应该是当事人在合同履行过程中对工程进度款支付及部分工程组价的变更,代表当事人的真实意思表示,应认定为有效协议,各方当事人理应遵守。《民法典》第142条第1款规定:“有相对人的意思表示的解释,应当按照所使用的词句,结合相关条款、行为的性质和目的、习惯以及诚信原则,确定意思表示的含义。”但是根据本案双方达成的会议纪要进行解释,不能得出欠付工程款利息应按照双方原合同约定履行的结论。

第三节 民事法律行为的效力

第一百四十三条 【民事法律行为有效要件】具备下列条件的民事法律行为有效:

(一)行为人具有相应的民事行为能力;

(二)意思表示真实;

(三)不违反法律、行政法规的强制性规定,不违背公序良俗。

条文解读

本条是关于民事法律行为有效要件的规定。

任何民事法律行为有效都应当具备一些条件,这些条件就是民事法律行为有效要件。法律规定某些民事法律行为还须具备其他要件才能生效,法律规定的其他要件属于民事法律行为生效的特殊要件。

本条规定民事法律行为有效，一般包括以下要件：

第一，行为人具有相应的民事行为能力。民事行为能力是行为人通过自己的行为参与民事活动，享有权利和承担义务的能力。“相应”指的是行为人所实施的民事法律行为应当与其行为能力相匹配。比如，完全行为能力人可以从事一切民事法律行为；限制行为能力人只能从事与其年龄、智力、精神健康状况等相适应的民事法律行为，实施其他行为需要经过法定代理人的同意或追认；无民事行为能力人不具备行为能力，其所实施的民事法律行为是无效的。

第二，意思表示真实。意思表示是法律行为的核心，没有意思表示，民事法律行为不成立；意思表示不自由，民事法律行为不具备完全有效的效力。比如，表意人在意思表示的形成过程中受到欺诈、胁迫等不正当干预，意思表示有瑕疵，以此为内容的法律行为，会导致可撤销或者无效的法律效果。

第三，不违反法律、行政法规的强制性规定，不违背公序良俗。法律行为不得违反法律、行政法规的强制规定，否则法律行为不能发生行为人所预期的法律效果。法律行为是否违反强制规定，可以从行为的目的、标的、条件和方式四个方面考虑。目的违法，指行为人主观上追求的法律效果违法，如以销赃为目的的售卖。标的违法，指标的物为禁止流通或限制流通物，如毒品。条件违法，如附不法条件的遗嘱行为。方式违法，如不正当竞争行为。不违背公序良俗是从公共秩序和善良风俗方面对民事法律行为提出的要求。

典型案例

泰安三元通风除尘设备有限公司、郭某专利权转让合同纠纷案〔1〕

※案情简介：2015 年 8 月 15 日，泰安三元通风除尘设备有限公司（以下简称三元公司）现法定代表人宁某峰与郭某及其他两位股东签订《三元公司股权转让合同》，合同第 1 条第 2 款确认涉案专利权归三元公司所有；第 3 款约定，在宁某峰将附件二《还款计划》中 13 人共计本金 3,203,230 元及利息，于 2016 年 3 月 31 日前全部还清（以债权人收款日期为准）后 5 天内，郭某需将涉案专利过户到三元公司

〔1〕 本案根据最高人民法院（2021）最高法知民终 195 号判决书整理。

名下。2019年9月17日,三元公司委托山东济南齐鲁科技专利事务所有限公司向国家知识产权局提交了发明专利著录项目变更申报书,请求将涉案专利的专利权人由郭某变更为三元公司,并附有《专利权转让协议书》,但《专利权转让协议书》中的"郭某"签名并非郭某本人所签。2019年9月23日,国家知识产权局向三元公司发出《手续合格通知书》,准予将上述专利的专利权人由郭某变更为三元公司,并授权公告。当事人就案涉专利是否转让发生争议,故涉诉。

※争议焦点:本案的争议焦点为涉案《专利权转让协议书》是否生效。

※判决结果:法院认为,本案中,《三元公司股权转让合同》第1条第3款约定,在宁某峰将附件二《还款计划》中13人共计本金3,203,230元及利息于2016年3月31日前全部还清(以债权人收款日期为准)后5天内,郭某需将其持有的三元公司20%股权过户到宁某峰名下,并在5天内将涉案专利过户到三元公司名下。依据上述约定,郭某转让涉案专利权给三元公司的前提条件系宁某峰于2016年3月31日前偿还完《还款计划》全部款项,且郭某同时应当将其持有的三元公司20%的股份过户至宁某峰名下。根据原审查明的事实,2019年9月17日,三元公司委托山东济南齐鲁科技专利事务所有限公司向国家知识产权局提交涉案专利著录项目变更申报书时仅附有《专利权转让协议书》《三元公司股权转让合同》,并没有附宁某峰依据《还款计划》偿还完全部款项的相关证据。因郭某不认可《专利权转让协议书》系其签署,原审庭审中,三元公司亦承认《专利权转让协议书》中的"郭某"签名并非郭某本人所签,在宁某峰及三元公司未能提交《还款计划》履行完毕的相关证据,亦没有提交郭某已经根据《三元公司股权转让合同》第1条第3款约定将其持有的三元公司股份转让给宁某峰的相关证据予以佐证的情况下,结合原审法院查明的因《还款计划》未予履行引发相关诉讼情况等,应当认定《专利权转让协议书》并非郭某真实意思表示,原审判定涉案《专利权转让协议书》未生效,三元公司应当将涉案专利权变更至郭某名下,并无不当。三元公司认为三元公司和宁某峰已为三元公司偿还了全部债务,其提出的《专利权转让协议书》系按照《三元公司股权转让合同》作出,郭某是知情的,即便签字存在瑕疵,也得到了郭某的默许或授权的主张,因三元公司、宁某峰原审和法院审理期间均未能提交《还款计划》约定的款项均已偿还完毕的相关证据,法院不予支持。待宁某峰按照《还款计划》偿还完全部款项,三元公司可以依据《三元公司股权转让合同》另行提起诉讼要求变更涉案专利权至三元公司名下。

※案例解读：《民法典》第143条规定："具备下列条件的民事法律行为有效：（一）行为人具有相应的民事行为能力；（二）意思表示真实；（三）不违反法律、行政法规的强制性规定，不违背公序良俗。"三元公司提交的《专利权转让协议书》中，郭某本人并未在其上签名，因此合同不成立。三元公司主张郭某对此知情、默许或授权，也无证据证实，故其主张不成立。

第一百四十四条　【无民事行为能力人实施的民事法律行为的效力】 无民事行为能力人实施的民事法律行为无效。

条文解读

本条是关于无民事行为能力人实施的民事法律行为的效力的规定。

无民事行为能力人，是指不具有独立实施法律行为而取得民事权利和承担民事义务的自然人。根据本法第20条和第21条的规定，无民事行为能力人包括三类：一是不满8周岁的未成年人；二是因先天、疾病等各种原因不能辨认自己行为的成年人；三是不能辨认自己行为的8周岁以上未成年人。

本条规定，无民事行为能力人单独实施的民事法律行为无效，其目的在于：一方面保护无民事行为能力人的利益，另一方面保护交易安全。

关联法规索引

《民法典》第20条、第21条

典型案例

鞍钢集团有限公司审计中心、冯某秋劳动争议纠纷案[1]

※案情简介：原告原系被告单位职工。2019年4月1日，原告提交辞职申请手续，请求解除原告与被告之间的劳动关系。2019年4月3日，被告下发审计中心发

〔1〕 本案根据辽宁省鞍山市中级人民法院（2021）辽03民终553号判决书整理。

〔2019〕8号文件《关于解除冯某秋劳动合同的决定》，同意解除与冯某秋的劳动合同。2019年4月4日，原告在解除（终止）劳动合同证明书上签字。再查，2017年至2018年，原告经常脾气暴躁，情绪不稳定。原告于2019年1月至2019年8月，曾因精神状态不佳，就诊于鞍山市中心医院及鞍山市精神卫生中心，诊断为双相性情感障碍。此案在该院审理期间，经原告申请，该院委托吉林一诺司法鉴定中心对原告在提出辞职及签订解除劳动关系期间的精神状态进行鉴定，该鉴定中心于2020年9月8日作出吉一诺司鉴中心（2020）精鉴字第46号《司法鉴定意见书》，鉴定意见为：（1）被鉴定人冯某秋在提出辞职和签订解除劳动关系证明书期间正处于情感障碍——躁狂发作发病期；（2）无民事行为能力。

※争议焦点：本案的争议焦点为冯某秋向鞍钢集团有限公司审计中心提出辞职及签订解除（终止）劳动合同证明书的行为效力。

※判决结果：法院认为，无民事行为能力人实施的民事法律行为无效。本案中，吉林一诺司法鉴定中心对冯某秋提出辞职及签订解除劳动关系期间的精神状态进行了司法鉴定，鉴定意见认为冯某秋在提出辞职和签订解除劳动关系期间正处于双相情感障碍——躁狂发作发病期，无民事行为能力。故冯某秋作为躁狂发作发病期的无民事行为能力人，其向上诉人提出辞职及与上诉人签订解除（终止）劳动合同证明书的行为无效。故原审判决正确，本院予以维持。

※案例解读：本案中，冯某秋与鞍钢集团有限公司审计中心签订解除劳动合同关系有效的前提是原告具有完全民事行为能力。冯某秋在情感障碍——躁狂发作发病期，虽然主动申请解除劳动关系，并在平等协商的前提下签订了解除劳动关系合同，但由于冯某秋当时为无民事行为能力人，其缺乏相应的缔约能力和处分能力，缺乏判断、理解和预见相应后果的能力，无法判断提出解除劳动关系及签字行为系原告真实的意思表示，双方签订解除劳动关系合同的行为不符合法律规定，因此，双方签订的解除劳动关系合同无效。

第一百四十五条　【限制民事行为能力人实施的民事法律行为的效力】限制民事行为能力人实施的纯获利益的民事法律行为或者与其年龄、智力、精神健康状况相适应的民事法律行为有效；实施的其他民事法律行为经法定代理人同意或者追认后有效。

相对人可以催告法定代理人自收到通知之日起三十日内予以追认。法

定代理人未作表示的,视为拒绝追认。民事法律行为被追认前,善意相对人有撤销的权利。撤销应当以通知的方式作出。

条文解读

本条是关于限制民事行为能力人实施的民事法律行为的效力的规定。

限制民事行为能力人,是指不能完全辨认自己行为的人,包括8周岁以上的未成年人和不能完全辨认自己行为的成年人。限制民事行为能力人具备一定的行为能力,因此法律上认可其从事一定的民事法律行为的效力。

根据本条第1款的规定,限制民事行为能力人可以独立实施两种类型的法律行为:第一,纯获利益的民事法律行为。纯获利益,是指限制民事行为能力人在某种民事法律行为中只有权利或利益,不必承担任何义务,如限制民事行为能力人接受奖励或赠与。第二,与限制民事行为能力人的年龄、智力、精神健康状态相适应的民事法律行为。如8周岁以上的未成年人购买价值不高的学习用品。除此以外的其他民事法律行为,只有经过法定代理人的同意或追认后,才能发生效力。

本条第2款规定了相对人的催告权与善意相对人的撤销权。催告,是指民事法律行为的相对人要求法定代理人在一定期限内就是否认可限制民事行为能力人所实施民事法律行为的效力作出表示,逾期不作表示的,视为法定代理人拒绝承认行为的效力。限制民事行为能力人在其行为能力之外实施的民事法律行为属于效力待定,该不稳定状态不能一直持续,法律赋予相对人催告权,旨在避免效力不定状态的持续,从而保护相对人的利益和维护交易安全。第2款规定相对人可以催告法定代理人自收到通知之日起30日内予以追认。法定代理人未作表示的,视为拒绝追认。撤销权,是指善意相对人在追认权人未作追认之前,享有撤回其意思表示的权利。善意相对人行使撤销权应当在追认权人行使追认权之前。

配套法规及解读

《最高人民法院关于适用〈中华人民共和国民法典〉总则编若干问题的解释》(2022年2月24日)

第二十九条 法定代理人、被代理人依据民法典第一百四十五条、第一百七十一条的规定向相对人作出追认的意思表示的，人民法院应当依据民法典第一百三十七条的规定确认其追认意思表示的生效时间。

※法规解读：本条是关于法定代理人或者被代理人“追认”生效时间的规定。被监护人超越其行为能力人实施民事法律行为的，需要其法定代理人追认，追认后民事法律行为发生效力；无权代理人无代理权、超越代理权或者代理权终止后仍实施代理行为的，需要由被代理人追认，对被代理人发生效力。被追认的民事法律行为何时生效？理论上有不同的认识。一种观点认为，追认的意思生效时，民事法律行为生效；另一种观点认为，追认的意思表示具有溯及力，民事法律行为从成立时生效。该司法解释第29条对追认的民事法律行为的生效时间作了明确，适用《民法典》第137条的规定，即以对话方式作出的意思表示，相对人知道其内容时生效；以非对话方式作出的意思表示，到达相对人时生效。以非对话方式作出的采用数据电文形式的意思表示，相对人指定特定系统接收数据电文的，该数据电文进入该特定系统时生效；未指定特定系统的，相对人知道或者应当知道该数据电文进入其系统时生效。当事人对采用数据电文形式的意思表示的生效时间另有约定的，按照其约定。该司法解释第29条显然采纳了溯及力说。

关联法规索引

《民法典》第22～24条

典型案例

长春市华夏文化传媒有限公司、车某佳合同纠纷案〔1〕

※案情简介：2018年11月28日长春市华夏文化传媒有限公司（以下简称华夏文化传媒公司）（甲方）与车某佳（乙方）签订《合作期艺人协议书》与《长春市华夏文化传媒有限公司艺人经纪协议》，《合作期艺人协议书》约定华夏文化传媒公司聘用车某佳作为合作期员工，合作期3个月，自2018年11月28日起至2019年2月28日止。合作期到期后，车某佳按照《长春市华夏文化传媒有限公司艺人经纪

〔1〕 本案根据吉林省长春市中级人民法院（2021）吉01民终4654号判决书整理。

协议》约定在华夏文化传媒公司处进行直播,此协议合作期限为7年,自2018年11月28日起至2025年11月28日止,协议第4.4条明确约定:“合约期间,未经甲方书面同意,乙方不得自行接洽或授权第三方接洽安排任何与演艺实业相关的事项,不得作出任何有损于甲方合法权益的行为。未经甲方书面同意,乙方不得在与其他任何第三方(含自然人、经纪人、公司等)直接或间接地进行任何相关演艺活动或演艺事务。”并在协议第8.1条约定:“若乙方违反本协议第4.4条的,乙方应在收到甲方通知后立即改正。若乙方在次违反,甲方有权对乙方采取限制措施、扣罚互联网直播演艺收入或依据互联网直播平台规则做出相应处理;同时乙方构成本协议的根本违约,乙方应向甲方支付违约金100万元;或者已经履行合约期内近12个月甲方因乙方获得的月均平台营收乘以剩余合约月份的总金额,以前述两者金额较高者为准。”2020年3月8日车某佳停止在华夏文化传媒公司处直播。

※争议焦点:本案的争议焦点为车某佳与华夏文化传媒公司签订的《合作期艺人协议书》与《长春市华夏文化传媒有限公司艺人经纪协议》的效力。

※判决结果:法院认为,《合同法》第47条第1款规定:“限制民事行为能力人订立的合同,经法定代理人追认后,该合同有效,但纯获利益的合同或者与其年龄、智力、精神健康状况相适应而订立的合同,不必经法定代理人追认。”本案中,车某佳与华夏文化传媒公司签订《合作期艺人协议书》《长春市华夏文化传媒有限公司艺人经纪协议》时为限制行为能力人,尽管华夏文化传媒公司提交聊天记录欲证明车某佳父亲对签订协议一事予以事后追认,但聊天记录中并无车某佳父亲同意追认的表述,故华夏文化传媒公司所举证据不足以证明该两份协议的订立已经车某佳法定代理人追认,且两份协议不属于纯获利益的合同,因此,一审法院认定上述协议无效,进而驳回华夏文化传媒公司的诉讼请求并无不当,法院予以支持。

※案例解读:本案中,车某佳与华夏文化传媒公司在签订的《合作期艺人协议书》与《长春市华夏文化传媒有限公司艺人经纪协议》时为限制民事行为能力人,而且这两份合同不属于纯获利益的合同,也没有证据证明该合同得到车某佳法定代理人的追认,故《合作期艺人协议书》与《长春市华夏文化传媒有限公司艺人经纪协议》无效。

第一百四十六条 【虚假表示与隐藏行为效力】 行为人与相对人以虚假的意思表示实施的民事法律行为无效。

以虚假的意思表示隐藏的民事法律行为的效力，依照有关法律规定处理。

条文解读

本条是关于虚假表示与隐藏行为效力的规定。

虚假意思表示，又称虚伪行为，是指行为人与相对人都知道自己所表示的意思并非真意，通谋作出与真意不一致的意思表示。虚伪行为双方都知道自己作出的意思表示并不是真实意思，也不希望行为真正发生法律上的效果。虚伪行为可以分为虚构行为与隐藏行为。虚构行为，是指表意人与相对人的通谋仅仅针对行为不生效达成一致。比如，当事人之间为了逃避债务而假装财产赠与，赠与行为就是虚构行为。隐藏行为，是指表意人与相对人希望其所表示的法律行为以外的内容生效，虚伪表示的目的在于隐藏其所真正希望作出的法律行为。与虚构行为不同的是，隐藏行为的表意人和相对人进行通谋的目的是希望发生表示之外的另一种法律后果。比如，甲欲将某物赠与乙，但担心他人误会，甲与乙订立一份虚假买卖合同，买卖法律行为隐藏了赠与行为。

本条第 1 款规定，行为人与相对人以虚假的意思表示实施的民事法律行为无效。法律否定虚假意思表示实施的民事行为的效力，是因为该意思表示所指向的法律效果并非双方当事人内心真实意思表示，而且双方均不愿使该虚构表示发生效力。

本条第 2 款规定，以虚假的意思表示隐藏的民事法律行为的效力，依照有关法律规定处理。与虚构行为不同，隐藏行为确实在当事人之间建立了一种新的法律关系，体现了双方当事人的真实意思表示，只是这种法律关系与其所表现出来的法律关系不同。所以本款规定，隐藏行为的最终效力应当根据该行为自身的效力要件判断。

关联法规索引

《民法典》第 500 条

典型案例

蒋某国、金某珍与常州亚盟房地产开发有限公司破产债权确认纠纷案[1]

※案情简介：2014年1月16日，蒋某国、金某珍与常州亚盟房地产开发有限公司（以下简称亚盟公司）签订编号为1－106的《商品房买卖合同》一份，案涉商品房买卖合同签订于2014年1月16日，约定的首付款金额为3,945,014元。而同日，从潘某银行卡转账至蒋某国银行卡3,945,014元，再从蒋某国银行卡转入亚盟公司账户。随后蒋某国、金某珍与中信银行常州分行、亚盟公司签订《中信银行个人购房借款合同》一份，约定由蒋某国、金某珍向中信银行常州分行贷款394万元用于购买诺丁花园1幢106室。

※争议焦点：本案的争议焦点为案涉合同效力及法律后果应如何认定。

※判决结果：案涉《商品房买卖合同》属无效合同。蒋某国、金某珍与亚盟公司签订《商品房买卖合同》后，其并未实际支付购房款，买卖商品房也非双方真实的意思表示，系双方为套用银行贷款作出的虚伪表示，系相互通谋，达到为亚盟公司融资的目的。故一审法院依据《民法总则》第146条规定的"行为人与相对人以虚假的意思表示实施的民事法律行为无效"，认定双方以虚假意思表示签订合同的行为无效，案涉《商品房买卖合同》属无效合同，并无不当。蒋某国、金某珍主张确认合同有效，及判令亚盟公司继续履行合同的诉讼请求，应不予支持。

※案例解读：行为人与相对人以虚假的意思表示实施的民事法律行为无效。本案中，虽然蒋某国、金某珍与亚盟公司签订了编号为1－106的《商品房买卖合同》，双方作出了买卖商品房的意思表示。从款项往来的时间、金额可以看出，蒋某国向亚盟公司支付的3,945,014元首付款来源于亚盟公司，其本人并未实际向亚盟公司支付合同约定的首付款。此外，从蒋某国还贷的资金来源看，潘某银行卡的流水反映出，每月初或月底均有固定金额的资金汇付至蒋某国账户，与蒋某国归还贷款的时间、金额均相吻合，故蒋某国每月的按揭贷款实际亦由亚盟公司支付。据此，蒋某国、金某珍与亚盟公司签订上述合同的真实目的在于为亚盟公司套取银行

---

〔1〕本案根据江苏省高级人民法院（2020）苏民终438号判决书整理。

资金。从案涉借款由亚盟公司实际使用、亚盟公司为蒋某国、金某珍代为归还银行贷款的行为来看，蒋某国、金某珍与亚盟公司是故意作出虚伪表示，相互通谋，通过签订《商品房买卖合同》来为亚盟公司融资。因此，蒋某国、金某珍与亚盟公司以虚假意思表示签订《商品房买卖合同》的行为无效，案涉《商品房买卖合同》应属无效合同。

第一百四十七条 【基于重大误解实施的民事法律行为的效力】基于重大误解实施的民事法律行为，行为人有权请求人民法院或者仲裁机构予以撤销。

条文解读

本条是关于基于重大误解实施的民事法律行为的效力的规定。

重大误解，是指对当事人间权利义务产生较大影响的事项产生错误认识。根据《最高人民法院关于贯彻执行〈中华人民共和国民法通则〉若干问题的意见（试行）》第71条的规定，行为人因为对行为的性质，对方当事人，标的物的品种、质量、规格和数量等的错误认识，使行为的后果与自己的意思相悖，并造成较大损失的，可以认定为重大误解。如果所产生的错误不会给行为人造成较大损失，则不属于重大误解。比如，甲欲将某物赠与乙，但将丙误认为乙，将该物赠与了丙，这属于对对方当事人的认识错误，使赠与行为的后果与甲的意思相悖，构成重大误解。但是，如果甲将某物卖与乙，错将"一万元"写为"一千元"，这只属于操作上的失误，并未与甲卖出物品的意思相悖，不属于重大误解。

重大误解的民事行为涉及当事人的重大利益，撤销权的行使将改变民事行为的效力，所以，为了维护正常法律秩序、保护当事人双方合法权益，本条规定，基于重大误解实施的民事法律行为，行为人有权请求人民法院或者仲裁机构予以撤销。

配套法规及解读

《最高人民法院关于适用〈中华人民共和国民法典〉总则编若干问题的解释》（2022年2月24日）

第十九条 行为人对行为的性质、对方当事人或者标的物的品种、质量、规格、价格、数量等产生错误认识，按照通常理解如果不发生该错误认识行为人就不会作出相应意思表示的，人民法院可以认定为民法典第一百四十七条规定的重大误解。

行为人能够证明自己实施民事法律行为时存在重大误解，并请求撤销该民事法律行为的，人民法院依法予以支持；但是，根据交易习惯等认定行为人无权请求撤销的除外。

第二十条　行为人以其意思表示存在第三人转达错误为由请求撤销民事法律行为的，适用本解释第十九条的规定。

※法规解读：该司法解释第19条是关于“重大误解”认定的理解。

《民法典》第147条规定行为人因“重大误解”实施的民事法律行为，行为人有权请求人民法院或仲裁机构予以撤销。并非任何“误解（错误）”都可以撤销，只有“误解”达到“重大”的程度才可撤销民事法律行为。根据该司法解释第19条的规定，行为人对行为的性质、对方当事人或者标的物的品种、质量、规格、价格、数量等产生错误认识，按照通常理解如果不发生该错误认识行为人就不会作出相应意思表示的，可以认定为重大误解。

误传，是指因传达人或传达机关的错误导致行为人意思与表示不一致。误传在我国民事立法上没有单独规定，依据《最高人民法院关于适用〈中华人民共和国民法典〉总则编若干问题的解释》第20条，行为人以其意思表示存在第三人转达错误为由请求撤销民事法律行为的，适用重大误解的规定。因此，司法实践中将其作为重大误解进行处理。传达人或传达机关没有独立的意思表示（而代理人有独立的意思表示），也不需要为独立的意思表示，因此可以是无行为能力或限制行为能力的主体，但应能够完整准确地传达表意人的意思。

因重大误解而享有撤销权之人，应为存在重大误解一方，所以表意人能够证明自己实施民事法律行为时存在重大误解，可以请求撤销该民事法律行为；但是，根据交易习惯等认定行为人无权请求撤销的除外。

关联法规索引

《民法典》第152条

典型案例

信阳市木材公司管理人、贺某辉等拍卖合同纠纷案[1]

※案情简介:2019年11月1日,信阳市木材公司发布了“拍卖公告”:“信阳市木材公司管理人将于2019年11月2日10时至2019年12月1日10时止(延时除外)在浙江淘宝网络公司阿里拍卖破产强清平台进行公开拍卖活动,现公告如下:‘一、拍卖标的:信阳市木材公司所有的位于信阳市楚王城街综合楼3楼住宅,房屋建筑面积82.5平方米,建成年份80年代,土地性质是存量国有土地。起拍价:184,805.81元,保证金:3万元,增价幅度:180元……’”2019年11月25日,贺某辉通过支付宝支付了保证金3万元,2019年12月3日支付了尾款154,805.81元和软件服务费924.02元,在竞价结束时作为唯一竞买人以起拍价184,805.81元的总价款拍得了信阳市楚王城街综合楼3楼住宅。2019年12月11日,木材公司向贺某辉发出通知:“因导入网络数据错误致使拍卖结果错误,向您通知:于2019年12月11日撤销信阳市木材公司管理人2019年11月1日在阿里拍卖网上发布的于2019年12月3日拍卖成功的信阳市楚王城综合楼3楼82.5平方米住宅的拍卖……”贺某辉遂提起诉讼,要求木材公司管理人继续履行合同。

※争议焦点:本案的争议焦点为贺某辉请求确认2019年12月3日拍卖木材公司位于信阳市楚王城街综合楼3楼82.5平方米住宅成功,判令木材公司管理人继续履行合同,协助其办理房屋过户手续有无依据。

※判决结果:法院认为,贺某辉通过淘宝公司阿里拍卖破产强清平台拍得案涉房屋,因木材公司管理人向贺某辉发出撤销拍卖的通知引发纠纷。根据一审查明的事实,贺某辉按照拍卖平台发布的信息支付了竞拍保证金,作为唯一竞买人以起拍价拍得了该房屋,并支付了全部购房款及相应费用。故,贺某辉与木材公司管理人之间的拍卖合同已经成立并发生法律效力,贺某辉已经履行了合同约定的付款义务,木材公司管理人亦应当遵守合同约定。一审法院判决木材公司管理人向贺某辉交付房屋并无不当。木材公司管理人主张,其不慎导入无产权证的数值导致房屋低价拍卖,该拍卖应当撤销。法院认为,首先,根据《民法总则》第147条、第

---

〔1〕 本案根据河南省高级人民法院(2020)豫民终1365号判决书整理。

152 条的规定,木材公司管理人如认为其因自身原因导致数据错误,应当自确认订单之日起 3 个月内以向法院起诉或者向仲裁机构申请仲裁的方式撤销该合同,其仅以在 2019 年 12 月 11 日向贺某辉发出通知的方式撤销不具有合同撤销的法律效力。其次,二审期间,法院对该房屋是否有产权证的情况进行调查,木材公司管理人未能提交该房屋有产权证或者已经在登记机关进行登记的相应证据,对该房屋今后能否办理产权证也不清楚。木材公司主张误将该房屋导入无产权证数值致使拍卖价格过低的上诉理由缺乏证据支持。

※案例解读:本案中,若木材公司管理人认为其因自身失误导致录入数据错误,对拍卖合同的订立存在重大误解,应自确认订单之日起 3 个月内向法院起诉或提请仲裁机构撤销合同,但其未在法定期限内行使撤销权,视为对该权利的放弃。木材公司管理人通过向拍卖人发出通知的形式,要求撤销已经生效的合同,不具有法律效力。

第一百四十八条　【以欺诈手段实施的民事法律行为的效力】一方以欺诈手段,使对方在违背真实意思的情况下实施的民事法律行为,受欺诈方有权请求人民法院或者仲裁机构予以撤销。

条文解读

本条是关于以欺诈手段实施的民事法律行为的效力的规定。

根据《最高人民法院关于贯彻执行〈中华人民共和国民法通则〉若干问题的意见(试行)》第 68 条的规定,欺诈,是指一方当事人故意告知对方虚假情况,或者故意隐瞒真实情况,诱使对方当事人作出错误意思表示的行为。

欺诈的构成要件包括:

第一,欺诈的故意。故意既包括使对方陷入错误判断的故意,也包括诱使对方基于此判断而作出意思表示的故意。

第二,欺诈的行为。行为既包括一方当事人故意告知对方虚假情况,也包括一方当事人故意隐瞒真实情况的沉默。

第三,欺诈行为与错误判断的因果关系。受欺诈的人因为行为人的欺诈行为陷入错误判断。

第四,受欺诈的人基于错误判断作出意思表示。欺诈的构成并不需要受欺诈人在客观上遭受损害后果的事实,只要受欺诈人因为欺诈行为作出了实施民事法律行为的意思表示,欺诈即可成立。

本条规定,欺诈的法律后果为可撤销。受欺诈方有权请求人民法院或者仲裁机构对以欺诈手段实施的民事法律行为予以撤销。

配套法规及解读

《最高人民法院关于适用〈中华人民共和国民法典〉总则编若干问题的解释》(2022 年 2 月 24 日)

第二十一条 故意告知虚假情况,或者负有告知义务的人故意隐瞒真实情况,致使当事人基于错误认识作出意思表示的,人民法院可以认定为民法典第一百四十八条、第一百四十九条规定的欺诈。

※法规解读:《民法典》第 148 条对表意人之间存在欺诈作了规定,第 149 条对第三人欺诈表意人作了规定。该司法解释第 21 条对"欺诈"的认定作了明确规定。欺诈,是指故意告知对方虚假情况,或者故意隐瞒真实情况诱使对方基于错误判断作出意思表示。欺诈之构成需要具备以下条件:

(1)存在欺诈行为。欺诈行为由欺诈人实施,为使被欺诈人陷入错误判断,或者加深其错误、保持其错误,而故意告知虚假情况,或者负有告知义务的人故意隐瞒真实情况。对于负有告知、说明等法定义务的人而言,沉默亦构成欺诈行为。

(2)存在欺诈故意。实施欺诈一方存在欺诈的故意,欺诈人的故意包含两个层次:其一,有实施欺诈行为的故意;其二,有通过故意实施欺诈行为使相对人作出意思表示的故意。

(3)欺诈目的实现。欺诈人通过实施欺诈行为,使被欺诈人陷入错误判断后作出了意思表示。欺诈人欺诈被识破等,欺诈目的不达的,不构成欺诈。欺诈人欺诈被识破,但受欺诈人愿意接受被欺诈并作出意思表示的,因受欺诈人并未作出错误判断,也不构成欺诈。

欺诈人是民事法律行为的当事人,第三人实施欺诈行为的,通常不产生欺诈的法律效果。《最高人民法院关于适用〈中华人民共和国担保法〉若干问题的解释》第 40 条规定,主合同债务人采取欺诈、胁迫等手段,使保证人在违背真实意思的情况下提供保证的，债权人知道或者应当知道欺诈、胁迫事实的，保证人的保证责任免除。《民法典》吸收了这一规定的核心内容，于第149条规定："第三人实施欺诈行为，使一方在违背真实意思的情况下实施的民事法律行为，对方知道或者应当知道该欺诈行为的，受欺诈方有权请求人民法院或者仲裁机构予以撤销。"第三人实施欺诈，使一方在违背真实意思的情况下实施的民事法律行为，在对方知道或者应当知道该欺诈行为的情形中，对方实际上是利用了第三人的欺诈行为，故该行为仍构成欺诈。

关联法规索引

《民法典》第1125条、第1143条

典型案例

彭某湘与乐生活智慧社区服务集团股份有限公司租赁合同纠纷案[1]

※案情简介：彭某湘自2011年4月27日起与乐生活智慧社区服务集团股份有限公司（以下简称乐生活公司）签订京汉旭城家园地上停车位租用协议。2019年12月10日，相关部门将涉案车位移除变更为绿地。后彭某湘将车辆停放小区空地内临时车位。彭某湘主张入住时抽签获取车位使用资格并可长期使用。乐生活公司表示车位拆除后，安排了北重厂内的停车位，乐生活公司同意退还彭某湘自2019年12月10日起至2020年4月26日止的停车费。彭某湘认为北重厂车位过远，故不同意乐生活公司的意见。

2012年2月8日，乙方京汉置业集团股份有限公司与甲方北京市石景山区园林绿化局签订石景山区京汉铂寓项目西侧绿地管护协议书，彭某湘称京汉置业集团股份有限公司委托其实际管理上述绿地。乐生活公司认为合同约定了小区内有代征绿地和道路，开发商与政府机构沟通协调将代征地面作为小区内的停车场地使用提供给业主。

---

〔1〕 本案根据北京市第一中级人民法院(2021)京01民终9430号判决书整理。

※争议焦点:本案的争议焦点为乐生活公司与彭某湘签订的合同的效力。

※判决结果:法院认为,依法成立的合同,受法律保护。本案中,彭某湘自2011年4月27日开始每年与乐生活公司签订京汉旭城家园地上停车位租用协议,直至2019年12月10日之前,双方均按照合同的约定履行了各自的义务。由此可见,上述协议系双方真实意思表示,且经法院对协议进行审查,内容并不违反法律、行政法规的强制性规定,应为合法有效。现彭某湘上诉主张乐生活公司故意隐瞒涉案车位系政府绿化用地的行为属于欺诈,造成其存在重大误解,要求确认双方2011年至2020年签订的9份车位租赁合同无效。根据《合同法》第52条之规定,彭某湘的上述理由并不属于合同无效的法定情形。故,彭某湘该项上诉请求无法律依据,法院不予支持。

※案例解读:一方以欺诈手段,使对方在违背真实意思的情况下实施民事法律行为,受欺诈方有权请求人民法院或者仲裁机构予以撤销。具体至本案中,乐生活公司与彭某湘签订合同的行为均系双方真实意思表示,内容不违反法律、行政法规的强制性规定,应为有效。彭某湘主张与乐生活公司的数份合同无效的理由系乐生活公司在签订合同时隐瞒车位并非小区用地而是政府绿化用地,违背了诚实信用原则,系违反先合同义务。彭某湘的上述理由不属于合同无效的法定情形。

第一百四十九条 【第三人欺诈的民事法律行为的效力】第三人实施欺诈行为,使一方在违背真实意思的情况下实施的民事法律行为,对方知道或者应当知道该欺诈行为的,受欺诈方有权请求人民法院或者仲裁机构予以撤销。

条文解读

本条是关于第三人欺诈的民事法律行为的效力的规定。

欺诈,是指行为人故意欺骗他人,或者故意隐瞒真实情况,诱使他人作出错误意思表示的行为。受欺诈的人是该民事法律行为中的一方当事人,但实施欺诈行为的人,除了是民事法律行为的当事人,还有可能是民事法律行为双方当事人之外、与一方当事人存在某种关系的特定人。第三人不包括与受欺诈人实施民事法律行为的人的代理人、受雇人或使用人。从目的来看,第三人实施欺诈行为有可能是为了帮助对方当事人达成交易,如在二手车交易中,第三人帮助车主朋友隐瞒车辆受损的真实情况;也有可能是为了实现自己的目的,如为了让债务人尽快还清所欠债务,第三人故意欺骗他人,促成与债务人的交易。

本条中的"对方知道或者应当知道",是指受欺诈人的相对方知道或者应当知道第三人实施了欺诈行为,即受欺诈人的相对方是非善意的。在此前提下,受欺诈方有权请求人民法院或者仲裁机构对该第三人实施的欺诈的民事法律行为予以撤销。

配套法规及解读

《最高人民法院关于适用〈中华人民共和国民法典〉总则编若干问题的解释》(2022年2月24日)

第二十一条　故意告知虚假情况,或者负有告知义务的人故意隐瞒真实情况,致使当事人基于错误认识作出意思表示的,人民法院可以认定为民法典第一百四十八条、第一百四十九条规定的欺诈。

※法规解读:该条对《民法典》第148条、第149条规定的欺诈进行了细化,与《最高人民法院关于贯彻执行〈中华人民共和国民法通则〉若干问题的意见(试行)》第68条的规定基本一致。对欺诈行为的认定要求一方有欺诈行为、欺诈故意,并且欺诈行为与错误认识具有因果关系,错误认识与意思表示有因果关系。

典型案例

刘某友、唐某秀等金融借款合同纠纷案[1]

※案情简介:2014年5月26日,刘某友、唐某秀因种植需要向农行钟祥支行提出借款申请,2014年5月29日,农行钟祥支行与刘某友签订了一份《农户贷款借款合同》,合同约定:借款金额50,000元,贷款人在额度有效期内向借款人提供借款,额度到期日为2017年5月28日,单笔借款期限最长不超过1年,借款利率为每笔借款时对应的中国人民银行同期同档次人民币基准利率上浮40%,到期一次

[1] 本案根据湖北省荆门市中级人民法院(2021)鄂08民终1152号判决书整理。

性利随本清还款,逾期未还,罚息自逾期之日起在约定利率基础上上浮50%计算,周某文为上述借款提供连带责任保证,保证期间为借款期限届满之日起2年。借款合同签订后,农行钟祥支行于2014年5月30日将贷款50,000元转入刘某友卡号为62×××81的账户上,到期日为2015年5月29日。贷款到期后,刘某友、唐某秀未按约偿还借款。农行钟祥支行未能举证证明在保证期间借款期限届满之日起2年内向周某文主张过权利。

※争议焦点:本案的争议焦点为刘某友、唐某秀应否承担本案的还款责任,如应承担本案的还款责任,则应偿还的本息数额是多少。

※判决结果:法院认为,刘某友称本案贷款系石某1经办、所贷款项亦被石某1取走还了他人在农行钟祥支行的欠款,且石某2、周某文承诺农行钟祥支行不会找其还款,贷款不是出自刘某友的本意。但《民法总则》第149条规定:"第三人实施欺诈行为,使一方在违背真实意思的情况下实施的民事法律行为,对方知道或者应当知道该欺诈行为的,受欺诈方有权请求人民法院或者仲裁机构予以撤销。"首先,刘某友签订借款合同是其真实意思表示;其次,没有证据证明石某2、周某文的承诺代表农行钟祥支行知道或者应当知道本案借款合同签订时存在欺诈行为;最后,根据《民法总则》第152条第1款第1项的规定,当事人自知道或者应当知道撤销事由之日起1年内、重大误解的当事人自知道或者应当知道撤销事由之日起3个月内没有行使撤销权的,撤销权消灭。本案中刘某友、唐某秀于2015年5月13日签收农行钟祥支行向其发送的贷款到期通知书,农行钟祥支行在该通知书中明确向其表示要求其如期偿还贷款,则刘某友最晚应于该日知道或者应当知道是否存在撤销事由,即便存在撤销权,因其在1年内未行使,该撤销权已消灭。

本案借款合同的签订系双方真实意思表示,且农行钟祥支行已实际履行了出借义务,刘某友、唐某秀应依约履行还本付息的义务。农行钟祥支行主张的、一审判决认定的刘某友、唐某秀应偿还的本息数额符合《农户贷款借款合同》的约定,且不违反法律规定,本院亦予以确认。

※案例解读:本案中,刘某友向银行提交了自己的身份信息资料,且在农户小额贷款业务申请表等多处签字、捺印,向农行钟祥支行借款是其真实意思表示。农行钟祥支行作为出借人,实际向刘某友账户发放了贷款,履行了出借款项的义务,且无法证明存在第三人欺诈的情形,故《农户贷款借款合同》成立并生效。

第一百五十条　【以胁迫手段实施的民事法律行为的效力】一方或者第三人以胁迫手段，使对方在违背真实意思的情况下实施的民事法律行为，受胁迫方有权请求人民法院或者仲裁机构予以撤销。

条文解读

本条是关于以胁迫手段实施的民事法律行为的效力的规定。

根据《最高人民法院关于贯彻执行〈中华人民共和国民法通则〉若干问题的意见（试行）》第69条的规定，胁迫，是指以给公民及其亲友的生命健康、荣誉、名誉、财产等造成损害或者以给法人的荣誉、名誉、财产等造成损害为要挟，迫使对方作出违背真实的意思表示的行为。当事人受胁迫而作出的意思表示，虽然没有产生错误认识，当事人也很清楚该意思表示所产生的法律后果，但是这种意思表示并非其自由意志，属于表示不自由的情形。

胁迫的构成要件包括：（1）胁迫故意，即胁迫人故意实施胁迫行为，迫使他人因为恐惧心理作出意思表示。（2）胁迫行为，即实施某种加害行为胁迫受迫人产生心理恐惧。（3）胁迫具有不法性，包括手段或目的的不法性。（4）意思表示的作出与胁迫存在因果关系，即受胁迫人基于胁迫产生的恐惧心理作出意思表示。

本条规定的主要内容包括：

第一，民事法律行为的一方或者第三人实施了胁迫行为。胁迫行为的具体方式表现为：对自然人而言，威胁对受胁迫方本人或者亲友的人身权和财产权造成损失；对法人而言，威胁对法人的荣誉、名誉和财产权造成损失。

第二，受胁迫人基于对胁迫行为所产生的恐惧作出了意思表示。受胁迫人的意思表示是基于恐惧心理的真实意思表示，但属于不自由的意思表示。

第三，受胁迫人享有对民事法律行为的撤销权。胁迫是对受迫人意志自由的侵害，其效力不应得到法律的承认。受胁迫方有权请求人民法院或者仲裁机构，对以胁迫手段实施的民事法律行为予以撤销。

关联法规索引

《民法典》第1143条

典型案例

朱某龙、高某齐等合同纠纷案[1]

※案情简介：原告朱某龙的妻子孙某华与被告孙某琴、孙某芳系孙某、徐某兰的女儿。被告高某齐与被告孙某琴系夫妻关系。2020年9月25日，经第三人喀左县卧虎沟乡四家子村村民委员会及说和协商人高某学、高某友的见证下，原告朱某龙及妻子孙某华（作为乙方）与四被告（作为甲方）签订《协议书》。现原告以受胁迫为由要求撤销该协议书。

※争议焦点：本案的争议焦点为案涉《协议书》能否进行撤销。

※判决结果：本案中，上诉人朱某龙作为完全民事行为能力人，在第三人喀左县卧虎沟乡四家子村村民委员会及另两位说和协商人的见证下，与四被上诉人签订案涉《协议书》，双方均在该协议书中签字捺印，能够证明该协议系双方真实意思表示，且不违反法律及行政法规的强制性规定，该协议合法有效。胁迫行为的核心要义是以造成损害为要挟，或称以加害为威胁，通常以给公民及其亲友的生命健康、荣誉、名誉、财产等造成损害或者以给法人的荣誉、名誉、财产等造成损害为要挟。胁迫之故意则包含两层意思：一是使被胁迫人产生恐惧的故意；二是使被胁迫人基于恐惧而为民事法律行为的故意，二者缺一不可。本案上诉人主张其与四被上诉人签订《协议书》存在胁迫情形，但其未向本院提供充分证据证明其遭受法律意义上的胁迫，故上诉人的该项主张，本院不予采信。

※案例解读：构成可得撤销的受胁迫行为，需具备以下要件：一是须有胁迫行为；二是须有胁迫故意；三是胁迫须为非法；四是被胁迫人意思的作出与胁迫存在因果关系。本案中，原告朱某龙作为完全民事行为能力人，在第三人喀左县卧虎沟乡四家子村村民委员会及另两位说和协商人的见证下，与四被告签订案涉《协议书》，双方均在该协议书中签字捺印，能够证明该协议系双方真实意思表示，且不违反法律及行政法规的强制性规定，该协议合法有效。原告主张其与四被告签订《协议书》存在胁迫情形，但其未向该院提供充分证据证明其遭受胁迫，故其主张不成立。

---

[1] 本案根据辽宁省朝阳市中级人民法院（2021）辽13民终3536号判决书整理。

第一百五十一条 【显失公平的民事法律行为的效力】一方利用对方处于危困状态、缺乏判断能力等情形,致使民事法律行为成立时显失公平的,受损害方有权请求人民法院或者仲裁机构予以撤销。

条文解读

本条是关于显失公平的民事法律行为的效力的规定。

根据《最高人民法院关于贯彻执行〈中华人民共和国民法通则〉若干问题的意见(试行)》第70条和第72条的规定,显失公平的法律行为,是指一方当事人在实施法律行为时,故意利用对方处于困境、缺乏判断能力,导致法律行为成立时当事人之间利益不平衡的法律行为。显失公平的构成要件包括两个方面:一是主观上,一方当事人利用对方的危困状态、无经验、缺乏判断力。这表明一方当事人意识到对方当事人处于不利情境,而且有利用这一不利情境的故意。比如,一方当事人利用对方家有重病患者急需用钱之机,以远低于市场价格购买该房产。二是客观上,民事行为成立时显失公平。显失公平,是指双方当事人在民事法律行为中的权利义务明显失衡、显著不相称,一般根据市场风险、交易行情、通常做法等加以判断。

本条规定,对于显失公平的民事法律行为,受损害方有权请求人民法院或者仲裁机构予以撤销。

典型案例

毕某洁、中国大地财产保险股份有限公司吉林市中心支公司等机动车交通事故责任纠纷案[1]

※案情简介:2019年2月19日16时40分,尹某杰(男,59岁)驾驶案涉小型客车,沿桦甸案涉地街由北向南行驶至案涉地北侧100米处时与毕某洁(女,44岁)驾驶的由东向西行驶的二轮自行车相撞,造成毕某洁受伤,车辆损坏。桦甸市交警大队出具的事故责任认定书,认定尹某杰承担事故的主要责任,毕某洁承担次

〔1〕 本案根据吉林省吉林市中级人民法院(2021)吉02民终2447号判决书整理。

要责任。2019 年 2 月 25 日,毕某洁与大地保险公司、尹某杰均签订了赔偿协议,中国大地财产保险股份有限公司吉林市中心支公司(以下简称大地保险公司)一次性赔偿毕某洁经济损失 10 万元,尹某杰一次性赔偿毕某洁经济损失 34,100 元。毕某洁在 2020 年 9 月 2 日经司法鉴定为九级伤残。

※争议焦点:本案的争议焦点为毕某洁与大地保险公司签订的赔偿协议是否可以撤销。

※判决结果:法院认为,本案中,毕某洁在与大地保险公司协商订立赔偿协议时,其正在治疗过程中,并未进行伤残评定,从双方签订的协议金额来看,大地保险公司支付的伤残赔偿金额介于十级伤残与九级伤残的赔偿金额之间,可见,双方在签订协议时已经考虑到了伤残问题,并对伤残赔偿金进行了协商后签订协议,故无法认定在协议签订时双方之间的权利义务明显失衡,毕某洁主张其与大地保险公司之间的赔偿协议显失公平的主张本院无法支持。

※案例解读:显失公平,是指一方利用对方处于危困状态、缺乏判定能力等情形,致使民事法律行为成立时权利义务明显失衡的法律行为。显失公平在客观上要求必须是民事法律行为成立时,双方当事人的利益显著失衡;在主观上要求在订立合同时,一方具有利用优势或者利用对方轻率、无经验等而与对方订立显失公平合同的故意。本案中,毕某洁、大地保险公司、尹某杰在事故发生后,签订了一次性赔偿协议,该协议合法有效,且无存在显失公平和重大误解的情况,不存在撤销的法定情形。

第一百五十二条 【撤销权消灭期间】有下列情形之一的,撤销权消灭:

(一)当事人自知道或者应当知道撤销事由之日起一年内、重大误解的当事人自知道或者应当知道撤销事由之日起九十日内没有行使撤销权;

(二)当事人受胁迫,自胁迫行为终止之日起一年内没有行使撤销权;

(三)当事人知道撤销事由后明确表示或者以自己的行为表明放弃撤销权。

当事人自民事法律行为发生之日起五年内没有行使撤销权的,撤销权消灭。

条文解读

本条是关于撤销权消灭期间的规定。

撤销权属于形成权,行为人可以通过自己的行为直接行使权利。撤销权的行使使可撤销的民事法律行为归于无效,这将对相对人的利益产生重大影响,所以法律规定权利人必须在一定期间内决定是否行使这一权利。

根据本条规定,撤销权消灭的事由有以下三项:

第一,撤销权期间届满。导致民事法律行为可撤销的事由多样,不同情况下撤销权消灭期间有所不同。重大误解的民事法律行为的撤销权行使期间为 90 日,自当事人知道或者应当知道撤销事由之日起算。受胁迫的民事法律行为的撤销权行使期间为 1 年,自胁迫行为终止之日起算。其他可撤销民事法律行为的撤销权行使期间为 1 年,自撤销权人知道或者应当知道撤销事由之日起算。

第二,撤销权人明确表示放弃或者以自己的行为放弃撤销权。撤销权人放弃撤销权的意思表示既可以采取明示方式,也可以采取默示方式。

第三,自民事法律行为发生之日起满 5 年。可撤销的民事法律行为在撤销权未行使前一直处于不确定状态。为了稳定当事人之间的权利和义务关系,保护当事人利益,维护交易安全,本条将撤销权的消灭设置为 5 年,当事人自民事法律行为发生之日起,不论其是否知道撤销事由,5 年内没有行使撤销权的,撤销权消灭。

关联法规索引

《民法典》第 199 条

典型案例

白银市第一人民医院、甘肃铜城工程建设有限公司建设工程施工合同纠纷案[1]

※案情简介:甘肃铜城工程建设有限公司(以下简称铜城建设公司)承揽白银

〔1〕 本案根据甘肃省高级人民法院(2021)甘民终 619 号判决书整理。

市第一人民医院(以下简称白银第一医院)的新建门急诊综合楼工程项目,2010 年 9 月,双方签订了《建设工程施工合同》。工程竣工后,白银第一医院委托三轮公司对铜城建设公司报送的竣工资料进行结算审核,2014 年 12 月 12 日三轮公司出具了《结算审核报告》,最终确定结算价为 45,978,215.26 元,铜城建设公司、白银第一医院及监理、第三人审核单位在决算书上签字盖章进行了确认。白银第一医院先后陆续支付了工程款 39,080,000 元,剩余 6,898,215.26 元没有支付。

2011 年 10 月 16 日铜城建设公司、白银第一医院签订《建设工程施工合同》,约定由铜城建设公司承建白银第一医院门诊综合楼配套工程。铜城建设公司主张的工程价款包含该份合同所涉工程。

※争议焦点:本案的争议焦点为一审法院以《工程结算签署表》作为案涉工程款的结算依据是否正确。

※判决结果:法院认为,首先,行政审计是审计机关对政府投资和以政府投资为主的建设项目的预算执行情况和决算进行审计监督的活动,该审计活动仅是对建设单位的监督行为,其本身不干涉平等主体间的民商事活动,也不影响建设单位与承建单位所签合同关于结算约定的效力。故行政审计结果只有在建设工程施工合同明确约定以行政审计、财政评审作为工程价款结算依据时,才可作为工程价款的结算依据。白银第一医院所主张的采用《审计报告》作为结算依据缺乏事实和法律依据,法院不予认可。

其次,2014 年 12 月,白银第一医院、铜城建设公司在《工程结算签署表》中签字,该行为应视为就案涉工程形成的结算协议。关于该协议的效力,白银第一医院主张存在重大误解情形,应属于可撤销合同。本案中,白银市审计局于 2018 年 5 月 21 日出具《审计报告》,白银第一医院在庭审中认可其随即收到该报告。此时,白银第一医院已经知道《结算审核报告》存在错误、其签署《工程结算签署表》时对工程款数额存在重大误解的情形,但直至 2020 年 7 月铜城建设公司提起本案诉讼前,白银第一医院都没有请求人民法院或仲裁机构对该签署表中确定的工程款数额予以变更或撤销,根据上述法律规定,其已丧失了对《工程结算签署表》的撤销权。撤销权因撤销权人未在法定除斥期间内行使而消灭,合同产生自始效力,故本案《工程结算签署表》的内容应属有效。

※案例解读:可撤销合同需由撤销权人在法定除斥期间向人民法院、仲裁机构提出撤销请求,使已生效的意思表示归于无效。而本案白银第一医院并未在法定

期间内行使撤销权,故合同自始发生效力。

第一百五十三条 【违反强制性规定与违背公序良俗的民事法律行为的效力】违反法律、行政法规的强制性规定的民事法律行为无效。但是,该强制性规定不导致该民事法律行为无效的除外。

违背公序良俗的民事法律行为无效。

条文解读

本条是关于违反强制性规定与违背公序良俗的民事法律行为的效力的规定。

根据本法第 143 条的规定,民事法律行为不得违反法律、行政法规中的强制性规定,不得违背公序良俗,本条明确规定了违反法律、行政法规以及违背公序良俗的民事法律行为无效。

本条第 1 款规定,违反法律、行政法规的强制性规定的民事法律行为无效,但是该强制性规定不导致该民事法律行为无效的除外。法律规范分为强制性规范和任意性规范。任意性规范的目的是引导、规范民事主体的行为,民事法律行为与任意性规范不一致的,不影响其效力。强制性规范是法律基于国家利益、社会公共利益的考量,对民事主体所施加的一种限制,民事主体在实施民事法律行为时必须服从这种限制,否则其行为将被判定为无效。

强制性规范的类型很多,依据强制性规范是否对私法上行为的法律效力有影响,强制性规范可以分为管理性规范和效力性规范。如果民事法律行为违反的是管理性的强制性规范,不会导致该法律行为无效。《最高人民法院关于当前形势下审理民商事合同纠纷案件若干问题的指导意见》第 16 条对管理性规范和效力性规范作了区分:"人民法院应当综合法律法规的意旨,权衡相互冲突的权益,诸如权益的种类、交易安全以及其所规制的对象等,综合认定强制性规定的类型。如果强制性规范规制的是合同行为本身即只要该合同行为发生即绝对地损害国家利益或者社会公共利益的,人民法院应当认定合同无效。如果强制性规定规制的是当事人的'市场准入'资格而非某种类型的合同行为,或者规制的是某种合同的履行行为而非某类合同行为,人民法院对于此类合同效力的认定,应当慎重把握,必要时应当征求相关立法部门的意见或者请示上级人民法院。"

本条第2款规定，违背公序良俗的民事法律行为无效。公序良俗关系公共利益、社会利益和国家利益，任何人不得违背。民事法律行为违背公序良俗，一律无效。

关联法规索引

《民法典》第497条

典型案例

大连科强食品有限公司、庄河市黄贵城海产品养殖专业合作社海域使用权纠纷案[1]

※案情简介：2018年3月28日，大连科强食品有限公司（以下简称大连科强）与庄河市黄贵城海产品养殖专业合作社（以下简称庄河黄贵城）签订《协议书》，协议约定双方联合开发涉案海域底播养殖项目。《协议书》约定庄河黄贵城以渔民传统捕捞作业海域作为股份参与红利分配，大连科强每年给予渔船分红，并对大南岛屯渔船家属及无船农户给予补偿；由庄河黄贵城向政府有关部门申请办理海域使用许可，大连科强无权在该海域范围申办海域使用许可。《协议书》还约定了海域范围、大连科强给付补偿款的方式和时间、双方权利义务等事宜。《协议书》签订后，双方实际履行了《协议书》。2020年4月20日，大连科强与庄河黄贵城签订《双方终止协议书》，协议约定因庄河黄贵城无法提供海域使用证保障双方利益，协议终止双方2018年3月28日签订的《协议书》，并约定允许大连科强捕捞养殖物并完整归还海域。

※争议焦点：本案的争议焦点为原判未支持大连科强的诉讼请求是否妥当。

※判决结果：本案中，大连科强与庄河黄贵城均系合法民事主体，双方于2018年3月28日签订的《协议书》系双方真实意思表示的结果，且双方按照合同约定一直履行至2020年4月20日才合意解除《协议书》，而且该协议中"庄河黄贵城以渔民传统捕捞作业海域作为股份参与红利分配，大连科强每年给予渔船分红，并对大

---

〔1〕 本案根据辽宁省高级人民法院（2021）辽民终97号判决书整理。

南岛屯渔船家属及无船农户给予补偿，庄河黄贵城的渔船不得在养殖范围内从事有损害养殖的行为，庄河黄贵城需要清滩时经看护管理人员同意方可进入”的约定并不违反法律、行政法规的强制性规定，也不违背公序良俗，原判认定该协议有效并无不妥。

至于大连科强上诉所提，庄河黄贵城并不享有案涉海域的海域使用权，其以不享有海域使用权的海域入股违反了法律、行政法规的强制性规定和公序良俗的主张。因根据案涉《协议书》第 4 条第 5 项“需要依法取得海域使用许可，由庄河黄贵城向政府有关部门申请办理，大连科强无权在该海域范围申办海域使用许可”的约定可知，大连科强在签订《协议书》时明知庄河黄贵城并非案涉海域使用权的登记人，不享有案涉海域的海域使用权，但大连科强为能够在案涉海域进行养殖并不受庄河黄贵城合作社社员出海作业的影响，自愿通过每年给予渔船分红及对大南岛屯渔船家属及无船农户给予补偿方式实现自己的养殖目的，故大连科强签订案涉《协议书》的目的并非获取案涉海域的海域使用权。另外，占有、使用海域的权利可以通过向海域行政管理部门申请取得，亦可以基于历史原因由相关渔民享有。庄河黄贵城完全可以通过征求其社员意见实现大连科强使用案涉海域的目的，而且庄河黄贵城的签约行为并未损害国家利益，亦未损害公共利益及他人的合法权益，并不违反法律、行政法规的强制性规定和公序良俗，所以大连科强的上诉主张不能成立，法院不予支持。

※案例解读：合同违反法律强制性规定时，并非必然导致合同无效，应区分违反的是效力性强制性规定还是管理性强制性规定，只有违反效力性强制性规定的合同才被认定为无效合同。实践中，民事主体可能会基于历史遗留、承包、受让等多种方式取得海域使用权，如部分民事主体无法办理海域使用权证书，其对海域实际占用、使用、处分、收益的行为并不会必然绝对地损害国家或社会公共利益，该条款是法律对实施法律行为的主体资格、资质的要求，是对违法者加以规制，以遏制其行为，并不禁止法律行为本身，应界定为管理性强制性规范。故庄河黄贵城处分涉案海域的行为不会因违反《海域使用管理法》强制性规定而导致《协议书》无效。

第一百五十四条　【恶意串通的民事法律行为的效力】行为人与相对人恶意串通，损害他人合法权益的民事法律行为无效。

条文解读

本条是关于恶意串通的民事法律行为的效力的规定。

恶意串通，是指行为人与相对人互相勾结，为谋取私利而实施的损害他人合法权益的民事法律行为。从主观上看，恶意串通要求双方有相互串通、为满足私利而损害他人合法权益的目的；从客观上看，恶意串通表现为当事人相互配合或共同实施了一定形式的行为来达到上述目的。比如，在房屋租赁合同中，出租人甲为了将房屋卖给乙，事先与乙恶意串通提高房价，使承租人丙无力竞争从而放弃。事后，甲将房子以低价卖给乙。

本条规定，行为人与相对人恶意串通，损害他人合法权益的民事法律行为无效。“损害他人合法权益”指的是行为人与相对人之外的第三人的合法权益，恶意串通损害第三人合法权益的，第三人可以提起法律行为无效之诉。

关联法规索引

《最高人民法院关于审理商品房买卖合同纠纷案件适用法律若干问题的解释》第 7 条

典型案例

梁某 1、蔡某勤、梁某 2 等股权转让纠纷案〔1〕

※案情简介：张某红与梁某 1 于 1997 年 4 月 28 日登记结婚。梁某 1 在 1995 年 5 月 30 日通过股权转让方式取得宁波金昌实业投资有限公司（以下简称金昌公司）25% 的股权，又于 1999 年 10 月 10 日无偿受让了其父亲梁某林在金昌公司的 20% 股权，至此，梁某 1 持有金昌公司 45% 股权，金昌公司的法定代表人也由梁某林变更为梁某 1。2018 年 7 月 20 日，梁某 1 将其持有的金昌公司 20% 股权无偿转让给梁某林，之后，梁某 1 持有金昌公司的股权变更为 25%。张某红以梁某 1 恶意转移夫妻共同财产与权利，侵犯其合法权益为由，诉请确认梁某 1 将金昌公司 20%

---

〔1〕 本案根据浙江省高级人民法院（2020）浙民终 957 号判决书整理。

的股权转让给梁某林的行为无效。

※争议焦点：本案的争议焦点为梁某1将金昌公司20%的股权转让给梁某林的行为效力。

※判决结果：法院认为，梁某林将金昌公司的20%股权无偿转让给梁某1的时候，是在梁某1和张某红的婚姻关系存续期间，并没有特别约定是赠与给梁某1个人，该20%股权应为梁某1和张某红夫妻的共同财产，归夫妻共同所有。梁某1在夫妻感情不和闹离婚的情况下，又将涉案股份无偿转回给其父亲梁某林。梁某1无偿转让涉案股份的行为损害了张某红的夫妻共同财产权，故梁某1无偿转让股份的行为属于恶意转移夫妻共同财产的行为。而梁某林作为梁某1的父亲，应当明知梁某1、张某红夫妻感情不和闹离婚，仍然无偿受让了涉案股份，损害了张某红的夫妻共同财产权。故梁某1与梁某林系恶意串通，损害了张某红的合法财产权。根据《民法总则》第154条的规定，行为人与相对人恶意串通，损害他人合法权益的民事法律行为无效。故一审法院据此认定梁某1无偿转让金昌公司20%的股权给梁某林的行为无效有相应依据。

※案例解读：本案中，梁某1在与张某红夫妻感情不和的情况下，擅自将股权无偿转让给其父亲梁某林，属于恶意转移夫妻共同财产，而梁某林作为受让人应该知道其儿子梁某1与张某红夫妻感情恶化，该股权转让行为会损害张某红依法享有的该股权的财产价值的权利，故梁某林取得涉案股权主观上并非善意，可以认定梁某1将股权无偿转让给梁某林的行为属于恶意串通，损害了张某红的合法权益。

第一百五十五条　【无效、被撤销的民事法律行为自始无效】无效的或者被撤销的民事法律行为自始没有法律约束力。

条文解读

本条是关于无效、被撤销的民事法律行为自始无效的规定。

无效的民事法律行为和被撤销的民事法律行为都因欠缺法律行为的有效要件而自始没有法律约束力，两者的区别如下：

第一，条件不同。无效法律行为只要存在无效的理由，无论当事人是否主张无效，该法律行为都当然无效、绝对无效；被撤销的法律行为效力的消灭，以撤销行为为条件。

第二，原因不同。无效法律行为的引起原因主要是该行为违反了法律、行政法规的强制性规范或公序良俗的原则；被撤销法律行为，如重大误解、欺诈、显失公平等，引起的原因主要是当事人意思表示不真实。

第三，有权主张的人不同。无效法律行为，双方当事人、利害关系人都可以主张该法律行为无效；被撤销法律行为，只有依法享有撤销权的当人事才能向人民法院或仲裁机构主张申请撤销该民事法律行为的效力。

关联法规索引

《民法典》第1113条

典型案例

刘某平、张某宝确认合同无效纠纷案[1]

※案情简介：张某宝在青岛市黄岛区有房屋一处，地号GT－02－6。2005年3月8日，刘某江、殷某杰作为证明人，由刘某文执笔，张某宝与刘某平签订《房屋协议书》，协议约定张某宝将其位于青岛市黄岛区房屋四间以80,000元的价格卖给刘某平，房款当面付清。2017年9月11日，小平岭村委会与刘某平签订《黄岛区铁山街道办事处小平岭村搬迁改造安置实物加货币补偿协议》，涉案房屋已拆除。山东省人民政府鲁政土字(2018)406号、鲁政土字(2018)527号、鲁政土字(2018)606号建设用地批件，批复同意将青岛市黄岛区铁山街道办事处小平岭村的农用地和未利用地转为建设用地并征收，同时征收上列建设用地，批复时间分别为2018年3月1日、2018年4月4日、2018年4月20日。另查明，刘某平户籍地为青岛市黄岛区。

※争议焦点：本案的争议焦点为案涉《房屋协议书》的效力。

※判决结果：法院认为，本案系确认合同无效的纠纷。本案中，上诉人与被上诉人签订《房屋协议书》，约定上诉人购买被上诉人名下的宅基地房屋。因宅基地

〔1〕 本案根据山东省青岛市中级人民法院(2021)鲁02民终15166号判决书整理。

使用权是集体经济组织成员享有的权利，而上诉人非案涉房屋所在地集体经济组织的成员，其购买案涉房屋的行为损害了该地集体经济组织的权益，一审法院认为上诉人与被上诉人签订的《房屋协议书》无效，并无不当，法院予以确认。关于上诉人主张案涉房屋买卖无效的情形已经消失的问题，法院认为，根据《民法典》第155条的规定，无效的民事法律行为自始无效。涉案土地的征收系因案涉村集体房屋搬迁改造以及补偿协议签订后征收，并非发生于搬迁改造之前，上诉人主张无效情形消失，无事实和法律依据，法院不予采纳。

※案例解读：无效的民事法律行为自始无效。案涉宅基地房屋买卖发生在搬迁改造前，土地征收发生于搬迁补偿协议签订后，案涉宅基地房屋因搬迁改造而拆除，刘某平与小平岭村委会签订的《黄岛区铁山街道办事处小平岭村搬迁改造安置实物加货币补偿协议》项下的补偿利益系原宅基地房屋权益的转化，仍与集体经济组织成员身份相联系，故刘某平提出的无效情形消失的主张不成立。

第一百五十六条　【民事法律行为部分无效】民事法律行为部分无效，不影响其他部分效力的，其他部分仍然有效。

条文解读

本条是关于民事法律行为部分无效的规定。

民事法律行为的无效包括全部无效与部分无效两种情形。部分无效，是指民事法律行为的内容中有一部分不符合有效规定而无效。在部分无效时，如果无效部分不影响其他部分的效力，其他部分仍可有效；如果部分无效的民事法律行为会影响其他部分效力，则其他部分也应无效。

本条规定，民事法律行为部分无效，不影响其他部分效力的，其他部分仍然有效。其主要包括以下情形：

第一，标的数量超过法律许可范围。比如，借贷合同中，双方当事人约定的利息高于国家限定的最高标准，超过部分无效。

第二，可分标的中一项或数项无效。比如，一个买卖合同中有多个标的物，其中一个或数个标的物因属于国家禁止流通物而无效，其他标的物的买卖仍然有效。

第三，民事法律行为的非根本性条款因违反法律、行政法规的强制性规定或违背公序良俗而无效。如根据《民法典》第506条的规定，合同中造成对方人身损害的、因故意或重大过失造成对方财产损失的免责条款无效。

典型案例

株洲市天正建筑安装工程有限公司与蒋某仁建设工程合同纠纷案[1]

※案情简介：2017年11月27日，双方当事人签订《株洲市天正建筑安装工程有限公司株冶搬迁重建工程项目合作合同书》（以下简称合作合同），合同约定工程合作范围为株冶集团搬迁重建（衡阳水口山厂房），甲［株洲市天正建筑安装有限公司（以下简称天正公司）］乙（蒋某仁）双方依照工程所需资金各自出资50%，利润分成（扣除税收、工资、材料款及各种费用后的纯利）甲方为6成，乙方为4成，开竣工日期为2017年12月和2019年12月。甲方负责对工程承接、施工、结算提供一切合法手续，负责协调上下左右关系等；乙方负责施工任务，对工程质量、工程进度和安全事故负全部责任。合同约定，乙方在签订合作合同时，须出资100,000元的前期工作资金交给甲方，否则此合同无效，以后工程正式实施期间，则按比例及合同要求出资。合同规定："如2018年1月底，因故还未开工，则此100,000元无息退还给乙方，甲方在此项工作中所花费的费用由甲方自理，不得从乙方款项中扣除。甲乙双方必须遵守合同，履行职责。如中途有所变动，须经双方协商，方可有效。如单方面违约，依法赔偿经济损失，并承担由此造成的一切后果。"次日，蒋某仁通过银行转账向天正公司指定账户即其法定代表人欧某惠的账户转账支付100,000元，天正公司于当日向蒋某仁出具收条，载明："今收到蒋某仁交来工程施工定金100,000元，其余事宜，按合作协议办理，此据。"因天正公司至今未退还该100,000元，遂酿成本案纠纷。

※争议焦点：本案的争议焦点为天正公司是否应向蒋某仁退还100,000元及利息。

※判决结果：天正公司是否应向蒋某仁退还100,000元及利息涉及合作合同效力的认定以及是否符合返还条件的问题。

---

[1] 本案根据湖南省株洲市中级人民法院(2021)湘02民终1997号判决书整理。

关于合作合同的效力问题。根据《民法典》第791条的规定，承包人不得将其承包的全部建设工程转包给第三人或者将其承包的全部建设工程肢解以后以分包的名义分别转包给第三人。根据《民法典》第153条第1款、《最高人民法院关于审理建设工程施工合同纠纷案件适用法律问题的解释(一)》第1条第2款的规定，建设工程转包合同为无效合同。《民法典》第156条规定："民事法律行为部分无效，不影响其他部分效力的，其他部分仍然有效。"故案涉合作合同关于建设工程转包部分的内容无效，关于合伙部分的内容仍然有效。蒋某仁缴纳给天正公司的100,000元前期工作资金的根本性质为蒋某仁作为合伙人的前期出资，在合伙部分的内容有效的情况下，合伙人的前期出资不能因建设工程转包部分的内容无效而返还，而应根据双方约定的返还条件认定是否返还。

关于是否符合返还条件的问题。可以认定天正公司虽承接了轨道安装工程，但双方并未按照合作合同的约定共同出资、共享利润，而是由蒋某仁作为公司员工计件施工，工资按照工作量计算，故天正公司承接的轨道安装工程并非案涉合作合同履行的延续，而是双方重新建立的新的民事法律关系，不能作为案涉100,000元及利息返还的阻却事由。

※案例解读：民事法律行为部分无效，不影响其他部分效力的，其他部分仍然有效。案涉合作合同中转包部分内容的无效，不影响合同其他部分的效力。

第一百五十七条　【民事法律行为无效、被撤销及确定不发生效力的后果】民事法律行为无效、被撤销或者确定不发生效力后，行为人因该行为取得的财产，应当予以返还；不能返还或者没有必要返还的，应当折价补偿。有过错的一方应当赔偿对方由此所受到的损失；各方都有过错的，应当各自承担相应的责任。法律另有规定的，依照其规定。

条文解读

本条是关于民事法律行为无效、被撤销及确定不发生效力的后果的规定。

民事法律行为无效、被撤销或者确定不发生效力，意味着民事法律行为的目的无法实现，应当恢复到民事法律行为成立或者实施前的状态，包括三种情形：(1)民事法律行为无效，是指因民事法律行为违反法律、行政法规的强制性规定或者公序良俗而被人民法院或仲裁机构宣告无效。(2)民事法律行为被撤销,是指因意思表示不真实,受害人请求而被人民法院或仲裁机构予以撤销。(3)民事法律行为确定不发生效力,是指民事法律行为虽已成立,但由于生效条件确定无法具备而不能生效的情况。比如,须经审批才能生效的民事法律行为,因未经审批而无法生效;附条件生效的民事法律行为,因生效条件确定无法具备而无法生效。

本条规定了民事法律行为无效、被撤销以及确定不发生效力的几种法律后果:

第一,返还财产。民事法律行为无效、被撤销以及确定不发生效力,意味着不发生法律拘束力,不能履行;已经履行的,当事人应当恢复该民事法律行为实施前的状态,将因该行为取得的财产返还给相对人。

第二,折价补偿。无法返还的或者没有返还必要的,如已经消费或转让,应当按该财产的市价给相对人金钱以代替财产返还。

第三,赔偿损失。因民事法律行为的实施致一方有损失的,由过错一方赔偿损失;如果实施该民事法律行为的双方都有过错,各方按各自的过错承担相应的民事责任。

配套法规及解读

《最高人民法院关于适用〈中华人民共和国民法典〉总则编若干问题的解释》(2022年2月24日)

第二十三条 民事法律行为不成立,当事人请求返还财产、折价补偿或者赔偿损失的,参照适用民法典第一百五十七条的规定。

※法规解读:

《民法典》第157条对民事法律行为无效的法律后果作了明确规定。但是,《民法典》对民事法律行为不成立的法律后果未作明确规定。为统一法律适用,该解释第23条规定,民事法律行为不成立时,当事人请求返还财产、折价赔偿或者赔偿损失的,适用《民法典》第157条的规定,另一方应当返还基于该行为取得的财产;不能返还或者没有必要返还的,应当折价补偿。有过错的一方应当赔偿对方由此所受到的损失;各方都有过错的,应当各自承担相应的责任。法律另有规定的,依照其规定。

关联法规索引

《民法典》第 665 条、第 760 条

典型案例

李某、邱某杰特许经营合同纠纷案〔1〕

※案情简介：邱某杰（甲方）与李某（乙方）于 2019 年 8 月 24 日签订《“象柠”奶茶店加盟合作协议书》。但邱某杰没有特许经营授权资格，没有开办加盟的实力和经验，李某向邱某杰支付耗材器具款等共计 66，185 元。李某、邱某杰就上述各项付款均签订了付款清单。双方对案涉加盟协议的效力和返还加盟费的问题发生争议，故涉诉。

※争议焦点：本案的争议焦点为本案的赔偿应该如何确认。

※判决结果：《民法典》第 157 条规定：“民事法律行为无效、被撤销或者确定不发生效力后，行为人因该行为取得的财产，应当予以返还；不能返还或者没有必要返还的，应当折价补偿。有过错的一方应当赔偿对方由此所受到的损失；各方都有过错的，应当各自承担相应的责任。法律另有规定的，依照其规定。”本案中，涉案合同无效的主要原因是邱某杰不具备作为特许人从事特许经营活动的主体资格，其以个人名义签订特许经营合同，违反了行政法规的强制性规定，虽然李某在签订合同时未尽到注意义务亦具有一定过错，但邱某杰对涉案协议书的无效应当承担主要责任。根据涉案合同的约定，李某已向邱某杰支付加盟费 14，000 元，在涉案合同被认定无效后，上述费用应当予以返还。关于李某要求邱某杰返还设备耗材器具款的问题，因涉案设备耗材器具并非特许经营的特定设备，虽然李某购置涉案设备耗材器具系为履行涉案加盟协议，但购置相关设备亦是其对外经营的物质基础，李某支付的价款系购买费用，应当认定李某已经取得涉案设备耗材器具的所有权，李某在实际经营中也通过使用涉案设备耗材器具获得收益，且可以重复利用，因此一审法院未支持李某要求邱某杰返还设备耗材器具款的请求并无不当，法院予以维持。

〔1〕 本案根据河南省高级人民法院（2021）豫知民终 476 号判决书整理。

关于李某要求赔偿损失的问题,首先,本案的店面装修设计、安装、运费以及广告费是根据邱某杰的设计方案及要求为履行合同约定而支出的费用,在特许经营合同无效后已无法重复利用,应视为损失,邱某杰应当赔偿李某部分上述费用;其次,李某请求的自购设备材料款、租赁场地费系李某经营过程中的正常投入,系其自身所应承担的经营风险,并不因特许经营合同关系中特许人不具有法律规定的特许人主体资质而不产生该费用,应当认定为经营期间的成本支出;最后,李某提交的拆除搬运、租房储存货物的合同系其与第三方签订,所支出的费用无充分证据证明系因合同无效而导致的损失,李某要求邱某杰承担上述损失事实依据不足。综上,一审法院认定涉案《"象柠"奶茶店加盟合作协议书》无效,判决邱某杰返还李某加盟费 14,000 元及赔偿李某装修费等损失 13,500 元,驳回李某的其他诉讼请求并无不当,法院予以维持。

※案例解读:民事法律行为无效、被撤销以及确定不发生效力,意味着不发生法律拘束力,不能履行。已经履行的,当事人应当恢复该民事法律行为实施前的状态,将因该行为取得的财产返还给相对人。本案中,案涉加盟协议被认定无效后,邱某杰应当返还李某的加盟费及其造成的损失。

第四节　民事法律行为的附条件和附期限

第一百五十八条　【附条件的民事法律行为】民事法律行为可以附条件,但是根据其性质不得附条件的除外。附生效条件的民事法律行为,自条件成就时生效。附解除条件的民事法律行为,自条件成就时失效。

条文解读

本条是关于附条件的民事法律行为的规定。

附条件的民事法律行为,是指行为人在民事法律行为中约定一定条件,以该条件的成就与否作为民事法律行为效力发生与消灭与否的依据的民事法律行为。[1]条件应当符合以下要求:

〔1〕 郭明瑞:《民法总则通义》,商务印书馆 2018 年版,第 255 页。

第一，必须是将来发生的事。条件必须是当事人实施民事法律行为时尚未发生的、并不存在的事实。

第二，必须是不确定的事实。条件在将来是否发生当事人不能肯定，这一不确定性是条件区别于期限的原因。

第三，必须是可能的事实。条件的成就及发生或出现，必须是可能的。如果法律行为所附的条件是客观上不能成就的事实，不能称其为条件。比如，“如果太阳从西边升起”就不能成为民事法律行为的条件。

第四，必须是合法的事实。以违反法律、行政法规的强制性规范或者违背公序良俗的事实作为条件，成为不法条件，附不法条件的法律行为应宣告无效。

第五，不得与附条件的法律行为的主要内容相矛盾。

以附条件决定民事法律行为效力发生或消灭为标准，条件可以分为生效条件和解除条件。生效条件，是指使民事法律行为效力发生与否的条件。条件具备，民事法律行为生效；条件不具备，民事法律行为不生效。解除条件，是指对已经生效的民事法律行为，当条件具备时，该行为失效；当条件不具备时，该行为继续有效。因此，本条规定，附生效条件的民事法律行为，自条件成就时生效；附解除条件的民事法律行为，自条件成就时失效。

配套法规及解读

《最高人民法院关于适用〈中华人民共和国民法典〉总则编若干问题的解释》(2022年2月24日)

第二十四条　民事法律行为所附条件不可能发生，当事人约定为生效条件的，人民法院应当认定民事法律行为不发生效力；当事人约定为解除条件的，应当认定未附条件，民事法律行为是否失效，依照民法典和相关法律、行政法规的规定认定。

※法规解读：《民法典》第136条第1款规定，民事法律行为自成立时生效，但是法律另有规定或者当事人另有约定的除外。“法律另有规定或者当事人另有约定的”实际就是关于民事法律行为成立条件的规定。民事法律行为虽然成立、有效，但是在有些情况下，还需要具备另外一项或几项法律行为本身以外的条件才能生效，这些条件就是法律行为的生效要件。这些条件可以是以下的一种或几种：(1)可以是一项法律行为，如需要登记机关的登记、第三人的同意等。(2)需要某

些事件的发生,如死因行为,即以行为人死亡为特别生效要件。(3)当事人约定的生效条件或期限,如附延缓条件的民事法律行为在所附条件成就时发生法律效力,再如附始期的民事法律行为以期限到来为特别生效要件。法律行为的有效要件是法律行为的组成部分,只有具备了这些要件,法律行为才有效;法律行为的生效要件并不是法律行为的组成部分,它是外部强加给法律行为发生法律效力的外部要件。

民事法律行为所附条件应具有可能性,如果当事人将不可能发生的"条件"作为民事法律行为的生效条件,人民法院应当认定民事法律行为不发生效力;如果当事人将不可能发生的"条件"约定为解除条件,应当认定未附条件,民事法律行为是否失效,依照《民法典》和相关法律、行政法规的规定认定。

典型案例

蔡某云、胡某合同纠纷案[1]

※案情简介:胡某与前夫李某金婚内育有一子一女李某1、李某2。2007年,胡某与李某金解除婚姻关系。此后李某金长期外出务工,胡某仍在户籍地岚皋县××镇居住,并与蔡某云发展为同居关系。2018年,胡某以其本人及李某金、李某1、李某2一家四人名义享受国家易地扶贫搬迁安置政策,出资10,000元购买了位于岚皋县××镇下河坝希望城小区×号楼×单元×0×室住房一套,并与蔡某云于2019年年底搬迁入住。后因发生矛盾,胡某、蔡某云于2021年1月28日协议解除同居关系,并签订了"分家协议"。双方在协议中约定:胡某自愿将希望城小区×号楼×单元×0×室房屋送给蔡某云暂住,蔡某云居住期间,胡某不得收取房租;如胡某外出务工不顺,可随时收回房屋,蔡某云不得以任何理由阻挡。双方同时约定:蔡某云居住房屋期间,胡某不得收取任何房租,直到蔡某云去世。协议签订后胡某即外出务工,但不久因故辞工返家。胡某向蔡某云提出交还房屋,被蔡某云拒绝,经相关基层组织调解无果,故胡某提起诉讼。

※争议焦点:本案的争议焦点为胡某是否有权收回房屋。

[1] 本案根据陕西省安康市中级人民法院(2022)陕09民终210号判决书整理。

※判决结果：法院认为，《民法典》第158条规定："民事法律行为可以附条件，但是根据其性质不得附条件的除外。附生效条件的民事法律行为，自条件成就时生效。附解除条件的民事法律行为，自条件成就时失效。"经查，上诉人蔡某云在有配偶的情况下与被上诉人胡某同居，双方于2021年1月28日签订的"分家协议"名为分家协议，实为《民法典》第467条第1款规定的法律没有明文规定的合同，故双方当事人之间的纠纷为合同纠纷，一审判决认定本案为借用合同纠纷不当，法院予以纠正。案涉合同第2条约定："胡某拟于2月份外出务工，自愿将案涉房屋送给蔡某云暂时居住，如外出务工不顺，胡某可随时收回房屋，蔡某云不得以任何理由阻挡。"第4条约定："蔡某云居住期间，胡某不收取房租，直到蔡某云去世。"《民法典》第142条第1款规定："有相对人的意思表示的解释，应当按照所使用的词句，结合相关条款、行为的性质和目的、习惯以及诚信原则，确定意思表示的含义。"结合案涉合同全部条款、双方当事人的行为目的、诚实信用原则，案涉合同第4条的继续履行以案涉合同第2条约定的胡某收回房屋的条件不成就为前提。案涉合同签订后，胡某外出务工不久因故辞工返家，双方约定的胡某收回房屋的条件已成就，蔡某云以案涉合同第4条的约定作为抗辩理由不能成立，故对于胡某请求蔡某云返还案涉房屋的请求原审法院予以支持并无不当。但一审判决适用《民法典》第730条关于租赁期限没有约定或约定不明确的法律后果的规定错误，法院予以纠正。

※案例解读：附生效条件的民事法律行为，自条件成就时生效。本案中，根据案涉合同的约定，胡某收回房屋的条件已成就，故有权收回房屋。

第一百五十九条　【条件成就和不成就的拟制】附条件的民事法律行为，当事人为自己的利益不正当地阻止条件成就的，视为条件已经成就；不正当地促成条件成就的，视为条件不成就。

条文解读

本条是关于条件成就和不成就的拟制的规定。

在附条件的民事法律行为中，条件的成就与否直接关系到民事法律行为的效力状况。根据本法第158条的规定，附生效条件的民事法律行为，自条件成就时生效;附解除条件的民事法律行为,自条件成就时失效。在附条件的民事法律行为中,无论是生效条件还是解除条件,其成就与否都具有或然性,体现了当事人的意思自治。如果一方当事人为了自己的利益,通过不正当手段人为促成或阻止条件成就,则侵害了意思自治原则,也可能损害相对方的利益,所以法律予以规范。

如果当事人为了自己的利益不正当地阻止或促成条件成就,为了保护对方当事人利益,法律制裁不法行为人,拟制发生与不法当事人意图相反的后果。比如,当事人不正当地阻止条件成就,就拟制条件已经成就;如果当事人不正当地促进条件成就,就拟制条件不成就。

典型案例

北京房友圈网络科技有限公司与北京西局置业有限公司等商品房委托代理销售合同纠纷案[1]

※案情简介:北京西局置业有限公司(以下简称西局置业公司)是西城天铸商品房项目的开发商。2018 年 12 月 6 日,北京房友圈网络科技有限公司(以下简称房友圈公司)(甲方,代理商)与联众公司(乙方,合作方)签订《关于西城天铸项目渠道合作备忘》,双方约定联众公司为西城天铸项目推荐客户,有效客户成交后,房友圈公司向联众公司支付总房价 1.552% 的佣金。联众公司在合作期限内已按规定在微信群中向房友圈公司报备了购房人的信息,而房友圈公司未反馈该购房人为无效客户,后彭某文、丁某平与西局置业公司签订商品房预售合同,购买西城天铸项目房屋一套。联众公司称系因西局置业公司撬单而导致其未能继续完成后续工作内容,故涉诉。

※争议焦点:本案的争议焦点为房友圈公司应否支付联众公司佣金。

※判决结果:法院认为,本案中,房友圈公司与联众公司签订的《关于西城天铸项目渠道合作备忘》系双方真实意思表示,不违反法律法规的强制性规定,合法有效,双方均应依照约定履行。房友圈公司上诉主张双方合同约定"客户签约完成后,待开发商结账给甲方后 15 日内,甲方将佣金支付到乙方指定账户",因开发商

〔1〕 本案根据北京市第二中级人民法院(2021)京 02 民终 10356 号判决书整理。

西局置业公司未向其结算该笔费用，故房友圈公司不同意向联众公司支付佣金。根据《民法典》第159条的规定，附条件的民事法律行为，当事人为自己的利益不正当地阻止条件成就的，视为条件已经成就；不正当地促成条件成就的，视为条件不成就。涉案客户信息来源于联众公司的推荐，在法院询问时，房友圈公司亦确认联众公司在"房友圈项目沟通群"向房友圈公司报备购房人的信息属于有效信息，结合联众公司带客户看房、协助冻结排卡费等事实，房友圈公司主张该客户属于房友圈公司自己推荐成功的，明显违背客观事实。虽双方合同约定待开发商结账给房友圈公司后再向联众公司支付佣金，但根据本案事实，房友圈公司否认联众公司推荐有效客户的情形属于为自己的利益不正当地阻止条件成就的行为，应视为条件已经成就，房友圈公司应向联众公司支付佣金。一审法院结合双方合同约定及联众公司实际已完成的工作内容，酌情确定房友圈公司向联众公司支付佣金101,071.5元，较为适当，法院予以维持。

※案例解读：依法成立的合同具有法律约束力，双方当事人应当按照合同的约定全面履行各自的合同义务。联众公司与房友圈公司签订的《关于西城天铸项目渠道合作备忘》系各方真实意思表示，且不违反法律法规的强制性规定，应为有效合同。房友圈公司不正当地阻止条件成就的行为，应视为条件已经成就，因而应向联众公司支付佣金。

第一百六十条　【附期限的民事法律行为】民事法律行为可以附期限，但是根据其性质不得附期限的除外。附生效期限的民事法律行为，自期限届至时生效。附终止期限的民事法律行为，自期限届满时失效。

条文解读

本条是关于附期限的民事法律行为的规定。

附期限的法律行为，是指法律行为中指明一定期限，把期限的届至作为法律行为效力发生或终止的根据。[1] 附条件的民事法律行为与附期限的民事法律行为最重要的区别在于：条件的发生与否并不确定，但是期限的到来则是确定发生的事

〔1〕　参见王利明主编：《中华人民共和国民法总则详解》（下），中国法制出版社2017年版，第703页。

实。需要注意的是，期限的到来是确定无疑的，但是期限到来的具体时间却未必确定。比如，甲对乙说“这个租客退房后，我就把房子租给你”，租客退房是将来必定发生的事实，但退房时间则不能确定。

根据所附期限决定民事法律行为的生效或失效，期限可以分为生效期限和终止期限。生效期限，是指决定民事法律行为效力发生的期限；终止期限，是指决定民事法律行为效力消灭的期限。如甲对乙说“租客退房，我就把房子租给你”，租客退房就是生效期限，期限届至时，甲、乙的租赁合同生效。又如，甲对乙说“下个月房租到期的时候，我就不把房子租给你了”，“下个月房租到期的时候”是必然到来的事实，期限届至时，甲、乙之间的租赁合同失效。

典型案例

丁某平、淮安通威饲料有限公司渔业承包合同纠纷案〔1〕

※案情简介：2018年3月14日，淮安通威饲料有限公司（以下简称通威公司）以提供鱼饲料和提供技术指导培训服务为前提，与丁某平签订《鱼塘养殖承包合同》，合同约定承包期自2018年3月1日起至2023年2月28日止，计5年，承包面积为62.37亩，承包单价为1360元/亩，年承包金为84,823.2元，每年的承包费在当年度2月15日前一次性交清。合同第8条约定，如丁某平未及时、足额交纳承包金，通威公司可解除或提前终止合同，并按合同承包费的5%支付违约金。合同履行至2021年度，丁某平于2021年3月27日、3月31日分别向通威公司交纳承包金37,000元、30,000元，计67,000元，尚欠17,823.2元。

※争议焦点：本案的争议焦点为丁某平是否应当按照合同总金额的80%交纳租金。

※判决结果：法院认为，首先，丁某平上诉提出应按照合同总金额的80%交纳租金，但并未提供通威公司向其出具的《租金收取告知书》，丁某平所提供的通威公司向许某立出具的《租金收取告知书》，与本案没有关联性，故丁某平的上诉主张无事实和法律依据。即便许某立的告知书与本案有关联性可以参照适用，丁某平也

〔1〕 本案根据江苏省淮安市中级人民法院（2021）苏08民终4763号判决书整理。

应在2021年2月15日前缴清,至迟也应早于2021年3月1日。其次,从该租金收取告知书的内容来看,告知书载明:“根据合同约定,许某立所承包的养殖场池塘2021年度租金162,519元,应于2021年2月15日前缴清,截至今日,我司未收到你的应交款,按合同规定,你已逾期。现请你在2021年3月1日前联系公司管理人员付清2021年度鱼塘租金。”根据上述内容,通威公司同意以80%的标准交纳租金的前提条件是2021年3月1日前付清,而丁某平履行与否并不确定,故支付涉案款项是附条件的,丁某平上诉主张上述约定是附期限的约定,没有事实依据,法院不予采纳。最后,丁某平主张逾期付款也不应按100%的租金全额交纳,告知书中要求交纳的是下一年度租金,即先交纳再使用是同意按照80%支付,但丁某平并未按合同履行,所以该告知书并不表明通威公司认可租金以80%来收取。此外,告知书中明确载明“按合同条款,通威公司有权单方面终止合同,同时追究违约责任及占塘费用”,丁某平既未按合同约定使用通威公司饲料,也未按时足额交纳租金,通威公司依据承包合同要求丁某平给付租金有事实和法律依据。

※案例解读:附条件的民事法律行为与附期限的民事法律行为最重要的区别在于:条件的发生与否并不确定,但是期限的到来则是确定发生的事实。本案中,通威公司同意以80%的标准交纳租金的前提条件是2021年3月1日前付清,但丁某平是否履行并不能确定,故该约定属于附条件而非附期限的法律行为。

第七章 代　理

第一节 一般规定

第一百六十一条 【代理适用范围】民事主体可以通过代理人实施民事法律行为。

依照法律规定、当事人约定或者民事法律行为的性质，应当由本人亲自实施的民事法律行为，不得代理。

条文解读

本条是关于代理适用范围的规定。

代理，是指代理人以被代理人的名义实施民事法律行为，由被代理人承担代理行为后果的行为。代理制度的确立意义在于：第一，扩大了民事主体实施民事法律行为的空间。随着社会的发展，交易范围、规模、种类明显扩张，民事主体限于地域、知识、能力等方面的原因，需要通过代理人实施民事行为。第二，补充了民事主体资格的不足。比如，无民事行为能力人、限制民事行为能力人可以通过法定代理人实施其所不能实施的民事法律行为。所以，本条第 1 款规定，民事主体可以通过代理人实施民事法律行为。

根据本条第 2 款的规定，不得代理的情形有以下三种：

第一，法律规定应由本人亲自实施的民事法律行为，如结婚、收养、立遗嘱等。本法第 1049 条规定："要求结婚的男女双方应当亲自到婚姻登记机关申请结婚登记。符合本法规定的，予以登记，发给结婚证。完成结婚登记，即确立婚姻关系。未办理结婚登记的，应当补办登记。"第 1109 条第 2 款规定："外国人在中华人民共和国收养子女，应当经其所在国主管机关依照该国法律审查同意。收养人应当提供由其所在国有权机构出具的有关其年龄、婚姻、职业、财产、健康、有无受过刑事处罚等状况的证明材料，并与送养人签订书面协议，亲自向省、自治区、直辖市人民政府民政部门登记。”

第二，当事人约定不得代理的民事法律行为。当事人双方基于某种原因，约定某一民事法律行为必须由本人亲自实施的，当事人应当遵守这一约定，不得通过代理人实施。

第三，依照民事法律行为的性质，应当由本人亲自实施的民事法律行为。一般来说，凡是义务的履行与特定人的身份有关的民事法律行为，不适用代理。比如，特别邀请某演员参加演出，该行为带有人身性质，某演员不可以请人代理该演出行为。

关联法规索引

《民法典》第19~23条、第1049条、第1109条

典型案例

李某1与李某3等法定继承纠纷案[1]

※案情简介：李某5与李某2系夫妻关系，共生育二子二女，即长子李某7（1982年死亡，无子女）、次子李某1、长女李某6、次女李某3。李某6与张某1系夫妻关系，二人共生育一子张某3、一女张某2。2002年，李某5死亡。2017年9月，李某6死亡。32号院房屋原系李某5与李某2所有的祖遗房产。2009年7月28日，北京市人民政府的征地批复决定征收32号院房屋所在地块。因李某2与北京市土地整理储备中心平谷区分中心（以下简称土储平谷分中心）就拆迁安置补偿问题未能达成一致，平谷住建委于2012年3月12日作出拆迁纠纷裁决书，裁决李某2于接到该裁决书之日起15日内，将32号院房屋腾空交土储平谷分中心拆除，并对相关的拆迁补偿作出裁决。后李某2针对该裁决书提起的复议和诉讼均被驳回，32号院房屋于2013年9月16日被法院强制拆除。2015年11月18日，李某2与北京市平谷区夏各庄镇人民政府签订北京市集体土地住宅房屋拆迁安置补偿协议书。2017年11月15日，李某2与北京绿都基础设施投资有限公司签订夏各庄

〔1〕 本案根据北京市第三中级人民法院（2021）京03民终15449号判决书整理。

新城回迁购房协议，约定李某2购买回迁房两套。

李某2、张某1、张某2、张某3、李某3起诉要求分割李某2与其丈夫李某5的夫妻共同财产即32号院房屋拆迁所得拆迁补偿款183,352元及平谷区101室和102室，继承并分割李某5上述遗产，对李某1少分或不分。

※争议焦点：本案的争议焦点为一审是否存在程序问题。

※判决结果：法院认为，关于李某2、李某3委托诉讼代理人出庭应诉是否符合法律规定。《民法总则》第161条规定："民事主体可以通过代理人实施民事法律行为。依照法律规定、当事人约定或者民事法律行为的性质，应当由本人亲自实施的民事法律行为，不得代理。"人身专属性的行为，即具有严格的人身性质而且必须由本人亲自作出决定和予以表达的行为，如订立遗嘱、婚姻登记、收养子女等，不得代理。本案中李某2、李某3属于完全行为能力人，法律并未明确规定继承或分家析产的案件当事人需本人到庭，亦不属于人身专属性的行为，李某2及李某3委托代理人参加诉讼符合法律规定。李某2虽然年纪较大，但一审法院曾经于2018年4月1日前往李某2家中进行过谈话，李某2并不存在神志不清、无法正确表达的情形，并表示两套安置房屋及拆迁补偿不给李某1。故李某1该项上述意见，无事实及法律依据，法院不予采信。

※案例解读：依照法律规定、当事人约定或者民事法律行为的性质，应当由本人亲自实施的民事法律行为，不得代理。本案中，法律并未明确规定继承或分家析产的案件当事人需本人到庭，亦不属于人身专属性的行为，李某2及李某3可以委托代理人进行诉讼。

第一百六十二条　【代理效力】代理人在代理权限内，以被代理人名义实施的民事法律行为，对被代理人发生效力。

条文解读

本条是关于代理效力的规定。

从代理的概念可以看出，不同于一般民事法律行为只涉及当事人和相对人的关系，代理至少涉及三方民事主体的关系：代理人与被代理人（本人）的关系、代理人与相对人的关系、被代理人与相对人的关系。

代理行为有以下特征：

第一，代理人在代理权限范围内实施代理行为。代理人只能在代理权限内实施代理行为，而不能在代理权限之外进行代理活动。代理人在代理权限之外的代理行为，属于无权代理，不能发生代理的法律后果。代理分为法定代理和委托代理。法定代理中代理人的权限由法律规定，如本法第34条第1款规定："监护人的职责是代理被监护人实施民事法律行为，保护被监护人的人身权利、财产权利以及其他合法权益等。"委托代理中代理人的权限则由被代理人在授予代理人权限时自主决定。

第二，代理人以被代理人的名义实施民事法律行为。根据本法第161条的规定，民事主体可通过代理人实施民事法律行为，且该行为应当是可代理的行为。若依照法律规定、当事人约定或者民事法律行为的性质，应当由本人亲自实施的民事法律行为，不得代理。

第三，代理行为直接对被代理人发生效力。代理人在代理权限内实施的民事法律行为，相当于被代理人自己实施的民事法律行为，直接由被代理人承受代理行为的法律后果。简言之，代理行为所产生的权利和义务都由被代理人享有和承担。

关联法规索引

《民法典》第23条、第34条、第43条

第一百六十三条　【代理类型】代理包括委托代理和法定代理。

委托代理人按照被代理人的委托行使代理权。法定代理人依照法律的规定行使代理权。

条文解读

本条是关于代理类型的规定。

根据《民法通则》第64条的规定，代理包括委托代理、法定代理和指定代理。其中，委托代理人按照被代理人的委托行使代理权；法定代理人依照法律的规定行使代理权；指定代理人按照人民法院或者指定单位的指定行使代理权。在制定《民法总则》的时候,有意见认为,指定代理只是法定代理的一种特殊形式,没有必要单独列为一种代理的类型。[1] 本条规定代理分为委托代理和法定代理两种。

第一种,委托代理。本条第 2 款规定,委托代理人按照被代理人的委托行使代理权。代理人基于被代理人的意思而享有并行使代理权,所以委托代理又被称为意定代理。

第二种,法定代理。法定代理是法定代理人依照法律的规定行使代理权的代理行为。法定代理人的代理权来自法律的直接规定,而不是由被代理人授予的。法定代理权主要包括以下情形:(1)父母和其他监护人对被监护人的法定代理权。本法第 23 条规定:“无民事行为能力人、限制民事行为能力人的监护人是其法定代理人。”(2)基于紧急状态法律特别授权的代理。比如,在某些紧急情况下,船长、承运人、保管人依照法律规定可以作为货主的代理人行使代理权。(3)家事代理权。如夫妻对于夫妻及未成年子女共同生活日常所需的物品以及医疗保健等事项,可互为代理人。(4)财产代管人的代管。如本法第 42 条规定:“失踪人的财产由其配偶、成年子女、父母或者其他愿意担任财产代管人的人代管。代管有争议,没有前款规定的人,或者前款规定的人无代管能力的,由人民法院指定的人代管。”

关联法规索引

《民法典》第 23 条、第 42 条

典型案例

程某荣、张某香合同纠纷案[2]

※案情简介:程某荣通过张某香知晓投资平台,委托张某香帮助其操作,并将款项转账至张某香的银行账户,再由张某香将款项转账给平台指定的打款账户,平台又通过张某东、孙某玉等指定的账户将收益支付至程某荣的个人账户。张某香系受程某荣的委托,以程某荣的名义向涉案投资平台转账,由程某荣实际获得收

[1] 李适时主编:《中华人民共和国民法总则释义》,法律出版社 2017 年版,第 509 页。

[2] 本案根据湖北省宜昌市中级人民法院(2021)鄂 05 民终 2273 号判决书整理。

益。后程某荣要求张某香返还款项并支付利息损失。

※争议焦点：本案的争议焦点为程某荣与张某香之间是否存在民间借贷关系以及张某香是否应当偿还案涉转款。

※判决结果：法院认为，本案中，程某荣与张某香之间无债权凭证，虽有款项的交付，但双方对于款项的性质存在争议。程某荣主张其交付给张某香的款项系借款，而张某香予以否认，辩称此款项系因程某荣不会操作，委托其帮忙在广州华军合创电子商务有限公司相关投资平台进行投资的投资款，张某香提交了银行账户流水等证据，证明收到程某荣转款后即将款项转账至广州华军合创电子商务有限公司指定的打款账户。在此情况下，程某荣应当就双方存在借贷合意承担举证证明责任。程某荣主张，根据其提交的与张某香聊天记录的第53页和第54页的信息，可以证明双方并未达成代理投资合意，而是构成借贷合意。上述微信聊天记录以及程某荣提交的其他微信聊天记录大部分内容为投资平台关闭后，程某荣向张某香要求对账和负责的内容，涉及借贷问题的部分均系程某荣单方提出，张某香并未认可，故微信聊天记录不能证明双方存在借贷合意，程某荣对此应承担举证不利的责任。根据一审查明的事实，张某香在收到程某荣转款后，在当天就转账至投资平台的指定账户，并且程某荣于打款后从平台处直接获得了收益，进一步说明张某香陈述系帮助程某荣向投资平台投资的行为具有合理性，故程某荣要求张某香返还案涉款的诉讼请求，缺乏事实和法律依据，一审法院对该主张不予支持，并无不当。

※案例解读：本案中，程某荣通过张某香知晓投资平台，委托张某香帮助其操作，并将款项转账至张某香的银行账户，再由张某香将款项转账给平台指定的打款账户，平台又通过张某东、孙某玉等指定的账户将收益支付至程某荣的个人账户。张某香系受程某荣的委托，以程某荣的名义向涉案投资平台转账，后由程某荣实际获得收益。程某荣与张某香之间实质上构成委托代理的法律关系。代理人在代理权限内，以被代理人名义实施的民事法律行为，对被代理人发生效力。程某荣共计5次向张某香转账149,000元，张某香均在收到转账后当天就转账至平台的指定账户，代理行为已经完成，故程某荣要求张某香返还案涉款的请求不能成立。

第一百六十四条 【不当履职与恶意串通的民事责任】 代理人不履行或者不完全履行职责，造成被代理人损害的，应当承担民事责任。

代理人和相对人恶意串通，损害被代理人合法权益的，代理人和相对人应当承担连带责任。

条文解读

本条是关于代理人不当履职与恶意串通的民事责任的规定。

本条第 1 款规定了代理人不当履行职责的民事责任。对于法定代理而言，代理人的权限及职责由法律规定，代理人必须根据法律规定行使代理权。比如，本法第 43 条和第 44 条规定了监护人作为法定代理人的职责及不当履行职责时的民事责任。对于委托代理而言，代理人的权限及职责由被代理人明确授权，代理人应当根据授权来行使代理权并认真维护被代理人的合法权益，当授权范围并不十分明确时，代理人应当根据诚信原则行使代理权。比如，本法第 168 条和第 169 条对于滥用代理权的规定，代理人越权行使代理权或者违反相关法律规定行使代理权，都属于不当履行代理职责，造成被代理人损害的，应当承担民事责任。

本条第 2 款规定了代理人和相对人恶意串通的民事责任。恶意串通，在主观上，代理人与相对人双方都有明知或者应知其行为会损害被代理人合法权益的故意，而且有共同的意思联络；在客观上，代理人与相对人共同实施了损害被代理人合法权益的行为。本条第 2 款规定，代理人和相对人应当根据各自的行为承担相应的民事责任。

关联法规索引

《民法典》第 43 条、第 44 条、第 168 条、第 169 条

典型案例

西安海外旅游有限责任公司
与美辰環球国際株式会社旅游合同纠纷案[1]

※案情简介：西安海外旅游有限责任公司（以下简称海外公司）（甲方）与美辰環球国際株式会社（以下简称美辰株式会社）（乙方）签订了《出境旅游组团社与境外接待社合同》，约定海外公司是组团社，美辰株式会社是地接社，组团社同意将组织成行的旅游团交由地接社接待，地接社同意按照组团社提出的接待标准安排旅行等，双方达成一致的事项应形成《接待确认书》。根据合同约定，组团社应当在双方约定的汇款时间内，把旅游团的地接社接待费用汇入地接社指定账户（一般在旅游团回国后30天内支付）；组团社业务部门业务章只用于团队相关信息确认，不作为对账、欠款确认；合同、协议以组团社公章或合同专用章、确认为准，对账单、财务收付凭证以组团社公章或财务专用章确认为准，其他印章无效。海外公司认为李某作为海外公司出境中心负责人，上述合同系李某故意隐瞒其与美辰株式会社的关系，利用在海外公司的职务便利所签订的，损害其权益，故涉诉。

※争议焦点：本案的争议焦点为涉案《出境旅游组团社与境外接待社合同》是否有效。

※判决结果：法院认为，海外公司认为李某与海外公司存在承包关系，李某隐瞒其作为美辰株式会社法定代表人的事实，并与海外公司签署涉案《出境旅游组团社与境外接待社合同》，存在欺诈行为，并构成自我交易，违反《民法总则》第154条、第164条、第168条等禁止性规定，该合同应认定无效。本案中，首先，李某与海外公司所签署的《部门经营目标责任书》的性质是海外公司与其内部员工之间签订的经营目标责任书，并非委托合同，不存在代理的法律关系，并且，2018年之后双方并未续签《部门经营目标责任书》。其次，按照《部门经营目标责任书》约定，李某负责的部门任务之外的收益由李某单独享有，亏损或不足部分由李某补足差额，《出境旅游组团社与境外接待社合同》签订后，该部分利润由美辰株式会社享有，在海外公司年度业务额度未亏损的情况下，李某恶意与他人串通损害海外公司

[1] 本案根据陕西省高级人民法院（2020）陕民终618号判决书整理。

利益的基础就不存在，海外公司主张李某恶意与他人串通损害公司利益，也并未提供证据证明。最后，2019 年共 17 个赴日旅行团，其中 11 个旅行团的费用海外公司已经按照合同约定支付给美辰株式会社，海外公司作为一家专业海外旅游公司，其对海外旅游基本费用应当有客观的评价标准，其认为 2019 年李某的地接价格有失公允，其也未提供证据证明。综上，海外公司的上述主张不能成立，一审法院认定《出境旅游组团社与境外接待社合同》有效的事实正确。

※案例解读：《民法典》第 164 条第 2 款规定："代理人和相对人恶意串通，损害被代理人合法权益的，代理人和相对人应当承担连带责任。"虽然美辰株式会社法定代表人李某曾是海外公司员工，但本案无充分证据证明涉案合同的签订和履行存在恶意串通并损害他人合法权益的情形，故其根据该条款主张涉案合同无效的理由不能成立。

第二节　委托代理

第一百六十五条　【授权委托书】委托代理授权采用书面形式的，授权委托书应当载明代理人的姓名或者名称、代理事项、权限和期限，并由被代理人签名或者盖章。

条文解读

本条是关于授权委托书的规定。

委托代理，是指委托代理人按照被代理人的委托行使代理权。被代理人授权给代理人的行为称为授权行为，授权行为是一种民事法律行为。本法第 135 条规定，民事法律行为可以采用书面形式、口头形式或者其他形式。授权行为采用书面形式的，就是制作授权委托书。

根据本条规定，授权委托书的内容包括代理人的姓名或名称、代理事项、代理权限、代理期限等，被代理人还应当在授权委托书上签名或者盖章。一般来说，代理权限可以分为一般代理和特别代理。特别代理，指代理范围仅仅限于一定范围内的特性事项或特定事项的特定部分，代理人就该特别事项有代理权。特别代理应当有特别授权，如无特别授权，则为一般代理。一般代理也被称为概括代理。

关联法规索引

《民法典》第 135 条

典型案例

仁化县碧桂园房地产开发有限公司、刘某云等侵权责任纠纷案[1]

※案情简介:2019 年,仁化县碧桂园房地产开发有限公司(以下简称碧桂园公司)在开发状元府项目施工过程中,与刘某云发生争议。刘某云房屋出现开裂等损坏现象,2019 年 10 月 24 日,碧桂园公司委托广东保顺检测鉴定有限公司对刘某云所有的涉案房屋进行房屋安全鉴定。2019 年 11 月 12 日,广东保顺检测鉴定有限公司对刘某云房屋作出《房屋安全鉴定报告》。报告反映碧桂园施工对房屋有一定影响。2020 年 1 月 10 日,朱某世受碧桂园公司委托,处理碧桂园公司与刘某云之间的房屋矛盾纠纷,《人民调解协议书》列明的纠纷当事人为碧桂园公司与刘某云,加盖碧桂园公司公章的《授权委托书》亦写有“2020(仁丹调)第 01 号人民调解协议书”字样。双方就涉案《人民调解协议书》及附件《维修方案》是否对碧桂园公司发生法律效力等问题发生争议,故涉诉。

※争议焦点:本案的争议焦点为《人民调解协议书》以及《维修方案》对碧桂园公司是否发生法律效力。

※判决结果:碧桂园公司认为朱某世的行为不构成委托代理行为,因此《人民调解协议书》和《维修方案》对碧桂园公司不发生效力。对此,法院认为,碧桂园公司向朱某世出具了《授权委托书》,委托朱某世处理刘某云房屋的矛盾纠纷,虽然《授权委托书》未载明具体的委托事项,但亦未明确超出委托事项的具体内容,碧桂园公司对朱某世的上述委托事项属于概括性委托,碧桂园公司的委托行为合法有效。即使碧桂园公司认为《授权委托书》未明确朱某世的代理权限以及期限,但《授权委托书》载明了《人民调解协议书》的编号,况且《人民调解协议书》第 1 页还加盖了碧桂园公司的公章,足以认定朱某世是在代理权限内与刘某云签订了《人民调解协议书》和附件《维修方案》,故朱某世签订的《人民调解协议书》以及附件《维

---

[1] 本案根据广东省韶关市中级人民法院(2021)粤 02 民终 1525 号判决书整理。

修方案》对碧桂园公司发生法律效力，碧桂园公司应承担民事责任。

※案例解读：《民法典》第165条规定："委托代理授权采用书面形式的，授权委托书应当载明代理人的姓名或者名称、代理事项、权限和期限，并由被代理人签名或者盖章。"根据上述规定，委托代理授权采用书面形式的，授权委托书应当载明代理事项、权限和期限等。但本案《授权委托书》载明了《人民调解协议书》的编号，《人民调解协议书》也加盖了碧桂园公司的公章，可以表明朱某世是在代理权限内与刘某云签订《人民调解协议书》及其附件。

第一百六十六条 【共同代理】数人为同一代理事项的代理人的，应当共同行使代理权，但是当事人另有约定的除外。

条文解读

本条是关于共同代理的规定。

根据代理人的人数，代理可以分为单独代理与共同代理。单独代理也被称为独立代理，代理人仅为一人。共同代理的代理人为数人，即数人共同行使一项代理权。共同代理的特征如下：第一，有数个代理人。第二，只有一个代理权。如果数个代理人有数个代理权，则属于集合代理。比如，被代理人授权代理人甲为其购买一台相机、乙为其购买一台电脑，这属于集合代理。如果被代理人授权代理人甲和代理人乙共同为其购买一台相机和一台电脑，这属于共同代理。第三，数人共同行使代理权。共同行使，是指全体代理人共同同意行使代理权，享有共同的权利和义务。

根据本条规定，除非另有约定，被代理人就一个代理事项确定了数个代理人时，数个代理人应当共同行使代理权，任何一个代理人单独实施的代理行为都属越权代理。

配套法规及解读

《最高人民法院关于适用〈中华人民共和国民法典〉总则编若干问题的解释》(2022年2月24日)

第二十五条 数个委托代理人共同行使代理权，其中一人或者数人未与其他委托代理人协商，擅自行使代理权的，依据民法典第一百七十一条、第一百七十二条等规定处理。

※法规解读：共同代理，是指代理人为二人或二人以上，即同一事项的代理权由两个或两个以上的代理人共同行使的代理。例如，甲委托乙、丙共同去黑龙江购买一批木材。但是，甲委托乙去黑龙江购买一批木材，委托丙去吉林购买另一批木材，则分别属于单独代理，因为乙、丙须单独行使代理权。数个委托代理人共同行使代理权的，如果其中一人或者数人未与其他委托代理人协商，所实施的行为构成无权代理或者表见代理。表见代理属于特殊的无权代理，一人或者数人未与其他委托代理人协商，擅自行使代理权，构成表见代理的，后果由被代理人承受。被代理人承担责任之后，可向擅自行使代理权之人追偿。如果不构成表见代理，则属于无权代理。按照《民法典》第171条无权代理之规定处理。

关联法规索引

《民法典》第932条

典型案例

李颜氏、淮安市淮安区施河镇马北村沟西组等生命权、健康权、身体权纠纷案〔1〕

※案情简介：王某英与死者李某系夫妻关系，李颜氏系李某母亲，李某1、李某2均系李某女儿，李某系马北村沟西村民。2020年6月，因王庄组和沟西组共同灌溉、排水使用的涉案涵洞在上游因杂草等堵塞，影响沟渠使用，两村民小组共同计划于6月19日下午各派一名人员清理涵洞上游杂草。沟西组的李某和王庄组的王某4受各自所在村民小组派遣，一起于当日下午自带工具钉耙打捞水草，李某的妻子王某英自发随行帮忙。工作了一会儿后，李某觉得按照当时捞水草速度，捞到天黑也捞不完，于是李某自己脱衣下水，站在沟渠水中，用手拖拽水草，同时王某4站在岸上将水草往岸上拖。当时李某下水后，水面达到胸口位置。李某站在水里

〔1〕 本案根据江苏省淮安市中级人民法院(2021)苏08民终1215号判决书整理。

拖拽水草一会儿后，由于水草松动，水流开始向涵洞下泄，李某不慎被水旋涡的劲道蓄进涉案涵洞里面，堵在涵洞里出不来。后众人合力将人拖出来并送到医院，李某经医院抢救无效死亡。2020 年 6 月 21 日，沟西组与李颜氏、王某英、李某 1、李某 2 订立书面协议，由沟西组支付 4 万元，并约定该款项从法院确定赔偿款中扣除。

※争议焦点：本案的争议焦点为本案的程序是否合法。

※判决结果：李某和王某 4 系受两村民小组指派，由小组记工并支付报酬，涉案沟渠、涵洞由沟西组和王庄组共同使用、管理和受益，沟西组和王庄组是适格当事人，一审法院追加两村民小组为被告，并无不当。就一名代理人同时代理施河镇政府等 4 上诉人的问题，根据《民法典》第 166 条的规定，"数人为同一代理事项的代理人的，应当共同行使代理权，但是当事人另有约定的除外"，一审法院允许一名代理人为同一代理事项的施河镇政府等 4 上诉人进行代理，符合法律规定，不存在程序违法。李颜氏等 4 上诉人主张一审程序违法，本院不予支持。

※案例解读：数人为同一代理事项的代理人的，应当共同行使代理权，但是当事人另有约定的除外。本案中，一名代理人为同一代理事项的施河镇政府等 4 位当事人进行代理，并不违反法律的规定。

第一百六十七条　【代理违法的民事责任】代理人知道或者应当知道代理事项违法仍然实施代理行为，或者被代理人知道或者应当知道代理人的代理行为违法未作反对表示的，被代理人和代理人应当承担连带责任。

条文解读

本条是关于代理违法的民事责任的规定。

被代理人、代理人利用委托代理关系从事的违法行为可以分为两类：一类是代理事项违法，另一类是代理事项不违法而代理行为违法。本条规定，代理人知道或者应当知道代理事项违法仍然实施代理行为，或者被代理人知道或者应当知道代理人的代理行为违法未作反对表示的，被代理人和代理人应当承担连带责任。具体而言：

第一，代理事项违法，代理人知道或者应当知道该代理事项违法仍然实施了代理行为，此时，代理人与被代理人应当承担连带责任。比如，被代理人甲委托代理人乙销售假冒伪劣产品，乙知道该产品是假冒伪劣产品仍然对外销售，甲和乙应当承担连带责任。

第二，代理事项不违法而代理行为违法，被代理人知道或者应当知道该行为违法但未作反对表示的，被代理人应与代理人承担连带责任。比如，被代理人甲委托代理人乙销售某种合法产品，乙在该产品贴上假冒的名牌商标进行高价销售，甲知道后装作不知道，则甲和乙承担连带责任。

典型案例

郁某伟、罗某君等返还原物纠纷案[1]

※案情简介：郁某娣与郁某伟系姑侄关系。罗某君与郁某娣于2019年7月经人介绍相识。2020年年底，罗某君因工程款回笼的银行承兑汇票需要兑成现金，用以支付工人工资及材料款，遂找到郁某娣，郁某娣答应帮助罗某君设法兑现，并委托其侄子郁某伟与罗某君接洽。郁某伟于2021年2月6日签收罗某君的《银行承兑汇票》1张，编号尾号为0961#，面值为50万元；于2021年2月7日签收《银行承兑汇票》4张，编号尾号和面值分别为：0964#面值50万元、0963#面值50万元、2116#面值20万元、0999#面值20万元。郁某伟共计收到承兑汇票5张，面值190万元。郁某伟于2021年2月7日从自己的手机银行转汇至罗某君江南银行账号50万元，以同样的汇款方式在同年2月9日汇给罗某君20万元，在同年2月10日汇给罗某君50万元，3次汇款共计120万元，尚欠70万元未兑付。罗某君多次催要未果。郁某娣、郁某伟不具有票据从业资格。

※争议焦点：本案的争议焦点为郁某伟与郁某娣是否应对返还70万元银行承兑汇票或折价补偿人民币70万元的义务互负连带责任。

※判决结果：票据贴现属于国家特许经营业务，合法持票人向不具有法定贴现资质的当事人进行"贴现"的，该行为损害金融秩序这一社会公共利益，应当认定无效。郁某伟知道或者应当知道其代理事项违法但仍继续实施代理行为，根据《民法

[1] 本案根据江苏省常州市中级人民法院(2021)苏04民终5107号判决书整理。

典》第167条的规定,“代理人知道或者应当知道代理事项违法仍然实施代理行为,或者被代理人知道或者应当知道代理人的代理行为违法未作反对表示的,被代理人和代理人应当承担连带责任”,一审法院判决郁某娣、郁某伟共同向罗某君返还涉案面值70万元的银行承兑汇票或连带折价补偿罗某君70万元符合法律规定。

※案例解读:代理人知道或者应当知道代理事项违法仍然实施代理行为,或者被代理人知道或者应当知道代理人的代理行为违法未作反对表示的,被代理人和代理人应当承担连带责任。本案中,郁某娣、郁某伟均不具有票据从业资格,在与罗某君之间不具有真实的交易关系和债权债务关系的情况下实施票据兑现行为,违反国家法律、行政法规的强制性规定,应当认定无效。郁某伟作为郁某娣的代理人,应当知道该案涉代理行为的违法性仍然实施代理行为,郁某娣也应当知道代理人郁某伟的代理行为违法而未作反对表示,因此,郁某娣、郁某伟应当承担连带责任。

第一百六十八条 【禁止自己代理与双方代理】代理人不得以被代理人的名义与自己实施民事法律行为,但是被代理人同意或者追认的除外。

代理人不得以被代理人的名义与自己同时代理的其他人实施民事法律行为,但是被代理的双方同意或者追认的除外。

条文解读

本条是关于禁止自己代理与双方代理的规定。

代理人行使代理权时应当认真维护被代理人合法权益,忠实履行代理职责。代理职责的内涵应当包括不滥用代理权,即不得自己代理、不得双方代理、不与第三人恶意串通损害被代理人利益、不得违法代理等。本条规定了禁止自己代理与双方代理。

自己代理,是指代理人以被代理人的名义与自己实施民事法律行为。比如,甲授权乙销售一批电脑,乙以甲的名义将该批电脑卖给自己;或者,甲授权乙购买一批电脑,乙以甲的名义向自己购买该批电脑。在自己代理的情形中,交易双方实际上只有代理人一个意思表示,代理人的利益可能会与被代理人的利益冲突,从而损害被代理人利益。所以,法律禁止自己代理。但是,如果被代理人觉得没有损害其利益,法律尊重被代理人的意志,当被代理人同意或者追认时,法律也认可自己代理行为的效力。

双方代理,是指代理人同时代理被代理人和相对人实施同一民事法律行为。双方代理需要满足两个条件:第一,代理人既获得了被代理人的委托代理授权,同时也获得了相对人的委托代理授权;第二,代理人同时代理双方为同一民事法律行为。比如,甲授权乙买一批电脑,丙授权乙卖一批电脑,乙作为两方的代理人以甲和丙的名义签署一份电脑买卖合同,乙的行为构成双方代理。在双方代理的情形中,一个看似双方实施的民事法律行为实际上只有代理人一个人的意思表示,并无双方合意而且一个民事法律行为的双方利益难免冲突,代理人很容易损害其中一方的利益。所以,法律禁止双方代理。但是,如果被代理人和相对人都觉得自己的利益没有受到损害,法律尊重双方意志,当被代理人和相对人都同意或者追认时,法律也认可双方代理行为的效力。

典型案例

黄某惠、姚某兰房屋租赁合同纠纷案[1]

※案情简介:2019 年 11 月 8 日,姚某兰(甲方)与黄某惠(乙方)签订《厂房租赁合同》,黄某惠拖欠 2020 年 10 月至 2021 年 3 月的租金,且 2020 年 10 月尚欠租金 27,200 元,后续 5 个月的租金总额为 416,400 元(83,280 元×5 个月),合计拖欠租金 443,600 元。2020 年 11 月至 2021 年 2 月共拖欠水电费 80,725 元。案涉租赁物权属人为广州莱音五金设计咨询有限公司(以下简称莱音公司)。2019 年 9 月 1 日,尚一公司出具《委托出租函》,全权委托姚某兰将上述租赁物全部或部分转租、分租给第三方,姚某兰可以以自己的名义对外签订合同。2020 年 6 月 24 日,莱音公司、尚一公司、黄某惠三方签订协议书,协议记载出租方为莱音公司,第一手承租人为尚一公司,第二手承租人为黄某惠。2021 年 4 月 13 日,尚一公司出具《确认函》确认其已将本案租赁物出租方的权利和义务全部让渡给姚某兰,姚某兰与黄某惠签订的《厂房租赁合同》及基于上述合同而签订的补充协议、会议记录等约定

[1] 本案根据广东省广州市中级人民法院(2021)粤 01 民终 21026 号判决书整理。

的出租方的权利义务从合同签订之日起已完全由姚某兰承受。

※争议焦点:本案的争议焦点为姚某兰是否是本案适格原告。

※判决结果:《民法典》第168条规定:"代理人不得以被代理人的名义与自己实施民事法律行为,但是被代理人同意或者追认的除外。代理人不得以被代理人的名义与自己同时代理的其他人实施民事法律行为,但是被代理的双方同意或者追认的除外。"本案中,姚某兰与黄某惠先后签订了《厂房租赁合同》《厂房租赁合同补充协议》,尚一公司亦出具了《委托出租函》《确认函》对姚某兰、黄某惠双方签订的《厂房租赁合同》及相关权利义务表示追认,故一审法院认定姚某兰是本案适格的原告,并无不当,法院予以确认。故姚某兰与黄某惠签订的《厂房租赁合同》《厂房租赁合同补充协议》均系双方当事人的真实意思表示,内容无违反法律、行政法规的强制性规定,合法有效,法院予以确认。黄某惠上诉主张姚某兰非本案适格当事人,缺乏理据,法院不予采信。

※案例解读:本案中,尚一公司提交了《委托出租函》《确认函》,对姚某兰、黄某惠双方签订的《厂房租赁合同》及相关权利义务表示追认。且姚某兰、黄某惠双方签订的《厂房租赁合同》《厂房租赁合同补充协议》是双方当事人的真实意思表示,没有违反法律和行政法规的强制性规定,属合法有效。黄某惠认为姚某兰在本案当中主体不适格,依据不足。

第一百六十九条 【复代理】代理人需要转委托第三人代理的,应当取得被代理人的同意或者追认。

转委托代理经被代理人同意或者追认的,被代理人可以就代理事务直接指示转委托的第三人,代理人仅就第三人的选任以及对第三人的指示承担责任。

转委托代理未经被代理人同意或者追认的,代理人应当对转委托的第三人的行为承担责任;但是,在紧急情况下代理人为了维护被代理人的利益需要转委托第三人代理的除外。

条文解读

本条是关于复代理的规定。

复代理,又称再代理、转代理,是指委托代理人为被代理人的利益将其所享有的代理权转托第三人而产生的代理。基于代理人的转委托而取得代理权的人即为复代理人。

复代理的特征包括:第一,复代理人是原代理人以自己的名义选任的。复代理和本代理的最大区别就在于代理权的授予,复代理的代理权是原代理人授予的,而本代理的代理权是被代理人直接授予的。第二,复代理人的代理权以原代理人的代理权为限。第三,复代理人是以被代理人的名义实施民事法律行为,其实施代理行为的后果直接归属被代理人。

复代理成立的条件:第一,被代理人允许。被代理人允许包括事先同意和事后追认。本条第1款规定:“代理人需要转委托第三人代理的,应当取得被代理人的同意或者追认。”第二,出现紧急情况。本条第3款规定:“转委托代理未经被代理人同意或者追认的,代理人应当对转委托的第三人的行为承担责任;但是,在紧急情况下代理人为了维护被代理人的利益需要转委托第三人代理的除外。”对于紧急情况,一般理解为由于急病、通信联络中断等特殊原因,委托代理人自己不能办理代理事项,又不能与被代理人及时取得联系,如不及时转托他人代理,会给被代理人的利益造成损失或者扩大损失的情况。从维护被代理人利益出发,出现紧急情况时允许复代理存在。

复代理的法律效果。第一,本条第2款规定,复代理成立后,被代理人可以就代理事务直接指示复代理人,而原代理人仅就复代理人的选任及对复代理人的指示承担民事责任。如果原代理人因选任错误而给被代理人造成损失的,原代理人应承担责任;如果原代理人因指示错误造成被代理人损失,则原代理人也应当承担责任;如果原代理人既没有选人错误也没有指示错误,因复代理人的行为给被代理人造成损失的,由复代理人承担责任。第二,本条第3款规定,转委托代理未经被代理人同意或者追认的,则复代理不成立,代理人应对转委托的第三人的行为承担责任。

配套法规及解读

《最高人民法院关于适用〈中华人民共和国民法典〉总则编若干问题的解释》(2022年2月24日)

第二十六条　由于急病、通讯联络中断、疫情防控等特殊原因,委托代理人自己不能办理代理事项,又不能与被代理人及时取得联系,如不及时转委托第三人代理,会给被代理人的利益造成损失或者扩大损失的,人民法院应当认定为民法典第一百六十九条规定的紧急情况。

※法规解读:本条是关于判断"紧急情况"的规定。按照《民法典》第169条,存在可以复代理的情形包括:一是事先取得被代理人的同意或事后得到其追认,二是在紧急情况下代理人为了维护被代理人的利益需要转委托第三人代理的。例如,代理人因患急病而陷入不能履行所代理事务的紧急状况,同时不能与本人及时沟通联络的,可以自己单方转委托。但是何谓"紧急情况",并不明确,该解释第26条明确了"紧急情况的范围"。依据本条的规定,紧急情况的判断需要从以下三个方面进行:(1)客观原因造成委托代理人不能亲自办理委托事务,通常表现为由于急病、通信联络中断、疫情防控等特殊原因,委托代理人自己不能办理代理事项;(2)委托代理人不能与被代理人及时取得联系,如果能够与委托人取得联系,应该取得委托人的指示和授权,而不能擅自转委托;(3)具有保护被代理人利益的紧迫性,即如不及时转委托第三人代理,会给被代理人的利益造成损失或者扩大损失。

第一百七十条　【职务代理】执行法人或者非法人组织工作任务的人员,就其职权范围内的事项,以法人或者非法人组织的名义实施的民事法律行为,对法人或者非法人组织发生效力。

法人或者非法人组织对执行其工作任务的人员职权范围的限制,不得对抗善意相对人。

条文解读

本条是关于职务代理的规定。

职务代理,是指根据代理人所担任的职务而产生的代理。职务代理被认为是委托代理的特殊形式,其特殊性表现在:第一,职务代理的被代理人是法人或非法人组织。第二,职务代理的代理人是执行法人或非法人组织工作任务的工作人员。法人或非法人组织作为民事主体,可以以自己的名义实施民事法律行为,即从事具体民事活动的可以是其法定代理人,也可以是其工作人员。第三,职务代理人代理的事务限于职权范围内的事项。职务代理人的代理权基于职务产生，所以，职务代理人需在职权范围内从事代理事务，代理人实施职权范围内的代理事务无须另行授权。第四，职务代理的代理人与被代理人之间的关系是劳动关系，职务就职权范围都基于劳动关系产生。

本条第 2 款规定，法人或者非法人组织对执行其工作任务的人员职权范围的限制，不得对抗善意相对人。因为基于职务产生的限制仅仅具有内部效力，不具有对抗第三人的效力，所以为了维护交易安全和保护第三人利益，特此规定。

第一百七十一条　【无权代理】行为人没有代理权、超越代理权或者代理权终止后，仍然实施代理行为，未经被代理人追认的，对被代理人不发生效力。

相对人可以催告被代理人自收到通知之日起三十日内予以追认。被代理人未作表示的，视为拒绝追认。行为人实施的行为被追认前，善意相对人有撤销的权利。撤销应当以通知的方式作出。

行为人实施的行为未被追认的，善意相对人有权请求行为人履行债务或者就其受到的损害请求行为人赔偿。但是，赔偿的范围不得超过被代理人追认时相对人所能获得的利益。

相对人知道或者应当知道行为人无权代理的，相对人和行为人按照各自的过错承担责任。

条文解读

本条是关于无权代理的规定。

无权代理，是指行为人没有代理权而以被代理人的名义实施代理行为。

根据本条第 1 款的规定，无权代理的无权包括三种情形：一是行为人自始没有代理权；二是代理人有代理权，但是其实施的代理行为超越了代理权限；三是行为人原有代理权，但代理权终止后仍然实施的代理行为。无权代理行为未经被代理人追认的，对被代理人不发生效力。

本条第 2 款规定了相对人的催告权和善意相对人的撤销权。催告权，是指相对人催促被代理人在一定期限内明确答复是否承认无权代理行为的权利。本款规定，相对人应当以通知的方式向被代理人作出催告，且被代理人须在 30 日之内作出答复。如果未作表示，则视为拒绝追认。为了维护当事人之间的利益平衡，本款还规定了相对人享有撤销权。撤销权，是指相对人在被代理人未追认无权代理行为之前，可以撤回其对行为人所作的意思表示的权利。

行为人承担的责任基于相对人是否善意而有所区别。本条第 3 款规定了相对人为善意时，若行为人实施的无权代理行为未经被代理人追认，允许相对人进行选择，或者让行为人直接承担行为后果，或者让行为人承担损害赔偿责任。如果选择让行为人承担损害赔偿责任，赔偿的范围不得超过被代理人追认时相对人所能获得的利益。本条第 4 款规定了相对人为恶意时，即相对人知道或者应当知道行为人无权代理时，相对人和行为人按照各自的过错承担责任。

配套法规及解读

《最高人民法院关于适用〈中华人民共和国民法典〉总则编若干问题的解释》(2022 年 2 月 24 日)

第二十七条 无权代理行为未被追认，相对人请求行为人履行债务或者赔偿损失的，由行为人就相对人知道或者应当知道行为人无权代理承担举证责任。行为人不能证明的，人民法院依法支持相对人的相应诉讼请求；行为人能够证明的，人民法院应当按照各自的过错认定行为人与相对人的责任。

※法规解读：本条是关于相对人对无权代理是否知情的举证责任的规定。根据《民法典》第 171 条，无权代理未被追认的，相对人有权请求行为人履行债务或者赔偿损失。如果相对人知道或者应当知道行为人无代理权的，按照各自过错承担责任。那么，相对人是否存在知道或者应当知道行为人无代理权的举证分配对确定行为人是否负有继续履行的义务以及赔偿范围具有重要意义。根据该解释第 27 条，行为人承担证明相对人知道或者应当知道行为人无权代理的举证责任，如果行为人不能证明相对人知道或者应当知道其无代理权，行为人应承担继续履行债务或者赔偿损失的责任；如果行为人能够举证证明相对人知道或者应当知道无权代理，应根据行为人和相对人各自的过错认定行为人和相对人的责任。

典型案例

临沧辰邦木业有限公司、临沧市临翔区文华村委会上文东一组等租赁合同纠纷案〔1〕

※案情简介：临沧市临翔区文华村委会上文东一组（以下简称上文东一组）集体共同享有位于临翔区文华村上文东一组路口（临翔区艾乐幼儿园对面）的土地一宗。2020年8月24日，第三人罗某平以上文东一组的名义与临沧辰邦木业有限公司（以下简称辰邦公司）签订《场地租赁合同》，合同约定上文东一组将上述土地出租给辰邦公司使用，租赁期限自2019年11月1日起至2026年11月1日止，租金为20,000元/年，租金由辰邦公司在次年11月30日前支付上年租金。双方还对水电结算等内容进行了约定。同年9月8日，辰邦公司与临沧洪丰商贸有限公司签订《场地租赁合同》，合同约定辰邦公司将涉案土地转租给临沧洪丰商贸有限公司使用，租赁期限为5年，自2020年11月1日起至2025年11月1日止，租金为45,000元/年，租金按年支付，应于每年11月1日前支付。2020年11月16日，辰邦公司向罗某平转账支付了20,000元租金，但罗某平至今未将该款支付给上文东一组。后该土地一直由临沧洪丰商贸有限公司租赁使用至今。2021年4月18日，第三人陶某富与临沧洪丰商贸有限公司又签订一份《土地租赁合同》，约定将涉案土地租赁给临沧洪丰商贸公司，承租经营期限为1年，自2021年4月18日起至2022年4月18日止，租金为40,000元/年。双方还对权利义务和合同变更解除进行了约定。后临沧洪丰商贸有限公司直接向上文东一组及陶某富支付了租金，并于2021年5月20日向临沧市临翔区人民法院提起诉讼要求与辰邦公司解除合同，该案尚在审理中。辰邦公司认为双方合同的履行期限仍未届满，应继续履行合同，遂向法院提起诉讼。

※争议焦点：本案的争议焦点为上诉人辰邦公司主张应当继续履行与被上诉人签订的《场地租赁合同》是否应得到支持。

※判决结果：法院认为，本案中，对外出租案涉土地并未经上文东一组村民小组会议讨论决定，罗某平作为该小组网格员，并不当然取得代表集体经济组织对外

〔1〕 本案根据云南省临沧市中级人民法院（2022）云09民终20号判决书整理。

订立《场地租赁合同》的授权,故一审认定罗某平的行为系无权代理符合法律规定。辰邦公司上诉主张罗某平的代理行为有效,应对其有理由信赖罗某平具有代理权承担举证证明责任,但辰邦公司并未提交证据证实其在案涉合同的签订过程中对罗某平是否持有介绍信等授权文件进行过表面审查,未证实其已尽到审慎注意义务,也无证据证明罗某平曾以上文东一组代理人的身份进行过代理行为,应承担举证不能的不利后果。

※案例解读:本案中,罗某平在担任网格长期间将属于上文东一组的土地出租给辰邦公司使用,该租赁行为未经上文东一组村民讨论决定,也未得到授权,属于无权代理行为,事后罗某平亦未将收取的款项支付给上文东一组,未得到上文东一组及组长陶某富的明确追认,上文东一组也并未有接受相对人即辰邦公司履行合同的行为,该租赁行为对上文东一组不发生效力。

第一百七十二条 【表见代理】行为人没有代理权、超越代理权或者代理权终止后,仍然实施代理行为,相对人有理由相信行为人有代理权的,代理行为有效。

条文解读

本条是关于表见代理的规定。

表见代理,是指行为人没有代理权但有足以使相对人相信其有代理权的事实和事由,善意相对人与之实施民事法律行为的代理行为。表见代理实质上是一种无权代理,但属于有效代理。

根据本条规定,构成表见代理需要满足以下条件:第一,行为人无代理权而以被代理人的名义为代理行为。行为人有代理权当然构成有效代理,正因为行为人无代理权却以被代理人的名义进行民事活动,所以属于无权代理。第二,行为人客观上有足以使相对人相信其有代理权的事实和事由。正是基于这种事实和事由,相对人才相信行为人是有权代理。第三,相对人在主观上是善意的。此处的善意是指相对人不知道或者不应当知道行为人实际上是无权代理,而且这种不知道不是因为大意造成的。如果相对人明知或应该知道行为人是无权代理而仍旧与行为人实施民事法律行为,则构成无权代理。第四,行为人与相对人所实施的民事法律行为有效。

表见代理的法律后果有以下两点：第一，表见代理为有效代理，相对人主张表见代理成立的，由被代理人承担行为的后果，被代理人在承担有效代理行为所产生的责任后，可以向无权代理人就自己遭受的损失进行追偿。第二，表见代理毕竟属于无权代理，相对人也可以主张无权代理而撤销与行为人实施的民事法律行为，直接向无权代理的行为人追究民事责任。

配套法规及解读

《最高人民法院关于适用〈中华人民共和国民法典〉总则编若干问题的解释》(2022年2月24日)

第二十八条　同时符合下列条件的，人民法院可以认定为民法典第一百七十二条规定的相对人有理由相信行为人有代理权：

（一）存在代理权的外观；

（二）相对人不知道行为人行为时没有代理权，且无过失。

因是否构成表见代理发生争议的，相对人应当就无权代理符合前款第一项规定的条件承担举证责任；被代理人应当就相对人不符合前款第二项规定的条件承担举证责任。

※法规解读：本条是关于表见代理中"有代理权"认定的规定。表见代理在本质上属于无权代理，但因无权代理人存在有代理权的外在表征，为了保护相对人的利益，法律特别规定由被代理人承受法律后果。因此，无权代理人"有代理权"的外在表征就非常重要。根据本条规定，"有代理权"的外在表征有二：一是存在代理权的外观；二是相对人不知道行为人行为时没有代理权，且无过失。相对人承担存在代理权的外观的举证责任；对于相对人"无过失"，则采取举证责任倒置，由被代理人就相对人不知道行为人行为时没有代理权承担举证责任。

典型案例

广安沃德农业开发有限责任公司、陈某林服务合同纠纷案〔1〕

※案情简介:2020年3月15日,广安沃德农业开发有限责任公司(以下简称沃德公司)与金堂县转龙镇松柏村28组签订了《土地承包经营权流转合同》,流转该组土地发展种养殖业。2020年3月20日,沃德公司租赁陈某林的挖掘机开挖水沟、便道,约定按工时支付租金,每小时100元。陈某林两台挖掘机共计工作366小时,计36,600元。2020年4月,沃德公司支付了10,000元,尚欠26,600元未付。

※争议焦点:本案的争议焦点为沃德公司与陈某林之间是否存在施工合同关系。

※判决结果:法院认为,由于陈某林与沃德公司之间并无书面合同,应当结合在案证据分析案涉雇佣施工合同形成过程以及合同的具体履行情况来确定合同主体及合同内容。宋某兵在签订《土地承包经营权流转合同》时持有沃德公司的公章,在客观上具有沃德公司代理权的表象,又基于宋某兵系沃德公司法定代表人王某润妻弟的身份,宋某兵现场安排了挖掘施工活动,陈某林有理由相信宋某兵具有沃德公司代理权。根据《民法典》第172条的规定,"行为人没有代理权、超越代理权或者代理权终止后,仍然实施代理行为,相对人有理由相信行为人有代理权的,代理行为有效",宋某兵的行为构成表见代理,其代理行为所实施的民事活动由沃德公司承受,故沃德公司与陈某林之间存在雇佣施工的合同关系,且该合同并不违反法律、行政法规的强制性规定,合同有效。

※案例解读:《民法典》第172条规定:"行为人没有代理权、超越代理权或者代理权终止后,仍然实施代理行为,相对人有理由相信行为人有代理权的,代理行为有效。"宋某兵虽然不具有代理权,但是客观上具有代理权的表象,结合本案证据等客观情况,相对人陈某林有理由相信宋某兵具有代理权,因而宋某兵构成表见代理,法律后果由沃德公司承受。

---

〔1〕 本案根据四川省成都市中级人民法院(2021)川01民终19927号判决书整理。

第三节 代理终止

第一百七十三条 【委托代理终止】 有下列情形之一的，委托代理终止：

（一）代理期限届满或者代理事务完成；

（二）被代理人取消委托或者代理人辞去委托；

（三）代理人丧失民事行为能力；

（四）代理人或者被代理人死亡；

（五）作为代理人或者被代理人的法人、非法人组织终止。

条文解读

本条是关于委托代理终止的规定。

代理终止，即代理权消灭。本条规定委托代理终止的原因包括下列五项：

第一，代理期限届满或者代理事务完成。代理权授予是有期限的，期限届满代理权消灭。代理事务完成，委托代理人的代理权也就消灭，代理终止。

第二，被代理人取消委托或者代理人辞去委托。被代理人取消委托或者代理人辞去委托，委托代理终止。如果因为被代理人取消委托或者代理人辞去委托造成损失的，行为人应当依法赔偿损失。

第三，代理人丧失民事行为能力。代理人代理被代理人实施民事法律行为，自己必须具有行为能力，如果代理人丧失民事行为能力，委托代理当然终止。

第四，代理人或者被代理人死亡。代理人死亡，其民事行为能力终止，不可能再作为代理人进行民事活动，代理只能终止。被代理人死亡，其民事主体资格消灭，不能承受代理行为的后果，代理也应终止。但是有例外，如根据《民法典》第174条的规定，代理人不知道且不应当知道被代理人死亡，委托代理人实施的代理行为有效。

第五，作为代理人或者被代理人的法人、非法人组织终止。法人、非法人组织终止的，其民事主体资格消灭，代理当然终止。

关联法规索引

《民法典》第 933 ~936 条

典型案例

谭某玺、联成融资担保(大连)有限责任公司等公司决议效力确认纠纷案[1]

※案情简介:被告联成融资担保(大连)有限责任公司(以下简称联成担保公司)成立于2010年12月24日,时任法定代表人系于某勇,任执行董事兼总经理,持有公司40%的股份;原告谭某玺任公司监事,持有公司60%的股份。2014年8月21日,被告的监事由原告变更为案外人李某光,原告辞去公司职务。2015年12月8日,被告法定代表人由于某勇变更为案外人郇某浩,后者任公司经理。被告在第三人处备案的信息显示,2019年1月15日,被告举行股东会决议并作出相应的公司章程修正案、法定代表人任免职文件及监事选举文件,上述文件中股东确认签字处一栏的署名"谭某玺"均系于某勇代签。同年1月22日,法定代表人由郇某浩再次变更为于某勇,公司监事由李某光变更为案外人郑某谊,李某光辞去公司职务。2012年5月16日,原告向于某勇出具委托书,同日,双方就上述委托事项在大连市公证处进行了公证,大连市公证处出具了(2012)大证民字第17085号、第17086号公证书。第二份公证书由2018年3月27日谭某玺单方出具,其内容是撤销2012年5月16日的委托。

※争议焦点:本案的争议焦点为联成担保公司法定代表人于某勇在股东会决议上签字的行为是否能够代表谭某玺。

※判决结果:法院认为,本案第一份公证书是2012年5月16日作出的,内容是谭某玺委托于某勇代为出席股东大会,并代为表决。该公证书系出于双方真实意思表示作出,不违反法律、行政法规的规定,应为有效,对此双方均予认可。第二份公证书是2018年3月27日谭某玺单方出具,内容是撤销2012年5月16日的委托。依据法律规定,上诉人谭某玺作为委托人虽然有权随时解除与于某勇之间的

---

〔1〕 本案根据辽宁省大连市中级人民法院(2021)辽02民终8180号判决书整理。

委托关系，但该解除行为应当以向于某勇本人作出明确的意思表示为前提，即向合同相对人明确提出。谭某玺虽主张已将该撤销行为告知了于某勇，但于某勇不予认可，谭某玺也无证据证明其主张成立，故一审认定于某勇基于2012年5月16日谭某玺出具的授权委托书出席联成担保公司举行的股东大会，并代为行使表决权的行为合法有效，并无不当。第一份公证书中载明，该授权委托期限为"至前述委托事项终止"，并未有明确规定终止期限。上诉人谭某玺提出的"向于某勇出具的委托书仅限于被上诉人2012年9月这一次工商变更使用，此次工商变更所涉的股东会决议一经形成，委托代理关系即终止"的主张没有证据支持，对其主张本院不予支持。

※案例解读：谭某玺作为委托人依照上述法律规定有权随时解除与于某勇之间的委托关系，但该解除行为应当以原告向于某勇本人作出明确的意思表示为标志，即向合同相对人明确提出即可，不需获得相对人的同意。谭某玺于2012年5月16日授权于某勇为受托人出席被告股东大会，可以以自己的意思行使表决权并签署相应文件，并未有明确的终止期限。谭某玺于2018年3月27日通过公证《声明书》的方式单方解除了与于某勇的委托关系并称已及时告知对方，但于某勇否认其在2019年1月15日被告举行股东大会前收到前述通知，谭某玺在没有证据证明其于2019年1月15日前将解除通知送达于某勇本人的情况下，于某勇基于授权委托书出席被告举行的股东大会并代为行使表决权的行为，合法有效。联成担保公司于2019年1月15日形成的股东会决议，不违反法律强制性规定，并无无效之理由。

第一百七十四条　【委托代理终止的例外】被代理人死亡后，有下列情形之一的，委托代理人实施的代理行为有效：

（一）代理人不知道且不应当知道被代理人死亡；

（二）被代理人的继承人予以承认；

（三）授权中明确代理权在代理事务完成时终止；

（四）被代理人死亡前已经实施，为了被代理人的继承人的利益继续代理。

作为被代理人的法人、非法人组织终止的，参照适用前款规定。

条文解读

本条是关于委托代理终止的例外的规定。

根据本法第173条对委托代理终止情形的规定,被代理人死亡以及作为被代理人的法人和非法人组织终止时,委托代理终止。但是实际情形较为复杂,不宜规定此种情形下的委托代理一概终止。本条规定了被代理人死亡以及作为被代理人的法人和非法人组织终止时,委托代理人实施的代理行为仍然有效的情形,具体包括:

第一,代理人不知道且不应当知道被代理人死亡。被代理人突然死亡,代理人因时间、空间等原因不一定能及时知道,仍然在继续实施代理行为。此时如果认定代理行为无效,对代理人和相对人而言不甚合理。本条第1款第1项规定,代理人不知道且不应当知道被代理人死亡,委托代理人实施的代理行为有效。

第二,被代理人的继承人予以承认。被代理人死亡,其继承人知道代理人的存在并对其代理地位予以承认,代理人可以继续实施代理行为。

第三,授权中明确代理权在代理事务完成时终止。委托代理授权中,被代理人明确代理权在代理事务完成时才能终止的,即使被代理人死亡,代理人也可以按照委托代理继续从事代理活动,其代理行为仍然有效。

第四,被代理人死亡前已经实施,为了被代理人的继承人的利益继续代理。被代理人死亡前已经实施的代理行为,如果继续实施有利于被代理人继承人的利益,代理人应当完成该代理行为。

如果被代理人是法人、非法人组织,其终止类似于自然人的死亡,民事主体资格消灭,所以,本条第2款规定,作为被代理人的法人、非法人组织终止的,参照适用前款规定。

典型案例

赵某华、支某林确认合同无效纠纷案[1]

※案情简介:2014年4月16日,王某芝因病去世,留有遗嘱两份。2013年12

〔1〕 本案根据辽宁省沈阳市中级人民法院(2021)辽01民终6822号判决书整理。

月11日，王某芝签署《委托书》1份并在辽宁省沈阳市东陵区公证处进行公证。该《委托书》主要内容为：王某芝委托梁某艳代为办理沈阳市东陵区天坛一街12巷7-3号，建筑面积515.0平方米的房产出售中的相关事宜，包括代为查档；代为签署出售上述房屋的买卖合同和房地产交易审批登记表，并在其他与出售该房屋相关的文件、表格上签字；代为办理契税；代为办理出售该房屋、更名过户相关的全部手续并代收房款；代为到户口所在地民政局开具并领取无婚姻登记记录证明等。2014年5月19日，支某林作为买受人，梁某艳作为出卖人王某芝的代理人，双方签订《存量房买卖合同》1份，约定支某林购买王某芝的上述房屋，房屋总价款为20万元。支某林于2014年6月4日取得上述房屋产权证书。赵某华系王某芝之子，支某林的母亲系王某芝的妹妹王某艳，赵某华、支某林系表兄弟关系，当事人对沈阳市东陵区天坛一街12巷7-3号的继承权问题发生争议。

※争议焦点：本案的争议焦点为梁某艳作为委托代理人实施的代理行为的效力。

※判决结果：法院认为，关于上诉人提出被上诉人支某林无权依遗嘱通过买卖合同享有本案继承权限的问题，代理人梁某艳属无权代理，买卖合同应为无效的上诉主张，《民法典》第174条第1款规定："被代理人死亡后，有下列情形之一的，委托代理人实施的代理行为有效：（一）代理人不知道且不应当知道被代理人死亡；（二）被代理人的继承人予以承认；（三）授权中明确代理权在代理事务完成时终止；（四）被代理人死亡前已经实施，为了被代理人的继承人的利益继续代理。"本案中，王某芝出具《委托书》委托梁某艳代为出售沈阳市东陵区天坛一街12巷7-3号房产，委托期限自2013年12月11日起至2015年12月10日止。该《委托书》已在沈阳市东陵区公证处进行了公证。该委托行为发生在王某芝死亡前，王某芝死亡后梁某艳作为王某芝的委托代理人继续为王某芝的遗嘱继承人王某艳的利益代理，故依照《民法典》第174条的规定，梁某艳作为委托代理人实施的代理行为有效。上诉人提出的该项上诉主张，法院不予支持。

※案例解读：本案中，梁某艳受王某芝委托出售沈阳市东陵区天坛一街12巷7-3号房产，委托期限自2013年12月11日起至2015年12月10日止。梁某艳于2013年12月11日已经接受王某芝的委托为其办理出售沈阳市东陵区天坛一街12巷7-3号房产的事宜，该行为发生在王某芝死亡前；王某芝死亡后，梁某艳为王某芝继承人王某艳的利益继续代理，故梁某艳作为委托代理人实施的代理行为有效。

第一百七十五条 【法定代理终止】 有下列情形之一的，法定代理终止：

（一）被代理人取得或者恢复完全民事行为能力；

（二）代理人丧失民事行为能力；

（三）代理人或者被代理人死亡；

（四）法律规定的其他情形。

条文解读

本条是关于法定代理终止的规定。

法定代理依法律规定的情形产生，也应依法律规定的情形终止。本条规定了法定代理终止的情形，包括：

第一，被代理人取得或者恢复完全民事行为能力。根据本法第 19～23 条的规定，被代理人是无民事行为能力人或者限制民事行为能力人是法定代理产生的重要原因。当未成年人年满 18 周岁，或是无民事行为能力人或者限制民事行为能力人恢复了民事行为能力，被代理人不再需要监护人作为法定代理人，法定代理终止。

第二，代理人丧失民事行为能力。代理人丧失民事行为能力，无法代被代理人实施民事法律行为，法定代理当然终止。

第三，代理人或者被代理人死亡。代理人或者被代理人死亡，法定代理当然终止。

第四，法律规定的其他情形。比如，本法第 44 条第 1 款规定："财产代管人不履行代管职责、侵害失踪人财产权益或者丧失代管能力的，失踪人的利害关系人可以向人民法院申请变更财产代管人。"财产代管人变更，意味着原来的财产代管人与失踪人之间的法定代理关系终止。

关联法规索引

《民法典》第 19～23 条、第 44 条

典型案例

王某雷与中国建设银行股份有限公司北京嘉园支行借记卡纠纷案〔1〕

※案情简介:王某成与胡某兰系夫妻,二人育有3子,即王某洪、王某雷、王某良。王某成于2020年4月10日去世。2020年7月,王某成名下账号为×××的银行卡在中国建设银行股份有限公司北京嘉园支行(以下简称建行嘉园支行)处被ATM机吞卡,王某雷欲取回该卡未果,双方产生纠纷。

※争议焦点:本案的争议焦点为王某雷是否有权取回王某成被吞的银行卡。

※判决结果:依据法律规定,公民死亡后,民事权利能力终止,民事主体资格消灭;被代理人死亡,法定代理终止。王某成去世后,王某雷法定代理权终止。王某成去世后,其合法继承人胡某兰、王某洪、王某雷、王某良可依法继承或分配银行卡内的财产,此后王某成名下银行卡账户应予注销。王某雷要求取回王某成被吞银行卡并要求该卡有效期持续2年的诉讼请求,于法无据,法院不予支持。

※案例解读:《民法典》第175条规定:"有下列情形之一的,法定代理终止:(一)被代理人取得或者恢复完全民事行为能力;(二)代理人丧失民事行为能力;(三)代理人或者被代理人死亡;(四)法律规定的其他情形。"本案中,王某成去世后,王某雷的法定代理权终止,王某成银行卡内的财产可被其合法继承人继承。

---

〔1〕 本案根据北京市丰台区人民法院(2020)京0106民初22895号判决书整理。

第八章　民 事 责 任

第一百七十六条　【民事主体依法承担民事责任】民事主体依照法律规定或者按照当事人约定,履行民事义务,承担民事责任。

条文解读

本条是关于民事主体依法承担民事责任的规定。

民事责任,是指民事主体因违反民事义务而应承担的民事法律后果。违反民事义务包括违反法律规定的民事义务和违反当事人约定的民事义务。

民事责任的基本特征包括:

第一,民事责任是民事主体违反民事义务所应承担的责任,是以民事义务为基础的。法律规定或当事人约定民事主体应当为或不为一定行为,这是民事主体的义务。法律同时规定了民事法律义务的后果,即民事责任。根据本条规定,民事义务分为两类:一是法律直接规定的义务。如本法第 8 条规定:“民事主体从事民事活动,不得违反法律,不得违背公序良俗。”不违反法律和不违背公序良俗即每个民事主体的义务。二是在法律允许的范围内民事主体自行约定的义务。比如,根据本法第 464 条和第 465 条的规定,合同是民事主体之间设立、变更、终止民事法律关系的协议。依法成立的合同,受法律保护。依法成立的合同,仅对当事人具有法律约束力,但是法律另有规定的除外。

第二,民事责任具有强制性。民事责任作为法律责任的一种,当然具有强制性,即其可以以国家强制力强制违反民事义务的民事主体承担责任。但是,与刑事责任和行政责任不同,民事责任可以由当事人自愿协商。

关联法规索引

《民法典》第 8 条、第 464 条、第 465 条

典型案例

姜某强、常某芳等民间借贷纠纷案[1]

※案情简介：姜某强、吴某芳系夫妻关系，姜某强于2014年2月22日向常某芳出具借款证明。该证明载明其向常某芳借款200,000元，借款月利率为2%，借款期限为1年，借款人处加盖肥乡县恒明种植专业合作社的印章。2014年8月20日，姜某强向常某芳出具证明，证明借到常某芳现金60,000元，借款月利率为2%，借款期限为6个月，借款人处还加盖肥乡县恒明种植专业合作社的印章，并在备注处载明该借款收据中的60,000元含上次借款利息24,000元整。吴某芳（恒明合作社）于2015年1月8日向常某芳出具证明，证明其收到常某芳现金30,000元，月息2分，存期1年。吴某芳于2015年1月22日向常某芳出具证明1份，证明借到常某芳现金6万元，月息2分。

后姜某强于2019年3月18日向常某芳出具证明1份，将上述4笔借款汇聚成1张借款证明，证明上载明今借到常某芳现金353,000元，并备注此借款实际日期为2014～2015年，共计5笔，当时约定利息为2%。庭审中，姜某强认可2019年3月18日的借款证明包含上述4笔借款，并称吴某芳出具的两个证明所涉借款系其按自己要求向常某芳出具的，其和肥乡县恒明种植专业合作社老板是朋友关系，吴某芳和肥乡县恒明种植专业合作社无关。常某芳称还有100,000元借款没有写欠据及证明，但包含在2019年3月18日的借条备注中的5笔当中，系姜某强的实际借款，姜某强对此不予认可。

※争议焦点：本案的争议焦点为姜某强是否应对案涉借款承担还款责任。

※判决结果：法院认为，根据查明的事实，在2014年2月22日和2014年8月20日的两张借款证明上，姜某强在借款人处签字、肥乡县恒明种植专业合作社在其上盖章；而2015年1月8日和2015年1月22日的两张借款证明则由其妻子吴某芳出具。后姜某强于2019年3月18日将上述借款证明收回，以借款人身份单独向常某芳出具1份汇总借款证明。以上事实足以确认姜某强的债务人身份，其自愿以还款义务人的身份向常某芳出具债权凭证，因此一审认定姜某强承担案涉

---

〔1〕 本案根据河北省邯郸市中级人民法院（2021）冀04民终7726号判决书整理。

借款的还款责任并无不当。

※案例解读：民事主体依照法律规定或者按照当事人约定，履行民事义务，承担民事责任。当事人一方未支付或不履行金钱债务的，对方可以请求其支付。该4笔借款中的30,000元借款和60,000元借款系吴某芳出具，常某芳主张本案中所涉全部借款应该按照夫妻共同债务来承担。2019年3月18日，姜某强以个人名义将包含上述4笔借款在内的借款汇聚成本金为353,000元的借款，系债务转移，且常某芳作为债权人通过自己的行为同意了上述债务转移的行为，即常某芳手中原始的四张借条被收回，且接收了由姜某强重新单独出具的借条，故姜某强应对上述相应本金和利息承担偿还责任，故肥乡县恒明种植专业合作社和吴某芳不再承担还款责任。

第一百七十七条 【按份责任】二人以上依法承担按份责任，能够确定责任大小的，各自承担相应的责任；难以确定责任大小的，平均承担责任。

条文解读

本条是关于按份责任的规定。

多人承担的民事责任中，按照各责任人承担责任的方式不同，民事责任可以分为按份责任、连带责任和补充责任。本条规定的按份责任，是指责任人为多人时，各责任人按照一定份额向权利人承担民事责任，各责任人之间无连带关系。在按份责任中，权利人只能要求每个责任人承担其应承担的责任份额，每个责任人承担完自己的责任份额，其责任即告消灭。

根据本条规定，按份责任中每个民事主体应当承担的份额可以分为以下两种情形：

第一，能够确定责任大小的。判断责任大小，可以从每个主体的过错程度、未依照法律规定和当事人约定履行义务的行为与法律后果之间的因果关系、公平原则、诚信原则等方面考虑。一般来说，确定责任大小，只能由人民法院、仲裁机构在具体案件中综合考虑各种因素来确定。

第二，难以确定责任大小的。在某些情况下，难以判断每个民事主体违反法律或当事人约定的行为对损害后果的作用究竟有多大，针对这种情形，本条规定，难以确定责任大小的，平均承担责任。

关联法规索引

《民法典》第1172条

典型案例

黄某昌、匡某发等提供劳务者受害责任纠纷案[1]

※案情简介:2020年9月20日匡某发参与位于铜仁市万山区刘某平的房屋修建,从房屋上面滑落受伤,受伤后送往铜仁市万山区人民医院治疗,当日转入铜仁袁家寺骨科医院住院治疗,住院治疗50天,匡某发椎体损伤致残等级评定为九级伤残,右下肢损伤致残等级评定为十级伤残,误工期为180日,护理期为90日,营养期为90日,后续治疗费为15,000元,黄某昌为其垫付医疗费50,000余元,具体金额待核实,匡某发自认垫付14,000元,匡某发自认收到黄某昌微信转账2000元,黄某昌自认收到刘某平2000元。就匡某发医疗费用等的承担,双方存在争议,故涉诉。

※争议焦点:本案的争议焦点为当事人之间法律关系的性质。

※判决结果:根据本案基础事实,刘某平与黄某昌之间是农村农民个人建房发包与承包关系,即属于承揽法律关系;黄某昌与匡某发之间是农村承包队与农民务工人员的关系,即属于劳务法律关系。由于刘某平修建的房屋为2层,法律对此并无承建资质的要求,在本案中刘某平对承揽人并无选任及指示过错,故其不应承担责任。其向匡某发支付的2000元,系人际关系慰问性质,从其自愿。黄某昌作为承揽人应当对其招集的劳务人员受伤承担法律责任,根据案件具体事实,由其承担主要责任即70%的赔偿责任较为恰当。匡某发在劳务中,因操作失误发生意外受伤,具有重大过失,由其承担次要责任即30%的责任较为恰当。因而,一审对本案当事人之间法律关系和匡某发受伤损失金额的认定以及责任比例的划分正确。但是,一审对黄某昌垫付的医疗费金额认定为55,950元有误,二审经核实黄某昌垫付的医疗费金额为57,062.1元;另外,一审对黄某昌已付部分采用先扣减再按比例分担的方式处理不当,应当采用先按比例分担再扣减的方式处理。虽然黄某昌

[1] 本案根据贵州省铜仁市中级人民法院(2021)黔06民终1546号判决书整理。

在上诉中并未提及以上两个问题，但其上诉是在整体上不服一审判决的结果，因而对该两个问题二审予以纠正。

※案例解读：匡某发作为长期从事高空作业技术人员应当具备安全常识，因此本案损害结果的发生匡某发本身存在重大过错。黄某昌雇请匡某发从事修建房屋高空作业，应当履行提供安全设备、时时监督、排除危险的法定义务，黄某昌的管理监督义务缺失与损害结果之间存在直接的因果关系，因此黄某昌存在管理义务缺失过错。匡某发受伤结果系自身安全意识松懈和黄某昌管理监督义务缺失结合所致。《民法典》第176条规定："民事主体依照法律规定或者按照当事人约定，履行民事义务，承担民事责任。"第177条规定："二人以上依法承担按份责任，能够确定责任大小的，各自承担相应的责任；难以确定责任大小的，平均承担责任。"法院根据上述法律规定确定匡某发和黄某昌的责任。

第一百七十八条 【连带责任】二人以上依法承担连带责任的，权利人有权请求部分或者全部连带责任人承担责任。

连带责任人的责任份额根据各自责任大小确定；难以确定责任大小的，平均承担责任。实际承担责任超过自己责任份额的连带责任人，有权向其他连带责任人追偿。

连带责任，由法律规定或者当事人约定。

条文解读

本条是关于连带责任的规定。

连带责任，是指依照法律规定或者当事人约定，两个或者两个以上当事人对共同产生的不履行民事义务的民事责任承担全部责任，并因此引起内部债务关系的一种民事责任。连带责任的特征主要包括：

第一，连带责任的效力包括外部和内部两个层次。外部关系表现在权利人可先后或同时向全体或部分责任人请求履行全部或部分责任，每个连带责任人都负有全部履行的责任。当一个责任全部履行，权利人的权利得到实现，连带责任关系消灭，随后转化为连带责任内部的按份责任关系。内部关系表现为连带责任人对外承担了全部或者超过自己责任份额的责任，该连带责任人成为新的权利人，其他连带责任人则成为他的按份责任人，即其他连带责任人应当就自己分担的部分承担向新权利人的责任。

第二，连带责任是法定责任。连带责任是加重责任，只有在法律明确规定或者当事人约定承担连带责任的情形下，才发生连带责任。比如，本法第1168条规定，二人以上共同实施侵权行为，造成他人损害的，应当承担连带责任。第1169条第1款规定，教唆、帮助他人实施侵权行为的，应当与行为人承担连带责任。

连带责任对外承担责任后，需要在内部确定各自责任。确认责任大小的原则包括：(1)根据各自的过错。有故意或重大过失等较大过错的，承担的责任份额较大；过错较小的，承担的责任份额较小。(2)对原因力进行比较。对民事主体在不履行义务中所起作用大小进行比较，所起作用较大的，承担的责任份额较大；所起作用较小的，承担的责任份额较小。(3)平均分担责任份额。难以确定责任大小的，平均承担责任。

关联法规索引

《民法典》第1168～1170条

典型案例

营口鸿翔建筑工程有限公司、丁某辉等劳务合同纠纷案[1]

※案情简介：2011年6月1日，曹某君挂靠营口鸿翔建筑工程有限公司时，以该公司名义与盖州市思拉堡温泉小镇开发有限公司签订建设工程施工合同补充协议，约定由曹某君实际承建盖州市思拉堡温泉小镇回迁楼工程。丁某辉在曹某君承建的工程中从事防水工作。2018年9月18日，曹某君给丁某辉出具"欠条"，载明："回迁楼曹某君欠防水工人，人工费丁某辉29,580元，此条为证。"欠款人曹某君签字。现丁某辉起诉要求曹某君支付其欠付的劳动报酬。

※争议焦点：本案的争议焦点为上诉人营口鸿翔建筑工程有限公司是否应承担被上诉人丁某辉的劳务费。

〔1〕 本案根据辽宁省营口市中级人民法院(2022)辽08民终129号判决书整理。

※判决结果：法院认为，依据《保障农民工工资支付条例》第19条的规定，用人单位允许个人、不具备合法经营资格或者未取得相应资质的单位以用人单位的名义对外经营，导致拖欠所招用农民工工资的，由用人单位清偿。本案中，上诉人营口鸿翔建筑工程有限公司认可与被上诉人曹某君是挂靠关系。上诉人是名义上的承包方，上诉人允许没有施工资质的曹某君挂靠在其名下招录工人施工，符合《保障农民工工资支付条例》第19条的规定，上诉人应对被上诉人曹某君欠付的工人劳务费承担给付责任，故一审法院判决上诉人对曹某君欠付工人劳务费承担连带责任并无不妥。

※案例解读：本案中，丁某辉受曹某君雇佣在曹某君承建的工程中从事防水工作，曹某君应当向丁某辉支付劳动报酬。曹某君出具的欠条载明的欠款金额明确，曹某君应当向丁某辉支付劳动报酬29,580元。营口鸿翔建筑工程有限公司明知曹某君不具有建筑施工资质，仍允许曹某君挂靠其公司进行工程施工，违反了相关法律规定，因此应对曹某君欠付丁某辉的劳动报酬承担连带清偿责任。

第一百七十九条 【承担民事责任的方式】承担民事责任的方式主要有：

（一）停止侵害；

（二）排除妨碍；

（三）消除危险；

（四）返还财产；

（五）恢复原状；

（六）修理、重作、更换；

（七）继续履行；

（八）赔偿损失；

（九）支付违约金；

（十）消除影响、恢复名誉；

（十一）赔礼道歉。

法律规定惩罚性赔偿的，依照其规定。

本条规定的承担民事责任的方式，可以单独适用，也可以合并适用。

条文解读

本条是关于承担民事责任方式的规定。

民事主体应当依照法律的规定或者当事人的约定履行民事义务，否则要承担民事责任。本条第1款规定，承担民事责任的方式主要包括：

第一，停止侵害。停止侵害，是指要求行为人停止正在实施的侵害行为，目的在于避免侵害后果的扩大。如本法第1028条规定："民事主体有证据证明报刊、网络等媒体报道的内容失实，侵害其名誉权的，有权请求该媒体及时采取更正或者删除等必要措施。"

第二，排除妨碍。排除妨碍，又称排除妨害，是指要求行为人排除造成他人不能正常享有和行使民事权益的障碍。比如，业主大会或者业主委员会，对于任意弃置垃圾、排放污染物或者噪声、违章搭建等损害他人合法权益的行为，有权依照法律、法规及管理规约请求行为人排除妨碍。

第三，消除危险。消除危险，是指行为人的行为对他人人身、财产权益造成现实威胁，他人有权要求行为人采取有效措施消除这种现实威胁。比如，本法第1167条规定："侵权行为危及他人人身、财产安全的，被侵权人有权请求侵权人承担停止侵害、排除妨碍、消除危险等侵权责任。"

第四，返还财产。返还财产，是指行为人将非法侵占的财产返还给合法占有人。本法第53条规定："被撤销死亡宣告的人有权请求依照本法第六编取得其财产的民事主体返还财产；无法返还的，应当给予适当补偿。利害关系人隐瞒真实情况，致使他人被宣告死亡而取得其财产的，除应当返还财产外，还应当对由此造成的损失承担赔偿责任。"

第五，恢复原状。恢复原状，是指修复损坏的财物使其恢复到原来可用的状态。适用恢复原状的责任方式应当具备两个条件：一是有修复的可能，二是有修复的必要。如果既没有修复的可能也没有修复的必要，则受害者只能请求损害赔偿。本法第715条第2款规定："承租人未经出租人同意，对租赁物进行改善或者增设他物的，出租人可以请求承租人恢复原状或者赔偿损失。"

第六，修理、重作、更换。修理、重作、更换，是指违约一方的当事人交付的标的物不符合要求而承担的一种违约责任方式。本法第781条规定："承揽人交付的工作成果不符合质量要求的，定作人可以合理选择请求承揽人承担修理、重作、减少报酬、赔偿损失等违约责任。”

第七，继续履行。继续履行，是指违约方不履行合同义务时，另一方有权要求违约方依据合同的规定继续履行合同义务。本法第 577 条规定：“当事人一方不履行合同义务或者履行合同义务不符合约定的，应当承担继续履行、采取补救措施或者赔偿损失等违约责任。”

第八，赔偿损失。赔偿损失，是指行为人以支付一定的金钱的方式补偿其行为所造成的损害的民事责任。这是适用最为广泛的一种民事责任。本法第 461 条规定：“占有的不动产或者动产毁损、灭失，该不动产或者动产的权利人请求赔偿的，占有人应当将因毁损、灭失取得的保险金、赔偿金或者补偿金等返还给权利人；权利人的损害未得到足够弥补的，恶意占有人还应当赔偿损失。”

第九，支付违约金。违约金，是指一方当事人违约后，依照合同预先约定或者法律的直接规定向对方支付一定金额的金钱。违约金有法定违约金与约定违约金之分。本法第 654 条第 1 款规定：“用电人应当按照国家有关规定和当事人的约定及时支付电费。用电人逾期不支付电费的，应当按照约定支付违约金。经催告用电人在合理期限内仍不支付电费和违约金的，供电人可以按照国家规定的程序中止供电。”

第十，消除影响、恢复名誉。消除影响、恢复名誉，是指人民法院根据受害人的请求，责令行为人在一定范围内采用适当方式消除对受害人名誉的不利影响以使其名誉得到恢复的一种责任方式。本法第 995 条规定：“人格权受到侵害的，受害人有权依照本法和其他法律的规定请求行为人承担民事责任。受害人的停止侵害、排除妨碍、消除危险、消除影响、恢复名誉、赔礼道歉请求权，不适用诉讼时效的规定。”

第十一，赔礼道歉。赔礼道歉，是指责任人通过向受害人认错、致歉等方式来弥补受害人精神创伤的一种民事责任承担方式。这属于非财产责任，主要适用于侵害人身权益的情形。如上述第 995 条的规定。

本条第 2 款规定了惩罚性赔偿。惩罚性赔偿是赔偿损失的一种类型，是指法院作出的赔偿数额超出实际损失数额的赔偿。本法第 1185 条规定：“故意侵害他人知识产权，情节严重的，被侵权人有权请求相应的惩罚性赔偿。”

根据本条第 3 款的规定，第 1 款列出的承担责任的方式，可以单独适用，也可以合并适用，一般由受害人提出，法官根据不同案情综合确定。

典型案例

锦州宏发物业管理有限公司、董某等财产损害赔偿纠纷案[1]

※案情简介：董某、张某系锦州市太和区南庄里南郡天下28～36号业主，锦州宏发物业管理有限公司为南郡天下小区提供物业管理服务。南郡天下28～36号房屋为6楼带阁楼的房屋，阁楼顶部为尖顶斜坡，斜坡一侧装有窗户。2015年二原告办理该房屋的入户手续。自2016年起，原告多次对阁楼斜顶窗户部位报漏雨维修。因该窗户部位漏雨，室内部分墙面起皮、损毁。2020年，被告组织对小区内业主的漏雨部位进行维修，董某、张某以季节不适合为由未进行维修。2021年6月，董某、张某再次报该窗户部位漏雨维修并要求对因漏雨导致的室内损毁墙面进行维修。双方就维修事宜协商未果，故涉诉。

※争议焦点：本案的争议焦点为上诉人是否应对被上诉人的房屋承担维修责任。

※判决结果：法院认为，根据《民法典》第937条的规定，上诉人作为物业服务人，应在物业服务区域内，为业主提供建筑物及其附属设施的维修养护服务。本案中，因被上诉人住宅中阁楼斜顶部窗户部位漏雨，造成室内部分墙面起皮、损毁，经被上诉人多次报修后，上诉人并未将该漏雨部分及因漏雨造成的室内墙面起皮部分、损毁部分进行修缮。故原审法院判令上诉人对被上诉人居住的坐落于锦州市太和区南庄里南郡天下28～36号房屋阁楼斜顶窗户漏雨部位进行维修，并将阁楼内因漏雨破损的墙皮进行修复并无不当。上诉人提出的物业公司不是责任主体，不应承担维修责任的上诉请求，因无事实和法律依据，本院不予支持。

※案例解读：根据《民法典》第179条的规定，承担民事责任的方式主要有：停止侵害、排除妨碍、消除危险、返还财产、恢复原状等。本案中，被告作为物业服务人对原告住宅中阁楼斜顶部窗户部位漏雨具有维修义务，对于因该部位漏雨造成的室内墙皮破损亦具有修复的义务。

---

〔1〕 本案根据辽宁省锦州市中级人民法院(2021)辽07民终3580号判决书整理。

第一百八十条 【不可抗力】因不可抗力不能履行民事义务的,不承担民事责任。法律另有规定的,依照其规定。

不可抗力是不能预见、不能避免且不能克服的客观情况。

条文解读

本条是关于不可抗力的规定。

本条第2款规定,不可抗力,是不能预见、不能避免且不能克服的客观情况。不能预见,是指在现有技术类条件下对某事件的发生没有预知的能力,即主观上没有过错;不能避免且不能克服,是指当事人已经尽到最大努力,采取一切可以采取的措施,仍然不能避免某事件的发生,也无法克服该事件所造成的后果,即客观上无法避免。不可抗力既包括自然现象,如地震;又包括社会现象,如战争。

因为不可抗力独立于人的行为之外,不是当事人意志的体现,行为人的行为与不履行民事义务之间不存在因果关系。所以根据本条第1款第1句的规定,不可抗力是民事责任的一般免责事由。比如,本法第832条规定:“承运人对运输过程中货物的毁损、灭失承担赔偿责任。但是,承运人证明货物的毁损、灭失是因不可抗力、货物本身的自然性质或者合理损耗以及托运人、收货人的过错造成的,不承担赔偿责任。”

但并非所有的不可抗力都构成免责事由。本条第1款第2句规定:“法律另有规定的,依照其规定。”本法第1237条规定:“民用核设施或者运入运出核设施的核材料发生核事故造成他人损害的,民用核设施的营运单位应当承担侵权责任;但是,能够证明损害是因战争、武装冲突、暴乱等情形或者受害人故意造成的,不承担责任。”这意味着自然灾害造成损害的,不能免除民事核设施经营者的责任。

关联法规索引

《民法典》第590条、第832条、第1237条

典型案例

汉中市御景房地产开发有限公司与闫某梨商品房预售合同纠纷案[1]

※案情简介：闫某梨与汉中市御景房地产开发有限公司于2019年3月12日签订了《商品房买卖合同（预售）》，双方约定商品房交付原告的时间为2020年6月30日之前，若迟延交房，谅解期为2个月。闫某梨已按期缴纳全额购房款251,641元。此外，合同约定商品房交付条件为取得竣工验收备案证明文件、房屋测绘报告、商品房交付使用备案通知书，但汉中市御景房地产开发有限公司至今仍未取得上述材料，故双方产生争议。

※争议焦点：本案的争议焦点为上诉人的交付房屋期限以及违约金的计算时间。

※判决结果：双方当事人签订的《商品房买卖合同（预售）》中明确约定交房时间为2020年6月30日之前，商品房的交付条件为：(1)该商品房已取得建设工程竣工验收备案证明文件；(2)该商品房已取得房屋测绘报告；(3)该商品房已取得汉中市商品房交付使用条件备案通知书。上诉人至今尚未取得竣工验收备案手续，未向被上诉人交付房屋，已构成违约。上诉人在尚未取得竣工验收备案手续的情况下通知被上诉人收房不符合双方合同的约定，认为违约金应当计算至通知收房时止的上诉理由明显不能成立，一审判决结合本案实际，酌情扣减了3个月的新冠疫情免责期及合同附件中约定的2个月迟延交付房屋谅解期后，认定上诉人的交付房屋期限以及违约金的计算时间正确。

※案例解读：本案中，被告迟延履行交房并至今未能取得《商品房预售合同》中约定房屋交付必备条件中应有的竣工验收备案证明文件、房屋测绘报告等材料，其行为已构成违约，应支付逾期交房违约金至原告收房之日止。但因新冠疫情属不可抗力，结合实际情况，支持免责期3个月，是符合法律规定的。

---

〔1〕 本案根据陕西省汉中市中级人民法院(2022)陕07民终415号判决书整理。

第一百八十一条 【正当防卫】 因正当防卫造成损害的，不承担民事责任。

正当防卫超过必要的限度，造成不应有的损害的，正当防卫人应当承担适当的民事责任。

条文解读

本条是关于正当防卫的规定。

正当防卫，是指本人、他人的人身权利、财产权利遭受不法侵害时，行为人所采取的一种防卫措施。其构成要件包括：(1)须针对正在发生的不法侵害行为实施；(2)针对不法侵害人实施；(3)为保护合法权益实施；(4)行为须在必要限度内，必要限度一般以是否足以制止不法侵害为标准。

正当防卫是法律赋予当事人保护自己或他人合法权益的权利，属于受法律鼓励行为，具有正当性、合法性。本条第1款规定，因正当防卫造成损害的，不承担民事责任。第2款规定，正当防卫超过必要的限度，造成不应有的损害的，正当防卫人应当承担适当的民事责任。适当的民事责任，是指不对侵害人的全部损失进行赔偿，只是针对正当防卫人过错的程度，由其在损失范围内承担部分责任。

配套法规及解读

《最高人民法院关于适用〈中华人民共和国民法典〉总则编若干问题的解释》(2022年2月24日)

第三十条 为了使国家利益、社会公共利益、本人或者他人的人身权利、财产权利以及其他合法权益免受正在进行的不法侵害，而针对实施侵害行为的人采取的制止不法侵害的行为，应当认定为民法典第一百八十一条规定的正当防卫。

第三十一条 对于正当防卫是否超过必要的限度，人民法院应当综合不法侵害的性质、手段、强度、危害程度和防卫的时机、手段、强度、损害后果等因素判断。

经审理，正当防卫没有超过必要限度的，人民法院应当认定正当防卫人不承担责任。正当防卫超过必要限度的，人民法院应当认定正当防卫人在造成不应有的损害范围内承担部分责任;实施侵害行为的人请求正当防卫人承担全部责任的,人民法院不予支持。

实施侵害行为的人不能证明防卫行为造成不应有的损害,仅以正当防卫人采取的反击方式和强度与不法侵害不相当为由主张防卫过当的,人民法院不予支持。

※法规解读:该司法解释第30条和第31条是关于正当防卫认定的规定。认定正当防卫应从其构成要件出发。一般认为,正当防卫的构成要件包括:

其一,正当防卫保护的是合法的权益。所保护的合法权益,既可以是财产,也可以是人身;既可以是自己的,也可以是他人及公共的利益。国家利益,社会公共利益,本人或者他人的人身权利、财产权利以及其他合法权益都在正当防卫保护的范围之内。

其二,应当有侵害事实的存在。正当防卫指向正在进行的不法侵害。侵害的事实在先,防卫行为在后;侵害是防卫的前提,防卫是侵害导致的结果。没有侵害事实,不得进行防卫。对侵害事实的要求是须为现实的侵害,即已经着手,正在进行,尚未结束。对想象中的侵害、未发生的侵害、实施终了的侵害,都不能实施防卫行为。

其三,侵害必须是不法的。正当防卫的对象,必须是不法侵害,对执行职务的"有权损害"不能进行防卫,如对逃犯的追捕,就不得以正当防卫为借口而拒捕。

其四,须以合法防卫为目的,防卫人在防卫的时候,不仅应当意识到不法侵害现实存在,而且须意识到其防卫行为的目的,也就是说,必须是把为了防卫公共的、他人的或本人的权益免受侵害作为防卫的目的。以防卫为借口,而施以报复的行为或防卫挑拨的行为都是违法行为,构成侵权行为。

其五,防卫须针对实施侵害行为的人。对加害人的防卫反击,应当根据制止不法侵害的需要,可以是对人身的,也可以是对财产的。但是,任何防卫行为都不能对第三人实施。

其六,防卫不能超过必要的限度。对于正当防卫是否超过必要的限度,人民法院应当综合不法侵害的性质、手段、强度、危害程度和防卫的时机、手段、强度、损害后果等因素判断。经审理,正当防卫没有超过必要限度的,人民法院应当认定正当防卫人不承担责任。正当防卫超过必要限度的,人民法院应当认定正当防卫人在造成不应有的损害范围内承担部分责任;实施侵害行为的人请求正当防卫人承担全部责任的,人民法院不予支持。

实施侵害行为的人不能证明防卫行为造成不应有的损害,仅以正当防卫人采取的反击方式和强度与不法侵害不相当为由主张防卫过当的,人民法院不予支持。

关联法规索引

《刑法》第20条

典型案例

赵某英、姜某生命权、健康权、身体权纠纷案[1]

※案情简介: 赵某英系兴隆台区福德堂养生美容馆的经营者,与姜某妻子合伙租赁房屋用于经营美容馆,2021年2月1日,双方因琐事发生矛盾。2月2日晚,姜某来到美容馆与赵某英发生争吵,后赵某英用手机拨打电话报警,姜某此时欲下楼离开,赵某英用手拽住姜某衣服阻拦,姜某掰开赵某英的手挣脱后离开。2月3日,赵某英到宝石花医院门诊就诊,DR检查报告单显示"左手拇指未见异常"。2月3日至11日,美容馆监控录像显示赵某英正常用手活动。3月4日,赵某英在沈阳医学院附属中心医院住院治疗,被诊断为指间关节脱位、指间关节副韧带断裂。

※争议焦点: 本案的争议焦点为姜某对赵某英的损失是否应承担赔偿责任。

※判决结果: 法院认为,赵某英与姜某的妻子合伙租赁房屋经营美容院,双方发生矛盾后,姜某到美容院找赵某英进行理论,赵某英认为姜某妨碍其正常经营并报警,双方应等待警察到场处理。赵某英用手拽住姜某衣服不让其离开,系对姜某行动自由的侵犯,对自身损害的发生具有过错。《民法典》第181条规定:"因正当防卫造成损害的,不承担民事责任。正当防卫超过必要的限度,造成不应有的损害的,正当防卫人应当承担适当的民事责任。"姜某面对赵某英拉拽衣服限制离开的侵权行为,可采取适当方式挣脱,但其以掰拇指的方式迫使赵某英松手,造成赵某英左手拇指侧副韧带断裂,超过必要限度,应当承担适当的民事责任。《民法典》第

---

[1] 本案根据辽宁省辽河中级人民法院(2021)辽74民终139号判决书整理。

1173条规定："被侵权人对同一损害的发生或者扩大有过错的，可以减轻侵权人的责任。"据此，对于赵某英拇指损害后果的发生，双方均有过错，法院综合考虑确定双方各承担50%的责任，姜某应赔偿赵某英损失的50%即18,169.5元。

※案例解读：正当防卫超过必要的限度，造成不应有的损害的，正当防卫人应当承担适当的民事责任。本案中，姜某以掰拇指的方式迫使赵某英松手，超过必要限度，属于防卫过当，因而需要承担责任。

第一百八十二条　【紧急避险】因紧急避险造成损害的，由引起险情发生的人承担民事责任。

危险由自然原因引起的，紧急避险人不承担民事责任，可以给予适当补偿。

紧急避险采取措施不当或者超过必要的限度，造成不应有的损害的，紧急避险人应当承担适当的民事责任。

条文解读

本条是关于紧急避险的规定。

紧急避险，是指为了使公共利益、本人或者他人的人身或者财产免受正在发生的危险，不得已采取的损害较小的合法权益，以保护较大的合法权益的行为。其构成要件包括：(1)有损害公共利益、本人或者他人人身、财产损害的紧急危险存在；(2)是对正在发生的危险采取的紧急措施；(3)是不得已采取的措施；(4)避险行为不能超过必要限度。必要限度，是指采取适当的措施，以尽可能小的损害保全更大的利益。

紧急避险与正当防卫有相似之处，两者都是民事主体保护合法权益的自卫措施，所以，实施紧急避险的行为人对紧急避险所造成的损害不承担民事责任。两者的不同点在于，正当防卫是对不法侵害人造成损害，而紧急避险并非给不法侵害人造成损害，而可能造成第三人的损害。例如，甲、乙、丙三人是邻居，某日甲的房子因雷击着火，因道路狭小消防车无法接近，乙推倒了丙的院墙，将消防车带入灭火并顺利保住甲的房子。

根据本条规定，因行为人避险造成的损害，应区分情形确定责任。

第一，危险是人为造成的，由引起险情发生的人承担民事责任。例如，甲、乙、丙三人是邻居，某日甲的房子因邻居乙用火不慎而着火，因道路狭小消防车无法接近，乙推倒了丙的院墙，将消防车引入灭火保住了甲的房子。甲房子着火是由乙不慎用火引起的，所以，应当由乙承担其推倒丙的院墙的民事责任。

第二，危险由自然原因引起的，紧急避险人不承担民事责任，可以给予适当补偿。例如，甲、乙、丙三人是邻居，某日甲的房子因雷击着火，因道路狭小消防车无法接近，乙推倒了丙的院墙，将消防车引入灭火保住了甲的房子。甲房子着火是因为雷击这一自然现象，所以，乙不承担民事责任，由甲对丙给予适当补偿。

第三，紧急避险采取措施不当或者超过必要的限度，造成不应有的损害的，紧急避险人应当承担适当的民事责任。超过必要限度，是指采取的紧急避险的措施没有减轻损害，或者紧急避险所造成的损害大于所保全的利益，此时，紧急避险人应当承担适当的民事责任。

配套法规及解读

《最高人民法院关于适用〈中华人民共和国民法典〉总则编若干问题的解释》(2022年2月24日)

第三十二条 为了使国家利益、社会公共利益、本人或者他人的人身权利、财产权利以及其他合法权益免受正在发生的急迫危险，不得已而采取紧急措施的，应当认定为民法典第一百八十二条规定的紧急避险。

第三十三条 对于紧急避险是否采取措施不当或者超过必要的限度，人民法院应当综合危险的性质、急迫程度、避险行为所保护的权益以及造成的损害后果等因素判断。

经审理，紧急避险采取措施并无不当且没有超过必要限度的，人民法院应当认定紧急避险人不承担责任。紧急避险采取措施不当或者超过必要限度的，人民法院应当根据紧急避险人的过错程度、避险措施造成不应有的损害的原因力大小、紧急避险人是否为受益人等因素认定紧急避险人在造成的不应有的损害范围内承担相应的责任。

※法规解读：1. 紧急避险

紧急避险，是指为了使公共利益、本人或他人的合法权益免受正在发生的损害危险,不得已而采取的致公共利益、他人或本人损害的行为。紧急避险是一种阻却违法事由,是一种合法行为,其是在两种合法利益不能同时得到保全时,为了保全较大的法益而牺牲较小的法益时所作出的一种行为。一般认为行为人的行为如果构成紧急避险,需要具备以下要件:

其一,应当确定行为人实施行为时,合法权益必须处于紧急危险之中。合法权益包括国家利益,社会公共利益,本人或者他人的人身权利、财产权利以及其他合法权益。必须指向"正在发生的危险",倘若危险已经消除或者尚未发生,或者虽然已经发生但不会对合法权益造成损害,则不得采取避险措施。行为人基于对危险状况的误解、臆想而采取避险措施,造成他人利益损害的,应向他人承担民事责任。

其二,目的是防止合法权益受到侵害。行为人必须是为了使公共利益、本人或他人的合法权益免受正在发生的损害危险才进行行为。

其三,行为人必须是在不得已的情况下,才能实施紧急避险。不得已,是指不采取紧急避险措施,就会使较大的法益遭到损害;并不是指避险人只能采取某一种而不能采取另一种措施避险。

其四,紧急避险也需要具备一定的限度条件。紧急避险的必要限度,是指在面临紧急危险时,避险人应采取适当的措施,以尽可能小的损害保全较大的法益。判断紧急避险是否采取措施不当或者超过必要的限度时,人民法院应当综合危险的性质、急迫程度、避险行为所保护的权益以及造成的损害后果等因素。

经审理,紧急避险采取措施并无不当且没有超过必要限度的,人民法院应当认定紧急避险人不承担责任;紧急避险采取措施不当或者超过必要限度的,人民法院应当根据紧急避险人的过错程度、避险措施造成不应有的损害的原因力大小、紧急避险人是否为受益人等因素认定紧急避险人在造成的不应有的损害范围内承担相应的责任。

2. 紧急避险造成损害的赔偿或补偿

《民法通则》第 129 条规定:"因紧急避险造成损害的,由引起险情发生的人承担民事责任。如果危险是由自然原因引起的,紧急避险人不承担民事责任或者承担适当的民事责任。因紧急避险采取措施不当或者超过必要的限度,造成不应有的损害的,紧急避险人应当承担适当的民事责任。"《侵权责任法》对紧急避险制度也作了较为明确的规定,其中第 31 条规定:"因紧急避险造成损害的,由引起险情发生的人承担责任。如果危险是由自然原因引起的,紧急避险人不承担责任或者给予适当补偿。紧急避险采取措施不当或者超过必要的限度,造成不应有的损害的,紧急避险人应当承担适当的责任。"《民法典》承继了《侵权责任法》第31条的规定,但将"不承担责任或者给予适当补偿"修订为"可以给予适当补偿",即本法第182条,"因紧急避险造成损害的,由引起险情发生的人承担民事责任。危险由自然原因引起的,紧急避险人不承担民事责任,可以给予适当补偿。紧急避险采取措施不当或者超过必要的限度,造成不应有的损害的,紧急避险人应当承担适当的民事责任"。

紧急避险会产生一系列的法律后果。《民法典》从两个角度进行了规定:一是险情发生的原因的角度,二是紧急避险采取措施不当或超过必要限度的角度。对于第一个角度,《民法典》第182条规定了人的原因和自然原因两种情况,并对责任的承担作出了详细的规定。其一,紧急避险人造成本人或者他人损害的,由引起险情发生的人承担责任。其二,如果危险是由自然原因引起的,紧急避险人是为了第三人的利益而采取了避险行为,造成第三人利益损害的,紧急避险人免于对第三人承担责任。例如,甲、乙、丙系邻居,丙的房子因雷击失火,甲为了引消防车进入,而推倒了乙的院墙,使消防车进入后及时扑灭了丙家的大火。按照"紧急避险"的抗辩事由,甲对乙不承担赔偿责任,受益人丙可以对乙给予适当补偿。其三,如果危险是由自然原因引起的,紧急避险人是为了本人的利益而采取了避险行为,造成第三人利益损害的,紧急避险人本人作为受益人,可以对第三人的损害给予补偿。例如,甲乙系邻居,甲的房子因雷击失火,甲为了引消防车进入,而推倒了乙的院墙,使消防车进入后及时扑灭了自家的大火。甲作为受益人,对乙应当给予补偿。其四,因紧急避险采取措施不当或者超过必要的限度,造成不应有的损害的,紧急避险人应当承担适当的责任。"紧急避险采取措施不当",是指在当时的情况下能够采取可能减少或避免损害的措施而未采取,或者采取的措施并非排除险情所必需。紧急避险"超过必要的限度",是指采取紧急避险措施没有减少损害,或者紧急避险所造成的损害大于所保全的利益。

关联法规索引

《刑法》第21条

典型案例

刘某亮、武某紧急避险损害责任纠纷案[1]

※案情简介：2019年1月20日晚9时左右，原告搭乘案外人翟某慧驾驶的鲁J×××××奥迪Q3轿车，沿汶阳大街自西向东行驶至字路口时，翟某慧将车辆停至该路口以北的无名土路右侧，与原告在车内聊天。此时被告刘某亮驾驶的鲁J×××××奥迪停至其左后方，翟某慧驾车沿路前行，被告刘某亮在其后跟随并闪大灯、鸣笛要求其停车，当双方行驶至后，翟某慧往西拐，被告往西拐超过翟某慧后向其车辆投掷石块，翟某慧遂将车辆调头沿大路往东行驶，被告在其后跟随，翟某慧因车速过快驶入路边田地，被告驾车跟入田地并撞击到原告所乘车辆后方，翟某慧所驾驶的车辆起火，被告将其驾乘的车辆倒回路上。原告因此受伤，2019年1月21日入住肥城市中医医院治疗14天。原告因此产生医疗费32,215.6元、误工费15,000元、护理费9000元、营养费1800元、住院伙食补助费420元、伤残赔偿金169,316元、后续治疗费15,000元、交通费300元，以上共计243,051.6元。

※争议焦点：本案的争议焦点为刘某亮是否应承担相应的责任。

※判决结果：法院认为，本案中，刘某亮在未向翟某慧、武某说明原因的情况下，即追随翟某慧车辆并闪车灯、鸣喇叭、投掷物品，翟某慧有理由相信急迫危险正在发生，其驾车驶离的行为构成紧急避险。且刘某亮二审中陈述称事后经清点，事发当晚没有财物被盗；证人姚某领二审中亦作证称翟某慧停车位置的周围没有围墙，也没有栏杆及其他不允许进入的标志；刘某亮、姚某领在公安机关的询问笔录中也认可刘某亮的车辆撞到了翟某慧的车辆。故综上情况，一审认定刘某亮应承担相应的责任并无不当。

※案例解读：本案中，翟某慧将车辆停放至路边，被告刘某亮未向原告和翟某慧说明原因而跟随其后，向原告方车辆闪车灯并投掷石块，原告和翟某慧有充分理由相信危险正在发生，翟某慧为保护自己和武某的合法权益，躲避被告追踪不得已驾车逃离，构成紧急避险。因紧急避险造成损害的，由引起险情发生的人承担民事责任，被告刘某亮系引起险情发生的人，对原告武某的损失应承担赔偿责任。翟某

[1] 本案根据山东省泰安市中级人民法院(2020)鲁09民终4373号判决书整理。

慧作为驾驶员，应当按照操作规范安全驾驶，翟某慧驾车前行后期车速过高，驾驶行为不符合操作规范，翟某慧对损害结果的发生具有一般过错，对武某的损失也应承担一定责任。

第一百八十三条 【因保护他人民事权益受损时的责任承担】因保护他人民事权益使自己受到损害的，由侵权人承担民事责任，受益人可以给予适当补偿。没有侵权人、侵权人逃逸或者无力承担民事责任，受害人请求补偿的，受益人应当给予适当补偿。

条文解读

本条是关于因保护他人民事权益受损时的责任承担的规定。

见义勇为是中华民族的传统美德，社会实践中，为了保护他人民事权益免受侵害而使自己受到损害的情况并不鲜见，如为拯救落水儿童，见义勇为者在拯救过程中受伤甚至死亡；为阻止抢劫，见义勇为者被抢劫犯刺伤等。为了弘扬社会主义核心价值观，鼓励和支持高尚行为，本条特别规定了因保护他人民事权益受损时的责任承担主体。

因保护他人民事权益使自己受到损害，是指受害人的损害，是由侵权人的行为导致的，而受害人受到损害并非为了保护自己的权益而是为了保护他人的权益，所以，受害人的损害应当由侵权人承担民事责任。

此外，本条还规定了受益人适当补偿的两种情形。一是自愿补偿。为保护他人民事权益而使自己受到损害的，由侵权人承担民事责任的同时，受益人可以给予适当补偿。二是法定补偿。在没有侵权人、侵权人逃逸或者侵权人无力承担民事责任的情形下，当受害人请求补偿时，法律规定受益人应当给予适当补偿。补偿不是赔偿，“给予适当补偿”的规定赋予了法官按照公平原则，根据受害人和受益人的实际情况，决定受益人补偿的具体金额。

配套法规及解读

《最高人民法院关于适用〈中华人民共和国民法典〉总则编若干问题的解释》(2022年2月24日)

第三十四条　因保护他人民事权益使自己受到损害,受害人依据民法典第一百八十三条的规定请求受益人适当补偿的,人民法院可以根据受害人所受损失和已获赔偿的情况、受益人受益的多少及其经济条件等因素确定受益人承担的补偿数额。

※法规解读:《侵权责任法》第23条对此作了更为明确的规定:"因防止、制止他人民事权益被侵害而使自己受到损害的,由侵权人承担责任。侵权人逃逸或者无力承担责任,被侵权人请求补偿的,受益人应当给予适当补偿。"《民法典》完善了《侵权责任法》第23条的规定,于第183条规定:"因保护他人民事权益使自己受到损害的,由侵权人承担民事责任,受益人可以给予适当补偿。没有侵权人、侵权人逃逸或者无力承担民事责任,受害人请求补偿的,受益人应当给予适当补偿。"根据上述规定,受损害见义勇为者原则可要求侵权人承担责任,但符合下列条件的,见义勇为者也可要求受益人适当补偿:

(1)受损害的人不是为了自己的民事权益,而是为了保护他人民事权益不受侵害而受到损害,这里的损害包括人身和财产损害。当然,受损害者可以兼为自己利益。

(2)没有侵权人、侵权人逃逸或者无力承担赔偿责任。如果侵害他人权利的行为是自然原因引起的,这时没有行为人,受害人请求补偿的,受益人应当予以适当补偿。如果侵害他人权利的行为是第三人引起的,且侵权人能够赔偿受害人的损失,受害人可以要求侵权人赔偿,受益人可以给予适当补偿。侵权人逃逸或者没有赔偿能力,受害人请求补偿的,受益人应当予以适当补偿。

(3)受益人的适当补偿以被侵权人的请求为前提,如果被侵权人没有请求受益人补偿,受益人不承担给予适当补偿的义务。

没有侵权人、侵权人逃逸或者没有赔偿能力时,公平起见,法律规定由受益人给予适当补偿。补偿不是赔偿,赔偿一般是损失多少赔偿多少,而补偿仅是其中的一部分。关于"适当的补偿"的数额,人民法院可以根据受害人所受损失和已获赔偿的情况、受益人受益的多少及其经济条件等因素确定。

典型案例

李某管与运城市盐湖区陶村镇张金村村民委员会生命权、健康权、身体权纠纷案[1]

※案情简介：2017年，原告李某管担任运城市盐湖区陶村镇张金村城乡居民养老保险经办员。2017年8月5日，原告李某管去盐湖区陶村镇农保中心为村民办理保险事宜，返回途中骑摩托摔伤。原告受伤后住院治疗81天，支付医疗费106,942.53元。经原告委托，山西省盐湖司法鉴定中心2020年8月21日作出司法鉴定意见书，鉴定意见为：原告李某管脊髓损伤后遗症达三级伤残；误工期24个月，护理期24个月，营养期24个月。李某管存在完全护理依赖。原告支付鉴定费3500元。原告李某管及被告运城市盐湖区陶村镇张金村村民委员会经运城市盐湖区陶村镇人民调解委员会调解未成。

※争议焦点：本案的争议焦点为被上诉人的过错程度。

※判决结果：法院认为，经审查，根据本案实际，不宜适用过错原则，一审根据《民法典》第183条的规定适用公平原则判决上诉人补偿被上诉人损失的20%并无不当。

※案例解读：因保护他人民事权益使自己受到损害的，由侵权人承担民事责任，受益人可以给予适当补偿。没有侵权人、侵权人逃逸或者无力承担民事责任，受害人请求补偿的，受益人应当给予适当补偿。本案中，原告李某管为运城市盐湖区陶村镇张金村村民办理保险事宜返回途中受伤，被告运城市盐湖区陶村镇张金村村民委员会作为办理本村的公共事务和公益事业的基层群众性自治性组织，是原告办理事务的受益人，应当给予适当补偿。

第一百八十四条　【自愿实施紧急救助行为】因自愿实施紧急救助行为造成受助人损害的，救助人不承担民事责任。

[1] 本案根据山西省运城市中级人民法院（2021）晋08民终1486号判决书整理。

条文解读

本条是关于自愿实施紧急救助行为的规定。

助人为乐、见义勇为是中华民族的传统美德，通过法律手段弘扬社会主义核心价值观，鼓励人们的高尚行为，是本法编纂的一项重要使命。本条规定了紧急救助行为人的豁免规则，有助于弘扬美德，鼓励善行。

紧急救助行为也是一种见义勇为的行为，本法第 183 条赋予了见义勇为行为人补偿请求权，本条则赋予了紧急救助行为人的免责请求权。

根据本条规定，紧急救助行为人的免责请求权的行使条件有以下几点：

第一，受助人处于危难状态，如突发疾病，需要立刻救助。

第二，救助人自愿实施紧急救助行为。自愿实施紧急救助行为，是指排除专业救助行为的救助，即实施紧急救助的行为人并非专业人员，没有紧急救助的义务。为了与有救助义务的专业救助人员（如医疗机构的医务人员）相区别，本条明确了“自愿”的前提条件。

第三，受助人的损害与救助人的行为有因果关系。社会实践中，救助人在受助人处于危难状态时出于救助的目的实施了紧急救助行为，但因为救助人并非专业人士，不能很好掌握专业救助技能，可能发生因救助人的救助行为造成受助人损害的情形。适用本条规定时，受助人受到的损害应当与救助人的行为有因果关系。

第四，救助人对因救助行为造成受助人的损害不承担民事责任。在紧急状况下，救助人自愿以救助为目的实施紧急救助行为，因该行为导致受助人损害的，救助人对损害不承担民事责任。例如，甲忽然晕倒在路边失去呼吸，乙路过见状为甲做人工胸外按压，压断甲的肋骨，乙不必为压断甲肋骨的行为承担民事责任。

典型案例

王某某、刘某江健康权纠纷案〔1〕

※案情简介：2020 年 10 月 31 日中午 12 时许，王某某及丈夫在屋后与刘某海发生口角。刘某江系刘某海堂兄，听到吵骂声后赶到现场劝架，在王某某欲向前再

〔1〕 本案根据山东省青岛市中级人民法院（2021）鲁 02 民终 10838 号判决书整理。

与刘某海理论时，刘某江拉扯王某某的胳膊，导致王某某摔倒在地。王某某于2020年11月2日去平度市人民医院检查，诊断为腰椎压缩性骨折，当天住院并进行手术治疗，共住院2天，支出医疗费17,160.72元整。2021年1月25日，王某某自行委托山东天衡司法鉴定所进行司法鉴定。2月1日，该所出具鉴定意见：(1)王某某的脊柱损伤致L1椎体骨折术后构成十级伤残。(2)王某某住院期间建议为2人护理，出院后建议为1人护理，护理期建议为60~90天；误工期建议为120~180天。王某某支出鉴定费2080元。

※争议焦点：本案的争议焦点为刘某江是否基于紧急救助行为而免责。

※判决结果：法院认为，因自愿实施紧急救助行为造成受助人损害的，救助人不承担民事责任。具体到本案，事发时刘某良、王某某与刘某海争执，刘某江为劝架站在王某某对面挡着符合理性人的正常思维。刘某良与刘某海尚在争执，王某某在被阻拦的情况下欲绕过刘某江找刘某海，双方存在矛盾升级的可能性和紧急性，刘某江拉扯王某某胳膊避免王某某可能受到的人身损害，符合自愿实施紧急救助的构成要件。上诉人主张其并未与刘某海发生肢体冲突，刘某江应制止案外人刘某海而不是拉扯年近七旬的王某某。本院认为，面对矛盾升级的紧急情况，要求救助人精准判断受助人可能受到多大伤害，然后冷静换算等值的救助强度与救助手段，过于强人所难，也不为法律所倡导。同时，自愿实施紧急救助行为对因此造成的受助人的损害属于免责事由，而非减责事由。刘某江因实施救助行为造成受助人王某某损害，不承担侵权责任。一审判决驳回上诉人的诉讼请求并无不当。

※案例解读：行为人因过错侵害他人民事权益造成损害的，应当承担侵权责任。依照法律规定推定行为人有过错，其不能证明自己没有过错的，应当承担侵权责任。因自愿实施紧急救助行为造成受助人损害的，救助人不承担民事责任。本案中，在王某某上前一步，有发生肢体冲突可能性进而引发人身损害的紧急情况下，刘某江主动采取的拉扯阻拦王某某继续上前的行为，属于自愿实施的紧急救助行为，不具有违法性，也没有侵害原告生命权、身体权、健康权的故意或过失。作为一名普通公民，刘某江面对紧急情势挺身而出，制止矛盾双方冲突进一步升级，是法律和道德所倡导的，因此造成王某某受伤，不承担民事责任。

第一百八十五条　【侵害英雄烈士等的姓名、肖像、名誉、荣誉的民事责任】 **侵害英雄烈士等的姓名、肖像、名誉、荣誉，损害社会公共利益的，应当承担民事责任。**

条文解读

本条是关于侵害英雄烈士等的姓名、肖像、名誉、荣誉的民事责任的规定。

本条规定的主要内容包括：

第一，本条是对英雄烈士等人格利益的保护。英雄烈士，是指在保卫国家和建设国家中，作出巨大贡献，建立卓越功勋的人。根据《烈士褒扬条例》和《军人抚恤优待条例》的规定，烈士是指在革命斗争、保卫祖国、社会主义现代化建设事业中为国家和人民利益而壮烈牺牲的人。《英雄烈士保护法》第 25 条规定："对侵害英雄烈士的姓名、肖像、名誉、荣誉的行为，英雄烈士的近亲属可以依法向人民法院提起诉讼。英雄烈士没有近亲属或者近亲属不提起诉讼的，检察机关依法对侵害英雄烈士的姓名、肖像、名誉、荣誉，损害社会公共利益的行为向人民法院提起诉讼。负责英雄烈士保护工作的部门和其他有关部门在履行职责过程中发现第一款规定的行为，需要检察机关提起诉讼的，应当向检察机关报告。英雄烈士近亲属依照第一款规定提起诉讼的，法律援助机构应当依法提供法律援助服务。"

第二，本条是对社会公共利益的保护。英烈人格利益承载着社会的历史记忆，体现社会精神力量和社会价值观，《英雄烈士保护法》第 3 条规定："英雄烈士事迹和精神是中华民族的共同历史记忆和社会主义核心价值观的重要体现。国家保护英雄烈士，对英雄烈士予以褒扬、纪念，加强对英雄烈士事迹和精神的宣传、教育，维护英雄烈士尊严和合法权益。全社会都应当崇尚、学习、捍卫英雄烈士。"

本条规定，侵害英雄烈士等的人格利益，同时损害了社会利益，侵害人应当承担民事责任。

关联法规索引

《英雄烈士保护法》第 3 条、第 25 条

典型案例

刘某香、钟某烘财产损害赔偿纠纷案[1]

※案情简介：原告钟某英与被告钟某发均系兴国县社富乡九山村龙坑组村民。2017年农历5月，被告开始在其老屋旁兴建房屋。被告兴建房屋的左侧是原告家的一座墓地，墓地共有3穴，中间一穴墓碑上显示为革命烈士钟某棠的墓穴（原告称其系钟某棠的继子，墓穴内并无尸骨），两边各一穴系原告夫妇的生基。2017年7月2日上午8时许，原告之妻刘某香认为被告建房会影响原告家的墓地风水，遂到被告建房处要求被告不要在屋外建楼梯，双方因此发生争执。争执过程中，刘某香动手拆了被告建楼梯用于支撑模板的木桩。被告见状，回家拿了一把铁锤，随即来到原告家的墓地前，将墓地的3块墓碑石砸毁。之后，被告又跑到原告家，用铁锤砸了原告家围墙内的铝合金大门几下，造成大门的铝合金一处凹陷变形。纠纷发生后，兴国县公安局于2017年7月7日对被告钟某发作出行政拘留12日的行政处罚，对刘某香作出了行政拘留5日的行政处罚。

※争议焦点：本案的争议焦点为被上诉人是否应当承担责任。

※判决结果：法院认为，坟墓作为特殊建筑物，是死者亲属进行祭祀、寄托哀思的重要载体，对死者亲属具有较强的精神利益，包含着强烈社会伦理，应受到公序良俗的限制和保护。本案被砸毁墓碑的坟墓虽然未埋葬尸骨，但其中一穴系上诉人为纪念革命烈士所立纪念墓，另两穴为钟某英及刘某香生基。作为民政部门确定的烈士优抚对象及生基的实际建造使用人，在我国传统伦理和赣南地区的风俗习惯中，涉案坟墓对上诉人特别是对钟某英和刘某香仍具有较强的人格象征意义和精神利益。被上诉人钟某发与上诉人家发生矛盾后，未依法通过正当合法的途径解决双方之间的矛盾，而是动辄将上诉人家墓地的3块墓碑砸毁，有违公序良俗，足以对上诉人造成严重精神损害，应当对此承担相应的责任。上诉人关于要求被上诉人赔偿精神损害抚慰金的请求，于法有据，法院予以支持。

※案例解读：侵害英雄烈士等的姓名、肖像、名誉、荣誉，损害社会公共利益的，应当承担民事责任。本案中，原告之妻刘某香认为被告钟某发建房对原告家的墓

---

[1] 本案根据江西省赣州市中级人民法院(2018)赣07民终771号判决书整理。

地风水不利，以及原告认为被告系违法建房，本应采取正当合法途径予以解决。本案中，原告之妻刘某香与被告发生争执后，擅自将被告用于支撑模板的木桩拆下，致使双方矛盾激化，故刘某香对本案纠纷的发生应承担相应的责任。被告在纠纷发生后，也未能采取正当途径予以解决，而是擅自将原告家墓地的3块墓碑石砸毁，砸坏原告家围墙内的铝合金大门，侵害了原告的合法财产权益，属侵权行为，应承担相应的赔偿责任。

第一百八十六条　【责任竞合】因当事人一方的违约行为，损害对方人身权益、财产权益的，受损害方有权选择请求其承担违约责任或者侵权责任。

条文解读

本条是关于责任竞合的规定。

责任竞合，是指如果一方当事人的违约行为损害了对方人身权益、财产权益，则同时构成侵权行为，即违约方的同一个行为违法了两种法律义务。这时，违约方既负有违约责任，也负有侵权责任，构成违约责任和侵权责任的竞合。从受害人的角度来说，既可以就违约责任行使请求权，又可以就侵权责任行使请求权。如果受害人同时行使两种请求权，获得双重补偿，对只行使了一个行为的违约方来说显失公平。

根据公平原则，本条规定，受损方可以在针对违约责任和侵权责任的两个请求权中选择行使一种请求权。受损方选择行使一种请求权并得到实现，另一个请求权即告消灭。但是，如果受损方选择行使一种请求权但未能实现，而另一种请求权并未因时效而消灭，则受损方仍然可以行使另一种请求权。

典型案例

孙某欢与莘某星、徐州市云龙区一鑫印务社等著作权权属、侵权纠纷案[1]

※案情简介：孙某欢系一名瑜伽教练。2019年6月20日，孙某欢在国家版权

〔1〕　本案根据江苏省高级人民法院（2020）苏民终514号判决书整理。

局进行了作品登记,登记的作品名称为“菲序瑜伽培训教材系列”,作者及著作权人为孙某欢。莘某星自称系香港公司中印国际教练导师培训文化有限公司在内地的主要负责人。2016 年下半年至 2019 年 1 月 12 日,莘某星聘用孙某欢作为培训老师为中印加盟会馆进行培训。2017 年年底开始,莘某星委托一鑫印务社印制标注有“中印国际教练认证协会”的培训教材,包括涉案《空中瑜伽教练培训教材》等。同时,孙某欢通过微信公众号“中印盛会”、淘宝等平台对外销售上述书籍,莘某星根据孙某欢提供的订单信息安排邮寄相关教材。另外,莘某星将包含涉案教材在内的 20 本教材赠与中印加盟会馆,孙某欢同时参与莘某星加盟会馆的招收工作并从中提成。2019 年 1 月 12 日,孙某欢曾就涉案教材版权等问题与莘某星进行沟通,莘某星承诺会正式签订协议。莘某星继续通过微信销售包括涉案教材在内的中印国际教练认证协会瑜伽培训教材。2019 年 7 月 9 日,孙某欢向莘某星发送短信,明确禁止其出售涉案书籍。

※争议焦点:本案的争议焦点为基础法律关系是合同法律关系还是侵权法律关系。

※判决结果:法院认为,根据《民法总则》第 186 条的规定,因当事人一方的违约行为,损害对方人身权益、财产权益的,受损害方有权选择请求其承担违约责任或者侵权责任。本案中,孙某欢主张莘某星等人未经许可擅自印制、销售涉案书籍,侵犯其著作权。虽然孙某欢与莘某星就涉案书籍的销售等事宜曾经存在口头协议,但在协议履行发生纠纷后,孙某欢有权选择请求莘某星承担违约责任或者侵权责任。因此,孙某欢提起本案侵权之诉,具有法律依据,一审法院以本案法律关系为合同法律关系为由,裁定驳回起诉,适用法律错误。

※案例解读:因当事人一方的违约行为,损害对方人身权益、财产权益的,受损害方有权选择请求其承担违约责任或者侵权责任。本案中,莘某星等人侵犯了孙某欢的著作权,孙某欢有权选择请求其承担违约责任或者侵权责任。

第一百八十七条　【民事责任优先承担】民事主体因同一行为应当承担民事责任、行政责任和刑事责任的,承担行政责任或者刑事责任不影响承担民事责任;民事主体的财产不足以支付的,优先用于承担民事责任。

条文解读

本条是关于民事责任优先承担的规定。

民事责任与行政责任、刑事责任竞合，是指行为人因同一行为而应承担民事责任、行政责任和刑事责任。这三种法律责任是不同性质的责任，不能相互替代和吸收，行为人必须依法承担其应承担的各种法律责任。

当行为人需要以财产承担责任时，可能会出现赔偿损失、罚款、罚金三种责任并存的情况。如果行为人的财产不足以支付全部的赔偿损失、罚款、罚金，发生责任冲突，根据本条规定，责任人应当优先承担民事责任。财产优先承担民事责任的规定，在我国其他法律中也有所体现。比如，《刑法》第36条规定："由于犯罪行为而使被害人遭受经济损失的，对犯罪分子除依法给予刑事处罚外，并应根据情况判处赔偿经济损失。承担民事赔偿责任的犯罪分子，同时被判处罚金，其财产不足以全部支付的，或者被判处没收财产的，应当先承担对被害人的民事赔偿责任。"《消费者权益保护法》第58条规定："经营者违反本法规定，应当承担民事赔偿责任和缴纳罚款、罚金，其财产不足以同时支付的，先承担民事赔偿责任。"《公司法》第214条规定："公司违反本法规定，应当承担民事赔偿责任和缴纳罚款、罚金的，其财产不足以支付时，先承担民事赔偿责任。"

关联法规索引

《刑法》第36条；《消费者权益保护法》第58条；《食品安全法》第147条；《公司法》第214条

典型案例

中国人民财产保险股份有限公司常德市分公司、向某训等机动车交通事故责任纠纷案[1]

※案情简介：2021年1月13日，纪某平为自有的仓棚式运输车在中国人民财

〔1〕 本案根据湖南省常德市中级人民法院(2021)湘07民终2206号判决书整理。

产保险股份有限公司常德市分公司(以下简称人保财险常德分公司)投保了交强险和赔偿限额为50万元的机动车第三者责任保险。2021年4月18日4时,纪某平驾驶该轻型货车从安乡县深柳镇官陵湖社区6组家中出发驶往湖北省公安县,4时45分许,当车由南向北行驶至安乡县X027线安障乡会子庙村路段时,因夜间驾车与相对方向来车会车,灯光照射引起视觉障碍未看清前方道路情况,致使所驾车辆将公路上步行的郭某枝撞倒并碾压,造成郭某枝当场死亡。安乡县物证鉴定室于2021年5月10日出具鉴定意见。2021年5月18日,安乡县交通警察大队出具《道路交通事故认定书》,认定纪某平负事故主要责任,郭某枝负次要责任。2021年5月31日,纪某平与向某训达成《刑事谅解协议书》。2021年6月2日,纪某平另向向某训、向某富、向某茂、向某梅方出具《承诺书》,承诺自愿赔偿向某训、向某富、向某茂、向某梅方各项损失共计56,184元,保险公司的各项赔偿款全部归向某训、向某富、向某茂、向某梅所有。后人保财险常德分公司给予向某训、向某富、向某茂、向某梅56,184元赔偿。

※争议焦点:本案的争议焦点为一审判决认定的精神损害抚慰金是否恰当。

※判决结果:法院认为,《民法典》第1181条规定:"被侵权人死亡的,其近亲属有权请求侵权人承担侵权责任……"第1183条第1款规定:"侵害自然人人身权益造成严重精神损害的,被侵权人有权请求精神损害赔偿。"且《民法典》第187条规定:"民事主体因同一行为应当承担民事责任、行政责任和刑事责任的,承担行政责任或者刑事责任不影响承担民事责任;民事主体的财产不足以支付的,优先用于承担民事责任。"故驾驶机动车致人伤亡或造成公私财产重大损失构成犯罪的,受害人起诉请求赔偿残疾赔偿金、死亡赔偿金、精神损害抚慰金,应予支持。本案中,此次交通事故造成受害人郭某枝死亡,给其亲属向某训、向某富、向某茂、向某梅造成难以愈合的精神创伤和心理伤害,一审法院酌定精神损害抚慰金50,000并无不当,法院予以确认。

※案例解读:民事主体因同一行为应当承担民事责任、行政责任和刑事责任的,承担行政责任或者刑事责任不影响承担民事责任;民事主体的财产不足以支付的,优先用于承担民事责任。本案系机动车交通事故责任纠纷。侵权人因过错造成他人人身、财产损害,相关赔偿义务人应承担赔偿责任。

第九章 诉讼时效

第一百八十八条 【普通诉讼时效、最长权利保护期间】 向人民法院请求保护民事权利的诉讼时效期间为三年。法律另有规定的，依照其规定。

诉讼时效期间自权利人知道或者应当知道权利受到损害以及义务人之日起计算。法律另有规定的，依照其规定。但是，自权利受到损害之日起超过二十年的，人民法院不予保护，有特殊情况的，人民法院可以根据权利人的申请决定延长。

条文解读

本条是关于普通诉讼时效、最长权利保护期间的规定。

本条规定的主要内容包括：

第一，普通诉讼时效。诉讼时效，是指权利人在法定期间内不行使权利，该期间届满后，发生义务人可以拒绝履行其给付义务效果的法律制度。[1] 作出这一规定的目的在于促使权利人及时行使权利，维护交易秩序和安全。

《民法通则》第135条规定，向人民法院请求保护民事权利的诉讼时效期间为2年，法律另有规定的除外。制定本法时，经过激烈讨论，最终本条将普通诉讼时效规定为3年。理由包括：(1)受传统社会厌讼和避讼心理影响，当事人往往不愿提起诉讼或者拖延诉讼时间，过短的诉讼时效不利于保护权利人的合法权益；(2)随着科学技术的提高，社会生活发生深刻变化，交易方式不断创新，权利义务关系更为复杂，适当延长诉讼时效能够更好地保护权利人的合法权益。依据《最高人民法院关于适用〈中华人民共和国民法典〉总则编若干问题的解释》第35条，这里的“三年诉讼时效期间”，可以适用《民法典》有关诉讼时效中止、中断的规定，不适用延长的规定。

---

〔1〕 李适时主编：《中华人民共和国民法总则释义》，法律出版社2017年版，第591页。

此外,本条第1款规定"法律另有规定的,依照其规定",即允许特别法对诉讼时效作出特殊规定。比如,本法第594条规定:"因国际货物买卖合同和技术进出口合同争议提起诉讼或者申请仲裁的时效期间为四年。"

第二,普通诉讼时效期间的起算和最长权利保护期间。本条第2款首先规定了普通诉讼时效期间的起算,即诉讼时效期间自权利人知道或者应当知道权利受到损害以及义务人之日起计算。据此,我国诉讼时效的计算标准采取了主观主义起算模式,即权利人知道或者应当知道权利受到损害,以及权利人知道或者应当知道义务人,两个条件同时具备之日起开始计算诉讼时效期间。同时,也允许特别法作出特殊规定。

第2款还规定了最长权利保护期间。自权利人受损害之日起超过20年的,不论权利人是否知道权利受损以及义务人,人民法院对权利人的权利都不再予以保护。这里的20年期间不适用中止、中断的规定。除非有特殊情况,根据权利人的申请,人民法院可以决定延长权利保护期间。

配套法规及解读

《最高人民法院关于适用〈中华人民共和国民法典〉总则编若干问题的解释》(2022年2月24日)

第三十六条 无民事行为能力人或者限制民事行为能力人的权利受到损害的,诉讼时效期间自其法定代理人知道或者应当知道权利受到损害以及义务人之日起计算,但是法律另有规定的除外。

第三十七条 无民事行为能力人、限制民事行为能力人的权利受到原法定代理人损害,且在取得、恢复完全民事行为能力或者在原法定代理终止并确定新的法定代理人后,相应民事主体才知道或者应当知道权利受到损害的,有关请求权诉讼时效期间的计算适用民法典第一百八十八条第二款、本解释第三十六条的规定。

※法规解读:诉讼时效期间自权利人知道或者应当知道权利受到损害以及义务人之日起计算,需要注意以下几种情况债权请求权的诉讼时效期间的起算:

第一,合同债权请求权诉讼时效期间的起算。(1)约定履行期的,诉讼时效期间从履行期届满之日起开始计算。(2)未约定履行期限的,应首先确定合同的履行期限,诉讼时效期间从履行期限届满之日起计算。(3)债权人要求债务人履约或者债务人同意履约的，诉讼时效期间从债务人要求履约之日或者债务人同意履约之日起开始计算。(4)债权人给予债务人宽限期的，诉讼时效期间从宽限期届满之日起计算。(5)未约定履行期的，债务人在债权人第一次向其主张权利之时明确表示不履行义务的，诉讼时效期间从债务人明确表示不履行义务之日起计算；如果债权人向债务人主张权利，债务人行使抗辩权而拒绝履行的，那么债务人的行为不构成违约，诉讼时效期间不起算。(6)当事人约定同一债务分期履行的，诉讼时效期间从最后一期履行期限届满之日起计算。(7)请求他人不作为的债权请求权，应当从知道或应当知道义务人违反不作为义务时起计算。(8)当事人约定同一债务分期履行的，诉讼时效期间从最后一期履行期限届满之日起计算。

第二，侵权损害赔偿请求权诉讼时效期间的起算。侵权损害赔偿请求权诉讼时效期间从受害人知道或者应当知道权利被侵害或者损害发生时起算。具体包括：(1)损害事实发生时，受害人知道的，从损害时起算。(2)损害事实发生时不知道，事后知道的，从知道之日起算。(3)人身损害赔偿的诉讼时效期间，伤害明显的，从受伤害之日起算；伤害当时未曾发现，后经检查确诊并能证明是由侵害引起的，从伤势确诊之日起算。(4)无法确定侵权人的，从确定侵权人之日起算。(5)未成年人遭受性侵害的损害赔偿请求权的诉讼时效期间，自受害人年满18周岁之日起计算。

第三，不当得利返还请求权诉讼时效期间的起算。不当得利返还请求权诉讼时效期间从当事人一方知道或者应当知道不当得利事实及对方当事人之日起计算。在合同被撤销而产生不当得利返还请求权的，诉讼时效期间从合同被撤销之日起计算。

第四，无因管理产生的请求权的诉讼时效期间的起算。管理人因无因管理行为产生的给付必要管理费用、赔偿损失请求权的诉讼时效期间，从无因管理行为结束并且管理人知道或者应当知道本人之日起计算。

第五，无民事行为能力人或者限制民事行为能力人的权利受到损害的，诉讼时效期间自其法定代理人知道或者应当知道权利受到损害以及义务人之日起计算，但是法律另有规定的除外。

第六，无民事行为能力人、限制民事行为能力人的权利受到原法定代理人损害，且在取得、恢复完全民事行为能力或者在原法定代理终止并确定新的法定代理人后，相应民事主体才知道或者应当知道权利受到损害的，有关请求权诉讼时效期间的起算点是相应民事主体知道或者应当知道权利受到损害以及义务人之日,法律另有规定的除外。但是,自权利受到损害之日起超过20年的,人民法院不予保护;有特殊情况的,人民法院可以根据权利人的申请决定延长。

关联法规索引

《最高人民法院关于审理民事案件适用诉讼时效制度若干问题的规定》第4~7条;《民法典》第594条

典型案例

宁乡谢某辉通讯店、源德盛塑胶电子(深圳)有限公司侵害实用新型专利权纠纷案[1]

※案情简介:源德盛塑胶电子(深圳)有限公司(以下简称源德盛公司)系名称为“一种一体式自拍装置”的实用新型专利(以下简称涉案专利)的专利权人。涉案专利申请日为2014年9月11日,授权公告日为2015年1月21日。涉案专利的权利要求书共记载13项权利要求。2015年2月11日,国家知识产权局针对涉案专利权出具《实用新型专利权评价报告》,认定涉案专利的权利要求1不符合授予专利权条件,权利要求2~13未发现存在不符合授予专利权条件的缺陷。2019年1月9日,源德盛公司向国家知识产权局缴纳了专利年费1200元。源德盛公司在本案中主张保护涉案专利权的权利要求2。2017年9月18日,长沙市望城公证处出具(2017)湘长望内字第51428号公证书(以下简称第51428号公证书),证明:申请人源德盛公司的委托代理人湖南联合天成律师事务所指派黄某强、邓某红,与该公证处公证员、公证工作人员来到湖南省宁乡市楚沩中路一店铺,在招牌为“环球通讯”的门面内(店内悬挂的营业执照显示经营者为“谢某辉”,名称为“谢某辉通讯店”),黄某强以普通消费者身份购买了自拍杆1个和耳机1副,共支付55元。

※争议焦点:本案的争议焦点为源德盛公司的起诉是否超过诉讼时效期间。

※判决结果:法院认为,首先,本案中,一方面,谢某辉通讯店并未在一审阶段

---

〔1〕 本案根据最高人民法院(2021)最高法知民终246号判决书整理。

主张诉讼时效抗辩;另一方面,谢某辉通讯店在二审阶段亦未就其诉讼时效抗辩主张提交新证据。因此,对于谢某辉通讯店二审主张的诉讼时效抗辩,法院不予支持。

其次,根据源德盛公司二审提交的证据,其已于2020年8月14日在原审法院的网上立案系统完成立案,该时间点早于上述诉讼时效届满日。源德盛公司在原审法院完成网上立案的事实说明其已通过原审法院的网上立案系统提交了起诉状及相关材料,该事实导致源德盛公司在本案中的诉讼时效中断。因此,源德盛公司对谢某辉通讯店的起诉,并未超过3年诉讼时效期间。

※案例解读:人民法院对于当事人未在一审期间提出诉讼时效抗辩,而是在二审期间才提出该项抗辩主张的,原则上不予支持,除外情形是"当事人基于新的证据能够证明对方当事人的请求权确已过诉讼时效期间"。而本案中谢某辉通讯店并不满足这一条件,因而其诉讼时效抗辩不能得到支持,此外,源德盛公司在本案中公证购买被诉侵权产品的时间为2017年9月11日,其诉讼时效期间应自2017年9月11日起计算。鉴于《民法总则》自2017年10月1日起开始施行时,2008年《专利法》规定的2年普通诉讼时效期间尚未届满,故参照该条规定精神,从更有利于保障源德盛公司作为涉案专利的专利权人合法权益的角度考量,对其诉讼时效期间应当改为适用《民法总则》关于3年诉讼时效期间的规定。因此,源德盛公司在本案中的诉讼时效期间应当计算至2020年9月10日,而且源德盛公司在本案中的诉讼时效中断,故源德盛公司的起诉未超过诉讼时效期间。

第一百八十九条　【分期履行债务的诉讼时效】当事人约定同一债务分期履行的,诉讼时效期间自最后一期履行期限届满之日起计算。

条文解读

本条是关于分期履行债务的诉讼时效的规定。

分期履行债务,是指按照当事人事先约定,分批分期完成同一个债务履行的情况。与之相似的概念是定期履行债务。定期履行债务,是指当事人约定在债务履行过程中重复出现,按照固定周期给付的债务。两者的最大不同在于,定期履行债务是履行多个债务,每个债务都是独立的。比如,当事人约定房租每季度支付一次、工资每月发放等。分期履行债务是履行同一个债务,只是履行的方式是分批分期完成。比如,分期付款买卖合同中,甲乙签订房屋买卖合同,约定房屋总价值100万元,甲先支付乙50万元现金,同时办理银行贷款50万元,等贷款办理完成打入乙的账户之后,乙开始协助甲办理房屋产权转移手续。

本条规定,当事人约定同一债务分期履行的,诉讼时效期间自最后一期履行期限届满之日起计算。其目的在于减少诉累,实现诉讼效率,同时可以促成交易,降低交易风险和成本。

典型案例

张某、哈尔滨银行股份有限公司天津分行等金融借款合同纠纷案[1]

※案情简介:2010年3月8日,江某娥、张某向哈尔滨银行股份有限公司天津分行(以下简称哈尔滨银行天津分行)提交《房全通个人贷款申请书》。2010年3月15日,哈尔滨银行天津分行与张某签订《个人消费贷款借款合同》,2010年3月19日,哈尔滨银行天津分行与张某就涉案房产在天津市河西区房地产管理局办理抵押登记手续。2010年3月25日,哈尔滨银行天津分行向张某放款250,000元。后张某未能按约还款。截至2021年2月18日,张某尚欠哈尔滨银行天津分行借款本金12,952.54元、利息144.88元、罚息3440.55元、复利36.65元。

※争议焦点:本案的争议焦点为本案的诉讼时效是否经过。

※判决结果:法院认为,关于张某所述哈尔滨银行天津分行主张权利已超过3年诉讼时效的抗辩意见,涉案合同及借款凭证约定借款到期日为2018年3月14日,《民法总则》第189条规定,当事人约定同一债务分期履行的,诉讼时效期间自最后一期履行期限届满之日起计算。因此哈尔滨银行天津分行诉讼时效起算时间应当为2018年3月14日,而不是张某所主张的逾期还款之日。《民法总则》第188条第1款规定,向人民法院请求保护民事权利的诉讼时效期间为3年。现哈尔滨银行天津分行于2021年2月26日向江某娥、张某主张权利,所以哈尔滨银行天津分行主张权利并未超过诉讼时效期间,故对张某该项抗辩意见,不予采信。

---

〔1〕 本案根据天津市第二中级人民法院(2021)津02民终8650号判决书整理。

※案例解读：涉案合同及借款凭证约定借款到期日为2018年3月14日，根据法律规定，当事人约定同一债务分期履行的，诉讼时效期间自最后一期履行期限届满之日起计算。因此哈尔滨银行天津分行诉讼时效起算时间应当为2018年3月14日。而且向人民法院请求保护民事权利的诉讼时效期间为3年。现哈尔滨银行天津分行于2021年2月26日向江某娥、张某主张权利，所以哈尔滨银行天津分行主张权利并未超过诉讼时效期间。

第一百九十条 【法定代理人请求权的诉讼时效】无民事行为能力人或者限制民事行为能力人对其法定代理人的请求权的诉讼时效期间，自该法定代理终止之日起计算。

条文解读

本条是关于法定代理人请求权的诉讼时效的规定。

本法第23条规定，无民事行为能力人、限制民事行为能力人的监护人是其法定代理人。本条实质上在保障无民事行为能力人和限制民事行为能力人对其法定代理人行使请求权。无民事行为能力人和限制民事行为能力人因年龄、智力、精神健康状况等，须由法定代理人代为实施民事法律行为。如果无民事行为能力人或限制民事行为能力人的权利受到法定代理人的损害，其当然有权请求保护。但是，因为行为能力的限制以及法定代理的存在，无法行使请求权。为了更好地保护被代理人的利益和权利，本条规定，无民事行为能力人或者限制民事行为能力人对其法定代理人的请求权的诉讼时效期间，自该法定代理终止之日起计算。

关联法规索引

《最高人民法院关于适用〈中华人民共和国民法典〉总则编若干问题的解释》第37条

第一百九十一条 【未成年人遭受性侵害的损害赔偿请求权的诉讼时效】未成年人遭受性侵害的损害赔偿请求权的诉讼时效期间,自受害人年满十八周岁之日起计算。

条文解读

本条是关于未成年人遭受性侵害的损害赔偿请求权的诉讼时效的规定。

未成年人遭受性侵害的,一般自受侵害之时就知道或者应当知道权利遭受损害及义务人,但因为遭受侵害的是未成年人,不能行使损害赔偿请求权。如果未成年人的法定代理人也没有向人民法院行使该请求权,则未成年人的合法权益无法得到有效保护。所以,本条规定,未成年人遭受性侵害的损害赔偿请求权的诉讼时效期间,自受害人年满 18 周岁之日起计算。

关联法规索引

《最高人民法院关于适用〈中华人民共和国民法典〉总则编若干问题的解释》第 36 条、第 37 条

第一百九十二条 【诉讼时效期间届满法律后果】诉讼时效期间届满的,义务人可以提出不履行义务的抗辩。

诉讼时效期间届满后,义务人同意履行的,不得以诉讼时效期间届满为由抗辩;义务人已经自愿履行的,不得请求返还。

条文解读

本条是关于诉讼时效期间届满法律后果的规定。

成文法国家关于诉讼时效期间届满后的法律效果主要有三种立法例:第一种,实体权利消灭主义,即诉讼时效期间届满后实体权利义务关系直接消灭。如甲欠乙 10 万元,诉讼时效期间届满后,甲欠乙钱的法律关系直接消灭。第二种,诉权消灭主义,即诉讼时效期间届满后,诉权消失,实体权利仍然存在,转为自然权利。如

甲欠乙10万元，诉讼时效期间届满后，甲欠乙钱的事实和法律关系仍然存在，但是乙的诉讼请求权不再受法律保护和支持。第三种，抗辩权产生主义，即诉讼时效期间届满后，权利人的实体权利和诉权不消灭，但义务人取得了拒绝履行义务的抗辩权。如甲欠乙10万元，诉讼时效期间届满后，甲欠乙钱的事实和法律关系均存在，乙可以向法院请求甲还款，但甲获得了在法庭上提出拒绝履行还款义务的抗辩权。

本法结合境外立法经验和国内社会实践，在诉讼时效期间届满后的法律效果上采取抗辩权产生主义的立法模式。本条第1款规定，诉讼时效期间届满的，义务人可以提出不履行义务的抗辩。这意味着，诉讼时效期间届满后，若义务人未行使不履行义务抗辩权，其仍然应该履行义务；义务人行使抗辩权时，应当明确提出。

本条第2款规定，诉讼时效期间届满后，义务人同意履行义务，表明其放弃了抗辩权，其不得再以时效期间届满为由抗辩；当义务人已经自愿履行的，则履行有效，不得请求返还。

主债务诉讼时效期间届满，保证人享有主债务人的诉讼时效抗辩权。保证人未主张前述诉讼时效抗辩权，承担保证责任后向主债务人行使追偿权的，人民法院不予支持，但主债务人同意给付的情形除外。

诉讼时效期间届满，当事人一方向对方当事人作出同意履行义务的意思表示或者自愿履行义务后，又以诉讼时效期间届满为由进行抗辩的，人民法院不予支持。当事人双方就原债务达成新的协议，债权人主张义务人放弃诉讼时效抗辩权的，人民法院应予支持。超过诉讼时效期间，贷款人向借款人发出催收到期贷款通知单，债务人在通知单上签名或者盖章，能够认定借款人同意履行诉讼时效期间已经届满的义务的，对于贷款人关于借款人放弃诉讼时效抗辩权的主张，人民法院应予支持。

关联法规索引

《最高人民法院关于审理民事案件适用诉讼时效制度若干问题的规定》第18条、第19条

典型案例

胡某秋、吴某国等建设工程施工合同纠纷案[1]

※案情简介：2016年8月，胡某秋与钰翎珑公司签订《长白山池南区圣水温泉引水项目清水池工程承包协议书》，同时承包了《池南区天然矿泉引水管线井室工程》（未签订书面协议）。吴某国施工了胡某秋承包钰翎珑公司的《池南区天然矿泉引水管线井室工程》，吴某国自2016年8月22日起开始施工至2016年11月9日止结束施工，共施工76天，吴某国垫付建设工程费用782,825元。2017年12月8日，钰翎珑公司出具案涉工程工程量为851,635元的清单。胡某秋已支付吴某国工程款33万元。2016年8月30日至2017年4月9日，钰翎珑公司累计付给胡某秋工程款2,330,000元。钰翎珑公司于2021年2月4日向胡某秋委托代理人汇款94,804元后，将上述两项工程的工程款2,524,804全部支付给胡某秋。

※争议焦点：本案的争议焦点为本案的诉讼时效。

※判决结果：法院认为，《民法典》第192条第2款规定："诉讼时效期间届满后，义务人同意履行的，不得以诉讼时效期间届满为由抗辩；义务人已经自愿履行的，不得请求返还。"本案胡某秋提交的证明中陈述："……当年工人打电话找到胡某秋要工人工资，两次一共给了1万元，2018年到现在胡某秋陆续付钱给吴某国4万元整！共计给28万元整，现在所有材料和签证都在胡某秋处，答应吴某国等工人，等吉林钰翎珑有限公司给结算就给结算所有工程款，由于吉林钰翎珑有限公司一直拖欠至今还没结算。"该证明中载明的书写日期为2021年2月11日，即截至2021年2月11日，胡某秋仍同意向吴某国付款，因此胡某秋提出的诉讼时效抗辩不应支持。

※案例解读：本案中，2021年3月6日胡某秋委托吴某国出卖其车辆后顶抵了吴某国工程款7万元，胡某秋并未提出不履行的抗辩，所以，吴某国的主张未超过诉讼时效期间，其权利应予保护。

---

[1] 本案根据吉林省长春林区中级人民法院（2021）吉76民终56号判决书整理。

第一百九十三条　【诉讼时效援引】 人民法院不得主动适用诉讼时效的规定。

条文解读

本条是关于诉讼时效援引的规定。

人民法院不得主动适用诉讼时效的规定，这是指在当事人没有提出时效抗辩的情况下，法官不能在裁判中依据职权直接适用诉讼时效制度。同时，在民事诉讼中，当一方当事人没有提出时效抗辩，法院不应当向另一方当事人告知其时效利益，或要求其行使时效抗辩。本条规定设立的目的在于：其一，体现民法意思自治原则。诉讼时效抗辩权本质上是义务人的一项民事权利，属于自由处分的权利，义务人是否行使，司法不应过多干预。其二，体现法院中立。诉讼时效规定的适用仅关系到当事人利益，法院如果主动介入，有偏袒一方之嫌。

配套法规及解读

《最高人民法院关于审理民事案件适用诉讼时效制度若干问题的规定》

第二条　当事人未提出诉讼时效抗辩，人民法院不应对诉讼时效问题进行释明。

第三条　当事人在一审期间未提出诉讼时效抗辩，在二审期间提出的，人民法院不予支持，但其基于新的证据能够证明对方当事人的请求权已过诉讼时效期间的情形除外。

当事人未按照前款规定提出诉讼时效抗辩，以诉讼时效期间届满为由申请再审或者提出再审抗辩的，人民法院不予支持。

※法规解读：《民法典》第192条规定："诉讼时效期间届满的，义务人可以提出不履行义务的抗辩。诉讼时效期间届满后，义务人同意履行的，不得以诉讼时效期间届满为由抗辩；义务人已经自愿履行的，不得请求返还。"由此可见，我国采取抗辩权发生主义。诉讼时效届满的，人民法院应当受理案件；义务人提出诉讼时效抗辩的，人民法院应当驳回债权人的诉讼请求。抗辩权是需要权利主张的权利，当事人未提出诉讼时效抗辩的，人民法院不应主动释明诉讼时效问题。当事人应当

在一审期间提出诉讼时效抗辩;当事人在一审期间未提出诉讼时效抗辩,在二审期间提出的,人民法院不予支持,但其基于新的证据能够证明对方当事人的请求权已过诉讼时效期间的除外。当事人未在一审或者二审中依法提出诉讼时效抗辩权的,以诉讼时效期间届满为由申请再审或者提出再审抗辩的,人民法院不予支持。

关联法规索引

《最高人民法院关于审理民事案件适用诉讼时效制度若干问题的规定》第2条、第3条

典型案例

张某军、娄某琴民间借贷纠纷案[1]

※案情简介:2015年6月30日,被告向原告借款3万元并出具借条1份,借条载明:今张某军向娄某琴借人民币3万元整(30,000元),借期为1年,到2016年6月30日归还。原告当天向被告交付借款3万元。庭审中,原告与被告均一致陈述该借条的利息双方进行口头约定,原告陈述口头约定利息为每月500元,且被告已经向其支付了2015年7月、8月的利息共计1000元,被告陈述口头约定利息为每月300~500元,借期内的利息已经全部支付完毕。现原告主张被告归还借款本金84,900.11元、利息22,923元。

※争议焦点:本案的争议焦点为诉讼时效是否经过。

※判决结果:法院认为,上诉人主张已归还借款3万元,无依据证实,法院不予采纳。根据《民法典》第193条的规定,人民法院不得主动适用诉讼时效的规定。《最高人民法院关于审理民事案件适用诉讼时效制度若干问题的规定》第3条又具体规定,当事人在一审期间未提出诉讼时效抗辩,在二审期间提出的,人民法院不予支持,但其基于新的证据能够证明对方当事人的请求权已过诉讼时效期间的情形除外。本案中,上诉人在一审期间未能提出诉讼时效抗辩,二审期间提出,法院不予采纳。综上所述,上诉人的上诉请求不能成立,原审判决认定事实清楚,适用

---

[1] 本案根据浙江省绍兴市中级人民法院(2021)浙06民终4219号判决书整理。

法律正确。

※案例解读：法官不能在当事人没有提出时效抗辩的情况下，依据职权直接适用诉讼时效。当一方当事人没有提出时效抗辩，法院不应当告知另一方当事人其享有时效利益，或要求其行使时效抗辩。本案中，当事人在一审程序中并未进行时效抗辩，人民法院不能主动进行释明，其在二审程序中又提出，由于不存在法律规定的情况，故其诉讼时效经过的抗辩法院不予支持。

第一百九十四条　【诉讼时效中止】在诉讼时效期间的最后六个月内，因下列障碍，不能行使请求权的，诉讼时效中止：

（一）不可抗力；

（二）无民事行为能力人或者限制民事行为能力人没有法定代理人，或者法定代理人死亡、丧失民事行为能力、丧失代理权；

（三）继承开始后未确定继承人或者遗产管理人；

（四）权利人被义务人或者其他人控制；

（五）其他导致权利人不能行使请求权的障碍。

自中止时效的原因消除之日起满六个月，诉讼时效期间届满。

条文解读

本条是关于诉讼时效中止的规定。

诉讼时效中止，是指在诉讼时效进行中，因发生一定的法定事由，权利人不能行使请求权，从而暂时停止计算诉讼时效期间，待阻碍时效进行的法定事由消除后，继续进行诉讼时效期间的计算。[1] 该制度目的在于，保障权利人在遭遇不能行使权力的客观情况下，有足够的时间来主张其权利。根据本条规定，诉讼时效中止需满足两个条件：其一，中止事由发生在诉讼时效期间的最后 6 个月内；其二，中止事由客观上阻碍了请求权的行使。

本条第 1 款规定的中止事由包括：

第一，不可抗力。根据本法第 180 条第 2 款的规定，不可抗力是不能预见、不

〔1〕 王利明主编：《中华人民共和国民法总则详解》（下），中国法制出版社 2017 年版，第 918 页。

能避免且不能克服的客观情况。客观情况既包括自然原因,也包括社会原因。

第二,无民事行为能力人或者限制民事行为能力人没有法定代理人,或者法定代理人死亡、丧失民事行为能力、丧失代理权。根据本法第19~22条的规定,无民事行为能力人或限制民事行为能力人因年龄、智力或精神健康状况等原因,需要法定代理人帮助实现民事权利。在诉讼时效期间届满前的最后6个月内,无法定代理人或法定代理人死亡、丧失民事行为能力、丧失代理权,使无民事行为能力人或限制民事行为能力人行使权利遇到障碍,权利人无法行使请求权。

第三,继承开始后未确定继承人或者遗产管理人。继承开始后,未确定继承人的,继承的财产去哪里没有确定;未确定遗产管理人的,遗产的权利不能分割。所以,未确定继承人或遗产管理人,权利人无法行使请求权,诉讼时效中止。

第四,权利人被义务人或者其他人控制。权利人被义务人或者其他人控制,如非法拘禁,权利人因客观情况无法主张权利,诉讼时效中止。

第五,其他导致权利人不能行使请求权的障碍。该条属于兜底条款,除上述列举出的4种情形之外,凡属于导致权利人不能行使请求权的客观状况,都可成为诉讼时效中止的事由。

本条第2款规定,自中止时效的原因消除之日起满6个月,诉讼时效期间届满,即自中止时效的事由消除之日起再经过6个月,诉讼时效期间届满。

关联法规索引

《民法典》第19~22条、第180条

典型案例

彭某武、付某全等民间借贷纠纷案[1]

※案情简介:付某全与昌某龙、彭某武系朋友关系。2013年5月3日,彭某武向付某全借款500,000元,并向付某全出具借条1份,约定借款利息为月利率0.35%,还款期限为2013年11月2日,昌某龙作为担保人在借条上签字保证。同

〔1〕 本案根据湖北省汉江中级人民法院(2021)鄂96民终1273号判决书整理。

日,付某全向彭某武银行账户转款500,000元。逾期,彭某武未还借款本息。2014年5月24日,蔡某受付某全委托找彭某武讨要借款,二人发生纠纷,彭某武报警,仙桃市公安局特警支队出警到现场调处。2015年8月28日,付某全因涉嫌犯诈骗罪被抓获,2016年10月19日被判处有期徒刑4年零10个月,2020年6月27日刑满释放。

※争议焦点:本案的争议焦点为付某全因犯罪被羁押及服刑导致其行使请求权障碍,是否属于诉讼时效中止的情形。

※判决结果:法院认为,根据《民法总则》第195条第1项的规定,权利人向义务人提出履行请求的,诉讼时效中断,从中断、有关程序终结时起,诉讼时效期间重新计算。本案中,证人蔡某在一审时出庭作证,证明其受付某全的委托,于2014年5月24日向彭某武催讨案涉借款。蔡某与彭某武发生纠纷后公安机关对其进行调处的事实得到了《接处警登记表》的印证。因前述催讨时间并未超过诉讼时效期间,一审判决认定该催讨行为导致诉讼时效中断,并无不当。《民法总则》第194条规定:"在诉讼时效期间的最后六个月内,因下列障碍,不能行使请求权的,诉讼时效中止:……(五)其他导致权利人不能行使请求权的障碍……"付某全因犯诈骗罪,于2015年8月28日被羁押,被判刑后服刑至2020年6月27日,前述羁押期间已覆盖案涉借款诉讼时效期间的最后6个月,由于在该羁押期间必然存在行使请求权的障碍,依据前款规定,应认定案涉借款的诉讼时效中止。

※案例解读:本案中,2015年8月28日,付某全因涉嫌犯诈骗罪被抓获,2016年10月19日,被判处有期徒刑4年零10个月,2020年6月27日刑满释放。付某全被羁押及服刑期间导致其行使请求权障碍,属诉讼时效中止的情形,故彭某武抗辩理由不成立。

第一百九十五条 【诉讼时效中断】有下列情形之一的,诉讼时效中断,从中断、有关程序终结时起,诉讼时效期间重新计算:

(一)权利人向义务人提出履行请求;

(二)义务人同意履行义务;

(三)权利人提起诉讼或者申请仲裁;

(四)与提起诉讼或者申请仲裁具有同等效力的其他情形。

条文解读

本条是关于诉讼时效中断的规定。

诉讼时效中断,是指在诉讼时效进行中发生法定事由导致已经进行的诉讼时效期间归于无效,中断事由消除后,重新计算诉讼时效期间。

根据本条规定,诉讼时效中断,重新计算诉讼时效期间的情形包括:

第一,权利人向义务人提出履行请求。权利人积极主张权利表明权利的行使,时效失去适用基础,诉讼时效由此中断。《最高人民法院关于审理民事案件适用诉讼时效制度若干问题的规定》第 8 条规定:“具有下列情形之一的,应当认定为民法典第一百九十五条规定的‘权利人向义务人提出履行请求’,产生诉讼时效中断的效力:(一)当事人一方直接向对方当事人送交主张权利文书,对方当事人在文书上签名、盖章、按指印或者虽未签名、盖章、按指印但能够以其他方式证明该文书到达对方当事人的;(二)当事人一方以发送信件或者数据电文方式主张权利,信件或者数据电文到达或者应当到达对方当事人的;(三)当事人一方为金融机构,依照法律规定或者当事人约定从对方当事人账户中扣收欠款本息的;(四)当事人一方下落不明,对方当事人在国家级或者下落不明的当事人一方住所地的省级有影响的媒体上刊登具有主张权利内容的公告的,但法律和司法解释另有特别规定的,适用其规定。前款第(一)项情形中,对方当事人为法人或者其他组织的,签收人可以是其法定代表人、主要负责人、负责收发信件的部门或者被授权主体;对方当事人为自然人的,签收人可以是自然人本人、同住的具有完全行为能力的亲属或者被授权主体。”权利人向义务人的代理人、财产代管人或者遗产管理人等提出履行请求的也可以引起诉讼时效中断的效果。权利人对同一债权中的部分债权主张权利,诉讼时效中断的效力及于剩余债权,但权利人明确表示放弃剩余债权的情形除外。

第二,义务人同意履行义务。义务人向权利人表示同意履行义务,意味承认权利人的权利,诉讼时效中断。《最高人民法院关于审理民事案件适用诉讼时效制度若干问题的规定》第 14 条规定:“义务人作出分期履行、部分履行、提供担保、请求延期履行、制定清偿债务计划等承诺或者行为的,应当认定为民法典第一百九十五条规定的‘义务人同意履行义务’。”

第三,权利人提起诉讼或者申请仲裁。权利人提起民事诉讼或者申请仲裁,请求人民法院或者仲裁庭保护其权利,这是权利人行使权利的明确表示。诉讼提起之日就是时效中断之日。当事人一方向人民法院提交起诉状或者口头起诉的,诉讼时效从提交起诉状或者口头起诉之日起中断。

第四,与提起诉讼或者申请仲裁具有同等效力的其他情形。《最高人民法院关于审理民事案件适用诉讼时效制度若干问题的规定》第11条规定:“下列事项之一,人民法院应当认定与提起诉讼具有同等诉讼时效中断的效力:(一)申请支付令;(二)申请破产、申报破产债权;(三)为主张权利而申请宣告义务人失踪或死亡;(四)申请诉前财产保全、诉前临时禁令等诉前措施;(五)申请强制执行;(六)申请追加当事人或者被通知参加诉讼;(七)在诉讼中主张抵销;(八)其他与提起诉讼具有同等诉讼时效中断效力的事项。”权利人向人民调解委员会以及其他依法有权解决相关民事纠纷的国家机关、事业单位、社会团体等社会组织提出保护相应民事权利的请求,诉讼时效从提出请求之日起中断。权利人向公安机关、人民检察院、人民法院报案或者控告,请求保护其民事权利的,诉讼时效从其报案或者控告之日起中断。上述机关决定不立案、撤销案件或者不起诉的,诉讼时效期间从权利人知道或者应当知道不立案、撤销案件或者不起诉之日起重新计算;刑事案件进入审理阶段,诉讼时效期间从刑事裁判文书生效之日起重新计算。

配套法规及解读

《最高人民法院关于适用〈中华人民共和国民法典〉总则编若干问题的解释》(2022年2月24日)

第三十八条 诉讼时效依据民法典第一百九十五条的规定中断后,在新的诉讼时效期间内,再次出现第一百九十五条规定的中断事由,可以认定为诉讼时效再次中断。

权利人向义务人的代理人、财产代管人或者遗产管理人等提出履行请求的,可以认定为民法典第一百九十五条规定的诉讼时效中断。

《最高人民法院关于审理民事案件适用诉讼时效制度若干问题的规定》

第十五条 对于连带债权人中的一人发生诉讼时效中断效力的事由,应当认定对其他连带债权人也发生诉讼时效中断的效力。

对于连带债务人中的一人发生诉讼时效中断效力的事由,应当认定对其他连带债务人也发生诉讼时效中断的效力。

第十六条 债权人提起代位权诉讼的，应当认定对债权人的债权和债务人的债权均发生诉讼时效中断的效力。

第十七条 债权转让的，应当认定诉讼时效从债权转让通知到达债务人之日起中断。

债务承担情形下，构成原债务人对债务承认的，应当认定诉讼时效从债务承担意思表示到达债权人之日起中断。

※法规解读：《民法典》第195条对诉讼时效中断事由作了规定，诉讼时效中断后，在新的诉讼时效期间内，再出现中断事由的，诉讼时效再次中断，重新开始计算。除了《民法典》规定的中断事由之外，下列情形也可以引起诉讼时效的中断：

一是对于连带债权人中的一人发生诉讼时效中断效力的事由，应当认定对其他连带债权人也发生诉讼时效中断的效力；对于连带债务人中的一人发生诉讼时效中断效力的事由，应当认定对其他连带债务人也发生诉讼时效中断的效力。

二是债权人提起代位权诉讼的，应当认定对债权人的债权和债务人的债权均发生诉讼时效中断的效力。

三是债权转让的，应当认定诉讼时效从债权转让通知到达债务人之日起中断。债务承担情形下，构成原债务人对债务承认的，应当认定诉讼时效从债务承担意思表示到达债权人之日起中断。

关联法规索引

《最高人民法院关于审理民事案件适用诉讼时效制度若干问题的规定》第8～17条

典型案例

钟某、艾某昌等买卖合同纠纷案[1]

※案情简介：钟某原系福利批发部的经营者，经营啤酒。钟某于1999年至2002年给祥园酒店送啤酒，按月结算。在此期间，张某霞向钟某出具收据7张，共

[1] 本案根据辽宁省鞍山市中级人民法院(2021)辽03民终5059号判决书整理。

计1161元，其中8月21日金额为264元的收据上加盖祥园酒店公章；李某梅向钟某出具收据22张，共计3566元，其中13张盖有祥园酒店公章，金额2052元；林某向钟某出具收据4张，共计676元；祥园酒店向钟某出具收条4张，共计817元；艾某霞向钟某出具收条1张，金额14,447元。另查，艾某昌与张某霞系夫妻关系，艾某霞系艾某昌的姐姐。祥园酒店现已注销。艾某昌称祥园酒店的经营者系其妻子张某霞和其妹妹艾某霞，其在酒店帮忙。

※**争议焦点：**本案的争议焦点为本案是否已过诉讼时效。

※**判决结果：**法院认为，根据《民法典》第188条的规定，向人民法院请求保护民事权利的诉讼时效期间为3年；法律另有规定的，依照其规定。诉讼时效期间自权利人知道或者应当知道权利受到损害以及义务人之日起计算。第195条规定："有下列情形之一的，诉讼时效中断，从中断、有关程序终结时起，诉讼时效期间重新计算：（一）权利人向义务人提出履行请求；（二）义务人同意履行义务；（三）权利人提起诉讼或者申请仲裁；（四）与提起诉讼或者申请仲裁具有同等效力的其他情形。"本案中，上诉人钟某提供的证据证明其最后一次向被上诉人艾某昌、张某霞、艾某霞主张权利系2005年，诉讼时效期间重新计算。之后3年内钟某既未向人民法院起诉，也未提供证据证明在此期间发生诉讼时效期间中止、中断或延长的情况。因此，本案的诉讼请求已超过诉讼时效，原审判决驳回上诉人的诉讼请求并无不当，应予以维持。

※**案例解读：**本案中，钟某提供的证据证明其最后一次向艾某昌主张权利系2005年，诉讼时效期间重新计算。2005年后3年内钟某既未向人民法院起诉，也未提供证据证明在此期间发生诉讼时效期间中止、中断或延长的情况。故本案已超过诉讼时效。

第一百九十六条　【不适用诉讼时效的情形】下列请求权不适用诉讼时效的规定：

（一）请求停止侵害、排除妨碍、消除危险；

（二）不动产物权和登记的动产物权的权利人请求返还财产；

（三）请求支付抚养费、赡养费或者扶养费；

（四）依法不适用诉讼时效的其他请求权。

条文解读

本条是关于不适用诉讼时效的情形的规定。

诉讼时效的适用范围，是指诉讼时效适用权利的范围。诉讼时效期间是权利人请求法律保护的法定期间，因此，诉讼时效仅适用于请求权，不适用于支配权、形成权和抗辩权等。但是，并非所有请求权都适用诉讼时效，所以本条规定了不适用诉讼时效的情形，包括：

第一，请求停止侵害、排除妨碍、消除危险。停止侵害、排除妨碍、消除危险都是所有权人或者其他物权人对相对人提出的请求权，目的在于解决对物权权能的障碍，恢复权利人对权利客体的支配。如果该请求权适用诉讼时效，则意味着物权人必须容忍他人对其物权的侵害，这违反了物权的基本理论。所以，请求停止侵害、排除妨碍、消除危险不适用诉讼时效。

第二，不动产物权和登记的动产物权的权利人请求返还财产。不动产一般用登记作为不动产物权享有和变动的公示方法，不动产登记簿上已经显示了物权的归属、交易参与人和交易时间，不动产一经登记就具有强大公示公信力，不适用诉讼时效。动产以占有和交付为所有权享有和变动的公示方法。本法第 225 条规定，船舶、航空器和机动车等的物权的设立、变更、转让和消灭，未经登记，不得对抗善意第三人。法律对船舶、航空器和机动车等动产也采取登记主义，一经登记即与不动产登记一样，产生强有力的公示公信力，也不适用诉讼时效。

第三，请求支付抚养费、赡养费或者扶养费。受抚养、赡养或者扶养的人一般都是年幼、年老或者缺乏劳动力的人，抚养费、赡养费或扶养费是其重要生活来源，如适用诉讼时效的规定，可能会导致权利人失去基本生活保障。

第四，依法不适用诉讼时效的其他请求权。一般来说，涉及公共利益的请求权和涉及人格权益保护的请求权都不应适用诉讼时效的规定。

配套法规及解读

《最高人民法院关于审理民事案件适用诉讼时效制度若干问题的规定》

第一条 当事人可以对债权请求权提出诉讼时效抗辩，但对下列债权请求权提出诉讼时效抗辩的，人民法院不予支持：

（一）支付存款本金及利息请求权；

（二）兑付国债、金融债券以及向不特定对象发行的企业债券本息请求权；

（三）基于投资关系产生的缴付出资请求权；

（四）其他依法不适用诉讼时效规定的债权请求权。

※法规解读：诉讼时效适用于请求权，但请求权种类繁多，包括物权请求权、债权请求权、继承权请求权、人身权请求权等，并非任何请求权都适用诉讼时效的规定。

债权请求权适用诉讼时效的规定。包括：(1)基于合同产生的请求权；(2)侵权损害赔偿请求权；(3)基于不当得利产生的请求权；(4)基于无因管理产生的请求权；(5)其他债权请求权。但下列债权请求权不适用诉讼时效：(1)支付存款本金及利息请求权；(2)兑付国债、金融债券以及向不特定对象发行的企业债券本息请求权；(3)基于投资关系产生的缴付出资请求权；(4)停止侵害、排除妨碍、消除危险的请求权；(5)不动产物权和登记的动产物权的权利人返还财产的请求权；(6)支付抚养费、赡养费或者扶养费的请求权；(7)依法不适用诉讼时效的其他请求权。

合同无效或者被撤销的，当事人可基于不当得利请求权要求返还财产，这时的返还财产请求权适用诉讼时效的规定。

基于身份关系产生的赡养费、抚养费、扶养费请求权尽管具有浓重的财产内容，但由于其关涉人的生存，义务人若不支付上述费用将使权利人的生活没有保障，影响公序良俗，故该请求权不适用诉讼时效的规定。但是，上述请求权与权利人的特定身份相关联，这种身份关系可能具有期限性，故上述请求权不是永久地不适用诉讼时效。例如，在赡养法律关系中，被赡养人死亡的，请求权消灭，无诉讼时效适用余地。但在抚养法律关系中，如果被抚养人已经不再具备被抚养条件，如年满18周岁以后再要求其18周岁之前的抚养费的，则应适用诉讼时效的规定。该诉讼时效从不具备被抚养条件之日起计算。

典型案例

李某、上海斯果信息技术有限公司计算机软件著作权权属纠纷案[1]

※案情简介：上海斯果信息技术有限公司（以下简称斯果公司）成立于2015年

〔1〕 本案根据最高人民法院（2020）最高法知民终636号判决书整理。

8月13日，经营范围包括信息科技、计算机科技、智能化科技领域内的技术开发等。李某系斯果公司的实际负责人，并实际掌握斯果公司公章。李某从斯果公司处转让获得涉案软件后，再将涉案软件转让给信传公司。2015年11月30日，国家版权局就涉案软件出具了软著登字第1124654号《计算机软件著作权登记证书》（以下简称第1124654号证书）。2016年8月8日，国家版权局就涉案软件出具了软著登字第1386530号《计算机软件著作权登记证书》（以下简称第1386530号证书）。该证书记载的著作权人为"李某"，权利取得方式为"受让"，登记号为"2016SR××××13"。第1386530号证书中的其他内容与第1124654号证书对应内容相一致。2017年8月16日，国家版权局就涉案软件出具了软著登字第2038266号《计算机软件著作权登记证书》（以下简称第2038266号证书）。该证书记载的著作权人为"信传公司"，权利取得方式为"受让"，登记号为"2017SR××××82"。第2038266号证书中的其他内容与第1124654号证书、第1386530号证书对应内容相一致。

信传公司成立于2016年8月2日，股东包括李某、案外人钟某平、北京九合云涌投资中心（有限合伙）、深圳君盛鼎石创业投资企业（有限合伙），其中李某占股64.91%，系被告信传公司法定代表人、董事长。

※争议焦点：本案的争议焦点为李某从斯果公司处受让涉案软件著作权的行为是否有效。

※判决结果：法院认为，首先，李某在本案一审阶段并未提出时效抗辩；其次，根据法律规定，请求权可以适用诉讼时效的规定。根据产生请求权的基础权利不同，请求权可划分为债权请求权、物权请求权及知识产权请求权等。债权请求权因不具支配性，若权利人长期不行使会使权利处于不稳定状态，因此受诉讼时效的约束；而物权请求权、知识产权请求权等绝对权请求权则一般不受诉讼时效的约束。本案为计算机软件著作权权属纠纷，系当事人对知识产权权利归属存在争议所引起的纠纷，主要涉及涉案计算机软件权利的归属，属于知识产权请求权而非债权请求权的范畴，因此不受诉讼时效的约束。综上所述，李某的该项上诉理由无法律依据，法院依法不予支持。

※案例解读：诉讼时效期间是权利人请求法律保护的法定期间，因而，诉讼时效仅适用于请求权，知识产权请求权等绝对权请求权一般不受诉讼时效的约束。本案属于知识产权纠纷，因而不受诉讼时效的限制。

第一百九十七条 【诉讼时效法定以及时效利益不得预先放弃】 诉讼时效的期间、计算方法以及中止、中断的事由由法律规定，当事人约定无效。

当事人对诉讼时效利益的预先放弃无效。

条文解读

本条是关于诉讼时效法定以及时效利益不得预先放弃的规定。

诉讼时效制度关系法律秩序的清晰稳定，这要求诉讼时效相关规定应当清晰、明确且被社会知晓。本条第1款规定，诉讼时效的期间、计算方法以及中止、中断的事由由法律规定，当事人约定无效。

本条第2款规定，当事人对诉讼时效利益的预先放弃无效。诉讼时效放弃可以分为诉讼时效届满前预先放弃和诉讼时效届满后放弃。诉讼时效期间届满后，当事人放弃诉讼时效利益的，该放弃有效。

典型案例

霍山县安园经济技术开发有限公司、许某宏保证合同纠纷案[1]

※案情简介：2013年2月16日，康尔美公司（甲方）与霍山县安园经济技术开发有限公司（以下简称霍山安园公司）（乙方）签订1份编号为霍安园委保字（2013）11－1号《委托保证合同》。2013年2月16日，霍山安园公司（保证人）与中国农业发展银行霍山县支行（以下简称霍山农发行）（债权人）签订1份编号为34152501－2013年六霍（保）字0005号《保证合同》，所担保的主债权为债务人康尔美公司在债权人霍山农发行处办理的主合同项下约定的银行承兑协议，本金数额为1000万元，债务人履行债务的期限为6个月，自2013年2月18日起至2013年8月17日止。2013年2月16日，霍山安园公司（保证人、甲方）与许某宏、周某宇、孙某、张某兵、广某贵、桑某荣（反担保人、乙方）签订1份编号为霍某园个信字（2013）11－2号《不可撤销个人连带责任信用反担保合同》。

〔1〕 本案根据安徽省高级人民法院（2019）皖民终1119号判决书整理。

2013年9月30日，因康尔美公司未按《银行承兑协议》的约定按期足额履行存入应付票款的义务，霍山农发行向霍山安园公司发出催收归还康尔美公司到期贷款通知书，要求霍山安园公司履行保证责任，代康尔美公司归还贷款本息10,114,648.71元。霍山安园公司于当日向霍山农发行汇款10,114,648.71元，代康尔美公司清偿了所担保的债务。霍山安园公司要求本案各反担保人承担保证责任，故提起诉讼。

※争议焦点：本案的争议焦点为霍山安园公司向许某宏等8人主张权利是否超过了保证期间。

※判决结果：法院认为，安徽省霍山县经济开发区管理委员会向安徽省霍山县人民法院出具的报告为其单方陈述，并无证据证明，霍山安园公司以其控股股东申请破产的事实逆推申请破产前已向各反担保人主张权利的依据不足。一审法院未采信霍山安园公司的该证据并无不当。霍山安园公司于2016年8月4日向霍山县公安局经侦大队举报许某宏涉嫌金融诈骗罪，其举报时已经超过保证期间，霍山安园公司在保证期间届满后向公安机关报案不符合《最高人民法院关于审理民事案件适用诉讼时效制度若干问题的规定》第15条规定的情形，霍山安园公司关于诉讼时效应从2017年11月14日许某宏的刑事判决生效之日起重新开始计算的理由不能成立。

《还款保证及继续承担保证责任书》不构成新的担保合同，而其上落款时间经查明又为霍山安园公司自行填写，根据《最高人民法院关于审理民事案件适用诉讼时效制度若干问题的规定》第2条关于当事人违反法律规定，约定延长或缩短诉讼时效期间、预先放弃诉讼时效利益的，人民法院不予认定的规定，霍山安园公司自行填写落款时间无异于排除诉讼时效制度的适用，有违诉讼时效制度的法定性，一审判决确认该责任书无效并无不当。

※案例解读：诉讼时效制度属强制性规定，不允许当事人依自由意志排除时效的适用或改变时效期间。本案中，许某宏等8人在《还款保证及继续承担保证责任书》上签名并默许霍山安园公司填写落款日期的行为，属于预先放弃诉讼时效利益的行为，应为无效。因此，《还款保证及继续承担保证责任书》不能证明霍山安园公司在上述反担保保证期间内向各反担保人主张了权利。

第一百九十八条　【仲裁时效】法律对仲裁时效有规定的，依照其规定；没有规定的，适用诉讼时效的规定。

条文解读

本条是关于仲裁时效的规定。

仲裁包括民商事仲裁、劳动仲裁和农村土地承包经营纠纷仲裁等。当事人申请仲裁的，受仲裁时效限制。法律对仲裁时效有规定的，适用法律关于仲裁时效的规定；法律对仲裁时效没有规定的，仲裁时效适用诉讼时效的规定。

第一百九十九条　【除斥期间】法律规定或者当事人约定的撤销权、解除权等权利的存续期间，除法律另有规定外，自权利人知道或者应当知道权利产生之日起计算，不适用有关诉讼时效中止、中断和延长的规定。存续期间届满，撤销权、解除权等权利消灭。

条文解读

本条是关于除斥期间的规定。

除斥期间，又称预定期间，是指法律规定的或者当事人约定的某项权利的预定存续期间。[1] 除斥期间是权利预设的期间，目的在于促使法律关系尽早确定。除斥期间经过后，权利人的权利消灭，对于其实体法上的效果来说，或者使法律关系明确固定，或者使法律关系归于消灭。

除斥期间一般适用于形成权，权利人通过行使形成权使自己的意思变更、消灭法律关系，或者使不确定的法律关系趋于确定。前者如优先购买权、撤销权、解除权等，后者如追认权、选择权等。[2]

除斥期间一般在民法条文中采用“撤销权消灭”“视为放弃”“视为拒绝追认”等表述。如本法第541条规定：“撤销权自债权人知道或者应当知道撤销事由之日起一年内行使。自债务人的行为发生之日起五年内没有行使撤销权的，该撤销权

---

〔1〕 郭明瑞：《民法总则通义》，商务印书馆2018年版，第350页。

〔2〕 王利明主编：《中华人民共和国民法总则详解》（下），中国法制出版社2017年版，第953页。

消灭。”第727条规定:“出租人委托拍卖人拍卖租赁房屋的,应当在拍卖五日前通知承租人。承租人未参加拍卖的,视为放弃优先购买权。”

典型案例

沈阳市自然资源局于洪分局、沈阳世洋房地产开发有限公司建设用地使用权合同纠纷案[1]

※案情简介:2013年9月27日,被告出具竞买人承诺书1份,表示对该地块现状没有异议。2013年10月14日,被告向沈阳市土地储备中心于洪分中心交纳竞买保证金750万元。2013年10月15日,被告通过拍卖交易竞得宗地编号YHKF2013-022号于洪区沙岭街道沙岭1号地块。在拍卖成交确认书中,约定宗地编号YHKF2013-022号于洪区沙岭街道沙岭1号地块净地成交价为35,489,559.81元。2013年10月25日,原告(出让人)与被告(受让人)签订1份《国有建设用地使用权出让合同》,约定原告将案涉地块的土地使用权出让给被告,宗地面积8400.89平方米,土地使用权出让价格35,489,559.81元。2013年12月19日,原告向被告发出缴款通知,督促被告交款。2013年12月27日,原告向被告发出关于解除《YHKF2013-022号于洪区沙岭村1号地块成交确认书》的通知,之后原告分别于2015年4月10日、2016年11月1日、2017年4月7日向被告送达缴款通知。

※争议焦点:本案的争议焦点为涉案《国有建设用地使用权出让合同》是否应当解除。

※判决结果:依据我国法律规定,合同解除权的存续期间系除斥期间,不适用诉讼时效中止、中断和延长的规定。本案上诉人按照合同约定于2014年1月24日开始即因被上诉人迟延支付土地出让金有权解除合同,其行使合同解除权的期间应为1年。上诉人主张2018年3月23日沈阳永安经济开发区管委会发函后才出现解除事由,故其起诉解除合同并未超过1年除斥期间的主张,缺乏事实及法律依据,法院不予支持。

※案例解读:合同解除权与撤销权在性质上均属于形成权而非请求权,适用除

[1] 本案根据辽宁省沈阳市中级人民法院(2021)辽01民终15396号判决书整理。

斥期间的规定。目的是尽快消除因形成权带给当事人法律利益的不确定状态,稳定彼此的法律关系。除斥期间为不变期间,不存在中止、中断和延长的问题。因此,权利人如欲保全自己的权利,就必须在除斥期间内行使权利,否则,该期间经过后,权利人的实体权利本身便发生消灭。本案中,根据案涉《国有建设用地使用权出让合同》第10条和第30条的约定,被告应在2013年11月25日前付清土地使用权出让价款,延期付款超过60日的,原告作为出让人有权解除合同。故在2014年1月24日,原告就具有了合同解除权。但直至2018年4月26日,原告才来院向被告主张解除合同。原告的主张已过解除权1年的除斥期间,故其请求不能成立。

第十章　期 间 计 算

第二百条　【期间计算单位】民法所称的期间按照公历年、月、日、小时计算。

条文解读

本条是关于期间计算单位的规定。

期间的计算方法多种多样。如我国一般采用公历表示时间，但民间习俗多用农历，如农历生日等。再如，计算时间时可以使用日历计算法和自然计算法，前者每个月有30天和31天不等，后者固定以30天为1个月。

本条规定，民法所称的期间按照公历年、月、日、小时计算，即不按农历计算，且计算时不以星期、季度为单位。

典型案例

卢某、胡某敬房屋买卖合同纠纷案[1]

※案情简介：2019年11月3日，卢某（出售方、甲方）与胡某敬（购买方、乙方）经武汉众睿行房产交易有限公司（中介方）居间介绍签订《武汉市存量房买卖合同》。合同签订后，卢某向胡某敬交付了案涉房屋并办理了不动产权过户登记手续，案涉房屋权属登记至胡某敬名下，胡某敬支付了定金及首付款，购房余款应按合同约定办理银行贷款及抵押手续。2020年1月13日，胡某敬（借款人、抵押人）与中国邮政银行股份有限公司武汉市江汉区支行（贷款人，以下简称邮储银行江汉支行）签订《个人购房借款及担保合同》，借款人以案涉房屋为抵押物向贷款人申

---

〔1〕 本案根据湖北省武汉市中级人民法院（2020）鄂01民终11774号判决书整理。

请贷款126万元用于购买案涉房屋。根据胡某敬与中介方工作人员2020年1月15日的微信记录及卢某之夫徐某隆与胡某敬之夫冯某2020年4月8日的微信记录，房屋抵押资料系2020年1月15日出具。徐某隆亦在微信中要求胡某敬应于2020年1月22日办理完毕抵押手续。胡某敬未能在2020年1月22日办理完毕抵押手续。2020年4月8日，武汉解除交通管控措施，卢某之夫徐某隆联系胡某敬之夫冯某要求尽快办理抵押手续。因武汉市江夏区市民之家采取预约制，胡某敬经预约后于2020年4月16日办理完毕抵押手续。卢某主张胡某敬存在的违约行为，故涉诉。

※争议焦点：本案的争议焦点为胡某敬办理按揭贷款抵押登记手续是否超过期限。

※判决结果：《民法总则》第200条规定："民法所称的期间按照公历年、月、日、小时计算。"第201条第1款规定："按照年、月、日计算期间的，开始的当日不计入，自下一日开始计算。"据此，在案涉合同未明确期间起始日含开始的当日的情形下，7个工作日应自2020年1月16日开始计算，分别为1月的第16日、第17日、第18日、第20日、第21日、第22日、第23日。2020年1月23日武汉因新型冠状病毒肺炎疫情宣布封城至2020年4月8日，此后手续的办理时间受制于机构预约办理规则，一审法院将2020年1月23日至2020年4月16日视为受不可抗力影响，胡某敬不应承担延期履行的违约责任的期间，合法合理。

※案例解读：本案中，新型冠状病毒肺炎疫情属于不可抗力因素，胡某敬在两种客观事由叠加的情况下，无法于2020年1月22日办理完毕抵押手续，属于依法应当免除责任的情形。2020年4月8日，武汉解除交通管控措施，卢某之夫徐某隆联系胡某敬之夫冯某要求尽快办理抵押手续。因武汉市江夏区市民之家采取预约制，胡某敬经预约后于2020年4月16日办理完毕抵押手续，2020年4月8日至4月16日亦属于其在疫情尚未消除的特殊时期履行义务的合理期间，不应承担延期履行违约责任。

第二百零一条　【期间起算】按照年、月、日计算期间的，开始的当日不计入，自下一日开始计算。

按照小时计算期间的，自法律规定或者当事人约定的时间开始计算。

条文解读

本条是关于期间起算的规定。

期间起算，是指计算期间的起点，这对当事人有着重要意义。

本条第 1 款规定，按照年、月、日计算期间的，开始的当日不计入，自下一日开始计算。

按日计算的期间的情况，如甲乙双方于 2020 年 7 月 5 日签订合同，约定第 30 日交货。签订合同的当日 2020 年 7 月 5 日不计入期间，期间从 2020 年 7 月 6 日开始计算，交货日期为 2020 年 8 月 4 日。

按月计算期间的情况，如甲乙双方于 2020 年 7 月 5 日签订合同，约定 7 个月后交货。期间从 2020 年 7 月 6 日开始计算，交货时间为 2021 年 2 月 5 日。一年中各个自然月的天数不一致，若涉及闰年与平年，2 月天数也不一致，所以，按月计算期间的情况下，相同的期间长度具体天数可能不同。

按年计算期间的情况，如甲乙双方于 2020 年 7 月 5 日签订合同，约定 3 年后交货。期间从 2020 年 7 月 6 日开始计算，交货时间为 2023 年 7 月 5 日。

本条第 2 款规定，按照小时计算期间的，自法律规定或者当事人约定的时间开始计算。

按照小时计算期间，有两种起算方法：一是自法律规定的时间开始计算。二是自当事人约定的时间开始计算。相对于《民法通则》，本款新增规定，在按小时计算期间的情况下，允许当事人自行约定时间开始计算，最大程度地尊重当事人的意思自治。

典型案例

山东平原农村商业银行股份有限公司、任某章金融借款合同纠纷案[1]

※案情简介：2013 年 5 月 22 日，山东平原农村商业银行股份有限公司（以下简称平原农商银行）与被告宋某成签订了（平原县农村信用合作联社三唐信用分社）个借字（2013）年第 03058 号个人借款合同。借款种类为短期借款，借款用途为

〔1〕 本案根据山东省德州市中级人民法院（2021）鲁 14 民终 221 号判决书整理。

收木材,金额为10万元整,期限为2013年5月22日至2016年5月18日。宋某成、郭某香系夫妻关系,2013年5月22日,宋某成、郭某香签订借款人及共同还款人责任承诺书。郭某香承诺因借款人向原告申请贷款10万元,本人作为借款人的共同还款成员,承诺当借款人不按期清偿贷款本息时,共同还款人对该笔贷款本息及相关费用承担连带清偿责任。宋国某、宋桂某、任某章自愿为涉案贷款提供最高额连带保证责任,保证期间为2015年5月28日至2017年5月27日。后郭某香未按约定履行还款义务,平原农商银行要求其按照借款合同约定承担违约责任。

※争议焦点:本案的争议焦点为宋国某、宋桂某、任某章是否应对涉案借款承担连带清偿责任。

※判决结果:法院认为,《民法总则》第201条第1款规定:"按照年、月、日计算期间的,开始的当日不计入,自下一日开始计算。"本案的保证期间应从2015年5月29日起算,即至2017年5月28日满2年。上诉人对被上诉人即保证人宋国某进行催款的时间为2017年5月28日,刚好在保证期间届满的最后一天。2017年5月28日被上诉人宋国某签收《担保人履行责任通知书》时在保证期间内。在连带共同保证中,保证人作为一个整体共同对债权人承担保证责任,债权人向共同保证人中的任何一人主张权利,其效力自然及于其他保证人。上诉人在保证期间内向保证人之一宋国某送达了《担保人履行责任通知书》,其效力应该及于宋桂某、任某章,即应视为上诉人在保证期间内向宋桂某、任某章主张过权利,故上诉人请求宋国某、宋桂某、任某章对涉案借款承担连带清偿责任有法律依据,应予支持。一审法院判决有误,应予更正。

※案例解读:期间按照公历年、月、日、小时计算。本案中,保证期间为2年,被上诉人宋国某签收《担保人履行责任通知书》时在保证期间内,因而应承担保证责任。又由于本案是连带责任保证,债权人向其中一人主张过权利,其效力也及于其他保证人。

第二百零二条 【期间结束】按照年、月计算期间的,到期月的对应日为期间的最后一日;没有对应日的,月末日为期间的最后一日。

条文解读

本条是关于期间结束的规定。

按日计算期间的，算足期间之日即为期间最后一日。按年、月计算期间的，期间结束日按是否整月计算，有两种不同的结果。

第一，不按整月计算的情况。如甲、乙2人于2020年7月5日签订劳务合同，约定6个月的履行期，期间开始日为2020年7月6日，结束日为2021年1月5日。不按整月计算的情况下，期间最后一日总是到期月的签订合同的对应日。

第二，按整月计算的情况。如甲、乙2人于2020年1月31日签订劳务合同，约定1个月的履行期，期间开始日为2020年2月1日，结束日为2020年2月29日。再如，甲乙两人于2020年6月30日签订劳务合同，约定1个月的履行期，期间开始日为2020年7月1日，结束日为2020年7月31日。按整月计算的情况下，期间最后一日总是月末日。

关联法规索引

《票据法》第107条

典型案例

梁某贞、河南范县农村商业银行股份有限公司金融借款合同纠纷案[1]

※案情简介：2014年1月24日，沈某钦与河南范县农村商业银行股份有限公司（以下简称范县农商行）签订个人借款合同，借款30万元整，借款期限自2014年1月24日起至2015年1月24日止，约定借款月利率为10.2‰，逾期贷款罚息按原借款利率基础上加收50%。王某敏、刘某兰、王某兰、梁某贞为该借款的连带责任保证人。保证合同中约定的保证期间为自主债务履行期届满之日起至届满之日后2年止，即自2015年1月25日至2017年1月24日止。2014年4月11日，沈某钦偿付了之前的利息7854元，之后本息均未偿付。572号判决立案审批表记载，收到

[1] 本案根据河南省濮阳市中级人民法院（2020）豫09民终406号判决书整理。

起诉状日期为2017年1月24日,立案日期为2017年2月23日。

※争议焦点:本案的争议焦点为涉案贷款是否超出保证期间。

※判决结果:法院认为,根据《民法总则》第201条第1款的规定,按照年、月、日计算期间的,开始的当日不计入,自下一日开始计算。第202条规定,按照年、月计算期间的,到期月的对应日为期间的最后一日;没有对应日的,月末日为期间的最后一日。涉案借款合同、保证合同均约定借款期限届满日为2015年1月24日,梁某贞承担保证的方式为连带责任保证,保证期间为2年。根据上述法律规定,本案保证期间为借款期限届满日起2年内,即自2015年1月25日起至2017年1月25日止。一审法院572号民事判决的立案审批表载明,收到起诉状时间是2017年1月24日,范县农商行以诉讼方式主张梁某贞承担保证责任,尚在2年保证期间内。梁某贞称已超保证期间的上诉理由,不予支持。

※案例解读:保证期间又称保证责任期间,是依据当事人约定或者法律规定,债权人向保证人主张权利的期间。案涉借款保证合同约定,借款期间为2014年1月24日至2015年1月24日,保证期间为主债务履行期间届满之日后2年,即2015年1月25日至2017年1月24日,虽然立案日期为2017年2月23日,但收状日期为2017年1月24日,即范县农商银行主张权利的日期为2017年1月24日,不超过保证期间。

第二百零三条 【期间结束日顺延和末日结束点】期间的最后一日是法定休假日的,以法定休假日结束的次日为期间的最后一日。

期间的最后一日的截止时间为二十四时;有业务时间的,停止业务活动的时间为截止时间。

条文解读

本条是关于期间结束日顺延和末日结束点的规定。

本条第1款规定,期间的最后一日是法定休假日的,以法定休假日结束的次日为期间的最后一日。法定休假日仅限于法律、行政法规规定的休假日。例如,甲、乙因合同产生纠纷,诉讼时效期间开始起算,3年后的2020年10月1日诉讼时效期间届满。因为10月1日是法定的国庆节假期,放假时间为10月1日至7日。则甲的诉讼时效期间从2020年10月1日顺延到2020年10月8日。

本条第2款规定,期间的最后一日的截止时间为24时;有业务时间的,停止业务活动的时间为截止时间。有业务时间的,如银行、证券交易所等行业,到达业务时间,业务即停止办理,没有必要等到24时结束。

典型案例

焦作千业水泥有限责任公司、窦某劳动争议案[1]

※案情简介:窦某于1991年12月到焦作煤业(集团)电冶分公司上班,于2006年12月到焦作煤业集团下属的焦作千业水泥有限责任公司(以下简称千业公司)处工作。因千业公司迟延发放工资,窦某向焦作市劳动人事争议仲裁委员会申请劳动仲裁,要求终止与千业公司的劳动合同,并要求千业公司支付经济补偿金及2020年3月至5月的工资。焦作市劳动人事争议仲裁委员会作出焦劳人仲案字(2020)第141号仲裁裁决书,确认窦某与千业公司于2020年6月1日解除劳动关系,千业公司支付窦某经济补偿金112,810元及2020年3月至5月的工资19,535元。后窦某及千业公司均不服该仲裁裁决向法院提起诉讼。

※争议焦点:本案的争议焦点为千业公司的起诉是否超过法定期限。

※判决结果:法院认为,根据《民法典》第201条第1款的规定,按照年、月、日计算期间的,开始的当日不计入,自下一日开始计算。千业公司于2020年12月11日收到焦作市劳动人事争议仲裁委员会的仲裁裁决书,自2020年12月12日开始计算15天为千业公司向法院起诉的期间。由于2020年12月26日为法定休假日,根据《民法典》第203条第1款的规定,期间的最后一日是法定休假日的,以法定休假日结束后的次日为期间的最后一日。千业公司于2020年12月26日通过网络提交了起诉材料并未超过法定期间,窦某的该项主张,法院不予采纳。

※案例解读:根据法律规定,按照年、月、日计算期间的,开始的当日不计入,自下一日开始计算;期间的最后一日是法定休假日的,以法定休假日结束的次日为期间的最后一日。千业公司于2020年12月11日收到焦作市劳动人事争议仲裁委

[1] 本案根据河南省焦作市中级人民法院(2021)豫08民终1622号判决书整理。

员会的仲裁裁决书，计算15日，为2020年12月26日；因2020年12月26日为法定休假日，顺延至法定休假日结束的次日即2020年12月28日为期间的最后一日。千业公司于2020年12月26日通过网络提交起诉材料，故千业公司的起诉仍在法定期限内。

第二百零四条 【期间的法定或约定】期间的计算方法依照本法的规定，但是法律另有规定或者当事人另有约定的除外。

条文解读

本条是关于期间的法定或约定的规定。

本条规定，关于期间的计算方法，法律另有规定的，按照法律的规定；当事人另有约定的，按照当事人的约定。即在既没有法律的另行规定，也没有当事人的另行约定的情况下，期间的计算方案依照本法规定。

典型案例

王某东、云南喜玛特商业有限公司西园路店产品责任纠纷案[1]

※案情简介：被告云南喜玛特商业有限公司西园路店（以下简称西园路店）为被告喜玛特下属分公司。2020年5月3日，原告王某东在被告西园路店分两次购买云农安全土鸡蛋，单价为每盒19.8元，保质期为45天。根据购物小票，第一次购买商品时间为5月3日09:47:03，购买1盒，应付19.8元。第二次购买商品时间为5月3日09:51:39，购买两盒，应收39.6元。两次购买原告实际支付59.4元。本案涉案商品为第一次购买的商品，原告对同一时间段内两次购买的同种商品分别提起了诉讼，另案为（2020）云0112民初6277号案件，均诉请要求被告退还货款及支付1000元的惩罚性赔偿。原告认为保质期应从2020年3月19日开始计算45天，其购买时已经过期1日；被告则认为，保质期应从生产日期第二日起

〔1〕 本案根据云南省昆明市中级人民法院（2021）云01民终1294号判决书整理。

算,5 月 3 日为最后一日。

※争议焦点:本案的争议焦点为上诉人王某东以其在被上诉人西园路店购买超过保质期 1 天的鸡蛋为由,提出由被上诉人西园路店及被上诉人喜玛特支付经济损失 19.8 元及赔偿 1000 元的主张能否成立。

※判决结果:法院认为,上诉人王某东购买鸡蛋的外包装上的生产日期为 2020 年 3 月 19 日,保质期 45 天,购买鸡蛋的日期为 2020 年 5 月 3 日。上诉人王某东为此提出保质期应从 2020 年 3 月 19 日开始计算,即到其购买之时的 2020 年 5 月 3 日已经超过了 1 天的保质期,故提出了如上诉请。上诉人王某东提出的上述观点,明确其所依据的是《最高人民法院关于贯彻执行〈中华人民共和国民法通则〉若干问题的意见(试行)》第 198 条和第 199 条中关于期间的规定,而上述规定已经被《民法总则》第 202 条作出了新的调整,再者上诉人王某东亦未提交其他证据证实其购买的鸡蛋不符合食品安全标准。故一审法院适用国家卫生计生委食品司的相关复函的内容及《民法总则》的相关规定,作出了上诉人王某东购买的鸡蛋未超过质保期等认定,并作出驳回上诉人王某东诉讼请求的判决正确,法院予以维持。

※案例解读:期间的计算方法依照本法的规定,但是法律另有规定或者当事人另有约定的除外。本案中,原告购买的鸡蛋标示的保质期为 45 天,涉案产品生产商选择生产日期的第 2 日作为保质期的计算起点,即以 2020 年 3 月 20 日作为计算起点,商品保质期应至 2020 年 5 月 3 日,原告王某东购买商品时涉案产品确未超过保质期,该商品只属于临期商品,原告作为正常消费者,可以自行选择是否购买,如选择购买应当视为接受商品。原告主张自 2020 年 3 月 19 日起算,至 2020 年 5 月 2 日止为保质期 45 天的计算方法无法律依据。